KB218067

부처님의 당부

IN THE BUDDHA'S WORDS

부처님의 당부

1판 1쇄 인쇄 | 2025년 3월 1일
1판 2쇄 인쇄 | 2025년 4월 15일

지은이 | 비구 보디
옮긴이 | 민우
감   수 | 등현

펴낸이 | 이미현
펴낸곳 | 사유수출판사
만든이 | 이미현, 박숙경, 유진희

서울시 마포구 동교로 19길 86 제네시스 503호
대표전화 | 02-336-8910

등록 | 2007년 3월 4일

부처님의 당부

초기경전에서
선별한 지혜의 말씀

IN THE BUDDHA'S WORDS

비구 보디 지음
민우 옮김
등현 감수

사유수

조복되셨기에 천신과 인간을 조복하는 최고의 스승이시며,
평온하시기에 평온을 이룬 이들 중 최고의 성자이시며,
해탈하셨기에 해탈을 성취한 이들 중 최고의 수장이시며,
건너셨기에 건너게 해주는 이들 중 최고의 안내자이신
부처님께 예경드립니다.

_Aṅguttara Nikāya 4:23

추천사

|

자애로운 스승이신 석가모니 부처님께서 입멸하신 지 2600년이 흘렀습니다. 부처님께서는 원하는 사람은 누구든지 와서 가르침을 듣고, 생각하고, 꼼꼼히 살펴보라고 하셨습니다. 40년이 넘는 세월 동안 다양하고도 많은 사람들에게 법을 전하셨습니다.

부처님 입멸 후, 가르침은 모두 구전으로 전해졌습니다. 부처님의 가르침을 들은 이들은 주기적으로 만나 듣고 외운 것을 함께 합송했습니다. 시간이 지나자 기억에 의존해 합송했던 내용들이 문자로 기록되었고, 이것이 모든 불교 경전의 근간이 되었습니다.

빠알리 삼장三藏은 가장 이른 시기에 형성된 불교 문헌으로 유일하게 유실되지 않고 완전한 형태로 전해 내려오고 있습니다. 이 삼장 안에는 부처님께서 직접 말씀하신 법문만을 모아 담은 경장이 있는데, 이를 니까야Nikāya라고 합니다. 여기에는 다양한 주제의 가르침이 담겨 있습니다. 수행과 깨달음에 대한 가르침은 물론 남편과 아내의 올바른 역할과 가정을 꾸리는 방법, 그리고 국가를 통치하는 일까지 방대한 내용들이 포함되어 있습니다. 수행 방법에 있어서는 보시,

지계, 그리고 마음을 수련하고 지혜를 길러 해탈에 이르는 길을 자세히 이르고 있습니다.

이 책에서 선별해 담고 있는 니까야 경전들은 초기불교가 형성되던 당시 부처님의 가르침이 어떻게 학습되었고, 보존되었으며, 받아들여졌는지 생생히 보여주고 있습니다. 특히 현대 사회 독자들이 기초 불교 교리를 새롭고 분명히 이해하는 데 도움이 될 것이라 생각합니다. 자비와 윤리적 책임감, 평정심, 분별력 등 불교의 핵심 가르침은 2600년 전과 마찬가지로 오늘날에도 틀림없이 유효한 가치들입니다.

불교는 아시아 여러 지역에 전파되어 뿌리를 내리며 장소와 상황에 따라 다양한 전통으로 발전했습니다. 과거에는 거리와 언어의 차이로 불자들간 교류가 제한되었지만 오늘날에는 감사하게도 교통과 통신의 발달로 불교에 관심있는 이들이 다양한 가르침과 수행법을 접할 수 있는 기회가 확연히 증대되었습니다.

무엇보다 제가 이 책을 추천하는 이유는 모든 불교 전통이 근본적으로 많은 공통점을 가지고 있다는 것을 분명히 보여주기 때문입니다. 그동안 빠알리 문헌들을 영어로 훌륭히 번역해내고 이 책 〈In the Buddha's Words〉을 주제별로 세심하게 편집한 보디 스님의 작업에 감복합니다. 독자들이 이 책에서 교훈과 영감을 얻어서 실천에 옮겨 내면의 평화를 얻기를 기원합니다. 그렇게 할 때 우리는 더 행복하고 평화로운 세상을 만들 수 있을 것입니다.

텐진 갸초, 제14대 달라이 라마

한국어판 출간 저자 추천사

지난 2000년, 위즈덤 출판사에서 니까야Nikāya를 대중들에게 선보일
수 있는 선집選集을 준비해달라는 요청을 보내왔습니다.

니까야는 테라바다Theravāda 불교에서 전해 내려오는 경전 모음입
니다. 저는 불교에서 얻을 수 있는 세 가지 이익을 중심으로 구도를
잡고 책을 준비했습니다. 이번 생에 지금 여기에서 얻을 수 있는 이
익과 행복, 다음 생에 좋은 환경에서 태어나 해탈을 위해 수행할 수
있는 이익과 행복, 마지막으로 열반을 얻어 윤회에서 영원히 해탈하
는 이익입니다.

2005년, 〈In the Buddha's Words〉라는 제목으로 책이 드디어 출
판되었고, 이후 위즈덤 출판사의 베스트셀러 도서에 이름을 올렸습
니다. 한 독자는 만약 무인도에 한 권의 책을 가져갈 수 있다면 단연
코 이 책을 선택하겠다는 후기를 남기기도 했습니다.

저는 이 책이 한국어로 번역출판되면 여러 가지 중요한 역할을 할
것이라 기대합니다.

먼저 불교에 관심있는 이들에게 가장 오래된 불교 경전을 접할 기회가 될 것입니다. 두 번째는 테라바다 불교를 수행하는 이들에게 자신이 믿는 불교 전통을 더 깊이 이해하는 계기가 될 것입니다. 세 번째는 대승불교 불자들이 사성제, 오온, 연기, 팔정도 등 모든 불교 전통의 근간이 된 핵심 가르침을 직접 접할 수 있는 계기가 될 것이라 생각합니다. 마지막으로 이 책을 불교학과나 비교 종교학 수업 교재로도 쓸 수 있을 것입니다.

이 책의 한국어판을 번역하고 출간한 모든 노력에 감사드립니다. 이 책이 종교에 상관없이 널리 퍼져서 더 많은 사람들이 초기불교를 접하기를 바랍니다. 그리고 종파를 초월한 모든 불자들에게 감명을 주어 부처님께서 인간 세상에 내려와 45년 동안 설법하신 내용을 더 잘 이해하고 수행하는 데 도움이 되기를 염원할 뿐입니다.

뉴욕 장엄사에서

비구 보디

추천사

저는 아주 오랫동안 보디 스님의 책 〈In the Buddha's Words〉이 한국어로 번역되기를 바랐습니다. 그 이유는 아주 간단합니다.

제가 이전에 한국의 불자님들에게 반야심경을 나눠주고 그 내용을 얼마나 이해했는지 물어본 적이 있었습니다. 저는 그분들이 경전을 읽어보고 무엇이라도 설명해 주기를 바랐습니다. 그런데 대부분 잘 모르겠다는 대답이 돌아왔습니다. 이는 분명히 기본 불교 교리에 대한 이해가 부족했기 때문입니다.

불교가 발달하고 전파되는 과정에서 근본 교리를 소홀히 하기도 했는데 한국 불교도 예외가 아니었습니다. 이 빈틈을 채우기 위해 많은 심혈을 기울여 테라바다 경전 번역 사업이 이루어졌습니다.

이제 테라바다 경전들을 한국어로 읽을 수 있게 되었지만 문구의 반복이 이어지다 보니 많은 이들이 읽어나갈 용기를 잃는 것도 사실입니다. 이러한 상황에서 보디 스님의 〈In the Buddha's Words〉는 내용 면에서나 구성 면에서 큰 역할을 할 수 있다고 생각합니다.

이 책은 열 개의 장으로 구성되어 있으며 삶과 지혜에 관해 세분화된 주제들을 다루고 있습니다. 보디 스님은 각 주제를 소개하면서 각 경전 문구를 선택하게 된 이유를 적절하게 설명하고 있어 독자들이 부처님 가르침을 어렵지 않고 환희심을 내어 읽을 수 있을 것입니다. 필체가 명료하고 간결하여 부처님의 가르침을 이해하고 삶에서 실천하는데 많은 도움이 될 것입니다.

불법의 기본 개념을 분명히 이해한 독자들이 반야심경을 다시 읽으면 바로 눈이 뜨이는 순간을 경험할 것입니다. 그뿐 아니라 알아차림이라는 일상 수행도 더 잘 해나갈 수 있을 것입니다. 마음을 챙기며 알아차림과 함께 하는 삶은 신나는 경험입니다. 이런 삶의 방법을 배우고자 하는 모든 분들에게 이 번역서를 올립니다.

앞에서 이끌어 주신 스승들의 은혜에 감사드리며, 이 책이 나올 수 있도록 도움을 준 분들에게도 감사의 말씀 전합니다.

스위스 법계사에서

무진

감수 후기

이 책은 비구 보디의 저서 〈In the Buddha's Words〉의 번역본이다. 비구 보디는 미국에서 철학을 전공한 후 스리랑카에서 리즈 데이비드 부부가 영어로 번역한 PTS의 초기 번역본을 새롭게 번역하여 완성했고, 이를 바탕으로 이 책을 출판하였다. 빠알리 경전은 방대한 내용과 다양한 주제로 이루어져 있어 초기불교를 전공한 사람들조차 그 내용을 체계적으로 정리하기 쉽지 않다. 이 책은 그러한 내용을 현대인의 시각에서 재정리한 것이다.

불교는 본래 출세간의 해탈을 목표로 삼고 있지만, 세속적인 삶을 사는 일반인들도 수행이 가능한가에 대한 의문이 오랫동안 제기되어 왔다. 이러한 질문에 답하기 위해 저자는 부처님의 가르침을 단계적으로 정리했다. 부처님께서는 태어남, 늙음, 죽음의 고통에서 벗어나 완전한 깨달음과 해탈의 길을 제시하셨지만, 제자들에게 가장 먼저 열반을 가르치신 것은 아니다. 부처님께서 처음 강조하신 것은 윤리적인 삶, 즉 바른 삶을 향한 결심이었다.

이 책은 부처님의 가르침을 세 가지 이익에 따라 광범위하게 나누고, 복덕의 순서에 따라 다음과 같이 정리하고 있다. 그 세 가지는, 도덕적 의무와 사회적 책임을 다하여 현생에서 얻게 되는 안녕과 이익, 복덕을 쌓아 다음 생에서 얻는 안녕과 이익, 팔정도를 수행하여 궁극적인 목적, 즉 열반에 이르고 윤회에서 벗어나는 것이다.

많은 사람들은 불교의 궁극적인 목표가 세 번째 측면인 열반이라고 생각하지만, 비구 보디는 세 가지 모두 균형 있게 이해할 필요가 있다고 강조한다. 첫 번째로, 재가자들은 현생에서 이익을 누리기 위해 오계를 지키고 올바른 생계를 실천해야 한다. 재산은 정당하게 벌어야 하며 가족과 어려운 이웃, 그리고 덕이 높은 수행자들에게 베풀 것을 권장한다. 두 번째로, 재가자들은 현재의 행복에 만족하지 않고 미래 생의 안녕을 위해 노력해야 한다. 세 번째로, 천상에 태어나 지극한 행복을 누리는 것은 일시적일 뿐이며, 부처님의 가르침의 궁극적인 목표는 열반, 즉 괴로움의 완전한 소멸이다. 따라서 법의 최종 목표는 윤회에서 완전히 벗어나는 해탈이다. 저자는 이러한 세 가지 측면을 단계적으로 여러 경전의 가르침을 발췌하여 정립하고 있다.

고운사 화엄승가대학원장, 김포 중앙승가대학교 교수

등현

감수 후기

저자 머리말

|

빠알리 삼장 중에 부처님의 설법으로 보존되어 내려오는 경전들을 원어로 숫따sutta라고 하는데 산스크리트어 수트라sūtra에 해당한다. 빠알리 삼장이 테라바다(상좌부上座部) 불교라는 특정 종파의 정전正典이라고 해서 이 경전들이 모두 그들의 전유물이라고 말할 수 없다.

빠알리 경전은 부처님 입멸부터 교단이 분열되기 전까지 약 백 년 동안 형성된 최초의 불교 문헌이다. 지금은 명맥이 끊긴 다른 부파에도 빠알리본과 놀라울 정도로 유사한 경전들이 있었는데 구성과 순서만 조금씩 차이 날 뿐 교리면에서는 동일했다. 따라서 빠알리 경전은 오늘날 우리가 접할 수 있는 가장 오래된 부처님 가르침이며 역사적 인물이었던 석가모니 부처님께서 실제로 가르쳤던 내용에 가장 가까운 기록이다.

빠알리 경전은 불교 역사상 다채롭게 진화해온 교리와 수행법의 근원이자 시초이다. 이러한 이유로 모든 불교 종파의 공통된 유산이며 불교의 원뿌리를 이해하고자 하는 모든 불자들이 읽고 공부해야 할 최우선 과제라고 볼 수 있다.

이 경전들은 니까야Nikāya라는 이름으로 따로 묶여 전해지는데 지금까지 나를 포함한 여러 빠알리 전문가들이 영어로 번역·출판하여 대중에게 소개해 왔다. 이 방대한 분량의 경전을 읽은 독자들 중에는 번역을 통해 경전이 살아났다고 호평해주는 이들도 있었지만, 니까야의 심해에 뛰어들기를 고해했던 이들은 생각이 달랐다. 언어적인 측면에서는 이해하기 쉬운 것이 사실이나 경전들을 모두 아우를 수 있는 전체적인 구조나 틀은 보이지 않는다는 것이다. 주제별로 구성된 상윳따 니까야를 제외한 니까야들은 일정한 기준없이 구성되었기 때문에 독자들의 어려움은 당연한 것이었다.

나는 2003년 1월부터 뉴저지의 보디사원에서 강의를 하면서 맛지마 니까야의 내용을 체계적으로 정리할 수 있는 구조를 만들었다. 경전에 나온 부처님의 가르침을 쉬운 내용에서부터 어려운 내용으로, 기초적인 내용에서 심오한 내용으로 전개시키는 것이었다. 돌아보니 이 구조를 맛지마 니까야 뿐 아니라 전체 니까야에 적용해도 무방하겠다는 생각이 들었다. 본서의 편집도 니까야에서 선별한 경전들을 주제별로 나누어 같은 구조로 정리하였다.

나는 독자를 두 부류로 설정했다.

첫 번째는 아직 불교를 잘 모르지만 체계적으로 배우고 싶은 이들이다. 이들은 어떤 니까야를 선택해 읽어도 이해하기 힘들 것이다. 전체 니까야를 한 번에 읽게 되면 마치 빽빽한 수풀이 뒤엉키고 언제 맹수가 덮칠지 모르는 정글 속에서 길을 잃은 것과 같고, 파도가 휘

015

몰아 치는 난폭한 망망대해에 떨어진 것과 같이 막막할 것이다. 독자들이 경전이라는 정글 속에서 길을 헤쳐 나아갈 때 의지가 되는 지도와 같이, 불법佛法의 바다를 건네주는 견고한 배와 같이 이 책을 이용하길 바란다.

두 번째 부류는 경전을 읽어서 알고는 있지만 전체 구조를 보지 못하는 독자들이다. 이들은 개별 경전은 이해할 수 있지만 전체적으로 보았을 때는 탁자 위에 흩어진 퍼즐 조각처럼 개연성을 찾지 못한다. 본서의 구조를 이해하면 니까야의 구조 또한 분명히 이해하게 될 것이다. 그 다음부터는 니까야의 어느 경전을 읽어도 조금만 생각해 보면 그 경전이 부처님 교법에서 어떤 위치에 있는지 판단할 수 있을 것이다.

본서를 포함한 어떤 경전 모음집도 전체 니까야를 대신할 수는 없다. 나의 바람은 두 가지이다. 초기불교 경전을 처음 접하는 이들이 이 책을 통해서 더 많은 흥미를 느껴서 전체 니까야를 읽도록 유도하는 계기가 되었으면 한다. 니까야를 이미 읽은 이들에게는 이 책이 이미 알고 있는 내용들을 더 잘 이해할 수 있는 계기가 되었으면 한다.

본서의 출판에 또 하나의 목적이 있다면 부처님의 폭넓은 지혜를 담고자 한 것이다. 종종 초기불교는 출가 수행자만을 위한 출세간적 가르침으로 그려질 때가 있다. 하지만 빠알리 경전을 읽어보면 부처님의 지혜와 자비가 세속의 삶에까지 깊이 관여하고 있으며, 일반 사람들도 올바른 품행과 견해를 갖추도록 이끌고 있음을 확인할 수 있다.

또한 재가자와 출가자들이 긴밀히 협력하여 불법을 수호하는 동시에 고통에서 벗어나는 길을 함께 걸어가야 한다고 가르치고 있다. 경전들은 깊고도 무한한 가르침과 감동, 기쁨, 위안을 선사하여 이들이 자신들의 역할을 잘 해낼 수 있도록 돕고 있다. 그렇기 때문에 사회와 가족에 대한 의무와 최상의 깨달음을 얻고자 하는 서원, 이 두 가지를 조화시키려는 간절한 노력을 경전에서 직접적으로 다루고 있는 것이다.

산문이 더 직접적이고 분명하기 때문에 산문으로 쓰여진 경전들을 우선으로 했다. 게송으로 끝나는 경전의 경우 게송이 앞의 내용을 요약하고 있다면 지면상의 이유로 생략했다.

각 장을 시작하면서 먼저 그 장의 주제와 관련된 핵심 개념을 설명하고 경전 속에서 그 내용을 확인할 수 있도록 책을 구성했다. 각 장의 '들어가기'와 경전에 각주를 달아 내용을 보충했는데, 5세기경 스리랑카에서 활동했던 인도의 불교학자인 붓다고사의 주석서를 참고했다. 다른 니까야 번역서처럼 주석을 많이 달지 않고 간결하게 내용을 전달하려고 노력했다. 경전이 끝나는 부분에 그 출처를 달아두었다.

위즈덤 출판사의 티모시 맥네일Timothy McNeill과 데이비드 키틀스 트롬David Kittelstrom의 격려가 없었다면 허약한 몸으로 오랜 기간 책을 펴내는 작업을 할 수 없었을 것이다. 아날라요 스님Bhikkhu

Analāyo과 냐나소바노 스님Bhikkhu Nyanasobhano이 각 장의 '들어가기'를 읽고 논평해 주었고 존 켈리John Kelly가 책을 교정해주었다. 많은 도움을 준 세 명 모두에게 감사를 전한다. 존 켈리가 책 마지막에 나오는 참고문헌을 정리해 주었다.

마지막으로 보디사원에서 빠알리어와 교학 수업을 듣는 나의 제자들이 니까야 수업에 열정적인 관심을 보인 덕분에 이 책을 편집할 수 있었다. 보디사원의 창건주인 인준스님은 테라바다 스님인 내가 절에 상주할 수 있도록 받아주셨다. 남방과 북방의 초기불교를 연결하는 데 많은 관심을 보여주심에 감사드린다.

비구 보디

일러두기

책에 나오는 경의 출처는 아래 약어로 표현했다.

- AN   Aṅguttara Nikāya 앙굿따라 니까야
        숫자에 따라 묶은 경 모음
- DN   Dīgha Nikāya 디가 니까야
        길이가 긴 경 모음
- It   Itivuttaka 이티웃따까(여시어경如是語經)
        쿳다까 니까야 중 '나는 이와 같이 들었다'로 시작하는 경 모음
- MN   Majjhima Nikāya 맛지마 니까야
        중간 길이의 경 모음
- SN   Saṃyutta Nikāya 상윳따 니까야
        주제에 따라 묶은 경 모음
- Ud   Udana 우다나(자설경自說經)
        쿳다까 니까야 중 부처님께서 감흥에 겨워 이야기하시는 말씀 모음

차
례

1장   인간의 숙명

2장 빛의 인도자

3장 법에 가까이

4장 현생에 바로 누리는 행복

5장 행복한 내생으로 가는 길

6장　세계관의 확장

7장 해탈로 가는 길

8장 마음 길들이기

9장 밝은 지혜의 빛

05 **지혜의 목적**

서
문
.

불법佛法의 구조

불교는 매우 체계적인 가르침을 전하고 있지만 부처님께서 모든 교법을 총망라하는 전체적인 구조 또는 뼈대를 만들어 직접 설명하신 경전은 단 한 편도 존재하지 않는다. 부처님은 오랜 기간 설법하시면서 상황에 따라 다양한 방식으로 가르치셨다. 불법의 핵심적인 내용을 변치 않는 원칙으로 설명하실 때도 있었고, 가르침을 청하는 사람들의 성향과 근기에 맞추어 말씀하실 때도 있었으며, 특정한 대답을 끌어내기 위해 변용해서 설명하실 때도 있었다. '부처님의 원음'으로 인정되며 지금까지 전해 내려오는 이러한 다양한 설법 중에서 부처님께서 직접 모든 교법을 종합하여 체계를 잡아 설명하신 내용은 전연 찾아볼 수 없다.

체계적인 사고가 높이 평가되는 문자 문화에서는 통일성을 부여하는 이러한 문헌의 부재를 결점으로 여길 수도 있지만 부처님 당시의 구전 문화에서는 교법 자체에 대한 설명의 부재가 그다지 큰 문제가 되지 않았다. 이러한 문화에서는 스승이나 제자 모두 개념의 완성을 목표로 하지 않았다. 스승은 완전한 사상 체계를 가르치려는 생각이 없었고, 제자들 또한 이런 체계를 배울 마음이 없었다. 구전을 통한 배움의 과정에서 실질적인 수행, 자기 변화, 진리의 깨달음, 흔들리지 않는 마음의 해탈이라는 목표로 스승과 제자는 한마음이 되었다.

그렇다고 당면한 상황에 따라 설법이 항상 변화무쌍했다는 뜻은 아니다. 부처님은 넓은 시각으로 교법을 한눈에 조망할 수 있도록 수행법의 상당 부분을 단계별로 나누어 펼쳐 보이신 적도 있다. 하지만 이렇게 넓은 범위를 다루는 경전들조차도 전체를 아우르는 하나의 구조로 모든 가르침을 통합시키지는 못한 것이 사실이다.

이 책은 이러한 구조를 만들어 좋은 예로 제시하는 것을 목적으로 한다. 하나의 유기적 구조에 다양한 경전들을 포함시켜 교법을 종합적으로 이해할 수 있는 큰 그림을 그려보고자 한 것이다. 이 구조 속에서 부처님께서 법을 설하신 근본 뜻을 드러내어 독자들이 초기불교를 전체적으로 이해할 수 있는 길잡이가 되었으면 한다.

책에 실린 대부분의 경전들은 빠알리 삼장의 4부 니까야를 출처로 하고, 쿳다까 니까야에 속하는 우다나와 이티웃따까의 경전들도 일부 포함시켰다. 각 장에서는 초기불교의 기본 개념들을 먼저 소개하고 이어 경전 속에서 이 개념들이 어떻게 설해지는지 살펴볼 것이다.

서문 후반에 니까야에 대한 배경지식을 간단히 설명하고자 한다. 그 전에 먼저 경전들을 체계적으로 정리하기 위해 내가 고안해 낸 구조를 간략히 설명하겠다. 이러한 구조로 경전을 체계화한 것은 내가 최초일지는 모르나 내가 이 구조를 창안한 것은 아니다. 빠알리 주석서에서 불법을 수행할 때 얻을 수 있는 이익을 세 가지로 나누어 설명한 것을 참고했기 때문이다. 이 세 가지 이익은 첫째, 이번 생에 얻을 수 있는 이익과 행복, 둘째, 미래 생에 얻을 수 있는 이익과 행복, 셋째, 궁극적 목표인 열반이다.

10개의 장 가운데 첫 세 개의 장은 도입부이며 이 세 가지 이익을 구체적으로 설명하는 다음 장들로 연결된다.

1장에서는 부처님이 세상에 나투시기 전부터 인간이 겪는 숙명을 있는 그대로 살펴보고 있다. 아마 도솔천에 머물고 있던 보살이 마지막 생으로 태어날 때와 장소를 기다리며 인간계를 바라보았을 때 그의 눈에 비친 인간들의 삶의 모습이었을 것이다. 이 장에서 우리는 늙음과 죽음에 속절없이 내몰리는 인간 세상을 목격하게 된다. 상황속에 휘말려 육체의 고통에 짓눌리고, 실패와 불운에 절망하며, 변화와 노쇠에 불안해하고 두려워하는 인간들 말이다.

이 세상에서 사람들은 조화롭게 살기를 희망하지만 날뛰는 감정들로 인해 이성적 판단을 거스르고 서로 갈등하고 대립한다. 이는 결국 폭력과 대규모 참상으로 치닫는다. 시각을 더 넓혀 고찰해 보면 인간들은 자신의 어리석음과 욕망으로 한 생에서 다음 생으로 다시 태어남의 고리 속에 눈이 먼 채 헤매고 있다.

2장에서는 부처님이 이 세상에 내려오시는 이야기를 전하고 있다. 부처님은 세상에 대한 자비심에서 세상에 나투신 '한 사람'이다. 부처님의 등장은 위대한 빛의 현현과 같다. 우리는 부처님이 잉태되고, 탄생하며, 출가하고, 구도의 길을 떠나며, 법을 깨닫고, 법을 전하는 이야기를 따라갈 것이다. 이 장은 바라나시 인근 이시빠따나에서 부처님께서 다섯 비구에게 첫 설법을 하시는 경전으로 끝난다.

3장은 불교만의 독특한 특징을 드러내면서 불자가 되고자 하는 이들이 어떤 태도로 접근해야 하는지 넌지시 알려 주는 경전들로 채워져 있다. 여러 경전에서 부처님의 가르침은 비밀스럽거나 소수만을 위한 것이 아니라 '널리 가르칠 때 더욱 빛난다.'고 말하고 있다.

또한 가르침을 선택할 때는 성전, 신의 계시, 완전무결한 교리를 맹목적으로 따르기보다는 자세히 살펴보아야 하고 개인의 경험을 그 유효성을 판단하는 궁극적 기준으로 삼으라고 조언한다. 부처님의 가르침은 고통의 발생과 소멸에 관한 것이고 개인의 경험에서 관찰될 수 있기 때문이다. 그리고 깨달은 부처님조차도 절대적인 권위로 내세우지 않고 우리가 믿고 확신할 수 있는 스승인지 살펴보아야 한다고 가르친다. 부처님의 가르침을 단계적으로 시험할 수 있는 과정을 설명하고 그 과정을 통해 우리도 직접 궁극의 진리를 실현할 수 있다는 내용의 경전으로 이 장이 마무리된다.

4장에서는 불법이 가져다 주는 세 가지 이익 중 첫 번째 이익을 다룬다. 이번 생에서 경험할 수 있는 이익과 행복으로, 각자의 가정, 직장, 사회에서 윤리적 규범을 실천하면 얻을 수 있는 행복이다. 초기

불교는 출세간의 목표를 이루기 위해 출가하여 엄격한 수행을 하는 종교로 자주 그려진다. 하지만 니까야에 등장하는 부처님은 자비롭고 실용적인 스승으로 사람들이 윤리적인 규범에 따라 조화롭고 평화롭게 함께 살아갈 수 있는 사회 질서를 세우고자 하신다. 초기불교의 이러한 측면은 특히 자녀들이 부모에게 해야 할 의무, 부부간의 의무, 바른 생계, 국민에 대한 통치자의 의무, 단체의 화합과 존중의 원칙 등에 대한 가르침에서 극명하게 드러난다.

5장의 주제는 부처님의 가르침을 수행하면 얻을 수 있는 두 번째 이익이다. 현생에 쌓은 복덕으로 내생에 유복하게 태어나고 성공적인 삶을 살 수 있는 이익과 행복이다. 여기서 복덕이라는 말은 선한 업을 말하는데 윤회계에서 이익이 되는 결과를 가져오는 힘이 있다는 뜻이다. 나는 이 장을 시작하면서 업과 윤회에 대한 가르침을 설하는 경전들을 먼저 배치했다. 그 뒤에 복덕에 대해 전반적으로 설명하는 경전들이 나오고, 복덕의 근원이라고 설하신 보시, 지계, 선정에 대한 경전이 이어진다. 선정은 불법이 가져오는 세 번째 이익을 얻는 주요 방법이기 때문에 여기서 말하는 선정은 단지 복덕의 토대로서 사무량심四無量心 수행 중에서도 자애심의 계발로 유복한 세속적 복덕을 얻는 것을 말한다.

6장은 다음 장들로 전환하는 역할을 하고 있다. 부처님은 수행을 통해 세속에서 행복과 이익을 얻을 수 있다고 증명하신 동시에 사람들이 이 경계를 초월하도록 이끌기 위해 모든 조건지어진 존재의 위험과 불완전성을 밝히셨다. 감각적 쾌락의 위험, 물질적 성공의 결점,

035

죽음의 필연성, 조건지어진 중생계의 무상함을 설명하셨다. 제자들이 열반이라는 궁극적 실재를 추구하도록 이끌기 위해 부처님은 계속해서 윤회의 위험을 강조하신다. 끊임없이 반복되는 윤회의 비참함을 곱씹어 볼 수 있는 극적인 내용의 두 개의 경전으로 이 장을 마무리했다.

후반부 4개의 장에서는 불법을 수행함으로써 얻을 수 있는 세 번째 이익을 다루고 있다. 궁극적 실재인 열반의 성취에 대한 내용이다.

7장은 해탈의 길을 개괄적으로 조망하기 위해 여덟 가지 바른 길의 각 요소들을 분석하여 정의한 다음 비구의 수행 단계를 역동적으로 그리고 있다. 점진적인 수행에 관한 긴 경은 비구가 처음 출가하여 마지막 목표인 아라한과를 얻는 과정에 대한 설명이다.

8장의 주제는 마음을 길들이는 방법으로, 가장 주된 방법은 출가 수행이다. 이 장은 마음 수련에 장애가 되는 요소, 이 장애들을 극복하는 방법, 여러 명상 기법, 장애를 제거하고 마음을 조복받았을 때 얻는 경지 등을 설명하는 경전들로 채웠다. 그리고 선정에 이르는 수행인 사마타와 통찰지에 이르는 수행인 위빠사나를 구분해서 설명했다.

9장은 '밝은 지혜의 빛'이라는 제목으로 통찰지를 주제로 하고 있다. 초기불교와 거의 모든 불교 학파에서 통찰지 또는 지혜는 해탈을 얻는 주된 수단이다. 따라서 이 장에서는 바른 견해, 다섯 가지 무더기, 여섯 가지 감각 기관, 열여덟 가지 요소, 연기, 네 가지 고귀한 진리와 같이 지혜를 계발하는 데 중심이 되는 교리를 위주로 했다. 그리고 지혜의 마지막 목표인 열반에 관한 경전들로 마무리했다.

수행의 마지막 목표는 갑자기 성취되는 것이 아니라 한 사람이 범부에서 아라한으로 변화해가는 일련의 과정을 거쳐야만 가능하다. '깨달음의 세계'라고 제목을 붙인 10장은 그 과정의 주요 단계들을 설명하는 경전들로 모았다. 먼저 점진적인 순서대로 소개하고 다시 처음으로 돌아와 큰 이정표가 될 만한 세 가지 단계를 살펴보는데, 바로 예류, 불환, 아라한 단계이다. 그리고 아라한 중의 아라한이신 부처님에 관한 경전들로 끝을 맺는다. 이 경전들에서는 부처님께서 자신을 칭할 때 가장 많이 사용하셨던 여래라는 명칭이 자주 등장한다.

니까야의 기원

앞에서 이미 설명했듯이 불법을 수행할 때 얻게 되는 세 가지 이익을 중심으로 본서에 편집한 경전들은 모두 빠알리 삼장 중 니까야에서 가지고 왔다. 경전의 출처가 되는 니까야의 기원과 특징에 대한 설명이 필요할 것 같다.

부처님은 직접 가르침을 글로 남기시지 않았고, 제자들 또한 받아쓰지 않았다. 부처님 당시 인도는 문자가 발명되기 이전이었다. 부처님은 갠지스 평원에서 이 도시 저 도시를 유행하시며 출가자들을 가르치셨고, 설법을 듣기 위해 모여드는 재가자들에게 법문을 하셨다.

궁금해하는 질문에 답해 주시고, 다양한 계층의 사람들과 대론도 하셨다. 이렇게 하여 부처님의 가르침으로 오늘날 우리에게 전해 내려오는 경전은 부처님께서 쓰신 것도, 직접 가르침을 들은 이들이 받아 적은 것도 아니다. 부처님 입멸 후 법을 지키고 계승하기 위해 비구들이 결집을 소집한 것이 그 시발점이었다.

여러 차례 결집에서 합송된 내용들이 부처님께서 하신 말씀과 똑같이 경전으로 재구성됐다고 보기는 힘들다. 부처님은 즉흥적으로 설법하셨고, 가르침을 청하는 이들의 다양한 요구에 응해서 셀 수 없이 다양한 방식으로 말씀하셨다. 이렇게 방대하고 다양한 내용을 구전으로 온전히 전한다는 것은 거의 불가능한 일이다. 가르침을 듣고, 상기하고, 암송하고, 기억하고, 반복하는(구전의 5가지 요소) 과정을 통해 내용이 구전에 용이한 형태로 짜맞추어졌을 것이다. 이 과정은 이미 부처님 당시 시작되었을 수도 있다. 그리고 결국 전승을 이유로 경전 내용들이 상당히 간소화되고 표준화되었을 것이다.

부처님 당시 경전은 아홉 가지로 구분되었다. 경(經, 산문으로 된 설법), 응송(應頌, 산문에 게송을 더함), 기답(記答, 자세한 설명), 게송(偈頌, 운문), 감흥어(感興語, 법문에 대한 요청없이 즉흥적으로 하신 말씀), 여시어(如是語, 나는 이와 같이 들었다로 시작되는 말씀), 전생담(前生談, 부처님 전생 이야기), 미증유법(未曾有法, 경이로운 이야기), 교리문답敎理問答이다.

부처님 입멸 후 이 경전 분류법은 테라바다 불교에서는 니까야, 북인도 학파에서는 아가마(Āgama, 아함경)로 대신하게 된다. 니까야-아가마 체계가 언제부터 우세해졌는지 정확히 알 수 없지만 등장 이후부터는 구분교九分教를 완전히 대신하게 되었다.

빠알리 율장의 건도부健度部 소품小品에서는 부처님 입멸 후 소집된 1차 결집에서 부처님 말씀으로 인정되는 경전들이 합송되는 상황을 잘 설명해 주고 있다. 이 설명에 따르면 부처님이 반열반에 드신 후 얼마 지나지 않아 사실상 승단의 지도자였던 마하카사파 존자가 오백 명의 아라한을 모집하여 경전들을 합송한 것이다. 결집은 당시 중인도의 강대국이었던 마가다의 수도 라자가하에서 우기 안거 기간에 열렸다. 마하카사파 존자가 먼저 계율제일戒律第一 우팔리 존자에게 계율을 암송하게 하여 율장이 구성된다. 그리고 아난다 존자에게 부처님의 설법을 암송하게 하여 경장이 구성된다.

소품에서는 아난다 존자가 암송했던 경전들의 순서와 내용이 지금의 니까야와 동일하다고 설명하고 있다. 이 말은 의심할 여지없이 후대의 눈을 통해 과거의 역사를 기록한 것이다. 테라바다 불교를 제외한 다른 부파들의 경장인 아가마는 4부 니까야와 상응하지만 경전 분류 방식과 순서에 차이가 있다. 니까야-아가마 체계가 1차 결집에 결정되었다고 가정하면 당시 경전 순서가 아직 확고히 정해지지 않았다는 뜻이 된다. 또 다른 가능성은 니까야-아가마 체계가 1차 결집 이후 그리고 여러 부파로 분열되기 이전 언제쯤 등장했다는 것이다. 만약 부파불교 시대에 처음 나타났다면 한 부파가 사용하던 방법을 다른 부파들이 따라 사용하고 이후 각자 나름대로의 방식으로 경전의 순서를 정했을 수도 있다.

039

1차 결집에 대한 소품의 설명은 역사적인 사실에 전설적인 내용이 첨가된 것일 수도 있지만 경장을 암송한 아난다 존자의 역할에 의구심을 가질 필요는 없어 보인다. 부처님의 시자였던 아난다 존자는 부처님과 상수 제자들로부터 법을 직접 듣고, 기억해서 다른 이들에게 전했다. 부처님 당시 아난다 존자는 뛰어난 기억력으로 칭송받았고 다문제일多聞第一이라는 별명을 얻었다. 아난다 존자의 뛰어난 기억력을 따라오지는 못했겠지만 부처님 당시부터 특정한 경전들을 전문으로 하는 비구들이 있었던 것으로 보인다. 경전 내용 또한 간소화, 표준화되어 암기가 용이해졌을 것이다.

니까야나 아가마 내에서 경전들이 분류된 이후부터는 특정한 경전을 전문으로 하는 집단이 결성되어 이 언어 유산을 보존하고 전수하는 문제가 해결되었다. 승가 내의 다양한 집단들이 서로 다른 경전을 전문적으로 암송하고 연구했던 것이다. 전체 승가로 보았을 때는 소수의 비구들이 모든 경전을 암기해야 하는 큰 부담이 해소된 것이다. 부처님의 가르침은 이렇게 3~4백 년 동안 구전으로 내려오다 문자로 기록되었다.[1]

부처님 입멸 후 수백 년 동안 승단은 계율과 교법에 대한 의견 불

I   테라바다 불교의 경전들은 기원전 1세기 스리랑카에서 기록되었다. 당시 비구들은 구전으로 전해지는 가르침이 소실될 것을 염려하여 대규모로 야자나무 잎에 글을 새겨 넣어 여러 권으로 묶었다. 그 당시까지 비구들이 암기의 목적으로 경전을 받아쓰는 일은 있었지만 공식적으로 경전으로 인정되는 문헌은 없었다. 인도에서는 스리랑카보다 일찍 경전을 문자로 기록했을 수도 있다.

일치로 여러 부파로 계속 분열되다가 삼백 년쯤 지나자 18개의 부파가 형성되었다. 각 부파는 부처님의 원음이라고 여기는 자신들만의 경장이 있었고, 유사한 부파들은 같은 경장을 공유했을 것이다. 부파들은 각자의 방식으로 경장을 구성했지만, 경전들은 자잘한 차이를 제외하고는 놀라울 정도로 비슷하거나 동일했다. 교리와 수행법에 대한 설명 또한 기본적으로 동일했다.

부파간의 교리적 차이는 경전 자체의 차이에서 기인하기보다는 경전 해석을 전문으로 하는 비구들의 견해 차이였다. 경쟁 부파들이 자신들만의 차별적인 입장에서 본 불교 철학을 논서나 주석서로 펴내면서 이러한 견해의 차이는 더욱 견고해졌다. 현재 우리가 확신할 수 있는 것은 정교한 철학 체계가 원래 경전 자체에 끼친 영향은 미비하다는 것이다. 부파들이 그들의 교리적 입장에 들어맞도록 경전을 짜맞추지는 않았다는 뜻이다. 오히려 주석서라는 도구를 사용해서 그들의 견해를 뒷받침하는 근거들을 이끌어 내는 쪽으로 경전을 해석하기 위해 애썼다. 이러한 해석들이 원래 경전에 담긴 내용에 대해 방어적이고, 억지스러우며, 변명하는 듯한 모습을 적지 않게 볼 수 있다.

빠알리 삼장

인도 초기불교 주류 부파에 속한 경전들은 안타깝게도 11~12세기 이슬람이 북인도를 침략했을 때 소실되었다. 이 침략은 명실공히 불교의 탄생지에서 불교의 종말을 고하는 종소리와 같았다. 인도 초기 불교 부파에 속하는 단 하나의 삼장만이 온전히 살아 남았는데 우리가 빠알리어라고 부르는 언어로 보존되었다. 빠알리 삼장은 고대 테라바다 부파의 정전正典으로 기원전 3세기에 스리랑카에 전해진 덕분에 불교가 모국에서 당한 난리를 피할 수 있었다. 같은 시기 테라바다는 동남아시아 지역에도 전해져 이후 지배적인 종교가 된다.

지금의 테라바다 불교도 여전히 빠알리 삼장을 부처님의 원음으로 여기고 있다. 빠알리 삼장이 단일한 묶음의 문헌으로 살아남았다고 해서 그 안의 경전들이 모두 같은 시기에 편집되었다고는 볼 수 없다. 중심이 되는 가장 오래된 경전들이 다른 부파의 한역본이나 티벳본, 다른 인도 언어본보다 더 오래되었다고도 말할 수도 없다.

그럼에도 빠알리 삼장이 우리에게 특별한 이유를 적어도 세 가지를 꼽을 수 있다. 첫 번째로, 한 부파에 속하는 단일한 묶음의 완전한 문헌이라는 것이다. 삼장의 곳곳에서 역사의 흐름에 따라 변천했다는 명백한 증거들을 찾을 수 있지만 한 부파에 속한다는 사실만으로 이 경전들에 상당한 일관성이 존재한다는 것을 알 수 있다. 같은 시대에 속하는 경전들은 비록 교법을 설명하는 방법은 다를지라도 그 안에 내재하는 내용의 동질성, 즉 하나의 맛이 존재하기 때문이다. 이러한 동질성은 4부 니까야와 쿳다까 니까야의 비교적 오래된 경전들에서 잘 드러나기 때문에 빠알리 경전들이 우리가 현재 발견할 수 있는 가장 오래된 문헌이라는 사실을 충분히 신뢰할 수 있다. 법맥이 끊긴 다른 초기 부파에도 상응하는 경전이 있었다는 사실을 비추어 볼 때 더욱 그러하다.

두 번째는 삼장 전체가 중기 인도-아리아어로 보존되었다는 것이다. 이 언어는 부처님께서 직접 사용하신 언어 또는 그 방언과 매우 밀접하게 관련되어 있다. 이를 빠알리어라고 부르는데 이 명칭은 오해에서 비롯됐다. 빠알리는 '성전聖典'이라는 말로 주석서가 아닌 경전을 뜻했다. 주석가들은 경전이 전해내려오는 언어를 '성전의 언어'pālibhāsā라는 뜻으로 빠알리라고 불렀던 것이다. 그리고 언제부턴가 이 용어가 '빠알리라는 이름의 언어'를 뜻하는 말로 사용되기 시작했고 이후 뿌리를 내려 지금까지 이어지게 되었다.

학자들은 이 언어가 기원전 3세기의 여러 쁘라끄리트 방언이 부분적으로 산스크리트화가 된 혼합된 성격을 보인다고 말한다. 비록 빠알리어가 부처님께서 직접 구사하신 언어는 아니지만 부처님이 쓰신 언어와 같은 군에 속하고 동일한 개념적 기반에서 유래했기 때문에 부처님께서 태어나신 인도의 문화 사상 체계를 잘 반영하고 있다. 따라서 가장 양심적이고 뛰어난 번역가들조차 피할 수 없는 이질적 해석 없이 그 사상 체계의 가장 미묘한 어조까지도 잡아낼 수 있는 것이다. 이는 중국어, 티벳어, 영어로 번역할 때 그 도착어 자체가 내포한 의미까지 반영되는 것과는 다르다.

빠알리 삼장이 특별히 중요한 세 번째 이유는 현대 테라바다 불교의 정전으로 인정되기 때문이다. 법맥이 끊긴 초기 부파들의 경전들은 순전히 학문적 관심을 위한 것이었지만 빠알리 삼장은 지금도 생명력을 발산하고 있다. 이 경전들 덕분에 스리랑카, 미얀마 등 동남

아시아의 여러 마을의 사찰들을 비롯해 유럽과 미주의 여러 도시의 명상센터에서 수행하는 수백만 명이 신심을 고양하고 있다. 이 경전들은 불법에 대한 이해를 돕고, 곤란한 도덕적 판단을 해야 하는 기로에서 나침반이 되어 주며, 수행법을 알려주고, 해탈로 가는 지혜의 열쇠를 쥐어준다.

빠알리 삼장에서 삼장三藏은 '세 개의 바구니', 또는 '세 가지 모음'이라는 뜻이다. 이 세 가지 구분은 테라바다뿐 아니라 인도 불교 부파들이 대장경을 분류할 때 흔히 쓴 방법이다. 한역 대장경 또한 삼장으로 구분한다.

빠알리 삼장은 다음과 같다.

1. 율장 : 비구, 비구니들이 지켜야 하는 규율. 승가가 조화롭게 기능하기 위해 제정한 규칙들.
2. 경장 : 부처님과 상수 제자들의 법문, 감명을 주는 게송, 서사시, 논서의 성격을 띤 문헌 등의 경전 모음.
3. 논장 : 부처님의 가르침을 철저한 철학 구조로 체계화시킨 일곱 가지 논서들.

논장은 분명 불교 철학이 발달하는 과정에서 율장과 경장보다 늦은 시기에 만들어졌다. 빠알리 논장은 앞 시대의 교법을 체계화시키려고 했던 테라바다 불교의 노력으로 보여진다. 다른 초기 부파들도 자신들의 논장을 가지고 있었을 것이다. 설일체유부說一切有部의 원전만이 완전한 형태로 그대로 전해져 내려오고 있는데, 빠알리 논장처럼 일곱 개의 논서로 구성되어 있다. 원래는 산스크리트어로 쓰여졌지만 한역본만이 완전한 형태로 보존되어 있다. 그 구성과 철학 사상은 테라바다와는 상당한 차이를 보인다.

경장은 부처님의 설법과 대론 등을 기록한 것으로 5개의 니까야로 구성된다. 주석서가 만들어지던 5세기에는 북방 불교의 경전들과 마찬가지로 아가마라고 부르기도 했다.

4부 니까야는 다음과 같다.

1. 디가 니까야 : 긴 설법의 모음. 3품 34개의 경전으로 구성.
2. 맛지마 니까야 : 중간 길이의 설법의 모음. 3품 152개 경전으로 구성.
3. 상윳따 니까야 : 주제별로 나눠진 설법의 모음. 5권 56개 상윳따 (Samyutta, 주제)로 묶인 3천여 개의 경전으로 구성.
4. 앙굿따라 니까야 : 숫자별로 엮은 설법의 모음. 11개의 니파타 (모음)로 묶인 2,400개에 가까운 경전으로 구성.

디가 니까야와 맛지마 니까야를 얼핏 보면 경전의 길이를 기준으로 편집된 것으로 생각하기 쉽다. 긴 경들은 디가 니까야, 중간 길이는 맛지마 니까야로 분류한 것처럼 보이지만 경전의 목록을 자세히 살펴보면 이 두 니까야를 나눈 보이지 않는 또 다른 기준이 있음을 읽어낼 수 있다. 디가 니까야의 경전들은 대부분 일반 대중을 대상으로 불교의 우월성을 알려 귀의시키려는 목적이 보인다. 맛지마 니까야의 경전들은 이미 불교에 귀의한 사람을 대상으로 하고 있으며 또한 새로 출가한 비구들에게 교법 및 수행법을 익히게 하기 위한 것임을 알 수 있다. 실제로 이러한 목적을 가지고 두 니까야가 분류된 것인지, 단지 길이에 의한 분류에 우연히 대상의 구분이 이루어진 것인지는 단정적으로 말하기 어렵다.

상윳따 니까야는 주제별로 구성되었다. 주제에 따라 경전들을 하나의 상윳따(장)로 묶기 때문에 그 이름도 상윳따 니까야이다. 1권은 게송으로 이루어진 경전들을 모아놓았는데 문학 장르를 기준으로 편집했다는 점이 특이하다. 나머지 네 권에서는 초기불교의 주요 교리들을 다루는 긴 주제들로 이루어졌다. 2권, 3권, 4권은 연기, 다섯 가지 무더기, 여섯 가지 감각 기관에 대한 중요한 내용을 담고 있다. 5권은 여덟 가지 바른 길, 일곱 가지 깨달음의 요소, 네 가지 마음챙김의 확립 등 깨달음에 이르는 37가지 법(助道品)을 다룬다.

이 내용들로 보아 상윳따 니까야는 교단 내 두 부류를 위한 설법이었음을 추측할 수 있다. 하나는 교리를 전문적으로 연구하여 함께 수행하는 도반들에게 가르쳐주고자 한 비구, 비구니이다. 다른 부류는 통찰지를 개발하기 위해 수행하는 이들이다.

앙굿따라 니까야는 부처님만의 독특한 설법 방식에 따라 숫자별로 경전들을 구성했다. 이해와 암기를 돕기 위해 부처님께서는 숫자를 앞에 붙여 가르침을 설하셨는데 마음속에 쉽게 각인되게 하기 위해서였다. 앙굿따라 니까야는 방대한 양의 경전을 11개의 모음 또는 장에 숫자별로 나누어 담고 있다. 각 장의 숫자는 경전에서 설명하는 교법을 나타낸다. 1의 모음, 2의 모음, 3의 모음 등등 11의 모음까지 이어진다.

상윳따 니까야에서 다양한 수행 요소들을 설명하고 있기 때문에 앙굿따라 니까야에서는 같은 주제더라도 언급된 적 없는 내용들을 다룬다. 상당수의 경전들이 재가자들이 세간에서 겪는 윤리적 문제 또는 수행 방법에 관한 것으로 부부간 관계, 부모와 자녀간의 관계, 재산을 벌어서, 모으고, 쓰는 방법 등에 대한 설법이다. 출가자들의 실제 수행을 다루는 경전들도 있다. 숫자별로 순서대로 구성되었기 때문에 특히 공식 법상에서 다루기 좋은 법문들로 이루어져 있고, 장로들이 제자들을 가르치거나 재가자들에게 법문할 때 좋은 주제가 되었다.

4부 니까야와 더불어 쿳다까 니까야라 불리는 다섯 번째 니까야가 있다. 쿳다까는 '작은'이라는 뜻이다. 아마 원래는 4부 니까야에 포함되지 않은 여러 경전들을 모아 놓은 것이었을 것이다. 하지만 시간이 지나면서 문헌들이 많이 보태져서 결국 5부 니까야 중 가장 방대한 경전 모음집으로 발전된 것으로 보인다.

쿳다까 니까야에서 가장 중요한 경전들은 게송으로만 쓰여진 담마빠다, 테라가타, 테리가타와 산문과 게송이 혼합된 숫타니빠다, 우다나, 이티웃따카 등이 있다. 이들은 그 내용과 형식으로 보았을 때 가장 오래된 경전들로 보인다. 테라바다 불교 사상을 담고 있는 빠

047

띠삼비다막가(Patisambhidamagga, 무애해도無碍解道), 두 개의 닛데사
(Niddesa, 의석義釋)는 부파불교 시대에 편집되었을 것이다.

빠알리 삼장의 4부 니까야에 상응하는 한문 대장경의 아함경이 있
는데 다른 초기 부파에서 전해진 것이다. 법장부의 장아함은 원래 쁘
라끄리트어에서 번역되었고, 설일체유부의 중아함, 잡아함은 산스크
리트어에서 번역되었으며, 증일아함은 대중부 경전으로 중기 인도-
아리아어 또는 산스크리트어화 된 쁘라끄리트어에서 번역된 것으로
추정된다. 한문 대장경에는 4부 니까야에 상응하는 확인 불가능한 부
파에서 개별적으로 번역한 경전들도 있다. 쿳다까 니까야의 개별 경
전들도 찾을 수 있는데 법구경은 빠알리 원본과 매우 유사하고, 숫타
니빠다도 단일본은 아니지만 일부 내용들이 번역된 것을 볼 수 있다.

번역 노트

빠알리 경전을 읽는 독자들은 문구의 반복에 지루함을 느낀다. 부처
님께서 유행하시며 법을 설하시는 과정에서 논지를 분명히 하기 위
해 실제로 반복해서 말씀하신 것인지, 제1차 결집에서 합송하는 과
정에서 변형된 것인지는 알기가 어렵다. 하지만 상당 부분 구전 과정
에서 반복이 이루어진 것은 확실하다.
  번역 과정에서 지나치게 되풀이되는 것을 막기 위하여 본서에서

는 말줄임표를 자주 사용했다. 나는 요약된 빠알리 판본을 따랐지만 독자들의 인내심을 고려하여 더 많이 생략해야 했다. 동시에 이러한 축약으로 핵심적인 내용과 그 맛을 잃지 않기 위해 많은 애를 썼다. 독자에 대한 배려와 원본에 대한 충실함은 언제나 번역가에게 모순된 역할을 요구한다.

같은 내용을 반복해서 읊는 문구를 어떻게 처리해야 하는가는 빠알리 원전 번역에 있어 해결되지 않는 숙제이다. 예를 들어 다섯 가지 무더기에 대한 경전을 번역한다고 하면 각 무더기에 대한 반복적인 설명은 생략하고 다섯 가지 무더기 전체에 대해 개괄적으로 번역하고 싶은 유혹이 따른다. 내 생각에는 이러한 번역은 경전을 의역함으로써 원본의 내용을 지나치게 누락할 수 있는 위험이 따른다. 나는 첫 번째와 마지막은 온전히 번역하고 중간에 반복되는 구문은 말줄임표로 생략하는 방법을 썼다. 따라서 다섯 가지 무더기에 대한 경전에서 물질과 의식을 설명할 때만 온전히 번역하고, '느낌…, 생각…, 의도형성…'과 같이 중간은 말줄임표로 생략하여 전체 구문이 똑같이 되풀이되는 것을 표시했다.

하지만 말줄임표가 너무 자주 사용된다는 우려 때문에 서사적인 내용에서 반복적인 문구가 나오면 말줄임표보다는 [ ]로 생략을 표시했다. 교리를 설명하는 부분에서는 앞에 설명한 대로 말줄임표를 사용했다. 중요한 교법을 번역할 때 정확히 어느 내용이 생략되었는지 보여주는 것은 전적으로 번역자의 책임으로 말줄임표가 가장 손쉬운 방법이기 때문이다.

서문

인간의 숙명.

I

들어가기

여느 종교들처럼 불교는 인간의 필연적인 괴로움을 해결하려는 노력에서 시작되었다. 불교가 다른 종교와 다른 점은 직접적이고, 철저하며, 엄격한 현실주의 관점에서 인간의 괴로움을 바라본다는 것이다. 부처님은 통증만을 완화시키는 치료법이 아니라 인간 존재 자체에 내재하는 근원적인 원인을 찾아 만성적인 질병의 뿌리를 뽑는 방법을 선택하셨다.

따라서 불법을 따라 수행하면 결국 괴로움의 근원을 완전히 제거할 수 있다. 다만 그 시작점은 우리 일상생활 속에서 받아들이기 힘든 사실들을 관조하는 데 있다. 여기에서도 불교의 엄격한 현실주의 관점이 잘 드러난다. 지혜로운 주의력yoniso manasikāra을 먼저 기르라는 것이다. 부처님은 일생을 아무 생각없이 헤매지 말고 주변 어디서든 발견할 수 있는 작지만 소중한 진리에 주의를 기울이라고 말씀하셨다.

그 중에서도 우리가 늙고, 병들고, 죽는다는 사실은 너무나 확연해서 무시할 수 없음에도 참으로 받아들이기 힘든 진리이다. 일반적으

053

로 불교는 늙음과 죽음의 실상을 깨닫고 출가 수행하여 윤회에서 완전히 벗어나 열반을 성취하라고 가르친다고 생각한다. 물론 이것이 부처님의 궁극적 의도였을 수도 있지만, 그렇다고 가르침을 청하는 제자들에게 열반을 제일 먼저 가르치진 않으셨다. 가장 먼저 일깨워준 것은 바로 윤리적인 삶이었다. 인간은 필연적으로 늙고, 죽을 수밖에 없다는 사실을 받아들여서 그릇된 삶의 방식은 버리고, 올바른 삶에 대한 강한 의지와 확고한 결심을 다지기를 기대하신 것이다.

다시 말하면, 부처님은 인간이 다른 생명에게 느끼는 자비심과 자신의 이익과 행복을 위하는 본능을 근거로 윤리적인 삶을 가장 먼저 내세우신 것이다. 윤리적인 원칙에 따라 행동할 때 자신의 현재와 미래의 이익을 보장할 수 있다는 이 가르침은 행동에는 반드시 결과가 따른다는 전제를 기반으로 하고 있다. 익숙해진 나쁜 습관을 고치고 싶다면 이 전제에 대한 확신이 있어야 한다. 자신을 망치는 삶에서 벗어나 만족스럽고 보람된 삶을 살고 싶다면 먼저 자신의 행동에 결과가 따른다는 사실을 깨달아야 한다. 그 결과는 현생이 아니면 내생에서라도 반드시 발현된다.

1장 1. 늙음, 병듦, 죽음에 나오는 세 개의 경전은 이 가르침을 유려하게 잘 설명하고 있다. **1-1)늙음과 죽음**에서는 태어난 존재는 반드시 늙고 죽을 수밖에 없는 필연적인 인과를 설명하고 있다. 얼핏 보면 부유한 귀족, 브라만, 장자 등 상류층과 아라한을 예로 들어 단순한 자연현상을 이야기하는 것처럼 보이지만, 그 속에 교훈이 숨겨져 있다. **1-2)산의 비유**에서는 산의 위력에 빗대어 '늙음과 죽음이 닥쳐올 때' 우리가 할 수 있는 일은 올바르게 살고, 선한 행동을 하며, 복덕을 쌓는 것이라고 밝히고 있다. **1-3)천신의 사자**使者는 우리 곁에 찾아온 '천신들의 사자'를 알아보지 못하고, 늙음, 병듦, 죽음이 은밀히 보내는 신호를 알아채지 못하면 게으르고 무모한 행동으로 해로운 업을 지어 두려운 결과를 맞이한다는 내용을 담고 있다.

자신이 늙고 죽는다는 자각이 일어날 때 마치 저주와 같이 괴롭히던 감각적 쾌락, 부, 권력을 향한 열병이 치유된다. 눈을 흐리게 했던 혼란이 걷히고 삶의 목적을 제대로 깊이 생각할 수 있게 되는 것이다. 그렇다고 모든 사람들이 당장 가족과 재산을 버리고 출가 유행하며 은둔 수행할 수 있는 것은 아니다. 부처님도 재가자들에게 그렇게 하도록 권하지 않으셨다. 위에서 보았듯이 인간은 결국 늙어 죽는다는 사실을 기반으로 업과 윤회라는 뗄 수 없는 한 쌍의 윤리적 원칙을 먼저 가르치셨다. 이를 업의 법칙이라고 하는데 선하고 불선한 행동의 결과는 현생 뿐 아니라 먼 미래생에도 발현된다는 것이다.

불선한 행동은 불행하게 다시 태어나게 하고, 고통과 괴로움을 가져오며, 선한 행동은 행복하게 다시 태어나게 하고, 이익과 즐거움을 가져온다는 이치다. 우리는 모두 늙어 죽는다. 그러니 지금 누리고 있는 만족은 일시적일 뿐이라고 끊임없이 알아차려야 한다. 젊고 건강할 때는 즐길 수 있다. 하지만 그동안 축적된 업이 사후에 성숙되면 자신이 저지른 행동에 대한 마땅한 과보를 받게 된다. 그러므로 오랜 미래의 이익을 위해서 괴로움을 가져오는 나쁜 행동은 철저히 피하고 현재와 미래에 행복을 가져오는 선한 행동을 부지런히 실천해야 한다.

1장 2.성찰하지 않는 삶의 고난에서는 인간의 삶을 세 가지 측면에서 살펴보고 있다. 여기에서 언급하는 괴로움은 앞에 나오는 늙음과 죽음의 괴로움과 중요한 차이가 있다. 늙음과 죽음은 육체가 존재하는 한 피할 수 없으며 평범한 사람과 깨달은 아라한 모두에게 해당된다. 하지만 다음 세 개의 경전에서는 '법을 배우지 못한 범부'와 '법을 잘 배운 부처님의 제자'를 나누어 설명하고 있다.

2-1)고통의 화살에서는 인간이 고통에 어떻게 반응하는지 언급하고 있는데 범부나 부처님의 제자 두 부류 모두 육체적 고통을 경험하지만 그 반응은 다르다는 것이다. 범부는 고통을 거부하므로 육체의 고통에 더해 정신적인 슬픔, 증오 즉 정신적 괴로움을 겪는다. 부처님의 제자는 육체의 고통을 정신적인 슬픔, 증오 즉 정신적 괴로움 없이 인내한다.

일반적으로 육체적 고통과 정신적 고통은 밀접하게 연결되어 있다고 생각하지만 부처님께서는 이 둘을 분명하게 구분하셨다. 육체적 고통과 같은 신체 현상은 피할 수 없지만 육체적 고통에 대해 불행, 두려움, 증오, 괴로움 등 감정적으로 반응할 필요가 없다는 것이다. 마음을 수련하면 알아차림과 바른 앎을 계발하여 육체적 고통을 인내와 평정심으로 담대하게 극복할 수 있다. 통찰지를 기르면 고통에 대한 두려움과 괴로움에서 벗어나기 위해 감각적 쾌락에 탐닉하며 위안을 찾지 않아도 된다.

삶의 굴곡을 맞이하는 태도 또한 극명한 차이를 보인다. 여러 경전에서 삶의 굴곡을 이익과 손해, 명예와 불명예, 칭찬과 비난, 고통과 즐거움 등 서로 반대되는 상황을 네 쌍으로 묶어 간단하게 정리해서 설명하고 있다. 이 여덟 가지를 세속팔풍世俗八風이라고 한다.

2-2)삶의 굴곡에서는 범부와 부처님의 제자가 이러한 인생의 변화에 어떻게 반응하는지 그 차이를 보여준다. 범부는 이익, 명예, 칭찬, 즐거움이 따를 때 매우 기뻐하고, 반대로 원하지 않는 상황에 맞닥뜨리면 낙담한다. 하지만 부처님의 제자들은 동요하지 않는다. 이롭고, 해로운 상황 모두에 무상의 지혜를 적용하여 평정에 머무르고 이로운 상황에 집착하지도 해로운 상황을 거부하지도 않는다. 이들은 좋아하고 싫어하는 것이 없고, 슬픔과 괴로움이 없다. 결국 괴로움에서의 완전한 해탈이라는 최상의 행복을 얻는다.

2-3)무상과 불안은 범부들이 겪는 고난을 좀더 근본적으로 살펴보고 있다. 범부들은 바르게 알지 못하기 때문에 변화에 불안해 한다. 특히 자신의 몸과 마음의 변화에 더욱 그렇다. 부처님은 몸과 마음을 물질, 느낌, 생각, 의도형성, 의식의 다섯 가지 구성요소로 구분하고 이를 '집착의 대상이 되는 다섯 가지 무더기(오취온五取蘊)'라고 이름하셨다. 이 다섯 가지 무더기는 자아라는 견해를 만든다. 이 다섯 가지를 우리는 '내 것', '나', '자아'라고 집착한다. 우리가 자아라고,

057

나라고, 내 것이라고 생각하는 모든 것은 이 다섯 가지 무더기 중 하나에 해당하는 것이다.

이 다섯 가지 무더기는 자아를 확립하는 가장 기본적인 두 가지 활동인 동일시同一視와 전유專有의 근본이 된다. 우리는 자아와 정체성이라는 개념에 극도의 감정적 의미를 부여하기 때문에 이와 연결된 대상인 다섯 가지 무더기가 변하면 당연히 불안과 괴로움을 겪을 수밖에 없다. 변화가 진행되는 것이 단순히 비인격적 현상이기보다는 나의 자아, 소중한 내 자신이라고 인식하고 이를 무엇보다 두려워한다. 그런데 이 경전에서처럼 고귀한 부처님의 제자들은 영원한 자아라는 개념이 얼마나 어리석은지 지혜롭게 분명히 보고 더 이상 다섯 가지 무더기를 자신과 동일시하지 않는다. 그러므로 변화를 아무런 불안이나 걱정없이 받아들이고, 다섯 가지 무더기의 변화, 무너짐, 사라짐을 동요없이 바라볼 수 있다.

불안과 동요는 개인뿐 아니라 사회에도 영향을 미친다. 아주 오래 전부터 이 세상은 대립과 갈등으로 가득했다. 폭력의 명칭, 장소, 수단만 바뀌었을 뿐 그 원동력, 동기, 탐욕과 증오의 표출은 다르지 않았다. 부처님께서 이러한 인간의 숙명을 너무나 잘 알고 계셨다는 것을 니까야의 경전들이 증명하고 있다. 불법은 윤리 실천과 마음 수련이라는 측면을 강조하며 결국 깨달음과 해탈을 주목표로 설정하고 있지만 인간의 삶을 잔인하게 파괴하는 폭력과 불의를 피할 수 있는 의지처가 되어준 것도 사실이다. 이는 자애심과 연민심을 강조하며 몸으로는 생명을 해치지 않고, 입으로는 온화한 말을 하며, 논쟁을 평화롭게 해결하라는 가르침에서 분명히 드러난다.

1장 3.혼란스러운 세상에서는 무력 충돌과 불의의 근본 원인을 다루고 있다. 네 개의 경전들을 보면 부처님께서 사회 외부 구조의 변화만을 주장하시지 않았다는 것을 알 수 있다. 현실이 암울한 이유는 인간 마음의 악한 성향이 겉으로 표출된 것이기 때문에 사회 정의와 평화를 구현하는 동시에 우리 내면의 변화가 필요하다고 말씀하신다. 나아가 각종 분쟁, 폭력, 정치적 억압, 경제적 부도덕의 근본 원인을 추적해 결국 우리 마음 속에서 찾아내고 있다.

3-1)갈등의 원인에서는 재가자들의 다툼은 감각적 쾌락에 대한 집착에서 일어나고 수행자들의 다툼은 견해에 대한 집착에서 일어난다고 설명하고 있다. **3-2)왜 미워하며 살아야 하는가**는 부처님과 천신들의 지배자인 삭까 사이의 대화 내용으로 부처님은 증오와 원한의 뿌리를 질투와 인색에서 찾고 있다. 질투와 인색에서 더 깊이 추적해 보면 결국 최종 원인은 감각 기관으로 유입되는 정보를 인식하고 인지하는 과정에서 근본적 왜곡이 일어나기 때문이다.

3-3)인과의 암울한 고리는 우리가 잘 알고 있는 12지 연기와 사뭇 다르게 연기를 설명하고 있다. 느낌에서 갈애로, 갈애에서 여러 원인들을 거쳐 '몽둥이와 무기를 집어듦'과 다른 폭력적인 행동으로 이어진다.

3-4)폭력과 억압의 근원은 탐, 진, 치 삼독三毒이 어떻게 전체 사

회에 악영향을 끼쳐서 폭력과 권력에 대한 탐욕, 타인에 대한 불의를 만들어내는지 그리고 있다. 네 경전 모두 지속적이고 중대한 사회 변화는 인간 개개인의 도덕심이 변할 때 가능하다고 말한다. 욕심, 미움, 어리석음이 우리 행동을 결정하는 주도적인 요인이 될 때 그 결과 역시 좋을 수 없다.

    지금까지 살펴보았던 세 가지 측면과는 달리 부처님께서 제시하고 있는 네 번째 인간의 숙명은 즉각적으로 인지되지 않는다. 바로 우리가 윤회하는 존재라는 것이다.

1장 4.시작을 알 수 없는 윤회에서는 한 사람의 일생은 시작을 알 수 없는 시간부터 이어져 온 윤회의 일부분이라고 설명하는 경전들이 나온다. 태어남의 연속을 빠알리어로 삼사라samsara라고 하는데 방향없이 헤맨다는 뜻이다. 우주의 시작을 찾기 위해 얼마나 오랜 시간을 거슬러 올라가도 그 창조의 순간은 알 수 없다. 얼마나 많은 전생을 거슬러 올라가도 그 시작점을 찾을 수 없다.

4-1)풀과 나뭇가지, 4-2)흙 덩어리는 어머니와 아버지, 할머니 할아버지를 아무리 거슬러 올라가도 지평선 너머로 끊임없이 이어질 뿐이라고 말하고 있다.

윤회는 시작이 없을 뿐만 아니라 그 끝도 없다. 무명과 갈애가 온전히 지속되는 한 윤회는 끝도 없이 무한히 진행될 것이다. 초기불교에서는 인간이 다름 아닌 자신의 무명과 갈애 때문에 윤회에 속박되

060

어 있다는 이 사실을 인간 숙명의 결정적 난제라고 보고 있다. 우리는 무한한 우주 공간을 배경으로 끊임없이 윤회 속에 정처없이 떠돌고 있다.

한 세계가 처음 만들어져, 정점을 찍고, 수축하여, 소멸하는 성주괴공成住壞空의 기간을 대겁大劫이라 한다. **4-3)산**은 겁이 얼마나 긴 시간인지 비유를 들어 생생하게 묘사하고 있고 **4-4)갠지스강**은 우리가 헤매어 온 헤아릴 수 없이 많은 겁을 비유를 들어 설명하고 있다. 중생은 어둠에 싸여 이 생에서 저 생으로 길을 잃고 헤매면서 태어남, 늙음, 병듦, 죽음이라는 과정을 수도 없이 반복한다. 갈애가 끊임없이 감각적 쾌락의 만족을 갈구하도록 내몰기 때문에 한발 물러나 인간 존재의 고통을 자세히 들여다볼 여유가 없다.

4-5)개의 목줄은 기둥에 묶인 개가 기둥을 중심으로 끊임없이 돌듯이 인간은 '다섯 가지 무더기'를 중심으로 쉼 없이 돌고 있다고 말한다. 무명에 덮여서 얼마나 끔찍한 상태에 빠져 있는지 알아차리지 못하고 벗어나는 길도 알지 못한다. 대부분의 존재는 감각적 쾌락의 기쁨 속에 빠져 산다. 어떤 이들은 권력, 지위, 자존심을 쫓아 만족되지 않는 갈증을 해소하기 위해 헛된 노력을 하며 삶을 허비한다. 많은 이들이 죽으면 끝이라는 두려움에 자아, 영혼, 영원한 삶을 내세우는 종교를 믿고 따른다. 하지만 윤회에서 벗어나기를 원하지만 그 방법을 알지 못하는 소수의 사람들도 있다. 바로 이들에게 길을 열어주기 위해서 부처님께서 세상에 나투셨다.

01 늙음, 병듦, 죽음

1) 늙음과 죽음

꼬살라국의 수도 사왓티에서 빠세나디왕이 세존께 여쭈었다.

"세존이시여, 사람이 태어나서 늙지도 죽지도 않을 수 있습니까?"

"대왕이시여, 사람이 태어나면 반드시 늙고 죽기 마련입니다. 부유한 *끄샤뜨리야* 계급은 금은보화와 재물이 넘치고 곳간에는 곡식과 물품이 가득 쌓여 있는 등 막대한 재산을 소유하고 있지만 태어났기 때문에 늙고 죽습니다. 부유한 브라만 계급도 ⋯ 부유한 재가자들도 ⋯ 막대한 재산을 소유하고 있지만 태어났기 때문에 늙고 죽습니다. 저 비구들은 아라한을 이루었고, 번뇌가 다하였으며, 성스러운 삶을 살았고, 해야 할 일을 마쳤으며, 짐을 내려놓았고, 목표에 도달했으며, 존재의 속박에서 완전히 벗어났고, 최상의 지혜로 해탈했습니다. 하지만 저들의 몸도 결국 무너져 쓰러질 것입니다.[2]

---

2 아라한은 '나', '내 것'이라는 생각이 없으므로 육체가 노화되어 죽는 것을 '나'의 늙

"왕의 장엄한 전차가 낡고 닳듯이

이 몸도 서서히 무너져 가지만

선한 이들의 법은 무너지지 않으니

선한 이들이 선한 이들에게 전하네."

(SN 3 : 3)

2) 산의 비유

사왓티에서 빠세나디왕이 한낮에 세존을 찾아뵙고 예경드린 뒤 한 쪽에 앉았다. 세존께서 물으셨다.

"대왕이시여, 한낮에 어디를 다녀오십니까?"

"세존이시여, 저는 왕의 집무를 수행하고 왔습니다. 왕들은 패권 이라는 독에 중독되고, 감각적 쾌락에 욕심내어 집착하며, 국권을 견 고히 잡고, 큰 영토를 정복해 다스리는 일에 빠져 있습니다."

"대왕이시여, 어떻게 생각하십니까? 믿을 만한 사람이 동쪽에서 와서 왕에게 이렇게 고한다고 합시다. '대왕이시여, 꼭 아실 일이 있 습니다. 제가 동쪽에서 오다 보니 하늘 높이 솟은 거대한 산이 무엇 이든지 닥치는 대로 깔아뭉개며 이쪽을 향하고 있었습니다. 마땅한 조치를 해주십시오.'

두 번째 믿을 만한 사람이 서쪽에서 … 세 번째 믿을 만한 사람이

음과 죽음이 아닌 육신의 무너짐과 사라짐으로 말하고 있다.

북쪽에서 … 네 번째 믿을 만한 사람이 남쪽에서 와서 왕에게 이렇게 고합니다. '대왕이시여, 꼭 아실 일이 있습니다. 제가 남쪽에서 오다 보니 하늘 높이 솟은 거대한 산이 무엇이든지 닥치는 대로 깔아뭉개며 이쪽을 향하고 있었습니다. 마땅한 조치를 해주십시오.'

대왕이시여, 이렇게 중대한 위험이 발생하여 인간의 생명이 참혹히 파괴된다면 인간의 목숨이란 참으로 부지하기 어렵습니다. 이럴 때는 어떻게 해야 하겠습니까?"

"세존이시여, 이렇게 중대한 위험이 발생하여 인간의 생명이 참혹히 파괴된다면, 인간의 목숨이란 참으로 부지하기 어렵습니다. 이럴 때는 부처님의 가르침에 따라 올바르게 살고, 선한 행동을 하며, 복덕을 쌓는 일 말고 무엇을 할 수 있겠습니까?"

"대왕이시여, 그대에게 알려드립니다. 늙음과 죽음이 그대에게 닥쳐오고 있습니다. 대왕이시여, 늙음과 죽음이 그대에게 닥쳐올 때 어떻게 해야 하겠습니까?"

"세존이시여, 늙음과 죽음이 닥쳐올 때 부처님의 가르침에 따라 올바르게 살고 선한 행동을 하며 복덕을 쌓는 일 말고 무엇을 할 수 있겠습니까? 왕들은 패권이라는 독에 중독되고, 감각적 쾌락에 욕심내어 집착하며, 국권을 견고히 잡고, 큰 영토를 정복해 다스립니다. 이들은 코끼리, 기병, 전차, 보병 등을 이용해 정복 전쟁을 벌입니다. 하지만 시시각각 닥쳐오는 늙음과 죽음은 어떤 전투에서도 물리칠 수 없습니다.

이 궁전에는 지략이 뛰어난 모사가 있어 적군이 쳐들어오면 계략으로 와해시킬 수 있습니다. 하지만 시시각각 닥쳐오는 늙음과 죽음은 어떤 계략으로도 물리칠 수 없습니다. 이 궁전의 금고와 창고에는 금은보화가 넘쳐나므로 적군이 쳐들어오면 금품으로 회유할 수도 있습니다. 하지만 시시각각 밀려오는 늙음과 죽음은 어떤 재물로도 물리칠 수 없습니다. 저에게도 늙음과 죽음이 닥쳐오고 있습니다. 부처님의 가르침에 따라 올바르게 살고 선한 행동을 하며 복덕을 쌓는 일 말고 무엇을 할 수 있겠습니까?"

"대왕이시여, 정말로 그러합니다! 늙음과 죽음이 닥쳐올 때 부처님의 가르침에 따라 올바르게 살고 선한 행동을 하며 복덕을 쌓는 일 말고 무엇을 할 수 있겠습니까?"

세존께서 이렇게 말씀을 마치시고 다시 게송으로 설하셨다.

하늘 높이 솟은
거대하고 견고한 바위산이
사방에서 빈틈없이 몰려들며
살아있는 모든 것을 깔아뭉개는 것처럼
늙음과 죽음도
모든 태어난 것에 밀어닥치네.

귀족, 사제, 상인, 농사꾼,
불가촉천민, 똥지게꾼 할 것 없이

누구든 한 사람도 놓치지 않고
모두 깔아뭉개 버린다네.

코끼리 부대, 전차부대, 보병대가 와도
이길 수 없고
영리한 계책과 엄청난 재물로도
승리할 길 없다네.

그러므로 지혜로운 이는
자신의 이익을 위하여
부처님과 가르침과 승가에
깊은 믿음을 내어야 하리.

부처님의 가르침에 따라
몸과 말과 마음을 길들이면
현생에는 칭송받고
후생에선 천신으로 태어나 기쁨을 누리리.

(SN 3:25)

3) 천신의 사자 使者

"비구들이여, 천신들이 세 명의 사자를 보냈으니 이들은 누구인가?

세존께서 묻고 이어 말씀하셨다.

"몸, 말, 마음으로 나쁜 짓을 한 사람은 죽어서 육신이 흩어지면 비참한 곳, 고통스러운 세계, 삼악도, 지옥에서 다시 태어난다. 지옥의 옥졸들이 그의 두 팔을 잡아끌고 염라대왕 앞에 가 고한다. '염라대왕이시여, 이 사람은 부모를 공경하지 않고, 수행자와 브라만을 존경하지 않으며, 집안 어른들께 예를 다하지 않았습니다. 대왕이시여, 그에게 마땅한 벌을 내리소서!'

"비구들이여, 이제 염라대왕이 그 사람에게 천신들이 보낸 첫 번째 사자에 대해 질문하고 조사하고 추궁한다. '여보게, 천신들이 보낸 첫 번째 사자를 인간들 가운데 보지 못했소?'

"그가 대답했다. '대왕이시여, 저는 보지 못했습니다.'

"염라대왕이 말했다. '하지만 여보게, 팔십, 구십, 백 살이 넘은 쇠약한 노인이 서까래처럼 등이 굽어 지팡이를 짚고 이리저리 몸을 흔들며 길을 가는 것을 보지 못했소? 젊음과 활기는 찾아볼 수 없고 병든 몸에 이는 부서지고 백발이 듬성듬성하며 쭈글쭈글한 얼굴에 사지가 얼룩덜룩한 것을 보지 못했소?'

"그가 대답했다. '대왕이시여, 본 적이 있습니다.'

"그러자 염라대왕이 다시 물었다. '여보게, 그대처럼 지혜롭고 성숙한 사람이 '나도 어쩔 수 없이 나이가 들어 늙을 것이다. 몸과 말과 마음으로 가치 있는 일을 해야겠다.'라는 생각이 들지 않았소?'

"'대왕이시여, 저는 그러지 못했습니다. 게을렀습니다.'

"그러자 염라대왕이 말했다. '여보게, 그대는 게을러 몸과 말과 마

067

음으로 가치 있는 일을 하지 못했소. 게으름에 대한 합당한 벌을 받게 될 것이오. 그대의 나쁜 행동은 부모, 형제, 자매, 친구, 동료, 친척, 천신, 수행자, 브라만 등 다른 누가 한 것이 아니라 그대 스스로 저지른 일이니 그대가 직접 과보를 거둘 것이오.'

"비구들이여, 염라대왕이 천신들이 보낸 첫 번째 사자에 대해 그렇게 질문하고, 조사하고, 추궁한 후 다시 두 번째 사자에 대해 질문하고, 조사하고, 추궁했다. '여보게, 천신들이 보낸 두 번째 사자를 사람들 가운데 보지 못했소?'

"'대왕이시여, 보지 못했습니다.'

"'하지만 여보게, 병에 걸려 고통받는 환자가 대소변을 가리지 못하고 다른 사람들이 들어 침대에 옮겨 눕히는 것을 본 적이 없단 말이오?'

"'대왕이시여, 본 적이 있습니다.'

"'여보게, 그대처럼 지혜롭고 성숙한 사람이 '나도 어쩔 수 없이 병이 들 것이다. 몸과 말과 마음으로 가치 있는 일을 해야겠다.'라는 생각이 들지 않았소?'

"'대왕이시여, 저는 그러지 못했습니다. 게을렀습니다.'

"'여보게, 그대는 게을러 몸과 말과 마음으로 가치 있는 일을 하지 못했소. 게으름에 대한 합당한 벌을 받게 될 것이오. 그대의 나쁜 행동은 부모, 형제, 자매, 친구, 동료, 친척, 천신, 수행자, 브라만 등 다른 누가 한 것이 아니라 그대 스스로 저지른 일이니 그대가 직접 과보를 거둘 것이오.'

"비구들이여, 염라대왕이 천신들이 보낸 두 번째 사자에 대해 그렇게 질문하고, 조사하고, 추궁한 후 다시 세 번째 사자에 대해 질문하고, 조사하고, 추궁했다. '여보게, 천신들이 보낸 세 번째 사자를 사람들 가운데 보지 못했소?'

"'대왕이시여, 보지 못했습니다.'

"'하지만 여보게, 죽은 지 하루, 이틀, 삼 일 지난 시체가 부풀어 오르고, 변색되고, 살이 곪는 것을 보지 못하였소?'

"'대왕이시여, 본 적이 있습니다.'

"'여보게, 그대처럼 지혜롭고 성숙한 사람이 '나도 어쩔 수 없이 죽을 것이다. 몸과 말과 마음으로 가치 있는 일을 해야겠다.'라는 생각이 들지 않았소?'

"'대왕이시여, 저는 그러지 못했습니다. 게을렀습니다.'

"'여보게, 그대는 게을러 몸과 말과 마음으로 가치 있는 일을 하지 못했소. 게으름에 대한 합당한 벌을 받게 될 것이오. 그대의 나쁜 행동은 부모, 형제, 자매, 친구, 동료, 친척, 천신, 수행자, 브라만 등 다른 누가 한 것이 아니라 그대 스스로 저지른 일이니 그대가 직접 과보를 거둘 것이오.'"

(AN 3:35)

02 성찰하지 않는 삶의 고난

1) 고통의 화살

"비구들이여, 법을 배우지 못한 범부는 육체적 고통을 겪으면 슬퍼하고, 서러워하고, 한탄한다. 눈물을 흘리며 가슴을 치고 어찌할 바를 모른다. 이는 육체적 고통과 정신적 고통 두 가지를 겪는 것이다. 어떤 이에게 첫 번째 화살을 쏜 뒤 다시 두 번째 화살을 쏘면 그는 화살에 맞는 고통을 두 번이나 겪게 된다. 마찬가지로 법을 배우지 못한 범부는 육체적 고통을 겪으면 육체적 고통뿐 아니라 정신적 고통에까지 시달린다.

"고통을 겪을 때 고통을 싫어하는 마음이 생기고 그 싫어하는 마음은 잠재성향이 되어 남는다. 그리고 감각적 쾌락에서 즐거움을 찾는다. 무엇 때문인가? 법을 배우지 못한 범부는 감각적 쾌락에 의지하지 않고 고통에서 벗어나는 방법을 알지 못하기 때문이다.[3] 감각

---

3   고통에서 벗어나는 방법은 선정, 도, 과위를 말한다.

적 쾌락에서 즐거움을 찾을 때 그 원하는 마음은 잠재성향이 되어 남는다. 그는 이러한 느낌들의 일어남과 사라짐, 만족과 위험, 벗어남을 있는 그대로 알지 못한다. 알지 못하기 때문에 무덤덤한 느낌과 같은 무지한 마음이 잠재성향이 되어 남는다.

"즐거우면 즐거움에 집착하고, 고통스러우면 고통에 집착하고, 무덤덤하면 또 거기에 집착한다. 비구들이여, 그래서 법을 배우지 못한 범부는 태어남, 늙음, 죽음에 집착하고 슬픔, 한탄, 고통, 실의, 절망에 집착한다. 한마디로 괴로움(苦)에 집착한다.

"비구들이여, 법을 잘 배운 부처님의 제자는 육체적 고통을 겪으면 슬퍼하거나, 서러워하거나, 한탄하지 않는다. 눈물을 흘리며 가슴을 치거나 어찌할 바를 모르는 일이 없다.[4] 이들은 육체적 고통 한 가지만 겪고 정신적 고통은 없다. 어떤 이에게 첫 번째 화살을 쏜 뒤 다시 두 번째 화살은 쏘지 않는다면 그는 화살에 맞는 고통을 한 번만 겪는다. 마찬가지로 법을 잘 배운 부처님의 제자가 육체적 고통을 겪으면 육체적 고통 한 가지만 느낄 뿐 정신적 고통은 없다.

"고통을 겪을 때 고통을 싫어하는 마음이 생기지 않기 때문에 싫어하는 마음이 잠재성향이 되지 않는다. 그리고 감각적 쾌락에서 즐

---

[4] 여기서 법을 잘 배운 부처님의 제자는 탐진치의 잠재성향을 완전히 제거한 아라한을 말한다. 아라한이 되어야만 완전한 평정심으로 육체적 고통을 다룰 수 있지만 일반 수행자들도 육체적 고통을 겪을 때 아라한을 본받아 슬픔과 절망을 극복할 수 있다. 부처님을 포함해 육체가 있는 존재는 육체적 고통을 피할 수 없지만 수행의 경지에 따라 고통에 휘둘리지 않고 인내할 수 있다.

거움을 찾지 않는다. 무엇 때문인가? 법을 잘 배운 부처님의 제자는 감각적 쾌락에 의지하지 않고 고통에서 벗어날 수 있는 방법을 알기 때문이다. 감각적 쾌락에서 즐거움을 찾지 않기 때문에 원하는 마음이 잠재성향이 되지 않는다. 그는 이러한 느낌들의 일어남과 사라짐, 만족과 위험, 벗어남을 있는 그대로 안다. 알기 때문에 무덤덤한 느낌과 같은 무지한 마음이 잠재성향이 되지 않는다.

"즐거워도 즐거움에 얽매이지 않고, 고통스러워도 고통에 얽매이지 않고, 무덤덤해도 이에 얽매이지 않는다. 비구들이여, 이와 같이 법을 잘 배운 부처님의 제자는 태어남, 늙음, 죽음에 얽매이지 않고 슬픔, 한탄, 고통, 실의, 절망에 얽매이지 않는다. 이들은 괴로움에 얽매이지 않는다.

"비구들이여, 이것이 법을 배우지 못한 범부와 법을 잘 배운 부처님의 제자를 구별하는 차이점이다."

(SN 36:6)

2) 삶의 굴곡

"비구들이여, 여덟 가지 세간의 조건(世俗八風)이 세상을 돌아가게 하고 세상은 다시 여덟 가지 세간의 조건들을 돌아가게 한다. 여덟 가지는 무엇인가? 이익과 손해, 명예와 불명예, 칭찬과 비난, 즐거움과 고통이다.

"비구들이여, 이 여덟 가지 세간의 조건은, 법을 배우지 못한 범부도 법을 잘 배운 부처님의 제자도 겪게 된다. 그렇다면 법을 배우지 못한 범부와 법을 잘 배운 부처님의 제자 사이에 어떤 차이점이 있는가?"

"세존이시여, 저희는 법에 대한 지혜를 모두 세존에게서 얻었습니다. 세존이 저희의 스승이며 의지처입니다. 세존께서 직접 그 뜻을 설명해 주십시오. 세존의 말씀을 듣고 저희들은 마음에 새기겠습니다."

"비구들이여, 귀기울여 잘 들으라. 내가 설하겠다."

"네, 세존이시여."

비구들이 대답하자 세존께서 다음과 같이 말씀하셨다.

"비구들이여, 법을 배우지 못한 범부가 이익을 얻게 되면, '내가 얻은 이 이익은 무상하고, 괴롭고, 변할 것이다.'라고 생각하지 못하고, 있는 그대로 살펴 알지 못한다. 손해를 입거나, 명예와 불명예, 칭찬과 비난이 따르면, '이 모두는 무상하고, 괴롭고, 변할 것이다.'라고 생각하지 못하고, 있는 그대로 살펴 알지 못한다. 이러한 사람은 이익과 손해, 명예와 불명예, 칭찬과 비난, 즐거움과 고통에 마음을 빼앗긴다. 이익에 크게 기뻐하고 손해에 낙담한다. 명예에 크게 기뻐하고 불명예에 낙담한다. 칭찬에 크게 기뻐하고 비난에 낙담한다. 즐거움에 크게 기뻐하고 고통에 낙담한다. 좋아하고 싫어하는 것에 깊이 빠져 태어남, 늙음, 죽음에서 벗어나지 못하고, 슬픔, 한탄, 고통, 실의, 절망에서 벗어나지 못한다. 한마디로 괴로움에서 벗어나지 못한다.

"하지만 비구들이여, 법을 잘 배운 부처님의 제자는 이익을 얻으면, '내가 얻은 이 이익은 무상하고, 괴롭고, 변할 것이다.'라고 생각한

073

다. 손해 등 나머지 조건에 대해서도 똑같이 살펴 생각할 것이다. 모두 있는 그대로 알고 마음을 뺏기지 않는다. 따라서 이익에 크게 기뻐하지 않고 손해에 낙담하지 않는다. 명예에 크게 기뻐하지 않고 불명예에 낙담하지 않는다. 칭찬에 크게 기뻐하지 않고 비난에 낙담하지 않는다. 즐거움에 크게 기뻐하지 않고 고통에 낙담하지 않는다. 좋아하고 싫어하는 것을 버렸기 때문에 태어남, 늙음, 죽음에서 벗어날 것이며, 슬픔, 한탄, 고통, 실의, 절망에서 벗어날 것이다. 한마디로 괴로움에서 벗어날 것이다.

"비구들이여, 이것이 법을 배우지 못한 범부와 법을 잘 배운 부처님의 제자를 구별하는 차이점이다."

(AN 8:6)

3) 무상無常과 불안

"비구들이여, 집착하면 불안하고 집착을 버리면 불안하지 않다. 이제 자세히 설하리니 잘 들으라."

"세존이시여, 잘 듣겠습니다."

세존께서 말씀하셨다.

"비구들이여, 어찌하여 집착하면 불안한가? 법을 배우지 못한 범부는 고귀한 이들을 알아보지 못하고, 그들의 가르침을 배우고 익히지 않으며, 뛰어난 이들을 알아보지 못하고, 그들의 가르침을 배우고 익히지 않는다. 그러므로 자아와 몸을 동일시하거나, 자아가 몸을 지배하거나, 자아에 몸이 포함되거나, 자아가 몸 속에 있다고 생각한다.[5] 하지만 몸은 변하고 사라진다. 몸이 변하고 사라지면 마음이 온통 몸의 변화에만 사로잡혀 불안 등 해로운 정신 상태에 빠지게 된다. 그래서 두렵고, 고통스럽고, 걱정이 가득하다. 집착하기 때문에 불안한 것이다.

"그는 자아와 느낌을 … 생각을 … 의도형성을 … 의식을 동일시하거나, 자아가 의식을 지배하거나, 자아에 의식이 포함되거나, 자아가 의식 속에 있다고 생각한다. 하지만 그의 의식은 변하고 사라진다. 의식이 변하고 사라지면 마음이 온통 의식의 변화에만 사로잡혀 불안 등 해로운 정신 상태에 빠지게 된다. 그래서 두렵고, 고통스럽고, 걱정이 가득하다. 집착하기 때문에 불안한 것이다.

"비구들이여, 이처럼 집착으로부터 불안이 생긴다.

"비구들이여, 어찌하여 집착을 버리면 불안하지 않은가? 법을 잘 배운 부처님의 제자는 고귀한 이들을 알아보고, 그들의 가르침을 배우고 익히며, 뛰어난 이들을 알아보고, 그들의 가르침을 배우고 익힌다. 그러므로 자아와 몸을 동일시하거나, 자아가 몸을 지배하거나, 자아에 몸이 포함되거나, 자아가 몸속에 있다고 생각하지 않는다. 몸은 변하고 사라진다. 몸이 변하고 사라지지만 마음은 전혀 몸의 변화에 사로잡히지 않고, 불안 등 해로운 정신 상태에 빠지지 않는다. 그래

---

5   법을 배우지 못한 범부는 법을 교리적으로 잘 알지 못하고, 실천 수행도 하지 않는 이를 말한다. 이들은 부처님과 그 제자들이 깨달은 진리를 알아보는 지혜의 눈이 없기 때문에 "고귀한 이들을 알아보지 못한다."고 했다.

서 두렵지 않고, 고통스럽지 않으며, 걱정이 없다. 집착을 버렸기 때문에 불안하지 않은 것이다.

"그는 자아와 느낌을 … 생각을 … 의도형성을 … 의식을 동일시하지 않고, 자아가 의식을 지배하거나, 자아에 의식이 포함되거나, 자아가 의식 속에 있다고 생각하지 않는다. 의식은 변하고 사라진다. 의식은 변하고 사라지지만 마음은 의식의 변화에 사로잡히거나 불안 등 해로운 정신 상태에 빠지지 않는다. 그래서 두렵지 않고, 고통스럽지 않으며, 걱정이 없다. 집착을 버렸기 때문에 불안하지 않은 것이다.

"비구들이여, 이처럼 집착을 버리면 불안하지 않다."

(SN 22:7)

03 혼란스러운 세상

1) 갈등의 원인

브라만 아라마단다가 마하깟짜야나 존자를 찾아뵙고 정답게 인사를
나눈 뒤 여쭈었다.

"마하깟짜야나 존자시여, 어찌하여 *끄샤뜨리야*는 *끄샤뜨리야끼*
리, 브라만은 브라만끼리, 재가자는 재가자끼리 싸우는 것입니까?"

"브라만이여, 그것은 감각적 쾌락에 집착하고, 매달리고, 중독되
고, 강박되어 감각적 쾌락을 놓지 못하기 때문에 *끄샤뜨리야*는 *끄샤*
*뜨리야끼*리, 브라만은 브라만끼리, 재가자들은 재가자들끼리 싸우는
것입니다."

"마하깟짜야나 존자여, 어찌하여 수행자들은 수행자끼리 서로 싸
우는 것입니까?"

"브라만이여, 그것은 견해에 집착하고, 매달리고, 중독되고, 강박
되어 견해를 놓지 못하기 때문에 수행자들끼리 싸우는 것입니다."

(AN 2)

2) 왜 미워하며 살아야 하는가

2-1. 도리천의 신들의 왕, 삭까가 부처님께 여쭈었다.

"중생들은 서로 미워하지 않고, 해치지 않고, 적의를 품지 않고, 원한 없이 평화롭게 살기를 원합니다. 하지만 서로 미워하고, 해치며, 적의를 품고, 원수처럼 생각합니다. 세존이시여, 어떤 속박에 묶였길래 이렇게 살아가는 것입니까?"

"신들의 왕이여, 중생들은 서로 미워하지 않고, 해치지 않고, 적의를 품지 않고, 원한 없이 평화롭게 살고자 하나 질투와 인색이라는 속박에 묶여 서로 미워하고, 해치며, 적의를 품고, 원수처럼 생각하는 것이다."

세존께서 이렇게 대답하시자, 삭까는 기뻐하며 찬탄했다.

"그렇습니다, 세존이시여! 그렇습니다, 세존이시여! 세존의 말씀을 들으니 의심이 걷히고 혼란이 사라졌습니다."

2-2. 삭까가 세존께 감사드린 후 또 다른 질문을 여쭈었다.

"세존이시여, 질투하고 인색한 이유는 무엇입니까? 그 뿌리는 무엇이며 어떻게 생겨나고 일어납니까? 무엇이 있을 때 일어나고 무엇이 없을 때 일어나지 않습니까?"

"신들의 왕이여, 질투와 인색은 좋아하고 싫어하는 분별에서 일어난다. 이것이 그 뿌리이며, 생겨나고 일어나는 원인이다. 좋아하고 싫어하는 분별이 있을 때 질투와 인색이 일어나고, 없을 때 일어나지 않는다."

"세존이시여, 그렇다면 좋아하고 싫어하는 분별이 일어나는 이유가 무엇입니까…?"

"신들의 왕이여, 욕망에서 일어난다.…"

"욕망이 일어나는 이유는 무엇입니까…?"

"신들의 왕이여, 생각에서 일어난다. 마음이 무언가 생각할 때 욕망이 일어난다. 마음이 생각하지 않을 때 욕망은 일어나지 않는다."

"세존이시여, 생각이 일어나는 이유는 무엇입니까?"

"신들의 왕이여, 생각은 복잡한 인식과 개념에서 일어난다. 복잡한 인식과 개념이 있을 때 생각이 일어난다. 복잡한 인식과 개념이 없으면 생각은 일어나지 않는다,"

(DN 21)

3) 인과의 암울한 고리

9. "아난다여, 느낌을 의지하여 갈애가 있고, 갈애를 의지하여 추구가 있고, 추구를 의지하여 얻음이 있고, 얻음을 의지하여 판단이 있고, 판단을 의지하여 욕망이 있고, 욕망을 의지하여 집착이 있고, 집착을 의지하여 소유가 있고, 소유를 의지하여 인색함이 있고, 인색함을 의지하여 방어가 있고, 방어하기 위해서 여러 사악하고 해로운 일들이 일어난다. 몽둥이와 무기를 들고, 갖은 갈등, 다툼, 논쟁, 모욕, 모함, 거짓말을 일삼게 된다.[6]

(DN 15)

4) 폭력과 억압의 근원

"욕심, 미움, 어리석음은 모두 옳지 않다. 욕심내고, 미워하고, 어리석은 사람이 몸으로, 말로, 생각으로 한 행동도 전부 옳지 않다. 욕심, 미움, 어리석음에 휘둘리고 그런 생각에 지배당하여 '나에게 힘이 있고, 나는 더 많은 힘을 원한다'는 욕망을 품고, 거짓 핑계를 대며, 다른 사람을 죽이거나, 구속하거나, 재산을 빼앗거나, 중상모략하거나, 내쫓는 등으로 고통을 준다면 이는 모두 옳지 않다."

(AN 3:69)

---

6   추구는 형색 등의 대상을 추구하는 것이다. 얻음은 그러한 대상을 얻는 것이다. 판단은 자신이 얼마나 소유하고 다른 이들에게 얼마나 내어줄 것인지, 또는 얼마만큼 쓰고 얼마만큼은 아껴놓을지 등을 결정하는 것이다.

04 시작을 알 수 없는 윤회

1) 풀과 나뭇가지

"비구들이여, 윤회의 시작은 알 수가 없다. 중생들이 무명에 덮이고 갈애에 속박되어 길을 잃고 헤매게 된 시작은 알 수가 없다. 가령 어떤 사람이 남섬부주[7]에 있는 풀, 막대기, 나뭇가지, 나뭇잎을 모조리 잘라 한 무더기로 모아 놓았다고 하자. 그 무더기에서 하나씩 꺼내어 '이것은 나의 어머니, 이것은 나의 어머니의 어머니.'라며 세어 나간 다면 그 사람의 어머니와 어머니의 어머니는 세어도 끝이 없지만 남섬부주에 있는 풀, 막대기, 나뭇가지, 나뭇잎은 동이 날 것이다. 왜 그러한가? 윤회에는 시작이 없기 때문이다. 중생들이 무명에 덮이고 갈애에 속박되어 길을 잃고 헤매게 된 시작은 알 수가 없다. 비구들이여, 그대들은 그렇게 오랫동안 고통과 괴로움 속에서 불행을 겪으며 부풀어 오른 시체가 되어 무덤을 채웠다. 이제는 모든 형성된 것

---

7   Jambudipa의 음사. 잠부나무가 무성한 남쪽 대륙이라는 뜻.

들에 환멸을 느끼고, 집착을 끊고, 자유로워질 만큼 충분히 겪었다."

(SN 15:1)

2) 흙 덩어리

"비구들이여, 윤회의 시작은 알 수가 없다. 중생들이 무명에 덮이고 갈애에 속박되어 길을 잃고 헤매게 된 시작은 알 수가 없다. 비구들이여, 가령 어떤 사람이 온 지구의 흙으로 대추씨만한 흙 덩어리들을 만들어서 '이것은 나의 아버지, 이것은 나의 아버지의 아버지.'라며 하나씩 세어 나간다면 그 사람의 아버지와 아버지의 아버지는 세어도 끝이 없지만 흙 덩어리는 동이 날 것이다. 왜 그러한가? 윤회에는 시작이 없기 때문이다. 중생들이 무명에 덮이고 갈애에 속박되어 길을 잃고 헤매게 된 시작은 알 수가 없다. 비구들이여, 그대들은 그렇게 오랫동안 고통과 괴로움 속에서 불행을 겪으며 부풀어 오른 시체가 되어 무덤을 채웠다. 이제는 모든 형성된 것들에 환멸을 느끼고, 집착을 끊고, 자유로워질 만큼 충분히 겪었다."

(SN 15:2)

3) 산

한 비구가 세존을 찾아뵙고 예경드린 뒤 한쪽에 앉아 여쭈었다.

"세존이시여, 겁은 얼마나 긴 시간입니까?"[8]

"비구여, 겁은 몇 년, 몇백 년, 몇천 년 또는 몇십만 년으로 헤아려 말할 수 없을 만큼 긴 시간이다."

"세존이시여, 그렇다면 비유를 들어 설명해 주십시오."

"비구여, 그렇게 하겠네. 한 덩어리로 이루어진 작은 틈도 구멍도 없는 견고한 바위산이 있는데 그 가로, 세로, 높이가 모두 1요자나라고 생각해 보아라.[9] 백 년마다 어떤 이가 와서 고운 천으로 이 바위산을 한번씩 문질러 결국 언젠가 닳아 없어진다 해도 아직 일 겁은 끝나지 않았다. 겁이라는 시간은 그렇게 길다. 겁이라는 시간이 이렇게 길지만 우리는 몇 겁, 몇백 겁, 몇천 겁, 몇십만 겁을 길을 잃고 헤매고 있다. 왜 그러한가? 비구들이여, 윤회에는 시작이 없기 때문이다. … 이제 자유로워질 만큼 충분히 겪었다."

(SN 15:5)

4) 갠지스강

세존께서 마가다국의 수도 라자가하의 죽림정사에 머무실 때였다. 다람쥐 보호구역으로 한 브라만이 찾아와 세존께 인사드렸다. 인사를 마치고 정다운 대화를 나눈 뒤 브라만은 한쪽에 앉아 세존께 여쭈

---

8 대겁을 말하며 한 우주가 성주괴공成住壞空을 거치는 시간을 의미한다.

9 약 11.2km

었다.

"고따마 존자시여, 지금까지 몇 겁의 시간이 흘렀습니까?"

"브라만이여, 많은 겁이 흘렀다. 몇 겁, 몇백 겁, 몇천 겁 또는 몇십만 겁으로 헤아려 말할 수 없을 만큼 긴 시간이다."

"고따마 존자시여, 그렇다면 비유를 들어 설명해 주십시오."

"브라만이여, 그렇게 하겠네. 갠지스강의 상류와 하구 사이의 모래를 생각해 보아라. 몇 개, 수백 개, 수천 개, 수십만 개라고 세어서 말할 수 없을 만큼 많은 모래알이 있다. 하지만 그보다 셀 수도 없이 많은 겁이 흘러갔다. 몇 겁, 몇백 겁, 몇천 겁 또는 몇십만 겁으로 헤아려 말할 수 없을 만큼 긴 시간이 흘렀다. 왜 그러한가? 브라만이여, 윤회에는 시작이 없기 때문이다. … 이제 자유로워질 만큼 충분히 겪었다."

(SN 15:8)

5) 개의 목줄

"비구들이여, 윤회의 시작은 알 수가 없다. 중생들이 무명에 덮이고 갈애에 속박되어 길을 잃고 헤매게 된 시작은 알 수가 없다. 바닷물이 흩어지고 말라서 사라진다 해도 무명에 덮이고 갈애에 속박되어 길을 잃고 헤매는 중생들의 고통은 끝이 없다.

"비구들이여, 산중의 산, 수미산이 불에 타 모조리 사라지더라도 무명에 덮이고 갈애에 속박되어 길을 잃고 헤매는 중생들의 고통은 끝이 없다. 대지가 불에 타 없어질지라도 무명에 덮이고 갈애에 속박되어 길을 잃고 헤매는 중생들의 고통은 끝이 없다.

"비구들이여, 견고한 기둥에 목줄이 묶인 개는 그 기둥을 빙빙 돌며 주변을 벗어나지 못한다. 이와 같이 법을 배우지 못한 범부는 자아와 몸을 동일시하고 … 느낌을 … 생각을 … 의도형성을 … 의식을 동일시하여 몸, 느낌, 생각, 의도형성, 의식의 주변을 끊임없이 맴돈다. 이 다섯 가지 주변을 맴돌기 때문에 벗어나지 못한다. 태어남, 늙음, 죽음에서 벗어나지 못한다. 슬픔, 탄식, 고통, 실의, 절망에서 벗어나지 못한다. 한마디로 괴로움(苦)에서 벗어나지 못한다."

(SN 22:99)

빛의 인도자.

2

들어가기

니까야에서 묘사하고 있는 인간의 숙명은 부처님의 출현을 더욱 의미있는 사건으로 고조시키는 배경이 된다. 다양한 배경을 고려하지 않고 부처님을 이해하려고 하면 개개인이 당면하고 있는 문제에서부터 우주의 유구한 시간의 흐름에 이르기까지 부처님의 역할에 대한 우리의 이해는 완전할 수 없다. 니까야를 결집했던 이들의 의도를 파악하기는커녕 우리 자신의 개인적 성향이 경전 해석에 훨씬 더 많이 반영될 수도 있다.

자신의 편견과 성향에 따라 부처님을 타락한 브라만교에 반기를 든 진보성향의 청렴한 개혁가, 또는 위대한 인문주의자, 급진적 실용주의자, 실증주의 심리학자, 불가지론자, 우리의 환상을 만족시켜주는 사상적 선지자로도 볼 수 있다. 결국 경전 속에서 경전 밖의 나를 바라보고 있는 부처님은 우리 자신의 투영일 따름이며 깨달은 이의 모습은 아니다.

고전 종교 문헌을 읽을 때 자신과 자신의 가치관을 전혀 투영하지 않을 수는 없다. 그러나 문헌에 대한 마땅한 존경심을 가지고 해석하려고 노력한다면 그 의미를 완전히 꿰뚫어 볼 수는 없더라도 개인의 편견이 끼치는 영향을 제한할 수 있다. 마찬가지로 니까야에 경외심을 가지고 부처님이 세상에 나투신 배경에 대한 설명을 진지하게 받아들인다면 부처님이 우주적 차원의 사명을 띠고 오신 것을 이해할 수 있다. 무한한 시간이 흐르는 우주 속에 무명에 덮인 중생들이 생노병사의 고통에 매여 끝도 없이 헤매고 있는 가운데 부처님께서 지혜의 빛을 밝히는 인류의 선봉자로 오신 것이다.

2장 1.한 사람에서는 부처님의 나투심을 '위대한 지혜, 위대한 빛, 위대한 광채의 현현'이라고 표현하고 있다. 부처님은 해탈이라는 지극한 평온을 홀로 얻으신 뒤 지혜의 불을 밝혀 우리도 직접 진리를 보고 해탈의 눈을 완성할 수 있는 수행의 길로 안내해 주신다.

불교에서는 고따마 싯타르타를 단지 인류 역사의 한 시점에 유례없이 등장했다가 영원히 사라지는 독특한 인물로만 치부하지 않는다. 그는 과거에 수없이 많이 깨달은 이들과 미래에 무한히 깨달을 이들로 이루어진 부처님 왕국에 가장 최근에 합류한 원시적 원형의 실현이다. 초기불교에서는 니까야라는 최고最古의 경전에서부터 서로 다른 특징을 가진 여러 부처님들을 인정하고 있다. 이 책에 실리지 않았지만 디가 니까야 대전기 경(DN 14)의 시작 부분에 이 특징들에 대한 대략의 설명이 나와 있다. 경전에서 사용하는 부처님의 다른 이름인 '여래如來'는 이러한 원시적 원형의 실현을 뜻한다. 여래의 뜻은 '이와 같이 온 이'인데 즉 과거의 부처님들이 그랬던 것처럼 우리 곁에 오셨다는 뜻이다. 또 '이와 같이 간 이'라는 뜻도 있는데 즉 과거의 부처님들이 그랬던 것처럼 열반적정으로 가셨다는 뜻이다.

니까야에서는 어느 특정한 시간과 특정한 세상에 깨달은 이는 단한 분만 존재한다고 분명히 밝히고 있는데 전체 우주의 흐름에서 여러 부처님의 출현은 필연적이다. 부처님은 어두운 밤하늘에 떨어지는 별똥별처럼 무한한 시공간 속에 가끔씩 나타나 눈에 때가 덜 긴이들이 진리를 볼 수 있도록 영적 세계의 밤하늘에 지혜의 빛을 밝게 비추신다.

불교에서는 일반적으로 미래에 부처를 이루고자 서원을 세우고 오랜 세월 동안 부지런히 수행해 온 이들을 보살이라고 일컫는다. 이들은 수많은 겁 동안 험난한 길을 걸으며 최상의 깨달음을 이루는 데 필요한 조건들을 갖추어 나간다. 이는 모두 생사의 고통에 빠진 중생들을 구제하고자 하는 자비심의 발로이다. 모든 조건들이 구족되면이제 부처를 이루어 세상에 법을 전한다.

부처님은 오래전 끊어진 해탈의 길을 다시 찾은 분이다. 이 길은 과거의 부처님들이 걸었던 '옛길'이며 열반이라는 대자유의 길이다. 부처님은 이 길을 직접 발견하고, 끝까지 걸었기 때문에 빠짐없는 완전한 가르침을 인류에게 전할 수 있다. 그래서 다른 많은 이들도 궁극의 해탈의 길로 들어서도록 인도할 수 있다. 하지만 부처님의 역할이 이것으로 끝나는 것은 아니다. 부처님은 열반적정의 해탈의 길을 가르쳐주실 뿐 아니라 인간들이 바라는 세속의 여러 이익과 행복을 얻는 방법도 알려주신다. 부처님은 세속에서 행복, 평온, 안정을 얻을 수 있는 방법 등 세간적 조언도 해주시고, 열반을 얻을 수 있는 출세간적 수행법도 가르치셨다. 주로 출세간적인 가르침이 강조되긴 하지만 부처님의 역할은 그보다 훨씬 광범위한 것이다.

부처님은 수행자와 명상가들의 스승이자, 명상 기법이나 사상조류를 이끌었던 선지자일 뿐 아니라 모든 측면에서 완전한 법을 안내해준 길잡이시다. 세간과 출세간의 바른 앎과 선한 품행에 핵심이 되는 모든 원칙들을 밝히고, 전하고, 세우신 분이다. 그리하여 경전에서 부처님을 '많은 이들의 안녕과 행복을 위하여, 세상을 향한 자비심에서, 천신과 인간의 이익, 안녕, 행복을 위하여 나타난 한 사람'으로 칭송하면서 부처님의 일생이 얼마나 이타적이었는지 강조하고 있는 것이다.

니까야에서는 인격체로서의 부처님을 두 가지 측면에서 보여주고 있다. 경전들을 잘 이해하기 위해서는 한 측면이 다른 측면을 압도하지 않도록 균형있는 관점을 유지하는 것이 중요하다. 우리가 사물을 볼 때 두 눈의 원근이 뇌에서 합쳐져 하나의 이미지가 생성되듯이 이 두 가지 측면을 균형있게 종합할 때 부처님에 대한 바른 견해를 세울 수 있다.

현대 불교에서 가장 강조되고 있는 첫 번째 측면은 인간의 나약함을 극복하기 위해 노력하는 존재로서의 부처님이다. 부처님은 35세에 깨달음을 얻으셨고, 지혜롭고 자비로운 스승으로 45년간 우리 곁에 머물며 설법하셨다. 부처님 사후에도 오랫동안 가르침이 세상에 전해질 수 있도록 법을 널리 전하셨다. 이것이 니까야에서 가장 두드러지게 나타나는 부처님의 모습이다. 이는 신에 대한 믿음을 이상적으로 여기는 종교에 대해 불가지론적 입장을 취하는 현대인들의 마음에 가장 잘 와닿을 것이다.

두 번째 측면은 독자들에게 낯설 수도 있지만 불교 전반에 스며있고 불교 신앙의 기반이 되는 부분이다. 현대 불교학자들이 합리화 또는 축소하려는 시도에도 불구하고 비록 주도적이진 않지만 때때로 간과하기 어려울 정도로 현저하게 니까야에 드러나기도 한다. 이는 부처님이 이미 셀 수 없는 과거 생 동안 깨달음을 얻을 준비 과정을 거쳤으며 태어날 때부터 위대한 스승이 될 운명을 타고 났다는 것이다.

2장 2.부처님의 잉태와 탄생에서는 이러한 관점에서 부처님을 어떻게 이해해야 하는지 예시를 들어 보여주고 있다. 부처를 이룰 보살이 이미 모든 것을 알고 도솔천에서 내려와 어머니의 태 속에 든다. 잉태와 출산이 모두 경이로운 사건들로 가득한데, 천신들이 갓 태어난 아기에 예경하고, 아기는 태어나자마자 일곱 걸음을 걸으며 운명을 예언한다. 경전을 결집한 이들에게 부처님은 어머니 태에 잉태하기 전부터 이미 성불할 운명을 타고난 자이며, 깨달음을 성취하

093

기 위한 그의 모든 노력들은 이미 그 결과가 정해져 있었던 것이다. 모순적이게도 이 경의 마지막 문단에서는 다시 현실적인 부처님의 모습으로 돌아간다. 진정으로 경이로운 부처님의 공덕은 부처님의 잉태와 탄생에 수반된 기적들이 아니고 느낌, 생각, 인식을 알아차리고, 바르게 아는 것이라고 말씀하고 계신다.

2장 3.깨달음을 찾아서의 세 개의 경전들은 모두 자연주의적 관점에서 전기적 사실들을 서술하고 있다. 부처님의 민낯을 사실적으로, 그리고 자연주의 그대로 적나라하게 드러내며 최소한의 서술법으로 깊은 심리적 통찰을 그려내고 있다.

3-1)최상의 지극한 평온을 구하여에서는 부처님의 출가, 뛰어난 두 스승과의 만남, 스승에 대한 실망, 은거 수행, 불사不死의 성취 등이 담겨져 있다. **3-2)세 가지 지혜**는 앞 장에서 빠졌던 보살의 수행에 관한 이야기를 언급하며 서사의 공백을 메꾸고 있다. 여기서는 전형적인 깨달음의 과정인 사선정四禪定과 그 이후에 따르는 삼명三明, 즉 세 가지 신통력을 언급하고 있는데 이는 과거생을 기억하는 숙명통宿命通, 중생들의 죽음과 다시 태어남을 볼 수 있는 천안통天眼通, 모든 번뇌가 다하는 누진통漏盡通을 말한다. 내용상 부처님께서 마지막 누진통을 내면의 직관력으로 갑작스럽고 즉흥적으로 얻은 것처럼 오해할 수 있는 여지가 있지만 **3-3)옛 도시**에서 보살이 깨닫기 전날 밤 생노병사의 괴로움을 깊이 숙고하는 장면을 묘사하면서 그

우려를 잠재우고 있다. 부처님은 괴로움이 일어나는 원인을 순서대로 거슬러 올라가면서 각 원인들을 깊이 관찰하여 지혜로 꿰뚫게 된다. 이러한 사색 과정은 연기를 깨달으면서 정점을 찍게 되고 이는 불교의 사상적 기반이 된다.

중요한 것은 연기법이 일체가 서로 상호의존하는 환희로운 축제의 장이 아니라 괴로움이 발생하고 소멸하는 원인을 정형화하여 어긋남 없이 구조화시킨 것임을 이 경을 비롯한 니까야의 여러 경전에서 확인할 수 있다. 이 경전에서 부처님께서는 연기를 끊어내는 법을 알았을 때 깨달음의 길을 찾았다고 선언하신다. 그러므로 부처님이 깨달을 수 있었던 이유는 연기의 발생이 아니라 연기의 소멸을 발견했기 때문이었다. 경전 후반부에 옛길에 대한 비유가 나오는데 부처님의 깨달음이 어떤 유례없는 사건이 아니라 과거의 부처님들이 걸었던 옛적부터 존재했던 길을 다시 발견한 것일 뿐이라고 강조하고 있다.

3-1)최상의 지극한 평온을 구하여의 나머지 뒷 내용은 **3-2)세 가지 지혜**와 **3-3)옛 도시**에서 보살의 구도 이야기를 두 가지 버전으로 살펴본 후 **2장 4.전법의 의지**에서 다시 이어진다.

이제 우리는 부처님이 성도 직후 세상에 깨달음을 전해야 할지 중대한 고민을 하고 있는 장면에서 그를 다시 만난다. 바로 이 시점에, 지금까지 너무나 사실적이었던 내용의 흐름 가운데 갑자기 범

095

천 사함빠띠라고 불리는 천신이 하늘에서 내려와 부처님께 '눈에 때가 덜 낀' 이들을 위해서 법을 전해달라고 간청한다. 이 장면을 문자 그대로 받아들여야 할지 아니면 부처님 내면의 고민을 상징적으로 재현한 것인지 의문이 든다. 단정적으로 어느 하나라고 결론 내릴 수 없다. 두 가지 모두 맞다고 이해하는 편이 좋을지 모르겠다. 어떤 경우든 이 시점에 범천의 등장은 경전의 초반부를 채색했던 현실주의적 특징이 신화적인 상징으로 옮겨가는 시작점이 된다. 이러한 변화는 부처님의 깨달음이 갖는 우주적 의미와 스승으로서의 미래의 임무를 더욱 돋보이게 한다.

부처님은 결국 범천의 간청을 받아들여 전법을 하시기로 결심하시고 제일 먼저 가르침을 펼 대상으로 고행할 당시 자신을 도와주었던 다섯 명의 수행자를 선택하신다. 이들 다섯 명 모두 부처님의 설법을 듣고 생사를 초월한 열반을 얻는 것으로 경전은 마무리된다. 하지만 부처님께서 성도하신 후 처음으로 법을 전한 이들에게 어떤 가르침을 전하셨는지 구체적인 내용은 나오지 않는다.

2장 5.초전법륜경에 바로 이 최초의 법문 내용이 담겨 있다. 경전이 시작될 때 부처님은 다섯 비구들에게 '중도'를 발견했다고 선언하시며 이는 여덟 가지 바른 길(八正道)이라고 밝히신다. 그 전에 있었던 전기적인 사건들을 비추어 보면 부처님께서 왜 이렇게 설법을 시작하셨는지 이해할 수 있다.

이 다섯 수행자들은 처음에는 부처님께서 깨달음을 얻으셨다는 사실을 받아들이지 않았다. 부처님이 고행을 등지고 풍요로운 생활로 돌아갔다고 생각했다. 그래서 부처님께서는 제일 먼저 자신이 감각적 쾌락을 탐닉하는 삶으로 돌아간 것이 아니라 시간을 초월한 깨달음의 길로 향하는 새로운 수행법을 찾아냈다는 확신을 주어야 했다. 이 새로운 수행법은 감각적 쾌락은 멀리 여의되 몸을 학대하는 고행은 무의미하고 도움이 되지 않기 때문에 피해야 한다는 것이다. 그리고 해탈에 이르는 진정한 수행법은 여덟 가지 바른 길이며, 이 수행은 양극단을 버리므로 지혜의 빛이 비추어 결국 모든 속박의 부서짐, 열반에 이른다고 가르치셨다.

다섯 수행자들과 모든 오해를 풀고난 후 부처님께서는 성도한 날 밤 깨달은 진리를 설하셨는데 이것이 네 가지 고귀한 진리(四聖諦)이다. 네 가지 진리를 각각 설명하고, 그 뜻을 밝히셨으며, 각 진리를 세 가지 측면에서 살피셨다. 이것이 이 경 후반부에 언급되는 세 번의 법륜의 굴림이다.

첫 번째 바퀴의 굴림은 각 진리의 구체적 특징을 아는 지혜이다. 두 번째 바퀴의 굴림은 각 진리에서 수행해야 할 과제이다. ①괴로움(苦聖諦)은 완전히 이해해야 하고, ②괴로움의 원인(集聖諦)은 버려야 하며, ③괴로움의 소멸(滅聖諦)은 깨달아야 하고, ④괴로움의 소멸로 가는 길(道聖諦)은 닦아야 한다. 세 번째 바퀴의 굴림은 각 진리에서 주어진 과제가 완수되었음을 스스로 아는 것이다. 괴로움은 완전히 이해되었고, 갈애는 버려졌으며, 괴로움의 소멸은 실현되었고, 괴로움의 소멸로 가는 길은 완전히 닦아졌다고 아는 것이다. 부처님은 이 세 번의 법륜의 굴림으로 네 가지 고귀한 진리를 12가지 측면에서 오롯이 이해했기 때문에 위없는 완전한 깨달음을 얻었다고 선언할 수 있었던 것이다.

초전법륜경에는 앞에서 언급했던 부처님을 바라보는 두 가지 측면이 혼합되어 있다. 현실적이고 자연주의적 관점이 마지막까지 일관되게 유지되다가 부처님께서 설법을 마쳤을 때 각 천계의 천신들이 박수를 치며 이 기쁜 소식을 더 높은 천계에 소리쳐 알리는 다음 문단에서 이 사건의 우주적 의미가 잘 나타나 있다. 동시에 삼천대천세계가 떨리고 흔들리며 천신들의 위엄을 능가하는 위대한 광채가 세상에 나타났다. 그리고 제일 마지막에 이 찬란한 장면에서 다시 인간계로 돌아와 부처님께서 꼰단냐 비구가 때 없고, 번뇌 없는 법의 눈을 얻은 것을 짧게 칭찬하는 것을 목격하게 된다. 잠깐 사이에 법의 등불이 스승에서 제자에게 전해지고 불교가 인도에서 전세계로 뻗어나가는 여정이 시작된 것이다.

OI 한 사람

"비구들이여, 많은 이들의 안녕과 행복을 위하여, 세상을 향한 자비심에서, 천신과 인간의 이익, 안녕, 행복을 위하여 나타난 한 사람이 있다. 이 한 사람은 누구인가? 여래이자, 아라한이며, 완전히 깨달으신 분, 그 한 분이시다.

"비구들이여, 유일무이하여 동등한 이도 없고, 대등한 자도 없으며, 비교할 수 없고, 견줄 수도 없으며, 맞설 이도 없고, 상대할 자도 없으며, 인간 중에 최고인 한 사람이 세상에 나타났다. 이 한 사람은 누구인가? 여래이자, 아라한이며, 완전히 깨달으신 분, 그 한 분이시다.

"비구들이여, 이 한 분의 나투심은 위대한 지혜, 위대한 빛, 위대한 광채의 현현이다. 여섯 가지 위없음의 현현이고, 네 가지 분석적 지혜의 깨달음이며, 다양한 요소를 꿰뚫어 아는 통찰력이고, 지혜와 해탈의 실현이며, 예류과預流果, 일래과一來果, 불환과不還果, 아라한과阿羅漢果의 성취이다.[10] 이 한 사람은 누구인가? 여래이자, 아라한이며, 완전히 깨달으신 분, 그 한 분이시다."

(AN 1:13,1,5,6)

099

02 부처님의 잉태와 탄생

1. 나는 이와 같이 들었다. 한때 세존께서 사왓티의 아나타삔디까 장자가 기증한 기원정사에 머물고 계셨다.

2. 그때 여러 비구들이 탁발에서 돌아와 공양을 마치고 강당에 둘러 앉아 토론이 벌어진 일이 있었다.

"벗들이여, 여래는 참으로 위대하고 뛰어나시니 훌륭하고도 경이롭습니다! 과거의 부처님들은 끊임없는 생각의 얽힘을 끊어버리고, 윤회에서 벗어났으며, 생사를 초월하고, 모든 괴로움에 승리를 거두어 마지막 열반에 드셨습니다. 여래는 이 과거 부처님들의 탄생이 어떠했고, 이름이 무엇이었으며, 가문이 어디였고, 계와 선정, 지혜, 마

---

10 여섯 가지 위없음 : 위없는 봄(부처님과 부처님의 제자들을 봄), 위없는 들음(부처님과 부처님의 제자들의 가르침을 들음), 위없는 얻음(부처님과 부처님의 제자들에게 믿음을 냄), 위없는 수행(부처님과 부처님의 제자들이 가르치는 계정혜 삼학을 배움), 위없는 받듦(부처님과 부처님의 제자를 받듦), 위없는 새김(부처님과 부처님의 제자의 공덕을 새김). 네 가지 분석적 지혜(사분석지 또는 사무애해四無礙解) : 가르침의 뜻을 이해하는 지혜, 가르침을 아는 지혜, 표현된 언어를 잘 이해하는 지혜, 자유자재로 설법하는 지혜.

음의 머뭄, 해탈이 어떠했는지 모두 알고 계십니다."

이 말이 끝나자 아난다 존자가 비구들에게 말했다.

"벗들이여, 여래는 훌륭하시며 훌륭한 공덕을 갖추고 계십니다. 여래는 경이로우며 경이로운 공덕을 갖추고 계십니다."

세존께서 선정에 드셨다가 저녁이 되어 자리에서 일어나 강당으로 오시니 비구들은 하던 이야기를 멈추었다. 세존께서 준비된 자리에 앉으신 후 비구들에게 물으셨다.

"비구들이여, 여기 앉아 무슨 이야기를 하고 있었느냐? 중간에 끊긴 이야기는 무엇에 관한 것이었는가?"

"세존이시여, 저희는 탁발에서 돌아와 공양을 마치고 강당에 둘러 앉아 토론을 했습니다. '벗들이여, 여래는 참으로 위대하고 뛰어나시니 훌륭하고도 경이롭습니다! 과거의 부처님들은 … 마지막 열반에 드셨습니다. 여래는 이 과거 부처님들의 … 해탈이 어떠했는지 모두 알고 계십니다.'라는 말이 끝나자 아난다 존자가 저희에게 말했습니다. '벗들이여, 여래는 훌륭하시며 훌륭한 공덕을 갖추고 계십니다. 여래는 경이로우며 경이로운 공덕을 갖추고 계십니다.' 세존이시여, 세존께서 오셨을 때 저희는 이런 이야기를 하고 있었습니다."

그러자 세존께서 아난다 존자에게 말씀하셨다.

"아난다여, 그렇다면 여래의 훌륭하고 경이로운 공덕에 대해 더 자세히 말해 보아라."

3. "세존이시여, 저는 세존께서 다음과 같이 말씀하신 것을 직접 들었습니다. '아난다여, 보살은 바르게 알고 알아차리며 도솔천에 화생

101

했다.'[11] 보살이 바르게 알고 알아차리며 도솔천에 화생했다는 것을 저는 부처님의 훌륭하고 경이로운 공덕으로 기억하고 있습니다.

4. "세존이시여, 저는 세존께서 다음과 같이 말씀하신 것을 직접 들었습니다. '보살은 바르게 알고 알아차리며 도솔천에 머물렀다.' 이것을 저는 부처님의 훌륭하고 경이로운 공덕으로 기억하고 있습니다.

5. "세존이시여, 저는 세존께서 다음과 같이 말씀하신 것을 직접 들었습니다. '보살은 생의 마지막까지 도솔천에 머물렀다.' 이것을 저는 부처님의 훌륭하고 경이로운 공덕으로 기억하고 있습니다.

6. "세존이시여, 저는 세존께서 다음과 같이 말씀하신 것을 직접 들었습니다. '보살은 바르게 알고 알아차리며 도솔천에서 명을 다하고 어머니인 마야부인의 태로 내려왔다.' 이것을 저는 부처님의 훌륭하고 경이로운 공덕으로 기억하고 있습니다.

7. "세존이시여, 저는 세존께서 다음과 같이 말씀하신 것을 직접 들었습니다. '보살이 도솔천에서 명이 다해 마야부인의 태로 내려왔을 때 천신들의 위엄을 능가하는 측량할 수 없는 위대한 광채가 천신과 마라와 범천이 사는 천상 세계와 수행자와 브라만이 속한 인간 세상에 나타났다. 세 개의 세계가 맞닿아 생긴 틈 사이에 바닥도 없고, 밝게 빛나는 해와 달도 미치지 못하는 암울한 암흑세계가 있다. 이 사이 지옥에까지 천신들의 위엄을 능가하는 측량할 수 없는 위대한 광채가 비추어 지옥에서 태어난 존재들은 처음으로 서로를 알아보았

11 전생의 석가모니 부처님을 이른다.

다.[12] 십만 대천세계가 흔들리고, 요동치며, 떨리고 다시 천신들의 위엄을 능가하는 측량할 수 없는 빛이 세상에 나타났다.' 이것을 저는 부처님의 훌륭하고 경이로운 공덕으로 기억하고 있습니다.

8. "세존이시여, 저는 세존께서 다음과 같이 말씀하신 것을 직접 들었습니다. '보살이 어머니의 태로 내려왔을 때 네 명의 젊은 천신들이 사방에서 나타나 인간이나 인간이 아닌 그 무엇도 보살과 그의 어머니를 해치지 못하도록 보호했다.'[13] 이것을 저는 부처님의 훌륭하고 경이로운 공덕으로 기억하고 있습니다.

9. "세존이시여, 저는 세존께서 다음과 같이 말씀하신 것을 직접 들었습니다. '보살이 어머니의 태로 내려왔을 때 마야부인은 그 성품이 선해져서 살아있는 것을 죽이지 않고, 주지 않은 것을 가지지 않으며, 잘못된 성생활을 하지 않고, 거짓말을 하지 않으며, 방종의 근본이 되는 술과 마약을 멀리했다.' 이것을 저는 부처님의 훌륭하고 경이로운 공덕으로 기억하고 있습니다.

∗

14. "세존이시여, 저는 세존께서 다음과 같이 말씀하신 것을 직접

---

12 세 개의 세계가 맞닿을 때마다 8,000 요자나의 틈이 생긴다. 세 개의 마차 바퀴나 발우가 서로 닿을 때 생기는 공간에 비유할 수 있다. 그곳에 사는 존재들은 부모님이나 존경받을 만한 수행자와 브라만에게 끔찍한 짓을 저지르거나 동물을 죽이는 등의 사악한 행동을 습관적으로 했기 때문에 그곳에 다시 태어났다.

13 사천왕천의 네 명의 천신이다.

들었습니다. '여염집 여인들은 아홉 달에서 열 달 동안 태아를 배 속에 품고 출산하지만 마야부인은 정확히 열 달 후에 출산했다.' 이것을 저는 부처님의 훌륭하고 경이로운 공덕으로 기억하고 있습니다.

15. "세존이시여, 저는 세존께서 다음과 같이 말씀하신 것을 직접 들었습니다. '여염집 여인들은 앉거나 누워서 출산하지만, 마야부인은 서서 출산했다.' 이것을 저는 부처님의 훌륭하고 경이로운 공덕으로 기억하고 있습니다.

16. "세존이시여, 저는 세존께서 다음과 같이 말씀하신 것을 직접 들었습니다. '보살이 어머니의 태에서 나올 때 천신들이 먼저 아기 보살을 받은 후 인간들이 받았다.' 이것을 저는 부처님의 훌륭하고 경이로운 공덕으로 기억하고 있습니다.

17. "세존이시여, 저는 세존께서 다음과 같이 말씀하신 것을 직접 들었습니다. '보살이 어머니의 태에서 나왔을 때 네 명의 젊은 천신들이 아기가 땅에 닿지 않도록 받은 후 곧 바로 어머니에게 안기며 "왕비여, 기뻐하시오. 위대한 능력을 갖춘 이가 당신의 아들로 태어났습니다."라고 말했다.' 이것을 저는 부처님의 훌륭하고 경이로운 공덕으로 기억하고 있습니다.

18. "세존이시여, 저는 세존께서 다음과 같이 말씀하신 것을 직접 들었습니다. '보살이 어머니의 태에서 나왔을 때 양수, 체액, 피 등 어떤 부정한 것도 몸에 묻지 않아 더럽지 않고 깨끗했다. 아주 고운 천 위에 보석을 올려놓으면 보석이 천을 더럽히지도, 천이 보석을 더럽히지도 못한다. 왜 그러한가? 둘 다 깨끗하고 청정하기 때문이다. 보

살이 태어났을 때도 … 더럽지 않고 깨끗했다.' 이것을 저는 부처님의 훌륭하고 경이로운 공덕으로 기억하고 있습니다.

19. "세존이시여, 저는 세존께서 다음과 같이 말씀하신 것을 직접 들었습니다. '보살이 어머니의 태에서 나왔을 때 따뜻한 물줄기 하나와 차가운 물줄기 하나가 하늘에서 뿜어져 나왔다. 이 두 물줄기로 보살과 어머니가 목욕할 수 있었다.' 이것을 저는 부처님의 훌륭하고 경이로운 공덕으로 기억하고 있습니다.

20. "세존이시여, 저는 세존께서 다음과 같이 말씀하신 것을 직접 들었습니다. '보살이 태어나자마자 두 발로 땅 위에 바르게 일어선 후 북쪽을 향하여 일곱 걸음을 걸었다. 하얀 일산 아래에서 각 방향을 살펴보더니 인간들의 수장답게 "내가 세상에서 최상이요, 내가 세상에서 최고요, 내가 세상에서 으뜸이다. 이는 나의 마지막 생으로 다시 태어나지 않으리."라고 선언했다'[14] 이것을 저는 부처님의 훌륭하고 경이로운 공덕으로 기억하고 있습니다.

21. "세존이시여, 저는 세존께서 다음과 같이 말씀하신 것을 직접 들었습니다. '보살이 어머니의 태에서 나왔을 때 천신들의 위엄을 능

---

14 이 사건의 각 요소들은 부처님의 성도를 예견하는 징조들이다. 두 발로 땅 위에 바르게 일어선 것은 네 가지 성취수단(四如意足)의 실현을, 북쪽을 향한 것은 많은 이들을 능가하고 초월함을, 일곱 걸음은 일곱 가지 깨달음의 요소(七覺支)의 성취를, 하얀 일산은 해탈의 성취를, 각 방향을 살피는 것은 전지한 무애지혜의 얻음을, 인간들의 수장은 되돌릴 수 없는 법륜의 굴림을, '이것이 나의 마지막 생'이라는 말은 무여열반에 들어감을 상징하고 있다.

가하는 측량할 수 없는 위대한 광채가 천신과 마라와 범천이 사는 천상 세계와 수행자와 브라만이 속한 인간 세상에 나타났다. 세 개의 우주가 맞닿아 생긴 틈 사이에 바닥도 없고, 밝게 빛나는 해와 달도 미치지 못하는 암울한 암흑세계가 있다. 이 사이지옥에까지 천신들의 위엄을 능가하는 측량할 수 없는 위대한 광채가 비추어 지옥에서 태어난 존재들은 처음으로 서로를 알아보았다. 십만 대천세계가 흔들리고, 요동치며, 떨리고 다시 천신들의 위엄을 능가하는 측량할 수 없는 빛이 세상에 나타났다.' 이것을 저는 부처님의 훌륭하고 경이로운 공덕으로 기억하고 있습니다."

22. "아난다여, 그렇다면 이것도 여래의 훌륭하고 경이로운 공덕으로 기억하여라. 여래는 느낌이 일어나고, 머물고, 사라지는 것을 안다. 인식이 일어나고, 머물고, 사라지는 것을 안다. 생각이 일어나고, 머물고, 사라지는 것을 안다. 아난다여, 이 또한 부처님의 훌륭하고 경이로운 공덕으로 기억하여라."

23. "세존이시여, 세존께서는 느낌이 일어나고, 머물고, 사라지는 것을 아십니다. 인식이 일어나고, 머물고, 사라지는 것을 아십니다. 생각이 일어나고, 머물고, 사라지는 것을 아십니다. 이 또한 부처님의 훌륭하고 경이로운 공덕으로 기억하겠습니다."

아난다 존자가 말을 마치자 스승인 여래께서 인정하셨다. 비구들은 아난다 존자의 말에 만족하고 기뻐했다.

(MN 123)

03 깨달음을 찾아서

1) 최상의 지극한 평온을 구하여

5. "비구들이여, 두 가지 추구가 있다. 하나는 고귀한 추구이고 다른 하나는 저열한 추구이다. 무엇이 저열한 추구인가? 스스로 태어남에 속박되어 있기에 태어남에 속박된 것을 추구한다. 스스로 늙음에 속박되어 있기에 늙음에 속박된 것을 추구한다. 스스로 병듦에 속박되어 있기에 병듦에 속박된 것을 추구한다. 스스로 죽음에 속박되어 있기에 죽음에 속박된 것을 추구한다. 스스로 슬픔에 속박되어 있기에 슬픔에 속박된 것을 추구한다. 스스로 번뇌에 속박되어 있기에 번뇌에 속박된 것을 추구한다.

6-11. "그러면 태어남, 늙음, 병듦, 죽음, 슬픔, 번뇌에 속박되었다는 것은 무슨 뜻인가? 부인과 자식, 남녀 노예들, 염소와 양, 닭과 돼지, 코끼리, 소, 말, 암말, 금은 등의 소유물은 태어남, 늙음, 병듦, 죽음, 슬픔, 번뇌에 속박되어 있다. 이것에 매달리고, 마음을 쏟고, 몰두하는 사람들은 스스로 태어남 … 슬픔, 번뇌에 속박되어 있으면서 다

시 태어남 ··· 슬픔, 번뇌에 속박되어 있는 것을 추구한다.[15]

12. "그렇다면 고귀한 추구는 무엇인가? 스스로 태어남에 속박되어 있으므로 태어남의 위험을 이해하고 태어남 없는 최고의 안식처인 열반을 추구한다. 스스로 늙음에 속박되어 있으므로 늙음의 위험을 이해하고 늙음 없는 최고의 안식처인 열반을 추구한다. 스스로 병듦에 속박되어 있으므로 병듦의 위험을 이해하고 병듦 없는 최고의 안식처인 열반을 추구한다. 스스로 죽음에 속박되어 있으므로 죽음의 위험을 이해하고 죽음 없는 최고의 안식처인 열반을 추구한다. 스스로 슬픔에 속박되어 있기에 슬픔의 위험을 이해하고 슬픔 없는 최고의 안식처인 열반을 추구한다. 스스로 번뇌에 속박되어 있으므로 번뇌의 위험을 이해하고 번뇌 없는 최고의 안식처인 열반을 추구한다. 이것이 고귀한 추구이다.

13. "비구들이여, 내가 깨닫기 전 깨닫지 못한 보살이었을 때 나 또한 태어남에 속박되었으면서 태어남에 속박된 것을 추구했다. 스스로 늙음, 병듦, 죽음, 슬픔, 번뇌에 속박되었으면서 늙음, 병듦, 죽음, 슬픔, 번뇌에 속박된 것을 찾았다. 그러자 이런 생각이 들었다. '내 자신도 태어남에 속박되어 있는데 어째서 또 태어남에 속박되어 있는 것을 찾는가? 내 자신도 늙음, 병듦, 죽음, 슬픔, 번뇌에 속박되어 있는데, 어째서 또 늙음, 병듦, 죽음, 슬픔, 번뇌에 속박되어 있는 것을

---

15 축약되지 않은 원본에서는 금과 은은 병듦, 죽음, 슬픔에 속박되지는 않지만 가치가 떨어지는 금속과 합금될 수 있기 때문에 번뇌에 속박되어 있다고 한다.

찾는가? 내 자신이 태어남에 속박되어 있지만 태어남의 위험을 이해하고 태어남 없는 최고의 안식처인 열반을 추구하는 것이 좋겠다. 내 자신이 늙음, 병듦, 죽음, 슬픔, 번뇌에 속박되어 있지만 늙음, 병듦, 죽음, 슬픔, 번뇌에 속박되어 있는 것의 위험을 이해하고, 늙음, 병듦, 죽음, 슬픔, 번뇌 없는 최고의 안식처인 열반을 추구하는 것이 좋겠다.'

14. "이후에 나는 인생의 절정기에 새까만 머리카락만큼이나 젊음의 기쁨이 충만했지만 어머니와 아버지가 눈물 젖은 얼굴로 만류하여도 머리카락과 수염을 자르고, 갈색 가사를 걸치고, 집을 떠나 출가의 길로 나아갔다.

15. "비구들이여, 나는 선한 것을 찾아, 최상의 지극한 평온을 찾아 구도의 길에 나선 뒤 알라라 깔라마에게 가서 말했다. '깔라마 존자시여, 나는 이 가르침과 수행법을 닦으며 청정한 삶을 살고 싶습니다.' 알라라 깔라마가 대답했다. '수행자는 여기에 머무시오. 이 가르침은 현명한 이들이 최상의 지혜로 직접 스승의 교법을 금방 깨닫고 머물 수 있는 그런 법이오.' 나는 그 가르침을 빨리 배웠다. 가르침을 입으로 암송하고 반복하는 데 앎과 확신이 있었기에 '나는 알고 본다.'고 선언했다. 나와 같은 이들이 더 있었다.

  "나는 알라라 깔라마가 믿음 한 가지만으로 '최상의 지혜로 직접 깨달아 이 가르침 안에 머문다.'고 말한 것이 아니라 분명 이 가르침을 알고 보며 그 안에 머문다는 것을 알았다. 그리고 나는 알라라 깔라마에게 가서 물었다. '깔라마 존자시여, 존자께서는 최상의 지혜로

직접 깨달아 이 가르침 안에 머문다는 것을 어떻게 증명합니까?' 그
는 무소유처無所有處라고 대답했다.[16]

"나는 '알라라 깔라마만 믿음, 노력, 알아차림, 선정, 지혜가 있는
것이 아니다. 나 또한 믿음, 노력, 알아차림, 선정, 지혜가 있다. 알라
라 깔라마가 최상의 지혜로 직접 깨달아 머문다는 가르침을 나 또한
힘써 깨달으면 어떨까?'라고 생각했다.

"머지않아 나는 최상의 지혜로 직접 깨달아 그 가르침 안에 머물
렀다. 그리고 나서 알라라 깔라마에게 가서 말했다. '깔라마 존자시
여, 이것이 존자께서 최상의 지혜로 직접 깨달아 머문다는 가르침입
니까?' – '벗이여, 그렇습니다.' – '벗이여, 저도 이렇게 최상의 지혜로
직접 깨달아 이 가르침 안에 머물렀습니다.' – '벗이여, 우리에게 큰
이익입니다. 우리 수행자들 사이에 이렇게 귀한 분이 함께 하는 것은
우리에게 큰 이익입니다. 내가 최상의 지혜로 직접 깨달아 머문 가르
침은 그대가 최상의 지혜로 직접 깨달아 머문 가르침과 같습니다. 그
대가 최상의 지혜로 직접 깨달아 머문 가르침은 내가 최상의 지혜로
직접 깨달아 머문 가르침과 같습니다. 그대는 내가 아는 법을 알고
나는 그대가 아는 법을 압니다. 내가 그러하듯 그대도 그러합니다.
그대가 그러하듯 나도 그러합니다. 벗이여, 우리 함께 이 교단을 이
끕시다.'

---

16 무소유처는 사무색정四無色定에서 세 번째이고 색계와 무색계 선정을 합치면 일
곱 번째 선정이다. 매우 높은 수행 단계이지만 세간을 벗어나지 못했고, 통찰지가
없으며, 바로 열반을 얻을 수 없다.

"나의 스승이었던 알라라 깔라마는 제자인 나를 자신과 같은 지위에 앉히고 최고로 받들었다. 그러나 나는 이런 생각이 들었다. '이 법은 환멸, 집착의 떨어짐, 소멸, 평온, 최상의 지혜, 깨달음, 열반으로 이끌지 못하고 무소유처에 다시 태어나게 할 뿐이다.'[17] 나는 이 법에 만족하지 못하고 실망하여 떠났다.

16. "비구들이여, 나는 선한 것을 찾아, 최상의 지극한 평온을 찾아 웃따까 라마뿟따에게 가서 말했다. '존자시여, 나는 이 가르침과 수행법을 닦으며 청정한 삶을 살고 싶습니다.' 웃따까 라마뿟따가 대답했다. '존자는 여기에 머무시오. 이 가르침은 현명한 이들이 최상의 지혜로 직접 스승의 교법을 금방 깨달아 머물 수 있는 그런 법이오.' 나는 그 가르침을 빨리 배웠다. 가르침을 입으로 암송하고 반복하는 데 앎과 확신이 있었기에 '나는 알고 본다.'고 선언했다. 나와 같은 이들이 더 있었다.

"나는 라마가 믿음 한 가지만으로 '최상의 지혜로 직접 깨달아 이 가르침 안에 머문다.'고 말한 것이 아니라 분명 이 가르침을 알고 보았으며 그 안에 머물렀다는 것을 알았다. 그리고 나는 웃따까 라마뿟따에게 가서 물었다. '존자시여, 라마 존자께서 최상의 지혜로 직접 깨달아 이 가르침 안에 머물렀다는 것을 어떻게 증명했습니까?' 그는 비상비비상처非想非非想處라고 대답했다.[18]

17　무소유처無所有處의 수명은 6만 겁인데 이 시간이 경과하고 나면 죽어서 하열한 세계에 떨어진다. 따라서 이 선정에 든 사람도 생사에서 완전히 자유롭지 못하다.

18　사무색정에서 가장 높은 선정이다. 웃따까 라마뿟따는 라마의 아들이지 라마가 아

"나는 '라마 존자만 믿음, 노력, 알아차림, 선정, 지혜가 있었던 것이 아니다. 나 또한 믿음, 노력, 알아차림, 선정, 지혜가 있다. 라마 존자가 최상의 지혜로 직접 깨달아 머물렀다는 가르침을 나 또한 힘써 깨달으면 어떨까?'라고 생각했다.

"머지않아 나는 최상의 지혜로 직접 깨달아 그 가르침 안에 머물렀다. 그리고 나서 웃따까 라마뿟따에게 가서 물었다. '존자시여, 이것이 라마 존자께서 최상의 지혜로 직접 깨달아 머물렀다는 가르침입니까?' - '벗이여, 그렇습니다.' - '벗이여, 저도 이렇게 최상의 지혜로 직접 깨달아 이 가르침 안에 머물렀습니다.' - '벗이여, 우리에게 큰 이익입니다. 우리 수행자들 사이에 이렇게 귀한 분이 함께 하는 것은 우리에게 큰 이익입니다. 라마 존자께서 최상의 지혜로 직접 깨달아 머물렀다고 선언한 법은 그대가 최상의 지혜로 직접 깨달아 머문 법과 같습니다. 그대가 최상의 지혜로 직접 깨달아 머문 법은 라마 존자께서 최상의 지혜로 직접 깨달아 머문 법과 같습니다. 그대는 라마 존자께서 알았던 법을 알고 라마 존자께서는 그대가 아는 법을 알았습니다. 라마 존자가 그러했듯 그대도 그러하고, 그대가 그러하듯 라마 존자도 그러하셨습니다. 벗이여, 우리 함께 이 교단을 이끕시다.'

니다. 라마는 비상비비상처정非想非非想處定을 얻었지만 웃따까는 얻지 못했다. 이 선정을 얻으면 비상비비상처에 다시 태어나는데 윤회계에서 가장 높은 환생처이다. 이곳의 수명은 8만4천 겁이지만 유위법이고 무상하며 근본적인 괴로움이 있다.

"나의 수행 도반인 웃따까 라마뿟따는 나를 스승과 같은 지위에 앉히고 높이 받들었다. 그러나 나는 이런 생각이 들었다. '이 법은 환멸, 집착의 떨어짐, 소멸, 평온, 최상의 지혜, 깨달음, 열반으로 이끌지 못하고 비상비비상처에 다시 태어나게 할 뿐이다.' 나는 이 법에 만족하지 못하고 실망하여 떠났다.

17.   "비구들이여, 나는 선한 것을 찾아, 최상의 지극한 평온을 구하여 마가다국을 조금씩 유행하다 결국 세나니가마 근처 우루웰라에 도착했다. 그곳에서 나는 적당한 땅 한 쪽을 발견했다. 맑은 물이 흐르는 강가에 완만한 강독이 둘러져 있었고 숲 근처에 탁발을 할 수 있는 마을이 위치한 훌륭한 곳이었다. 나는 생각했다. '적당한 땅 한 쪽을 발견했다. 맑은 물이 흐르는 강가에 완만한 강독이 둘러져 있고 숲 근처에 탁발을 할 수 있는 마을이 위치한 훌륭한 곳이다. 이 땅이 정진하고자 하는 일족의 자손이 정진할 수 있는 곳이 되어 줄 것이다.' 나는 그곳에 앉아 '이곳이 정진하기에 적당하다.'고 생각했다.[19]

18.   "비구들이여, 내 자신이 태어남에 속박되어 있었기에 태어남에 속박됨의 위험을 이해하고, 태어남 없는 최고의 안식처인 열반을 추구하여 태어남 없는 최고의 안식처인 열반을 얻었다. 내 자신이 늙음에 속박되어 있었기에 늙음에 속박됨의 위험을 이해하고, 늙음 없는 최고의 안식처인 열반을 추구하여 늙음 없는 최고의 안식처인 열반

---

19   이 시점에서부터 3-2 [세 가지 지혜]가 시작된다. 보살의 극한 고행에 대한 장황한 설명이 중도의 발견으로 이어진다.

을 얻었다.

내 자신이 병듦에 속박되어 있었기에 병듦에 속박됨의 위험을 이해하고, 병듦 없는 최고의 안식처인 열반을 추구하여 병듦 없는 최고의 안식처인 열반을 얻었다. 내 자신이 죽음에 속박되어 있었기에 죽음에 속박됨의 위험을 이해하고, 죽음 없는 최고의 안식처인 열반을 추구하여 죽음 없는 최고의 안식처인 열반을 얻었다.

내 자신이 슬픔에 속박되어 있었기에 슬픔에 속박됨의 위험을 이해하고, 슬픔 없는 최고의 안식처인 열반을 추구하여 슬픔 없는 최고의 안식처인 열반을 얻었다. 내 자신이 번뇌에 속박되어 있었기에 번뇌에 속박됨의 위험을 이해하고, 번뇌 없는 최고의 안식처인 열반을 추구하여 번뇌 없는 최고의 안식처인 열반을 얻었다.

나에게 '나의 해탈은 흔들리지 않는다. 이것이 나의 마지막 생으로 다시 태어나지 않으리.'라는 눈과 앎이 생겼다."

(MN 26)

2) 세 가지 지혜

II. 삿짜까가 세존께 여쭈었다.

"고따마 존자께서는 지극한 즐거움이 마음을 덮쳐 오래 남은 적이 없습니까? 고따마 존자께서는 지극한 고통이 마음을 덮쳐 오래 남은 적이 없습니까?"

12. "악기웻사나여, 왜 없겠느냐?[20] 악기웻사나여, 내가 깨닫기

전, 아직 깨닫지 못한 보살이었을 때 이런 생각이 들었다. '재가자의 삶은 공연히 시끄럽고 별 재미가 없구나. 출가수행의 길이 활짝 열려 있다. 반짝이는 소라껍데기처럼 허물없이 청정하고 성스러운 삶을 여염집에서 살아가는 것은 쉽지 않구나. 머리카락과 수염을 자르고, 갈색 가사를 걸치고, 집을 떠나 출가의 길로 나아가는 것이 좋겠다.'

13-16. "그래서 나는 인생의 절정기에 새까만 머리카락만큼이나 젊음의 기쁨이 충만했지만, 어머니, 아버지가 눈물 젖은 얼굴로 만류하여도 머리카락과 수염을 자르고, 갈색 가사를 걸치고, 집을 떠나 출가의 길로 나아갔다. ··· [2장 3-1)최상의 지극한 평온을 구하여 14-17 문단과 상동] ··· 나는 거기에 앉아 생각했다. '이 곳이 정진하기에 알맞다.'

17. "그때 이전에 들어보지 못한 세 가지 비유가 저절로 떠올랐다. 웅덩이에 생나무가 잠겨 있는 것을 보고 어떤 사람이 부시 막대기를 가지고 와서 불을 피워 열을 내려고 한다면, 악기웻사나여, 어떻게 생각하는가? 이 사람이 웅덩이에 잠겨 있던 생나무에 부시 막대기를 비벼 불을 피우고 열을 낼 수 있겠는가?"

"고따마 존자시여, 할 수 없습니다. 그 이유는 젖은 생나무인데다가 웅덩이에 잠겨 있었기 때문입니다. 그 사람은 결국 몸만 피로하고 실망하게 될 것입니다."

"악기웻사나여, 몸으로 감각적 쾌락을 멀리하지 않고, 마음으로 감각적 쾌락을 향한 욕망, 애착, 심취, 갈망, 열병을 가라앉히지도, 완전히 뿌리 뽑지도 못한 수행자들과 브라만들도 마찬가지다. 이들은 고행으로 찢어지는 듯한 극심한 고통을 겪어도 지혜와 눈과 최상의 깨달음을 얻지 못한다. 고행으로 찢어지는 듯한 극심한 고통을 겪지 않아도 지혜와 눈과 최상의 깨달음을 얻지 못한다. 이것이 이전에 들어보지 못했지만 저절로 떠오른 세 가지 비유 중 첫 번째이다.

18. "악기웻사나여, 다시 이전에 들어보지 못한 두 번째 비유가 저절로 떠올랐다. 젖은 생나무가 웅덩이 밖 마른 땅에 놓여 있는 것을 보고 어떤 사람이 부시 막대기를 가지고 와서 불을 피워 열을 내려고 한다면, 악기웻사나여, 어떻게 생각하는가? 그 사람이 웅덩이 밖 마른 땅에 놓여 있는 젖은 생나무에 부시 막대기를 비벼서 불을 피우고 열을 낼 수 있겠느냐?"

"고따마 존자시여, 할 수 없습니다. 그 이유는 웅덩이 밖 마른 땅에 놓여 있어도 젖은 생나무이기 때문입니다. 그 사람은 결국 몸만 피로하고 실망하게 될 것입니다."

"악기웻사나여, 몸으로는 감각적 쾌락을 멀리하지만, 마음으로 감각적 쾌락을 향한 욕망, 애착, 심취, 갈망, 열망을 가라앉히지도, 완전히 뿌리 뽑지도 못한 수행자들과 브라만들도 마찬가지다. 이들은 고행으로 찢어지는 듯한 극심한 고통을 겪어도 지혜와 눈과 최상의 깨달음을 얻지 못한다. 고행으로 찢어지는 듯한 극심한 고통을 겪지 않아도 지혜와 눈과 최상의 깨달음을 얻지 못한다. 이것이 이전에 들어보지 못했지만 저절로 떠오른 세 가지 비유 중 두 번째이다.

19. "악기웻사나여, 다시 이전에 들어보지 못한 세 번째 비유가 저절로 떠올랐다. 물기 없는 마른 나무가 웅덩이 밖 마른 땅에 놓여 있는 것을 보고 어떤 사람이 부시 막대기를 가지고 와서 불을 피워 열을 내려고 한다면, 악기웻사나여, 어떻게 생각하는가? 그 사람이 웅덩이 밖 마른 땅에 놓여 있는 물기 없는 마른 나무에 부시 막대를 비벼서 불을 피우고 열을 낼 수 있겠느냐?"

"고따마 존자시여, 할 수 있습니다. 그 이유는 웅덩이 밖 마른 땅에 물기 없는 마른 나무가 놓여 있기 때문입니다."

"악기웻사나여, 몸으로 감각적 쾌락을 멀리하고, 마음으로 감각적 쾌락을 향한 욕망, 애착, 심취, 갈망, 열망을 가라앉히고, 완전히 뿌리 뽑은 수행자들과 브라만도 마찬가지다. 이들은 고행으로 찢어지는 듯한 극심한 고통을 겪어도 지혜와 눈, 최상의 깨달음을 얻을 것이다. 고행으로 찢어지는 듯한 극심한 고통을 겪지 않아도 지혜와 눈과 최상의 깨달음을 얻을 것이다.[21] 이것이 이전에 들어보지 못했지만 저절로 떠오른 세 가지 비유 중 세 번째이다.

20. "나는 '이를 악물고, 혀를 천장에 붙이고, 마음으로 마음을 때려눕히고, 압박하고, 부숴버리겠다.'라고 생각하며 이를 악물고, 혀를

---

21 이 문단까지 고행이 깨달음을 얻는 데 전혀 소용이 없다는 결론에 이르렀는데 다음 문단부터 보살이 고행에 열중하는 내용이 나오기 때문에 의아스럽다. 경전의 서술 구조가 뒤섞인 것이 아닌가 하는 합리적 의심이 든다. 부시 막대기의 비유는 보살이 고행을 시험해본 뒤 깨달음의 길이 아니라는 바른 근거를 얻는 내용 뒤에 오는 것이 맞다.

천장에 붙이고, 마음으로 마음을 때려눕히고, 압박하고, 부숴버렸다. 그 동안 내 겨드랑이는 땀으로 젖었다. 힘센 사람이 약한 사람의 머리나 어깨를 붙잡고 때려눕히고, 압박하고, 부숴버리듯이 나는 이를 악물고, 혀를 천장에 붙이고, 마음으로 마음을 때려눕히고, 압박하고, 부수었다. 내 겨드랑이는 땀으로 젖었다. 그럼에도 나의 노력은 약해지지 않았고, 알아차림도 끊어지지 않았지만, 몸은 이미 고된 정진으로 지치고, 경직되고, 한계에 도달했다. 하지만 이 지극한 고통이 내 마음에 엄습해 오래 남지 않았다.[22]

21. "나는 '호흡을 멈추는 수행을 하는 것이 좋겠다.'고 생각하고 입과 코로 모든 들숨과 날숨을 끊었다. 숨을 멈추니 귓구멍에서 거대한 바람 소리가 들렸다. 대장장이가 풀무를 불 때 큰 소리가 울리는 것처럼 입과 코로 모든 들숨과 날숨을 멈춘 동안 귓구멍에서 거대한 바람 소리가 들렸다. 그럼에도 나의 노력은 약해지지 않았고, 알아차림도 끊어지지 않았지만, 몸은 이미 고된 정진으로 지치고, 경직되고, 한계에 도달했다. 하지만 이 지극한 고통이 내 마음을 덮쳐 오래 남지 않았다.

22. "나는 '호흡을 멈추는 수행을 더 하는 것이 좋겠다.'고 생각하고 입과 코와 귀로 모든 들숨과 날숨을 끊었다. 숨을 멈추니 거센 바람이 머릿속을 뚫고 지나갔다. 마치 힘센 사람이 뾰족한 칼 끝으로

---

22 이 문장은 다음 문단들에서도 반복되는데 삿짜까가 물었던 두 가지 질문 중 두 번째 질문에 대한 답이다.

머리를 찍어누르는 것처럼 입과 코와 귀로 들숨과 날숨을 멈춘 동안 거센 바람이 머릿속을 뚫고 지나갔다. 그럼에도 나의 노력은 약해지지 않았고, 알아차림도 끊어지지 않았지만, 몸은 이미 고된 정진으로 지치고, 경직되고, 한계에 도달했다. 하지만 이 지극한 고통이 내 마음을 덮쳐 오래 남지 않았다.

23. "나는 '호흡을 멈추는 수행을 더 하는 것이 좋겠다.'고 생각하고 입과 코와 귀로 모든 들숨과 날숨을 끊었다. 숨을 멈추니 극심한 두통이 왔다. 마치 힘센 사람이 거친 가죽 끈을 내 머리에 두르고 조이는 것처럼 입과 코와 귀로 들숨과 날숨을 멈춘 동안 극심한 두통이 왔다. 그럼에도 나의 노력은 약해지지 않았고, 알아차림도 끊어지지 않았지만, 몸은 이미 고된 정진으로 지치고, 경직되고, 한계에 도달했다. 하지만 이 지극한 고통이 내 마음을 덮쳐 오래 남지 않았다.

24. "나는 '호흡을 멈추는 수행을 더 하는 것이 좋겠다.'고 생각하고 입과 코와 귀로 모든 들숨과 날숨을 끊었다. 숨을 멈추니 거친 바람이 배를 갈랐다. 능숙한 백정과 그 조수가 날카로운 도살용 칼로 소의 배를 가르는 것처럼 입과 코와 귀로 들숨과 날숨을 멈춘 동안 거친 바람이 내 배를 갈랐다. 그럼에도 나의 노력은 약해지지 않았고, 알아차림도 끊어지지 않았지만, 몸은 이미 고된 정진으로 지치고, 경직되고, 한계에 도달했다. 하지만 이 지극한 고통이 내 마음을 덮쳐 오래 남지 않았다.

25. "나는 '호흡을 멈추는 수행을 더 하는 것이 좋겠다.'고 생각하고 입과 코와 귀로 모든 들숨과 날숨을 끊었다. 숨을 멈추니 몸이 뜨

겁게 타올랐다. 마치 힘센 사람 두 명이 약한 사람의 양 팔을 잡고 석탄 구덩이 위에 지지는 것처럼 입과 코와 귀로 들숨과 날숨을 멈춘 동안 몸이 뜨겁게 타올랐다. 그럼에도 나의 노력은 약해지지 않았고, 알아차림도 끊어지지 않았지만, 몸은 이미 고된 정진으로 지치고, 경직되고, 한계에 도달했다. 하지만 이 지극한 고통이 내 마음을 덮쳐 오래 남지 않았다.

26. "어떤 천신들은 나를 보고 '수행자 고따마가 죽었다.'라고 말했다. 다른 천신들은 '수행자 고따마가 아직 죽지는 않았지만 죽어가고 있다.'고 말했다. 또 다른 천신들은 '수행자 고따마는 죽지 않았고 죽어가지도 않는다. 그는 아라한을 이루었고, 이것이 아라한이 머무는 법이다.'고 말했다.

27. "내가 '음식을 완전히 끊는 수행을 하는 것이 좋겠다.'고 생각했을 때 천신들이 내려와 나에게 말했다. '수행자시여, 음식을 완전히 끊는 수행은 하지 마십시오. 만약 그렇게 한다면 그대의 땀구멍으로 천상의 음식을 스며 넣어 그대의 생명을 유지시킬 것입니다.' 나는 '만약 천신들이 내 땀구멍으로 천상의 음식을 스며들게 하여 나의 생명을 유지시키는데도 내가 음식을 완전히 끊었다고 주장한다면 나는 거짓말을 하게 된다.'라고 생각하고 '그럴 필요 없습니다.'라고 말하며 천신들을 물리쳤다.

28. "나는 '콩죽이나 렌틸콩죽, 살갈퀴죽, 완두콩죽 등을 한 번에 한 움큼씩 아주 적은 양만 먹는 것이 좋겠다.'고 생각하고 콩죽이나 렌틸콩죽, 살갈퀴죽, 완두콩죽 등을 한 번에 한 움큼씩 아주 적은 양

만 먹었다. 그러자 몸이 극도로 쇠약해졌다. 너무 적게 먹어서 팔다리가 덩굴줄기나 대나무 마디처럼 변해갔다. 등은 낙타 발굽 같았고, 척추 마디마디가 염주 알을 엮어놓은 듯이 튀어나왔다. 갈비뼈가 지붕도 없는 낡은 헛간에 마음대로 휘어진 서까래처럼 앙상하게 튀어나왔다. 눈알은 움푹 들어가 눈빛이 깊은 우물 속에 고인 물과 같았다. 머리 가죽이 말라 오그라들어 바람과 햇빛 아래 말라 오그라든 파란 여주와 같았다. 뱃가죽이 등짝에 붙어서 배를 만지면 등뼈가 잡히고 등을 만지면 뱃가죽이 잡혔다. 대소변을 보면 머리를 박고 그 자리에 고꾸라졌다. 손으로 팔다리를 주무르면 손이 닿는 대로 뿌리가 썩은 털이 떨어졌다.

29. "사람들이 나를 보고 어떤 이들은 '수행자 고따마의 피부색은 검다.'고 말했다. 다른 이들은 '수행자 고따마의 피부색은 검지 않고 어둡다.'고 말했다. 또 다른 이들은 '수행자 고따마의 피부색은 검지도 어둡지도 않으며 금빛이다.'고 말했다. 맑고 빛나던 나의 피부는 음식을 거의 먹지 않자 극도로 나빠졌다.

30. "나는 '과거의 수행자들과 브라만들이 고행으로 찢어지는 듯한 극심한 고통을 얼마큼 견뎠다 하더라도 내가 겪는 이 고통에 미치지 못한다. 이 고통을 능가하는 괴로움은 없다. 미래의 수행자들과 브라만들이 고행으로 찢어지는 듯한 극심한 고통을 얼마큼 견딘다 해도 내가 겪는 이 고통에 미치지 못한다. 이 고통을 능가하는 괴로움은 없다. 현재의 수행자들과 브라만들이 고행으로 찢어지는 듯한 극심한 고통을 얼마큼 견디고 있다 해도 내가 겪는 이 고통에 미치지

121

못한다. 이 고통을 능가하는 괴로움은 없다. 하지만 이 참기 힘든 고행을 닦아도 나는 고귀한 이들이 갖춘 초인간적인 지혜와 안목을 얻지 못했으니 깨달음을 얻는 다른 길이 있는 것인가?'라는 생각이 들었다.

31. "사꺄족의 왕이었던 아버지가 농경제로 바쁠 때 나는 잠부나무 그늘에 앉아 있었다. 감각적 쾌락을 멀리하고, 불선한 법을 멀리하여 나는 초선에 들어가 머물렀다. 일어나는 생각과 지속적인 고찰이 있었고 멀리 여읨에서 오는 희열과 행복이 있었다.[23] '이것이 깨달음의 길인가?'라는 생각이 들었다. 나는 그 기억을 회상하고 바로 이것이 깨달음의 길임을 알아차렸다.

32. "감각적 쾌락이나 불선한 법과 아무 상관이 없는 이 행복을 두려워할 필요가 있는가? 감각적 쾌락이나 불선한 법과 아무 상관이 없는 이 행복이 두렵지 않다.'라는 생각이 들었다.

33. "이렇게 극도로 쇠약해진 몸으로는 그러한 행복을 성취할 수가 없다. 밥이나 죽처럼 씹는 음식을 먹는 것이 좋겠다.'라고 생각하고 나는 밥이나 죽처럼 씹는 음식을 먹었다. 그때 나를 도와주던 다

---

23 태자가 어렸을 때 아버지를 따라 사꺄족의 농경제에 참여한 적이 있었다. 시종들은 어린 왕자를 잠부나무 그늘 아래 남겨두고 농경제를 보러 갔다. 태자는 홀로 남겨지자 즉시 가부좌로 앉아서 호흡을 알아차리며 초선에 들어갔다. 시간이 지나면서 해는 이동했지만 나무의 그늘은 계속 태자가 있는 그 자리에 드리웠다. 시종들이 돌아와 어린 왕자가 선정에 든 것을 보고 왕에게 아뢰니 왕은 존경심이 우러나와 아들에게 절을 했다.

섯 명의 수행자들은 '우리의 수행자 고따마 존자께서 높은 경지를 이루면, 우리에게 알려줄 것이다.'라고 기대하고 있었지만 내가 밥과 죽을 먹자 그들은 나를 경멸하며 떠났다. '수행자 고따마는 이제 사치스럽게 산다. 이제 고행을 버리고 편안히 살고자 한다.'고 생각했다.

34· "나는 씹는 음식을 먹고 기운을 되찾은 후 감각적 쾌락을 멀리하고, 불선한 법을 멀리하여 일어나는 생각과 지속적인 고찰, 멀리여읨에서 오는 희열과 행복이 있는 초선에 들어가 머물렀다. 하지만 이 지극한 즐거움이 내 마음을 덮쳐 오래 남지 않았다.²⁴

35· "비구들이여, 나는 일으킨 생각과 지속적인 고찰이 가라앉자 두 번째 선정에 들어가 머물렀다. 내면에 확신이 생기고, 마음이 하나가 되며, 일으킨 생각과 지속적인 고찰이 사라지고, 선정의 희열과 행복만 있었다. 하지만 이 지극한 즐거움이 내 마음을 덮쳐 오래 남지 않았다.

36· "희열이 사라지고, 바르게 알아차리고 이해하면서 평정심에 머물렀다. 나는 온몸으로 행복을 경험했다. 나는 성인들이 '평정심에 머물고 알아차리며 행복하다.'고 말하는 세 번째 선정에 들어가 머물렀다. 하지만 이 지극한 즐거움이 내 마음을 덮쳐 오래 남지 않았다.

37· "즐거움과 괴로움을 버리고, 이미 기쁨과 불만족이 사라졌기 때문에 나는 네 번째 선정에 들어가 머물렀다. 괴롭지도 즐겁지도 않으며 평정심으로 마음이 청정했다. 하지만 이 지극한 즐거움이 내 마

---

24 삿짜까가 물었던 두 가지 질문 중 첫 번째 질문에 대한 답이다.

음을 덮쳐 오래 남지 않았다.

38. 마음이 이렇게 집중되고, 청정하고, 밝아지고, 때가 없고, 흠이 없고, 유연하고, 잘 다듬어지고, 안정되고, 침착해지자 나는 과거의 삶을 기억하는 지혜로 마음을 이끌었다. 나는 수없는 과거 생을 기억했다. 한 생, 두 생, 세 생, 네 생, 다섯 생, 열 생, 스무 생, 서른 생, 마흔 생, 쉰 생, 백 생, 천 생, 십만 생, 많은 괴겁과 성겁, 많은 성주괴공 대겁을 기억했다. '그 때 내 이름은 무엇이었고, 어떤 가문이었으며, 어떤 모습을 하고, 어떤 음식을 먹었으며, 이런 저런 기쁨과 고통을 경험하고, 몇 살까지 살았구나. 죽어서 다른 곳에 다시 태어나 거기서 내 이름은 무엇이었고, 어떤 가문이었으며, 어떤 모습을 하고, 어떤 음식을 먹었으며, 이런 저런 기쁨과 고통을 경험하고, 몇 살까지 살았구나. 죽어서 이제 여기에 다시 태어났구나.' 나는 수없이 많은 과거 생의 모습과 특징들을 기억했다.

39. "이것이 내가 이른 저녁에 얻은 첫 번째 지혜이다. 부지런히 애쓰며 불굴의 노력을 기울인 이에게 무명이 사라지고 지혜가 일어났으며 어둠이 사라지고 빛이 비추었다. 하지만 이 지극한 즐거움이 내 마음을 덮쳐 오래 남지 않았다.

40. "마음이 이렇게 집중되고, 청정하고, 밝아지고, 때가 없고, 흠이 없고, 유연하고, 잘 다듬어지고, 안정되고, 침착해지자 나는 중생들의 죽음과 다시 태어남을 아는 지혜로 마음을 이끌었다. 인간을 능가하는 청정한 천상의 눈으로 나는 중생들이 열등하거나 뛰어나게, 아름답거나 추하게, 부유하거나 가난하게 다시 태어나는 것을 보았

다. 그리고 자신의 행위에 따라 다시 태어난다는 것을 깨달았다. '몸, 말, 마음으로 그릇된 행동을 하고, 성자들을 헐뜯으며, 잘못된 견해를 믿고, 그 잘못된 견해를 바탕으로 행동한 중생들은 죽어서 몸이 흩어지면 비참한 곳, 고통스러운 세계, 삼악도, 지옥에 다시 태어난다. 하지만 몸, 말, 마음으로 바르게 행동하고, 성자들을 헐뜯지 않으며, 바른 견해를 믿고, 그 바른 견해를 바탕으로 행동한 중생들은 죽어서 몸이 흩어지면 행복한 곳, 천상 세계에 다시 태어난다.' 인간을 능가하는 청정한 천상의 눈으로 나는 중생들이 열등하거나 뛰어나게, 아름답거나 추하게, 부유하거나 가난하게 다시 태어나는 것을 다 보았다. 그리고 자신의 행위에 따라 다시 태어난다는 것을 깨달았다.

41. "이것이 내가 한밤중에 얻은 두 번째 지혜이다. 부지런히 애쓰며 불굴의 노력을 기울인 이에게 무명이 사라지고 지혜가 일어났으며 어둠이 사라지고 빛이 비추었다. 하지만 이 지극한 즐거움이 내 마음을 덮쳐 오래 남지 않았다.

42. "마음이 이렇게 집중되고, 청정하고, 밝아지고, 때가 없고, 흠이 없고, 유연하고, 잘 다듬어지고, 안정되고, 침착해지자 나는 번뇌를 뿌리 뽑는 지혜로 마음을 이끌었다. '이것이 괴로움이다. 이것이 괴로움의 원인이다. 이것이 괴로움의 소멸이다. 이것이 괴로움의 소멸에 이르는 길이다.'를 있는 그대로 바로 알았다. '이것이 번뇌다. 이것이 번뇌의 원인이다. 이것이 번뇌의 소멸이다. 이것이 번뇌의 소멸에 이르는 길이다.'를 있는 그대로 바로 알았다.

43. "내가 이를 알고 보았을 때 나의 마음은 감각적 욕망에서, 존재

에서, 무명에서 해탈하였다. 해탈했을 때 '해탈했다.'라는 앎이 생겼다. 나는 '태어남은 다했다. 청정한 출가수행의 삶을 살았다. 해야 할 일을 마쳤다. 더 이상 다시 태어나지 않으리.'라고 바로 알았다.

44. "이것이 내가 새벽에 얻은 세 번째 지혜이다. 부지런히 애쓰며 불굴의 노력을 기울인 이에게 무명이 사라지고 지혜가 일어났으며 어둠이 사라지고 빛이 비추었다. 하지만 이 지극한 즐거움이 내 마음을 덮쳐 오래 남지 않았다."

(MN 36)

3) 옛 도시

"비구들이여, 내가 깨닫기 전 보살로서 완전한 깨달음을 얻지 못했을 때 이런 생각이 들었다. '슬프다. 이 세상은 태어나 늙어 죽고, 죽은 후에 다시 태어나는 고통에 빠져 있지만 이 늙어 죽는 고통에서 벗어나는 방법을 알지 못하니 큰 일이구나. 늙어 죽는 고통에서 벗어나는 방법을 언제 깨달을 것인가?'

"비구들이여, 그때 이런 생각이 들었다. '무엇 때문에 늙고 죽는가? 늙고 죽는 원인은 무엇인가?', 그리고 신중히 관찰해 보니 나에게 지혜로운 깨달음이 일어났다. '태어나면 늙고 죽는다. 늙고 죽음은 태어남을 원인으로 한다.'

"비구들이여, 다시 이런 생각이 들었다. '무엇 때문에 태어나는가? … 존재(有)가 생기는가? … 집착(取)하는가? … 갈애(愛)가 생기는가? … 느낌(受)이 생기는가? … 접촉(觸)하는가? … 여섯 가지 감각 기관(六根)이 생기는가? … 정신과 물질(名色)이 생기는가? 정신과 물질의 원인은 무엇인가? 그리고 신중히 관찰해 보니 나에게 지혜로운 깨달음이 일어났다. '의식(識)이 있을 때 정신과 물질이 있다. 정신과 물질은 의식을 원인으로 한다.'

"비구들이여, 다시 이런 생각이 들었다. '무엇 때문에 의식이 생기는가? 의식의 원인은 무엇인가?' 그리고 신중히 관찰해 보니 나에게 지혜로운 깨달음이 일어났다. '정신과 물질이 있을 때, 의식이 생긴다. 의식은 정신과 느낌을 원인으로 한다.'²⁵

"비구들이여, 다시 이런 생각이 들었다. '의식은 정신과 물질에서 더 나아가지 않고 다시 정신과 물질을 원인으로 한다. 의식이 정신과 물질을 원인으로 하고 정신과 물질이 의식을 원인으로 하여 사람이 태어나서 늙어 죽고, 죽은 후에 다시 태어나는 것이다. 정신과 물질은 다시 여섯 가지 감각 기관의 원인이 되고, 여섯 가지 감각 기관을 원인으로 접촉이 생기고, …. 이것이 모든 괴로움(苦)의 일어남이다.'

"'일어남, 일어남', 비구들이여, 이전에 들어보지 못한 것에 대해 눈, 앎, 지혜, 통찰, 빛이 나에게 생겼다.

"비구들이여, 그리고 나서 이런 생각이 들었다. '무엇이 없어야 늙어 죽지 않는가? 무엇이 소멸해야 늙음과 죽음이 소멸하는가?' 그리

---

25 연기의 일반적인 공식에서 의식은 의도형성(行)을 원인으로 한다. 이 경전에서 설명하는 연기에서는 의식 그리고 정신과 물질의 상호작용이 윤회하는 모든 존재의 보이지 않는 근원적 소용돌이임을 밝히고 있다.

고 신중히 관찰해 보니 나에게 지혜로운 깨달음이 일어났다. '태어나지 않으면 늙어 죽지 않는다. 태어남이 소멸하면 늙음과 죽음이 소멸한다.'

"비구들이여, 이런 생각이 들었다. '무엇이 없을 때 태어나지 않는가? … 존재가 생기지 않는가? … 집착하지 않는가? … 갈애가 생기지 않는가? … 느낌이 생기지 않는가? … 접촉하지 않는가? … 여섯 가지 감각 기관이 생기지 않는가? … 정신과 물질이 생기지 않는가? 무엇이 소멸하여야 정신과 물질이 소멸하는가?' 그리고 신중히 관찰해 보니 나에게 지혜로운 깨달음이 일어났다. '의식이 없을 때 정신과 물질이 생기지 않는다. 의식이 소멸할 때 정신과 물질이 소멸한다.'

"나는 이런 생각이 들었다. '무엇이 없어야 의식이 생기지 않는가? 무엇이 소멸하여야 의식이 소멸하는가?' 그리고 신중히 관찰해 보니 나에게 지혜로운 깨달음이 일어났다. '정신과 물질이 없으면 의식이 생기지 않는다. 정신과 물질이 소멸할 때 의식이 소멸한다.'

"비구들이여, 나는 이런 생각이 들었다. '나는 깨달음의 길을 발견했다. 정신과 물질이 소멸하면 의식이 소멸하고, 의식이 소멸하면 정신과 물질이 소멸하고, 정신과 물질이 소멸하면 여섯 가지 감각 기관이 소멸하고, 여섯 가지 감각 기관이 소멸하면 접촉이 소멸하고, …. 이것이 모든 괴로움의 소멸이다.

"'소멸, 소멸', 비구들이여, 이전에 들어보지 못한 것에 대해 눈, 앎, 지혜, 통찰, 빛이 나에게 생겼다.

"비구들이여, 어떤 이가 숲에서 헤매다가 옛사람들이 지나다니던 오래된 숲길을 발견했다고 생각해 보아라. 그 길을 따라가 보니 옛 도시가 나왔는데 그곳은 옛사람들이 살았던 도성이었고 공원, 동산, 연못, 성곽, 오락거리들이 갖추어져 있었다. 그는 왕이나 왕의 대신에게 가 '폐하, 제가 숲을 헤매다가 옛사람들이 지나다니던 오래된 숲길을 발견했습니다. 따라가 보았더니 옛 도시가 나왔는데, 그 곳은 옛사람들이 살았던 도성으로 공원, 동산, 연못, 성곽, 오락거리들이 갖추어져 있었습니다. 그 도시를 복원하십시오, 폐하!'라고 보고했다. 왕이나 왕의 대신이 그 도시를 복원하였더니 얼마 후 도시는 번창하여 많은 이들이 와서 거주하였고 이후에도 계속해서 발전했다.

"비구들이여, 마찬가지로 나는 과거에 완전한 깨달음을 얻은 이들이 걸었던 옛길을 발견했다. 그 옛길은 무엇인가? 바로 여덟 가지 바른 길로 바른 견해(正見), 바른 의도(正思惟), 바른 말(正語), 바른 행동(正業), 바른 생계(正命), 바른 노력(正精進), 바른 마음챙김(正念), 바른 선정(正定)이다. 나는 그 길을 따라 걸으며 늙음과 죽음의 고통, 원인, 소멸, 소멸하는 법을 바로 깨달았다. 나는 태어남 ⋯ 존재 ⋯ 집착 ⋯ 갈애 ⋯ 느낌 ⋯ 접촉 ⋯ 여섯 가지 감각 기관 ⋯ 정신과 물질 ⋯ 의식 ⋯ 의도형성(行)의 고통, 원인, 소멸, 소멸하는 법을 바로 깨달았다. 바로 깨달았기 때문에 너희 비구, 비구니, 우바새, 우바이에게 설하는 것이다. 비구들이여, 이 출가수행의 길은 천신과 인간들 사이에 잘 알려지고, 널리 퍼졌으며, 많은 이들이 배우고, 번성하게 되었다."

(SN 12:65)

04 전법의 의지

19. "나는 '이 법은 심오하고, 이해하기 어려우며, 평온하고, 지극하
며, 생각으로 얻을 수 없고, 미묘하며, 현명한 이들이 경험하는 것이
다. 사람들은 집착을 좋아하고, 기뻐하고, 즐거워한다.[26] 이들이 인과
와 연기라는 진리를 이해하기 쉽지 않을 것이다. 이 진리, 즉 모든 형
성된 것을 고요히 하고, 내 것이라는 집착을 내려놓으며, 갈애를 소
멸하고, 욕망이 떨어져 나가며, 소멸에 이르고, 열반에 이르게 하는
이 법은 이해하기 쉽지 않다.[27] 내가 이 법을 설하여도 사람들은 이해
하지 못할 것이니 공연히 지치고 힘만 빠질 것이다.'라고 생각했다.
그러자 전에 들어보지 못했던 게송이 바로 떠올랐다.

---

26 집착하는 대상과 집착하는 태도 모두 해당된다.
27 부처님께서 깨달음을 얻은 직후 연기와 열반을 언급한 것은 깨달음의 내용을 이해
   하는 열쇠가 된다. 즉 깨닫기 위해서는 먼저 괴로움의 연기를 이해해야 하고 그 다
   음 괴로움의 연기에 나오는 모든 원인들을 초월해 열반해탈을 성취해야 한다. 부처
   님은 먼저 연기를 이해하고 나서야 열반을 성취할 수 있었다.

나조차도 깨닫기 힘들었던 이 법을

가르치는 일은 그만두어야겠다.

탐욕과 증오 속에 사는 저들이

결코 알 수 없을 것이다.

탐욕에 물들고, 어둠에 싸인 저들은

세간의 흐름을 거스르고,

미묘하며, 깊고, 알기 힘든

이 수승한 법을 절대 알지 못하리라.

이러한 생각으로 나는 법을 전하지 않는 쪽으로 마음이 기울었다.

20. "비구들이여, 그 때 범천 사함빠띠가 자신의 마음으로 나의 마음을 읽고 이렇게 생각했다. '여래·아라한·완전히 깨달은 이께서 법을 전하지 않는 쪽으로 마음이 기울었으니 이제 세상은 타락하고 멸망할 것이다.' 그리고 범천 사함빠띠는 힘센 사람이 구부렸던 팔을 펴고, 펴진 팔을 구부리는 짧은 시간에 천상 세계에서 사라져 내 앞에 나타났다. 한쪽 어깨에 가사를 정리하고 공손히 손을 모으고 말했다. '세존이시여, 세존께서 법을 전하십시오. 지존께서는 법을 전하십시오. 눈에 때가 끼지 않은 이들이 세존의 가르침을 듣지 못한다면 결국 타락하고 말 것입니다. 가르침을 이해할 수 있는 이들이 있을 것입니다.' 범천 사함빠띠는 말을 마치고 게송을 읊었다.

131

'마가다국에는 지금까지

때 묻은 이들이 설한 불순한 가르침이 활개를 치니

이제 불사不死의 문을 열어

때 없는 이가 깨달은 가르침을 들려주소서.

'산 정상에 우뚝 선 사람이

아래에 있는 사람들을 내려보듯

지혜로운 이, 모두 알고 보는 현자가

법의 궁전에 올랐으니

생노병사에 끄달려 괴로움에 빠져 있는 인간들을

괴로움에서 벗어난 이가 두루 살펴보소서.

'승리자, 영웅, 험로의 안내자,

빚없는 이, 유행자여, 일어나소서!

세존께서 법을 가르쳐 주소서!

가르침을 이해할 수 있는 이들이 있을 것입니다.'

21. "나는 범천 사함빠띠의 권청을 듣고 중생들이 가여운 생각이 들어 부처의 눈으로 세상을 살펴 보았다. 부처의 눈으로 세상을 살펴 보니, 눈에 때가 덜 낀 이와 두꺼운 때가 낀 이가 있었고, 예리한 근기와 둔한 근기가 있었으며, 선한 성품과 나쁜 성품이 있었고, 가르치기 쉬운 이와 가르치기 어려운 이가 있었으며, 다른 세상에 대한 두

려움과 허물을 보는 이들도 있었다. 푸른색, 붉은색, 흰색 연꽃들이 모두 물 밑에서 싹을 틔워 자라지만 어떤 연꽃은 물 밖으로 나오지 못하고 물속에 잠겨 꽃을 피우고, 또 어떤 연꽃은 물의 표면까지 올라와 꽃을 피우고, 다른 연꽃은 물 밖으로 나와 젖지 않고 맑고 청정한 꽃을 피우기도 한다. 부처의 눈으로 세상을 살펴보니, 마찬가지로 눈에 때가 덜 낀 이와 두꺼운 때가 낀 이가 있었고, 예리한 근기와 둔한 근기가 있었으며, 선한 성품과 나쁜 성품이 있었고, 가르치기 쉬운 이와 가르치기 어려운 이가 있었으며, 다른 세상에 대한 두려움과 허물을 보는 이들도 있었다. 범천 사함빠띠에게 게송으로 답했다.

'중생을 위하여 불사의 문을 여니

이제 귀가 있는 이들은 듣고 믿음을 내어라.

오, 범천이여! 헛수고가 될까 하여

미묘하고 지극한 법을 설하지 않으려 했구나.'

그러자 범천 사함빠띠는 세존께서 자신의 간청에 응하심을 알고 예경드린 뒤 오른쪽으로 한바퀴 돌고 바로 사라졌다.

22. "나는 '누구에게 제일 먼저 법을 전해야 할까? 누가 이 법을 잘 깨칠 것인가?' 하고 생각했다. 그러자 '알라라 깔라마는 지혜롭고, 총명하며, 분별력이 있다. 그는 오래전부터 눈에 때가 걷히었다. 먼저 알라라 깔라마에게 법을 설해야겠다. 그는 법을 빨리 깨칠 것이다.'라

133

는 생각이 들었다. 그때 천신들이 다가와 나에게 '세존이시여, 알라라 깔라마는 칠일 전에 세상을 떠났습니다.'라고 알려주었다. '알라라 깔라마가 칠일 전에 세상을 떠났다.'는 눈과 앎이 나에게 생겼다. 나는 '알라라 깔라마가 세상을 떠났다니 안타깝구나. 이 법을 들었다면 빨리 깨달았을 것인데.'라고 아쉬운 마음이 들었다.

23. "나는 '누구에게 제일 먼저 법을 전해야 할까? 누가 이 법을 잘 깨칠 것인가?' 하고 다시 생각했다. 그러자 '웃따까 라마뿟따는 지혜롭고, 총명하며, 분별력이 있다. 그는 오래전부터 눈에 때가 걷히었다. 먼저 웃따까 라마뿟따에게 법을 설해야겠다. 그는 법을 빨리 깨칠 것이다.'라는 생각이 들었다. 그때 천신들이 다가와 나에게 '세존이시여, 웃따까 라마뿟따는 지난 밤 세상을 떠났습니다.'라고 알려주었다. '웃따까 라마뿟따가 지난 밤 세상을 떠났다.'라는 눈과 앎이 나에게 생겼다. 나는 '웃따까 라마뿟따가 세상을 떠났다니 안타깝구나. 이 법을 들었다면 빨리 깨달았을 것인데.'라고 아쉬운 마음이 들었다.

24. "나는 '누구에게 제일 먼저 법을 전해야 할까? 누가 이 법을 잘 깨칠 것인가?' 하고 다시 생각했다. 그러자 '내가 고행할 때 다섯 비구들이 옆에서 많은 도움을 주었다. 먼저 그들에게 법을 설해야겠다.'라는 생각이 들었다. 나는 인간을 능가하는 청정한 천상의 눈으로 이 다섯 비구가 어디에 머물고 있는지 살펴보았다. 그들은 바라나시 이시빠타나의 녹야원에서 지내고 있었다.

25. "비구들이여, 나는 우루웰라에서 원하는 만큼 충분히 머물고 바라나시로 유행을 떠났다. 가야와 보드가야 중간에서 만난 나체 수

행자 우빠까가 나를 보고 말했다. '벗이여, 그대의 감각 기관들이 맑고, 피부색도 밝고 깨끗합니다. 그대는 누구를 스승으로 출가했습니까? 스승이 누구입니까? 어떤 스승의 가르침을 수행합니까?' 나는 나체 수행자인 우빠까에게 게송으로 대답했다.

'나는 모든 것을 초월한 자, 모든 것을 아는 이며,
어디에도 물들지 않고, 아무것도 소유하지 않는다.
욕망을 끊고 해탈하여 이 모두를 스스로 깨달았는데
누구를 스승이라 말할 수 있겠는가?

'나에게는 스승도 없고,
대적할 자도 없으며,
나와 같은 이는
천신들 가운데 어디에도 다시 없네.

'이 세상에 나 홀로 아라한이요,
최고의 스승이요,
유일하게 완벽히 깨달은 이이니,
번뇌의 불이 물에 흠뻑 젖어 꺼졌다.

'나는 이제 바라나시로 가
법의 바퀴를 굴리리니

135

눈이 먼 이 세상에

불사의 북을 울리리라.'

'벗이여, 그대의 말대로라면, 그대는 우주의 승리자여야 합니다.'

'나와 같은 이를 승리자라 부르니,

바로 번뇌를 부수었기 때문이다.

나는 모든 삿된 법을 버렸으니

우빠까여, 그러므로 내가 승리자이니라.'

"게송이 끝나자 나체 수행승 우빠까는 '벗이여, 그렇게 되기를 바랍니다!'라고 말하며 머리를 흔들면서 옆길로 비켜갔다.

26. "비구들이여, 나는 부지런히 걸어 결국 바라나시 이시빠따나의 녹야원에 도착해 다섯 비구들을 찾았다. 비구들은 내가 멀리서 오는 것을 보고 서로 약속했다. '벗이여, 고행을 버리고 풍족하게 누리며 수행했던 수행자 고따마가 이쪽으로 오고 있습니다. 이제 자리에서 일어나지도 말고, 인사도 드리지 말며, 발우와 가사를 받아들지도 맙시다. 원한다면 앉을 수 있도록 자리만 마련해 둡시다.' 그러나 내가 다가갈수록 방금 나눴던 약속을 지킬 수 없었다. 한 명이 먼저 나를 맞이해 내 가사와 발우를 받아 들었고, 또 한 명은 자리를 준비하였으며, 나머지 한 명은 발을 씻을 물을 뜨러 갔다. 하지만 계속해서

나를 '벗이여!'라고 불렀다.

27. "나는 그들에게 일러주었다. '비구들이여, 여래를 벗이라거나 이름으로 불러서는 안된다. 여래는 아라한이며, 완전히 깨달으신 분이기 때문이다. 비구들이여, 불사不死는 이루어졌다. 그대들에게 법을 설할 테니 잘 들으라. 배운 대로 수행하면 바로 지금 여기에서 최상의 지혜로 직접 깨달아 일족의 자손이 당당히 집을 떠나 수행하는 거룩한 삶의 궁극적 목표를 이루어 머물 수 있다.'

"말을 마치자 다섯 비구들이 이렇게 대답했다. '벗이여, 그대가 닦았던 고행과 품행들로도 성자들이 마땅히 성취한 인간을 뛰어넘는 앎과 눈을 얻지 못했습니다. 이제 고행을 포기하고 풍족하게 누리며 수행하는데 어떻게 성자들이 마땅히 성취한 인간을 뛰어넘는 앎과 눈을 얻을 수 있습니까?' 이 말을 듣고 나는 말했다. '여래는 고행을 버리지도 않았고, 풍족하게 수행하지도 않는다. 여래는 아라한이며, 완전히 깨달으신 분이기 때문이다. 비구들이여, 불사는 이루어졌다. … 거룩한 삶의 궁극적 목표를 이루어 머물 수 있다.'

"다섯 명의 비구들이 두 번째로 말했다. '벗이여, … 어떻게 성자들이 마땅히 성취한 인간을 뛰어넘는 앎과 눈을 얻을 수 있습니까?' 나는 두 번째로 그들에게 대답했다. '여래는 고행을 버리지도 않았고, … 거룩한 삶의 궁극적 목표를 이루어 머물 수 있다.' 다섯 명의 비구들이 세 번째로 말했다. '벗이여, … 어떻게 성자들이 마땅히 성취한 인간을 뛰어넘는 앎과 눈을 얻을 수 있습니까?'

28. "그 말을 듣고 나는 이렇게 물었다. '비구들이여, 내가 이전에

137

이렇게 말하는 것을 본 적이 있는가?' - '세존이시여, 본 적이 없습니다.' - '비구들이여, 여래는 아라한이며, 완전히 깨달으신 분이기 때문이다. 비구들이여, 불사는 이루어졌다. 그대들에게 법을 설할 테니잘 들으라. 배운 대로 수행하면 바로 지금 여기에서 최상의 지혜로직접 깨달아 일족의 자손이 당당히 집을 떠나 수행하는 거룩한 삶의궁극적 목표를 이루어 머물 수 있다.'

29. "나는 이렇게 다섯 명의 비구들을 설득했다. 세 명의 비구가 탁발을 간 동안 두 명의 비구를 가르치고, 세 명의 비구가 탁발해 온 음식으로 여섯 명이 나누어 먹었다. 가끔은 두 명의 비구가 탁발을 간동안 세 명의 비구를 가르치고, 두 명의 비구가 탁발해 온 음식으로여섯 명이 나누어 먹었다.

30. "이렇게 나에게 배우고 가르침을 전해 받은 다섯 명의 비구는스스로 태어남에 속박되어 있었기에 태어남에 속박됨의 위험을 이해하고, 태어남 없는 최고의 안식처인 열반을 구하여 결국 태어남 없는 최고의 안식처인 열반을 얻었다. 스스로 늙음, 병듦, 죽음, 슬픔, 번뇌에 속박되어 있었기에 늙음, 병듦, 죽음, 슬픔, 번뇌에 속박됨의 위험을 이해하고, 늙음, 병듦, 죽음, 슬픔, 번뇌 없는 최고의 안식처인 열반을 구하여 결국 늙음, 병듦, 죽음, 슬픔, 번뇌 없는 최고의 안식처인열반을 얻었다. '흔들리지 않는 해탈을 얻었다. 이것이 우리의 마지막생이다. 더 이상 태어나지 않으리.'라는 눈과 앎이 그들에게 생겼다."

(MN 26)

05 초전법륜경

나는 이와 같이 들었다.

세존께서 바라나시 이시빠따나의 녹야원에 계실 때 다섯 비구들에게 다음과 같이 설하셨다.

"비구들이여, 집을 버리고 떠난 출가자가 따라서는 안 되는 두 가지 극단이 있다. 이 두 가지는 무엇인가? 하나는 감각적 쾌락의 추구로 저열하고, 천박하며, 세속적이고, 열등하며, 이익이 없다. 다른 하나는 자신을 고행으로 몰아넣는 것으로 고통스럽고, 열등하며, 이익이 없다. 여래께서는 이 양극단을 피하고 중도中道를 깨달아 눈이 열리고, 앎이 생기고, 평온, 최상의 지혜, 깨달음, 열반을 얻었다.

"비구들이여, 여래가 깨달은 중도란 무엇인가? 그것은 여덟 가지 바른 길로 바른 견해, 바른 의도, 바른 말, 바른 행동, 바른 생계, 바른 노력, 바른 마음챙김, 바른 선정이다. 이것이 여래가 깨달은 중도이며 그리하여 눈이 열리고, 앎이 생기고, 평온, 최상의 지혜, 깨달음, 열반을 얻었다.

"비구들이여, 괴로움의 성스러운 진리(苦聖諦)는 이와 같다. 태어

139

남도 괴로움이고, 늙음도 괴로움이며, 병듦도 괴로움이고, 죽음도 괴로움이다. 싫어하는 것을 가까이하는 것도 괴로움이고, 좋아하는 것을 멀리하는 것도 괴로움이며, 원하는 것을 얻지 못하는 것도 괴로움이다. 한 마디로 다섯 가지 무더기에 집착하는 것(五取蘊)이 괴로움이다.

"비구들이여, 괴로움의 원인의 성스러운 진리(集聖諦)는 이와 같다. 갈애 때문에 여기 저기서 즐거움을 탐닉하여 기쁨과 욕망으로 인해 다시 태어난다. 감각적 쾌락을 갈망하거나, 존재하기를 갈망하거나, 존재하지 않기를 갈망한다.

"비구들이여, 괴로움의 소멸의 성스러운 진리(滅聖諦)는 이와 같다. 갈애가 남김없이 사라지고 소멸되는 것, 갈애를 버리고 포기하는 것, 갈애로부터 벗어나 집착하지 않는 것이다.

"비구들이여, 괴로움의 소멸에 이르는 길의 성스러운 진리(道聖諦)는 이와 같다. 그것은 여덟 가지 바른 길로 바른 견해 … 바른 선정이다.

"비구들이여, '이것이 괴로움의 성스러운 진리다.'라는 이전에 들어보지 못한 법에 대한 눈과 앎과 지혜와 통찰과 빛이 나에게 생겼다.[28]

"비구들이여, '괴로움의 성스러운 진리를 완전히 알아야 한다.'라는 이전에 들어보지 못한 법에 대한 눈과 앎과 지혜와 통찰과 빛이

　　28　첫 번째 단계는 사성제 자체에 대한 앎이다.

나에게 생겼다.[29]

　"비구들이여, '괴로움의 성스러운 진리를 완전히 알았다.'라는 이전에 들어보지 못한 법에 대한 눈과 앎과 지혜와 통찰과 빛이 나에게 생겼다.[30]

　"비구들이여, '이것이 괴로움의 원인의 성스러운 진리다.'라는 이전에 들어보지 못한 법에 대한 눈과 앎과 지혜와 통찰과 빛이 나에게 생겼다.

　"비구들이여, '괴로움의 원인의 성스러운 진리는 버려야 한다.'라는 이전에 들어보지 못한 법에 대한 눈과 앎과 지혜와 통찰과 빛이 나에게 생겼다.

　"비구들이여, '괴로움의 원인의 성스러운 진리를 버렸다.'라는 이전에 들어보지 못한 법에 대한 눈과 앎과 지혜와 통찰과 빛이 나에게 생겼다.

　"비구들이여, '이것이 괴로움의 소멸의 성스러운 진리다.'라는 이전에 들어보지 못한 법에 대한 눈과 앎과 지혜와 통찰과 빛이 나에게 생겼다.

　"비구들이여, '괴로움의 소멸의 성스러운 진리는 깨달아야 한다.'

29　두 번째 단계는 각 진리에 대해서 해야 할 과제를 말한다. 첫 번째 진리는 완전히 알아야 하고, 두 번째 진리는 버려야 하고, 세 번째 진리는 깨달아야 하고, 네 번째 진리는 닦아야 한다.

30　세 번째 단계는 각 진리에 대해서 해야 할 과제가 완성됐다는 앎이다. 12가지 측면은 네 가지 진리에 이 세 단계를 적용하는 것이다.

라는 이전에 들어보지 못한 법에 대한 눈과 앎과 지혜와 통찰과 빛이
나에게 생겼다.

"비구들이여, '괴로움의 소멸의 성스러운 진리를 깨달았다.'라는
이전에 들어보지 못한 법에 대한 눈과 앎과 지혜와 통찰과 빛이 나에
게 생겼다.

"비구들이여, '이것이 괴로움의 소멸에 이르는 길의 성스러운 진
리다.'라는 이전에 들어보지 못한 법에 대한 눈과 앎과 지혜와 통찰
과 빛이 나에게 생겼다.

"비구들이여, '괴로움의 소멸에 이르는 길의 성스러운 진리는 닦
아야 한다.'라는 이전에 들어보지 못한 법에 대한 눈과 앎과 지혜와
통찰과 빛이 나에게 생겼다.

"비구들이여, '괴로움의 소멸에 이르는 길의 성스러운 진리를 닦
았다.'라는 이전에 들어보지 못한 법에 대한 눈과 앎과 지혜와 통찰
과 빛이 나에게 생겼다.

"비구들이여, 네 가지 성스러운 진리를 이와 같이 세 단계로 모두
12가지 측면에서 청정히 알고 보지 못했다면 나는 천신과 마라와 범
천이 사는 천상 세계와 수행자와 브라만이 속한 인간 세상의 모든 천
신과 인간 가운데 최상의 완전한 깨달음을 얻었다고 선언하지 않았
을 것이다. 네 가지 성스러운 진리를 이와 같이 세 단계로 모두 12가
지 측면에서 청정히 알고 보았기 때문에 나는 천신과 마라와 범천이
사는 천상 세계와 수행자와 브라만이 속한 인간 세상의 모든 천신과
인간 가운데 최상의 완전한 깨달음을 얻었다고 선언했다. '흔들리지

않는 마음의 해탈을 얻었다. 이것이 나의 마지막 생으로 다시 태어나지 않으리.'라는 눈과 앎이 나에게 생겼다."

세존께서 이와 같이 설하시자 다섯 비구는 크게 기뻐했다. 설법을 듣는 동안 꼰단냐 존자에게 '일어나는 모든 것은 소멸한다.'는 법에 대한 때 없는 청정한 눈이 열렸다.[31]

이와 같이 세존께서 법의 바퀴를 굴리시자 대지의 신들이 큰 소리로 외쳤다. "세존께서 바라나시 이시빠따나의 녹야원에서 위없는 법륜을 굴리셨으니 세상의 어떤 수행자, 브라만, 천신, 마라, 범천도 멈출 수 없다." 대지의 신들이 외치는 소리를 듣고 사천왕천의 천신들이 외쳤다. "세존께서 바라나시 … 위없는 법륜을 굴리셨으니 세상의 어떤 … 멈출 수 없다." 사천왕천의 신들이 외치는 소리를 듣고 도리천의 신들이 … 야마천의 신들이 … 도솔천의 신들이 … 화락천의 신들이 … 타화자재천의 신들이 … 범신천의 신들이 큰 소리로 외쳤다. "세존께서 바라나시 이시빠따나의 녹야원에서 위없는 법륜을 굴리셨으니 세상의 어떤 수행자, 브라만, 천신, 마라, 범천도 멈출 수 없다."

바로 그때, 그 순간, 그 짧은 시간에 칭송하는 소리가 범천의 세계까지 퍼지고 십만 세계가 흔들리고 요동치며 떨렸다. 천신들의 위엄을 능가하는 측량할 수 없는 큰 광채가 세상에 나타났다.

그러자 세존께서 환희로워 읊조리셨다. "꼰단냐가 정말로 알았구

---

31 꼰단냐 존자가 아라한과를 얻었다.

나! 꼰단냐가 정말로 알았구나!" 이렇게 꼰단냐 존자는 안냐 꼰단냐, 즉 '법을 아는 꼰단냐'라는 이름을 얻게 되었다.

(SN 56:11)

법
에
가
까
이
。

3

들어가기

열린 마음으로 구도의 길을 가고자 결심한 진지한 수행자들은 수많은 종교적, 영적 가르침 중에 무엇을 선택해야 할지 혼란을 겪게 된다. 영적 구도는 본질적으로 절대적이고 무조건적인 헌신을 담보로 한다. 특정 교리를 따르는 사람들은 그들이 믿는 종교만이 인간의 우주적 가치와 그 궁극적 운명에 대한 진리를 밝히고 있다고 주장하기 쉽다. 그 길만이 영원한 구원으로 가는 확실한 방법이라고 대담한 주장을 펼친다.

선택의 문제를 종결시킬 가장 확실한 방법은 모든 종교적 신념을 유예하고 여러 교리를 공평하게 비교하여 실증적 타당성을 검토하는 것이지만 현실은 그렇게 간단하지 않다. 경쟁 종교들이 모두 개인의 경험으로 직접 검증할 수 없는 교리들을 가르치거나 전제 조건으로 하기 때문이다. 항상 어느 정도의 믿음이 요구된다. 여러 교리와 수행법이 서로 충돌하면서 우리는 선택의 문제에 봉착하게 되고 진리라고 우기는 여러 주장들을 잘 헤쳐나가야 하는 과제를 떠안게 된다.

여러 종교나 신앙이 서로 충돌한다는 사실 자체를 부정하는 것이 하나의 해결책이 될 수도 있다. 종교적 보편주의라고 불리는 이러한 접근법을 주장하는 사람들은 모든 종교나 신앙의 핵심 가르침이 똑같다는 입장을 취한다. 사람마다 종교적 감수성이 다르기 때문에 그에 따라 종교적 표현 방식이 달라질 뿐, 외양은 달라 보이더라도 내부의 핵심은 같다는 것이다.

다시 말하자면 종교 선택의 문제에 봉착했을 때 일반 교리는 껍데기에 불과하기 때문에 과육에 비유할 수 있는 내부의 진리를 꺼내 먹는 것이 우리가 해야 일이라는 주장이다. 밑에서 올려다 볼 때는 궁극적 목적들이 달라 보여도 결국 최고점에서 보면 같다는 것이다. 산 정상에서는 어디서나 달이 똑같이 보이듯 말이다. 이들은 뷔페에서 자신이 좋아하는 음식을 한 접시에 담는 것처럼 원하는 여러 수행법을 골라서 결합시키는 절충안을 내놓는다.

선택의 문제에 대한 이러한 해결책은 독단적이고 배타적인 종교에 염증을 느끼는 이들에게 매력적으로 느껴질 수 있다. 그러나 사실 여러 종교와 영적 가르침은 중요한 핵심 문제에 서로 다른 입장을 취한다. 수행의 기본 전제나 목표를 다르게 설정하고 있으며 이러한 차이는 표현의 차이를 넘어선다. 표현의 차이라고만 치부하는 것이 종교 평화를 이루는 좋은 방법이기는 하지만 자세히 살펴보면 성립 불가능한 주장이다. 단지 표현의 차이라고 말하는 것은 부리와 날개가 있다고 해서 독수리, 참새, 닭이 모두 같은 새라고 말하는 것만큼 무너지기 쉬운 주장인 것이다.

유신교만이 실증적 확신의 범주를 넘어서는 교리를 가르치는 것은 아니다. 부처님도 일반 사람들이 일상 생활에서 직접 확인할 수 없는 내용들을 가르치셨고 이는 불교의 근간을 이루기도 한다. 예를 들어 1장과 2장의 들어가기에서 소개했듯이 니까야의 경전들은 수많은 중생계가 존재하는 우주가 무한한 시공간에 펼쳐져 있으며 그 속에서 중생들이 무명, 갈애, 업으로 인해 이 생에서 저 생으로 길을 잃고 헤매고 있는 모습을 그리고 있다. 또 시작도 없는 무한한 시간 동안 셀 수 없는 부처님들이 나투어 법륜을 굴리셨으며 부처님들은 영겁의 시간 동안 수행을 완성해 결국 깨달음을 얻었다고 전제하고 있다. 이러한 신앙적인 측면에 반감을 느낄 수도 있고, 지나친 믿음을 요구하는 것처럼 느낄 수도 있다. 그래서 결국 불교를 따르고 싶다면 전통적인 불교 신앙을 하나도 빠짐없이 모두 받아들여야 하는가 하는 필연적인 질문에 봉착하게 된다.

초기불교에서는 믿음에 대한 모든 문제를 일타에 해결했다. 직접적인 체험을 판단의 근거로 삼으라는 것이다. 직접적인 경험을 강조하는 것은 불교의 가장 독특한 특징 중 하나이다. 초기불교의 경전들은 비밀스러운 가르침을 전하지도 않거니와 특별한 소수를 위한 은밀한 수행법도 남기지 않았다.

3장 1.숨기지 않는 가르침에서는 몰래 전해지는 가르침은 잘못된 견해 그리고 미혹된 사상의 가장 큰 특징이라고 말하고 있다. 부처님

151

의 가르침은 밝고 환한 달빛, 햇빛처럼 어디에서나 드러난다. 직접적인 체험을 가장 중요시하는 가르침에 감춰둔 비밀이 있을 수 없다. 불교는 각 개인들이 자신들의 체험 속에서 배움을 시험해 보라고 권하는 종교이다.

그렇다고 해서 일반 사람이 특별한 노력 없이 본인의 체험을 근거로 부처님의 가르침을 완전히 검증할 수 있다는 뜻은 아니다. 세간사에 휘말려 사는 일반인의 영역을 벗어난 특별한 체험이 있어야만 부처님의 가르침을 완전히 이해할 수 있다. 그렇다고 현재 수준에서 직접 체험으로 검증할 수 없는 가르침을 헌신적으로 믿어야만 불교 수행을 시작할 수 있는 것은 아니다. 이것이 계시 종교와 불교의 차이점이다. 부처님은 우리가 현재의 정신적 수준으로 판단할 수 없는 문제로 고민하기보다는 자신의 경험으로 결정할 수 있는 현생에서의 이익과 행복에 대해 질문해야 한다고 말씀하셨다. 여기서 우리의 '현재 정신 수준'이라는 표현을 강조하고 싶은데 우리가 현재 검증할 능력이 없다고 해서 부처님의 가르침이 틀렸거나 적절하지 않다고 판단해서는 안된다. 지금 당장은 한쪽으로 미뤄두고 우리가 직접 체험할 수 있는 문제에 먼저 관심을 가져야 한다는 뜻이다.

부처님은 괴로움과 괴로움의 소멸을 가르친다고 직접 말씀하셨다. 이 말씀은 불법이 오직 현생의 괴로움만을 다룬다는 뜻이 아니다. 우리의 현재 경험이 지적 관찰이 동반될 때 무엇이 내면의 성장에 이익이 되고 해가 되는지 판단하는 기준이 될 수 있다는 뜻이다. 우리 내면 가장 깊은 곳에 내재하는 가장 끈질긴 존재론적 욕구는 폭력, 슬픔, 고통에서 벗어나기를 원한다는 것이다. 긍정적으로 바꿔 말하면 안녕과 행복에 대한 욕구이다. 폭력을 피하고 행복을 확보하기 위해서 단지 바라기만 해서는 안된다. 그 원인이 무엇인지 알아야 한다.

부처님은 무엇이든지 적절한 원인과 조건이 있어야 발생한다고 말씀하셨고 이는 괴로움과 행복에 똑같이 적용된다. 따라서 우리는 폭력과 괴로움의 원인과 조건, 그리고 안녕과 행복의 원인과 조건을 찾아야 한다. 폭력과 괴로움의 원인, 안녕과 행복의 원인 이 두 가지만 찾아낸다면 괴로움에서의 해방이라는 궁극적 목표에 이르는 전체 도면을 손 안에 얻는 것과 마찬가지다.

이에 대한 훌륭한 예가 앙굿따라 니까야의 깔라마 경이라는 짧은 경전에 잘 소개되어 있는데 바로 **3장 2.독단적이고 맹목적인 믿음의 위험**이다. 깔라마 사람들은 갠지스강 평원의 오지에 살던 사람들이다. 많은 영적 스승들이 찾아와서 자신들의 가르침은 극찬하고 다른 종교는 비방했다. 여러 가르침들이 충돌하자 깔라마 사람들은 의심이 들고 혼란스러워 누구의 말이 맞는지 알 수가 없었다. 마침 부처님께서 마을을 지나가시자 부처님을 찾아뵙고 의심과 혼란을 밝혀주시기를 부탁드린다. 깔라마 사람들이 혼란스러워 한 문제가 무엇이었는지 구체적으로 나오지 않지만 다시 태어남과 업에 대해서 의문이 있었다는 것을 경의 후반부에서 확인할 수 있다.

153

부처님은 이런 상황에서는 당연히 의심이 들고 혼란스러울 수밖에 없다고 먼저 깔라마 사람들을 안심시켰다. 그리고 여러 교단들이 주장하는 열 가지 근거를 믿어서는 안된다고 말씀하신다. 이 중 네 가지는 구전, 법맥, 평판, 경전으로 이미 확립된 정전의 권위를 빌리고 있고, 또 다른 네 가지는 논리, 추론, 사고, 숙고한 뒤 받아들인 견해로 이성적인 근거를 들고 있으며, 나머지 두 가지는 마음을 움직이는 달변가와 존경받는 스승으로 권위있는 사람에 기대고 있다. 이 내용은 부처님께서 외부의 권위에 의지하지 않고, 각자가 자신만의 구도의 여정을 만들도록 권했다는 근거로 자주 인용된다.

그런데 이 깔라마 경이 담고 있는 실제 교훈은 이와 사뭇 다르다. 부처님은 당시 아직 당신께 귀의하지 않은 깔라마 사람들에게 수행을 이끌어 줄 모든 외부의 권위를 부정하고 그들의 직관에만 매달리라고 말씀하신 것이 아니다. 오히려 깔라마 사람들이 의심과 혼란의 늪에서 빠져나올 수 있는 간단하고 실용적인 방법을 알려주셨다. 문답이라는 효율적인 방법을 통해서 이들이 자신들의 경험을 토대로 가르침들을 검증할 수 있는 방법들을 알려주고 그 결과 수행을 더 발전시킬 수 있는 확실한 시작점을 얻게 하셨다.

부처님과 깔라마 사람들 사이의 문답 속에는 인간은 주로 자신의 안녕과 행복을 위해서 행동한다는 암묵적 전제가 항상 깔려 있다. 부처님은 여러 질문을 통하여 욕심, 미움, 어리석음 등의 불선한 마음과 죽이고 훔치는 나쁜 행동들은 결국 미래에 대한 걱정은 차치하고 바로 지금 여기에서 자신의 해로움과 괴로움으로 돌아간다는 것을 깔라마 사람들이 깨닫도록 이끌고 있다. 반대로 선한 마음과 바른 행동은 바로 지금 여기에서 자신들의 오랜 안녕과 행복을 증장시킨다는 것을 알게 하셨다.

이만큼만 알아도 불선한 마음이 즉각적으로 가져오는 해로운 결과는 불선한 마음을 포기할 충분한 이유가 되고 선한 마음이 즉각적으로 가져오는 이로운 결과는 선한 마음을 더 증장시킬 충분한 동기가 된다. 사후에 내생이 있든 없든 현생에서 불선한 마음을 버리고 선한 마음를 계발해야 할 합당한 이유가 있는 것이다. 만약 내생이 있다면 그 대가는 훨씬 더 크다.

3장 3.바로 보이는 괴로움의 원인과 소멸에서도 부처님은 유사한 방법으로 이 순간의 고통의 일어남과 사라짐이 지금 현재의 갈애와 밀접한 관계가 있다는 것을 증명하신다. 이 짧은 경전은 재가 신도를 위한 것으로 네 가지 고귀한 진리 속에 담겨 있는 인과법칙을 간결하게 설명하고 있으며, 추상적이지 않은 구체적이고 실질적인 접근으로 현대에도 놀라울 정도의 공감을 불러 일으킨다. 아내와 아들에게 깊은 애착을 느끼는 재가 남성의 예는 강력한 인상을 남기고 있다.

이 경전이나 깔라마 경에서는 업과 다시 태어남에 대한 설명이 없는데 그 이유가 이런 내용들은 문화적 부속물이기 때문에 생략되어도 상관없거나, 설명하지 않아도 손색이 없기 때문이라고 생각하는 경우가 있다. 하지만 사실은 불법을 처음 배울 때는 과거 생이나 미래 생을 생각할 필요가 없기 때문에 다루지 않은 것이다.

불교는 다면적이다. 때문에 어떤 면에서는 현재의 안녕과 행복이라는 기준만으로도 불교를 평가할 수도 있다. 불교를 수행하면 현생에 마음의 평화와 기쁨, 안정을 얻을 수 있다는 것을 알게 될 때 현재 수준으로는 검증할 수 없는 가르침을 포함해 불교 전체에 대한 믿음과 확신이 설 것이다. 업, 윤회, 눈에 보이지 않는 세계 등에 대한 높은 수준의 가르침들을 검증해야 하는 깊은 수행에서는 아주 정교한 수행기법과 꺾이지 않는 노력, 그리고 이러한 신심이 요구된다.

구도자들이 겪게 되는 또 다른 문제는 스승들이 제자들에게 믿음을 요구한다는 것이다. 이 문제는 특히 현시대에 극심해졌다. 미디어에서 영적 구루의 허물을 신나게 집중보도하는가 하면 우리 시대의 성인이라고 알려진 인물들을 승복입은 사기꾼으로 고발하기 위해 기회만 노리고 있다. 가짜 승려를 가리는 시비가 한 두 해 문제가 된 것도 아니고 이 시대에만 유별나다고 말할 수도 없다. 스승으로서의 권한을 행사할 때 제자들뿐 아니라 자신에게도 해로운 방식으로 제자들의 믿음을 이용하고 싶은 유혹에 넘어가기 십상이다. 자신이 완전한 깨달음을 얻었다고 주장하며 해탈로 가는 길을 알려주겠다고 공언하는 스승을 만났다면 제자는 스승이 주장하는 말과 다른 사람들이 스승에 대해서 하는 말이 정말로 그러한지 판단할 수 있는 검증 기준들을 잘 알고 있어야 한다.

3장 4.스승에 대한 검증은 위맘사까 경인데 여래가 완전한 깨달음을 얻었다고 선언한 주장이 사실인지 비구가 검증할 수 있는 지침들을 밝히고 있다. 완전히 깨달은 이를 판별할 수 있는 한 가지 기준은 그의 마음에 번뇌가 완전히 제거되었는지 확인하는 것이다. 만약 부처님의 마음을 직접 들여다 볼 수 없다면 번뇌가 없는지 확인할 간접 증거에 의존해야 한다. 바로 부처님의 행동과 말을 보고 부처님의 마음이 욕심, 미움, 어리석음에 전혀 오염되지 않고, 오로지 청정할 뿐이라고 유추할 수 있는 것이다. 이상의 관찰을 통한 유추와 더불어 부처님을 찾아뵙고 마음 상태에 대해 직접 여쭈어 보는 방법도 권하고 있다.

부처님이 올바른 스승이라는 확신이 들면 이제 스승을 마지막 시험대에 올린다. 스승의 가르침을 배우고, 수행을 해나가고, 바른 지혜로 법을 꿰뚫는다. 꿰뚫어 보는 것은 최소한 예류과를 얻었다는 뜻인데 이때 불굴의 신심을 얻게 된다. 마지막 해탈에 이르는 역행할 수 없는 길에 든 이의 신심이다.

위맘사까 경만 따로 떼서 보면 가르침을 깨달은 뒤에야 신심을 얻을 수 있고, 이 깨달음은 스스로 검증 가능하기 때문에 사실 신심은 군더더기같은 인상을 받을 수도 있다. 그런데 이러한 이해는 단편적인 것이다. 경에서 전달하고자 하는 내용은 깨달음의 결과로 신심이 흔들리지 않는다는 것이지 깨달아야만 처음으로 수행에 신심이 생긴다는 뜻이 아니다. 신심은 다섯 가지 능력(五根) 중에서 가장 먼저 등장하고, 부처님의 깨달음과 그 가르침에 대한 확신으로서 더 깊은 수행을 위한 전제 조건이다.

　　짱끼 경을 상당 부분 옮겨 온 **3장 5.깨달음으로 가는 단계**에서 신심이 이러한 예비 역할을 하는 것을 볼 수 있다. 여기서 부처님은 무언가를 믿는 사람이 "나는 이것을 믿는다."고 말할 때 '진리를 보전'하는 것이라고 설명하고 있다. "진리를 보전한다."고 말씀하신 이유는 자신이 믿는 것이 단연코 진실이고 다른 것은 모두 거짓이라는 결론에 성급하게 뛰어들지 않고 오로지 자신이 믿는 것만을 말했기 때문이다.

　부처님은 '진리의 보전'을 '진리의 발견'과 대조시키고 있는데 '진리의 발견'은 믿을 만한 스승임을 스스로 증명한 스승에게 믿음을 내는 것으로 시작된다. 스승에 대한 믿음이 생기면 스승을 찾아가 가르침을 청하고, 법을 배우며, 앞 장보다 더 정교하게 나눠진 단계에 따라 수행하고, 결국 스스로 최상의 진리를 보게 된다.

　하지만 이것으로 제자가 걸어야 할 길이 끝나는 것은 아니다. 첫 번째 진리의 꿰뚫음이며 예류과의 성취를 이뤄낸 것이다. 이제 진리의 눈을 얻었기 때문에 '궁극의 진리'에 이르기 위해서 즉, 해탈한 아라한이 되기 위해서 제자는 똑같은 단계를 반복하고, 계발하고, 닦아서 처음에 얻은 이 진리의 눈에 드러난 최상의 진리를 온전히 이해하고 체화해야 한다. 그러므로 법을 수행하는 전체 과정이 개인의 경험에 뿌리를 두고 있는 것이다. 믿음 또한 조사와 탐구에 기초해야지 정서적인 성향이나 무조건적인 믿음에 근거해서는 안된다. 신심 하나로는 충분하지 않으며 신심은 더 깊은 경험으로 가는 관문일 뿐이다. 신심은 수행에 박차를 가하고, 수행은 체험적 이해로 이어지며, 이 이해가 익으면 완전한 깨달음의 열매가 열린다.

oi 숨기지 않는 가르침

"비구들이여, 다음의 세 가지는 감추고 숨기되 드러내지 않는다. 이 세 가지는 무엇인가? 이성과 얽히는 일, 브라만들의 주문, 잘못된 견해이다.

　"그러나 비구들이여, 다음의 세 가지는 감추거나 숨기지 않고 훤히 드러낸다. 이 세 가지는 무엇인가? 해와 달 그리고 여래의 가르침과 계율이니라."

(AN 3:129)

02 독단적이고 맹목적인 믿음의 위험

나는 이와 같이 들었다. 한때 세존께서 많은 비구들과 유행하던 중 깔라마족이 사는 께사뿟따라는 마을에 도착하셨다. 마을 사람들 사이에 다음과 같은 소문이 돌았다.

"수행승 고따마는 샤카족 출신으로 집을 떠나 유행하다 이 마을에 닿았다. 항간에서 '고따마 존자는 아라한이고, 완전히 깨달았으며, 지혜와 실천이 원만하고, 잘 가신 분이며, 세간의 지혜를 통달했고, 중생을 잘 다스리며, 천신과 인간의 스승이고, 부처이며 세존이시다. 천신과 마라와 범천이 사는 천상 세계와 수행자와 브라만이 속한 인간 세계를 바로 깨달아 가르침을 펴신다. 시작도 좋고, 중간도 좋고, 끝도 좋은 가르침을 올바른 뜻과 바른 말로 설하신다. 빠짐없이 구족한 청정한 출가 수행자의 삶을 보여주신다.'라고 한다. 이제 깨달은 이를 직접 만나보는 것이 좋겠다."

그리고 깔라마 사람들이 세존을 찾아왔다. 어떤 이는 세존께 예경 드린 후 한쪽에 앉았고, 어떤 이는 인사 등 몇 마디 대화를 나눈 뒤 한쪽에 앉았고, 어떤 이들은 공손히 절을 하고 한쪽에 앉았고, 어떤 이들은 아무 말도 하지 않고 한쪽에 앉았다. 그리고 세존께 여쭈었다.

"세존이시여, 저희 마을에 오는 수행자들과 브라만들은 자신들의 가르침을 설파하고 역설하면서, 다른 이들의 가르침은 비하하고, 매도하고, 욕하고, 비난합니다. 또 다른 무리가 찾아와 자신들의 가르침을 설파하고 역설하면서, 다른 이들의 가르침은 비하하고, 매도하고, 욕하고, 비난합니다. 세존이시여, 저희들은 누가 진실을 말하고 누가 거짓을 말하는지 의심스럽고 혼란스럽습니다."

"깔라마 사람들이여, 그대들이 의심스럽고 혼란스러운 것은 당연하다. 혼란스럽기 때문에 의심이 일어난 것이다. 깔라마 사람들이여, 입으로 전해진다고 해서, 법맥이 이어진다고 해서, 사람들이 그렇게 말한다고 해서, 경전이 갖추어져 있다고 해서, 논리나 추론, 생각으로 옳다고 해서, 심사숙고하여 받아들였다고 해서, 말하는 사람의 능력을 보고서, 또는 '저 이는 나의 스승이다.'라는 생각 때문에 믿어서는 안된다. 스스로, '이것은 해로운 가르침이다. 비난받을 만하다. 지혜로운 이들이 질책하는 것이다. 닦고 익히면 해롭고 괴로움이 따른다.'고 생각되면 그 가르침은 버려야 한다.

"깔라마 사람들이여, 어떻게 생각하는가? 욕심부리고, 미워하고, 어리석다면 이로운가? 해로운가?" - "해롭습니다, 세존이시여." - "깔라마 사람들이여, 욕심부리고 미워하고 어리석은 사람은 욕심, 미움, 어리석음에 휩싸여 그러한 생각으로 살아있는 생명을 죽이고, 주지 않은 것을 가지고, 잘못된 성생활을 하고, 거짓말을 할 것이다. 다른 사람들도 그렇게 하도록 부추길 것이다. 때문에 이 사람은 오랫동안 해를 입고 괴로움을 당하지 않겠는가?" - "그렇습니다, 세존이시여."

"깔라마 사람들이여, 어떻게 생각하는가? 방금 말한 것들이 이로운가, 해로운가?" - "해롭습니다, 세존이시여." - "비난받을 만한가, 비난받을 일이 아닌가?" - "비난받을 만합니다, 세존이시여." - "지혜로운 이들이 질책하겠는가, 칭찬하겠는가?" - "질책할 것입니다, 세존이시여." - "닦고 익힌다면 해롭고 괴로움이 따르겠는가? 어떠할 것 같은가?" - "닦고 익힌다면 해롭고 괴로움이 따를 것입니다. 그렇게 보입니다."

"깔라마 사람들이여, 그래서 다음과 같이 말하는 것이다. 입으로 전해진다고 해서 … 믿어서는 안된다.

"깔라마 사람들이여, 입으로 전해진다고 해서, 법맥이 이어진다고 해서, 사람들이 그렇게 말한다고 해서, 경전이 갖추어져 있다고 해서, 논리나 추론, 생각으로 옳다고 해서, 심사숙고하여 받아들였다고 해서, 말하는 사람의 능력을 보고서, 또는 '저 이는 나의 스승이다.'라는 생각 때문에 믿어서는 안된다. 스스로, '이것은 선한 가르침이다. 비난받을 것이 없다. 지혜로운 이들이 칭찬하는 것이다. 익히고 닦는다면 평안과 행복이 따른다.'고 생각되면 그 가르침을 실천해야 한다.

"깔라마 사람들이여, 어떻게 생각하는가? 욕심부리지 않고, 미워하지 않고, 어리석지 않다면, 이롭겠는가? 해롭겠는가?" - "이롭습니다, 세존이시여." - "깔라마 사람들이여, 욕심부리지 않고, 미워하지 않고, 어리석지 않은 사람은 욕심, 미움, 어리석음에 휩쓸리지 않고

163

그러한 생각도 하지 않기 때문에 살아있는 생명을 죽이지 않고, 주지 않은 것을 가지지 않고, 잘못된 성생활을 하지 않고, 거짓말을 하지 않을 것이다. 다른 사람들도 그렇게 하지 않도록 권유할 것이다. 때문에 이 사람은 오랫동안 평안하고 행복하지 않겠는가?"-"그렇습니다, 세존이시여."

"깔라마 사람들이여, 어떻게 생각하는가? 방금 말한 것들이 이로운가, 해로운가?"-"이롭습니다, 세존이시여."-"비난받을 만한가, 비난받을 일이 아닌가?"-"비난받을 일이 아닙니다, 세존이시여."-"지혜로운 이들이 질책하겠는가, 칭찬하겠는가?"-"칭찬하겠습니다, 세존이시여."-"닦고 익힌다면 평안과 행복이 따르겠는가? 어떠할 것 같은가?"-"닦고 익힌다면 평안과 행복이 따를 것입니다. 그렇게 보입니다."

"깔라마 사람들이여, 그래서 다음과 같이 말하는 것이다. 입으로 전해진다고 해서 … 믿어서는 안된다.

"깔라마 사람들이여, 부처님의 고귀한 제자는 욕심도 없고, 악의도 없고, 미혹되지 않고, 분명히 이해하고, 알아차리기 때문에 자애가 가득한 마음으로 첫 번째 방향을, 두 번째 방향을, 세 번째 방향을, 네 번째 방향을 가득 메운다. 네 중간 방위와 상하를 포함해 어디서나 자신뿐 아니라 모든 중생에게 적의와 악의가 없는 기쁜 마음으로 광대하고 측량할 수 없는 자애를 온 세계에 가득 메운다.

"연민이 가득한 마음으로 … 함께 기뻐하는 마음으로 … 평정심이 가득한 마음으로 첫 번째 방향을, 두 번째 방향을, 세 번째 방향을, 네 번째 방향을 가득 메운다. 네 중간 방위와 상하를 포함한 어디서나 자신뿐 아니라 모든 중생에게 적의와 악의가 없는 기쁜 마음으로 광대하고 측량할 수 없는 평정심을 온 세계에 가득히 메운다.

"깔라마 사람들이여, 고귀한 제자가 적의와 악의를 버리고 타락하지 않은 청정한 마음을 닦으면 현생에서 네 가지 확신을 얻게 된다.

"첫 번째 확신은 '다음 생이 있어 선행과 악행의 과보가 따른다면 나는 죽어서 이 몸이 흩어진 후 행복한 곳, 천상세계에 다시 태어날 것이다.'이다.

"두 번째 확신은 '다음 생도 없고, 선행과 악행의 과보가 없다 해도 나는 바로 여기 이번 생에서 적의와 악의 없는 행복한 삶을 살 것이다.'이다.

"세 번째 확신은 '악행을 저지른 사람에게 그 악행의 과보가 돌아간다면 나는 누구에게도 죄를 짓지 않았는데, 어찌 내가 괴로움을 당하겠는가?'이다.

"네 번째 확신은 '죄를 지은 사람에게 그 악행이 돌아가지 않는다 하더라도 그와 상관없이 나는 청정하다.'이다.

"깔라마 사람들이여, 고귀한 제자가 적의와 악의를 버리고 타락하지 않은 청정한 마음을 닦으면 현생에서 이 네 가지 확신을 얻게 된다."

"그렇습니다, 세존이시여! 그렇습니다, 세존이시여! 고귀한 제자가 적의와 악의를 버리고 타락하지 않은 청정한 마음을 닦으면 현생에서 이 네 가지 확신을 얻습니다.

"경이롭습니다, 세존이시여! 경이롭습니다, 세존이시여! 세존께서는 뒤집힌 것을 바로 세우시듯, 숨겨놓은 것을 꺼내 보이시듯, 길을 잃은 이에게 길을 안내하시듯, 어둠 속에서 불을 밝혀 눈 좋은 이들이 잘 볼 수 있듯이 법을 분명하게 설하셨습니다. 저희는 부처님과 가르침과 승가에 귀의합니다. 저희들을 재가 신자로 받아 주시면 오늘부터 삶이 다하는 날까지 귀의하겠습니다."

(AN 3:65)

03 바로 보이는 괴로움의 원인과 소멸

한 때 세존께서 말라따족이 사는 마을 우루웰라깝빠에 머무셨다. 그
때 족장인 바드라까가 세존을 찾아 뵙고 예경드린 후 한 쪽에 앉아
세존께 여쭈었다.

"세존이시여, 세존께서 괴로움의 원인과 소멸에 대해 가르쳐 주시
기를 청합니다."

"족장이여, 내가 만약 과거에 일어난 괴로움의 원인과 소멸에 대
해 '과거에 그러했다.'고 설한다면 그대는 믿지 못하고 혼란스러울
것이오. 내가 만약 미래에 일어날 괴로움의 원인과 소멸에 대해 '미
래에 그러할 것이다.'고 설한다면 그대는 믿지 못하고 혼란스러울 것
이오. 그러니 족장이여, 지금 내가 여기에 앉아 있고 그대가 그곳에
앉아 있는 현재 이곳의 괴로움의 원인과 소멸에 대해 설할 테니 귀를
기울여 잘 들으시오."

"세존이시여, 알겠습니다."

"족장이여, 어떻게 생각하시오? 이 마을에서 누군가가 사형당하
거나, 구금되거나, 벌금을 물거나, 비난받는다면, 그대가 슬픔, 한탄,

167

고통, 실망, 절망을 느낄 만한 사람이 있습니까?"

"세존이시여, 그런 사람들이 있습니다."

"이 마을에서 누군가가 사형당하거나, 구금되거나, 벌금을 물거나, 비난받아도 그대가 슬픔, 한탄, 고통, 실망, 절망을 느끼지 않을 사람도 있습니까?"

"세존이시여, 그런 사람들이 있습니다."

"족장이여, 이 마을에서 누군가가 처형당하거나, 구금되거나, 벌금을 물거나, 비난받으면 어찌하여 어떤 이들에게는 슬픔, 한탄, 고통, 실의, 절망을 느끼고 또 어떤 이들에게는 그러한 감정이 생기지 않습니까?"

"세존이시여, 이 마을에서 누군가가 사형당하거나, 구금되거나, 벌금을 물거나, 비난받아 제가 슬픔, 한탄, 고통, 실의, 절망을 느낀다면 이는 제가 욕망하고 집착하는 사람들입니다. 하지만 저에게 이런 감정이 생기지 않는 이들은 제가 욕망하지도 집착하지도 않는 사람들입니다."

"족장이여, 지금 듣고 이해하여 바로 깨우친 이 원리를 과거와 미래에도 똑같이 적용해 보시오. '과거에 일어난 모든 괴로움은 욕망을 뿌리로 하고 욕망을 근원으로 한다. 즉 욕망이 괴로움의 뿌리이다. 미래에 일어날 모든 괴로움은 욕망을 뿌리로 하고 욕망을 근원으로 한다. 즉 욕망이 괴로움의 뿌리이다.'"

"세존이시여, 훌륭합니다. 세존이시여, 놀랍습니다! 세존께서 다음과 같이 잘 말씀하셨습니다. '어떤 괴로움이 일어나더라도 모두 욕망을 뿌리로 하고, 욕망을 근원으로 한다. 즉 욕망이 괴로움의 뿌리이다.' 세존이시여, 저에게는 밖에서 살고 있는 찌라와씨라는 아들이 하나 있습니다. 저는 아침 일찍 일어나 사람을 보내어 찌라와씨가 어떻게 지내는지 보고 오게 합니다. 저는 그이가 돌아올 때까지 '찌라와씨에게 아무 일도 없어야 할 텐데.'라고 생각하며 불안해 합니다."

"족장이여, 어떻게 생각하시오? 만약 찌라와씨가 사형당하거나, 구금되거나, 벌금을 물어야 하거나, 비난받는다면, 슬픔, 한탄, 고통, 실망, 절망을 느끼겠습니까?"

"세존이시여, 만약 찌라와씨가 사형당하거나, 구금되거나, 벌금을 물거나, 비난받는다면, 제 삶마저 허무할 것입니다. 어떻게 슬픔, 한탄, 고통, 실의, 절망을 느끼지 않을 수 있겠습니까?"

"족장이여, 이렇게 생각해야 합니다. '어떤 괴로움이 일어나더라도 모두 욕망을 뿌리로 하고, 욕망을 근원으로 한다. 즉 욕망이 괴로움의 뿌리이다.'

"족장이여, 어떻게 생각하시오? 그대가 그대의 부인을 보거나 부인에 대한 이야기를 듣기 전에 어떤 욕망이나 집착이나 애정을 느꼈습니까?"

"아닙니다, 세존이시여."

"그렇다면 족장이여, 그대가 그대의 부인을 보거나 부인에 대한 이야기를 들은 후에야 욕망과 집착과 애정이 생겼습니까?"

"그렇습니다, 세존이시여."

"족장이여, 어떻게 생각하시오? 만약 그대의 부인이 사형당하거나, 구금되거나, 벌금을 물거나, 비난받는다면, 슬픔, 한탄, 고통, 실망, 절망을 느끼겠습니까?"

"세존이시여, 만약 제 부인이 사형당하거나, 구금되거나, 벌금을 물거나, 비난받는다면, 제 삶마저 허무할 것입니다. 어떻게 슬픔, 한탄, 고통, 실의, 절망을 느끼지 않을 수 있겠습니까?"

"족장이여, 이렇게 생각해야 합니다. '어떤 괴로움이 일어나더라도 모두 욕망을 뿌리로 하고, 욕망을 근원으로 한다. 즉 욕망이 괴로움의 뿌리이다.'"

(SN 42:11)

04 스승에 대한 검증

1. 나는 이와 같이 들었다. 한때 세존께서 사왓티에서 아나타삔디 까 장자가 기증한 기원정사에 머물고 계셨다. 세존께서 다음과 같이 말씀하셨다.

2. "비구들이여, 비구가 다른 사람의 마음을 들여다보지는 못하지 만 자세히 살피는 것을 좋아한다면, 여래를 자세히 살펴 그 깨달음이 완전한지 확인해야 한다.

4. "비구들이여, 비구가 다른 사람의 마음을 들여다보지는 못하지 만 자세히 관찰하는 것을 좋아한다면, 눈과 귀로 보고 들을 수 있는 두 가지 측면에서 여래를 관찰해야 한다. '여래에게 눈과 귀로 보고 들을 수 있는 청정하지 못한 점이 있는가?' 하고 여래를 자세히 관찰 하면 '여래에게 눈과 귀로 보고 들을 수 있는 청정하지 못한 점이 없 다.'는 것을 알게 된다.

5. "이와 같이 알게 되면 여래를 더욱 관찰해야 한다. '여래에게 눈 과 귀로 보고 들을 수 있는 청정함과 청정하지 못한 점이 뒤섞여 있 는가?' 하고 여래를 관찰하면 '여래에게 눈과 귀로 보고 들을 수 있

171

는 청정함과 청정하지 못한 점이 뒤섞여 있지 않다.'는 것을 알게 된다.[32]

6. "이와 같이 알게 되면 여래를 더욱 관찰해야 한다. '여래에게 눈과 귀로 보고 들을 수 있는 청정함이 있는가?' 하고 여래를 자세히 관찰하면 '여래에게 눈과 귀로 보고 들을 수 있는 청정함이 있다.'는 것을 알게 된다.

7. "이와 같이 알게 되면 여래를 더욱 관찰해야 한다. '이 지존께서는 이 선한 법을 오래 전에 이루셨는가? 최근에서야 이루셨는가?' 하고 여래를 자세히 관찰하면 '이 지존께서 이 선한 법을 최근이 아니라 오래 전에 이루셨다.'는 것을 알게 된다.

8. "이와 같이 알게 되면 여래를 더욱 관찰해야 한다. '이 지존께서는 명예와 명성을 얻은 뒤 허물이 따르는가?' 비구들이여, 비구가 명성도, 명예도 없다면 그와 관련된 허물도 없을 것이다. 하지만 명예와 명성을 얻으면 그와 관련된 허물들이 나타날 것이다. 여래를 자세히 관찰하면 '이 지존께서는 명예와 명성을 얻었지만 그로 인한 허물이 없다.'는 것을 알게 된다.

9. "이와 같이 알게 되면 여래를 더욱 관찰해야 한다. '이 지존께서는 번뇌 없는 적정을 얻으셨는가? 번뇌 때문에 적정을 얻지 못했는가? 이 지존께서는 욕망을 물리쳐 욕망에서 벗어났기 때문에 감각적

---

32 뒤섞여 있다는 것은 청정한 행동을 하려고 하지만 꾸준히 실천하지 못하는 사람을 가리킨다. 어떤 때는 청정하고 다른 때는 청정하지 못하다.

쾌락을 탐닉하지 않는가?' 하고 여래를 자세히 관찰하면 '이 지존께서는 번뇌 없는 적정을 얻으셨다. 욕망을 물리쳐 욕망에서 벗어났기 때문에 감각적 쾌락을 탐닉하지 않는다.'는 것을 알게 된다.

10. "비구들이여, 다른 비구들이 이 비구에게 '비구는 무슨 이유와 증거를 가지고 "이 지존께서는 번뇌 없는 적정을 얻으셨다. 욕망을 물리쳐 욕망에서 벗어났기 때문에 감각적 쾌락을 탐닉하지 않는다."고 말하는 것입니까?'라고 묻는다면 그 비구는 이렇게 바르게 답할 것이다. '이 지존께서는 대중에 머물거나 홀로 지낼 때나, 행실을 바르게 하는 이가 있거나 행실이 바르지 않은 이가 있거나, 무리를 지도하는 이들이 있거나, 물질에 타락한 이가 있거나 물질에 청정한 이가 있거나, 어떤 이유로도 다른 이들을 비난하지 않습니다. 저는 세존께서 직접 "나는 번뇌 없는 적정을 얻었다. 나는 욕망을 물리쳐 욕망에서 벗어났기 때문에 감각적 쾌락을 탐닉하지 않는다."고 말씀하시는 것을 듣고 알았습니다.'

11. "비구들이여, 여래께 직접 여쭈기도 해야 한다. '여래에게 눈과 귀로 보고 들을 수 있는 청정하지 못한 점이 있습니까?' 여래는 '여래에게 눈과 귀로 보고 들을 수 있는 청정하지 못한 점이 없다.'라고 대답하실 것이다.

12. "만약 '여래에게 눈과 귀로 보고 들을 수 있는 청정함과 청정하지 않은 점이 뒤섞여 있습니까?'라고 여쭌다면 여래는 '여래에게 눈과 귀로 보고 들을 수 있는 청정함과 청정하지 않은 점이 뒤섞여 있지 않다.'라고 대답하실 것이다.

13. "만약 '여래에게 눈과 귀로 보고 들을 수 있는 청정함이 있습니까?'라고 여쭌다면 여래는 '여래에게 눈과 귀로 보고 들을 수 있는 청정함이 있다. 이것이 내가 가는 길이고 내가 머무는 곳이지만 이를 나라고 여기지 않는다.'라고 대답하실 것이다.

14. "비구들이여, 제자는 법을 배우기 위해 그렇게 말하는 스승을 찾아가야 한다. 스승은 제자에게 단계적으로 점점 더 높고 깊은 법으로 들어가 어둡고 밝은 부분을 모두 가르쳐 준다. 스승이 비구에게 이렇게 법을 가르치면 비구는 배운 법들 중 일부에 대해 바른 지혜가 생기게 되고 이를 바탕으로 전체 법에 대한 결론에 이르게 된다. 바로 스승에게 '세존은 완전히 깨달은 분이시고, 법은 세존께서 잘 설하셨으며, 승가는 선한 길을 닦는다.'는 확신을 가지게 된다.

15. "다른 비구들이 그 비구에게 '무슨 이유와 근거를 가지고 "세존은 완전히 깨달은 분이시고, 법은 세존께서 잘 설하셨으며, 승가는 선한 길을 닦는다."고 말하는 것입니까?'라고 묻는다면 그 비구는 이렇게 바르게 답할 것이다. '벗들이여, 나는 법을 배우기 위해 세존을 찾아뵈었습니다. 세존은 저에게 단계적으로 점점 더 높고 깊은 법으로 들어가 어둡고 밝은 부분을 모두 가르쳐 주셨습니다. 세존께서 저에게 이렇게 법을 가르치시니 저는 배운 법들 중 일부에 대해 바른 지혜가 생기게 되었고 이를 바탕으로 전체 법에 대한 결론에 이르게 되었습니다. 바로 스승에게 "세존은 완전히 깨달은 분이시고, 법은 세존께서 잘 설하셨으며, 승가는 선한 길을 닦는다."는 확신을 가졌습니다.'

16. "비구들이여, 이러한 이유와 말과 뜻을 통해 여래에 대한 믿음의 씨가 뿌리 내리고 굳건히 확립되었을 때 그 비구의 믿음은 근거로 뒷받침되고, 지혜를 근원으로 하며, 확고하다고 말할 수 있다. 어떤 수행자, 브라만, 천신, 마라, 범천도 세상의 그 누구도 꺾을 수 없다. 비구들이여, 이것이 법에 따라 여래를 자세히 관찰하는 방법이다. 그리고 여래가 법에 따라 자세히 잘 관찰되는 방법이다."

세존께서 이와 같이 설하시자 비구들은 세존의 말씀에 만족하고 기뻐했다.

(MN 47)

05 깨달음으로 가는 단계

10. 브라만 짱끼가 다른 브라만들과 큰 무리를 지어 세존을 찾아 뵙고 인사를 나눈 뒤 한 쪽에 앉았다.

11. 세존께서 브라만 장로들과 앉아 정답게 이야기를 나누셨다. 그 때 무리 중에 까빠티까라는 예비 사제가 함께하고 있었다. 삭발을 한 까빠티까는 16살로 아직 어렸지만 세 가지 베다의 어휘, 의례, 음운, 어원, 역사에 정통했고, 어학과 문법에 능숙하며, 우주론과 위인의 상호에도 통달했다. 브라만 장로들이 세존과 대화를 나누는 중에 브라만 까빠티까가 계속 말을 끊고 끼어들자 세존께서 나무라셨다.

"바라드와자[33]는 장로들의 대화를 끊고 끼어들어서는 안된다. 이 야기가 끝날 때까지 기다려야 한다."

세존이 이렇게 말씀하시자 브라만 짱끼가 세존께 말씀드렸다. "고 따마 존자께서는 브라만 까빠티까를 꾸짖지 마십시오. 그는 매우 학식이 있고, 말솜씨가 좋으며, 현명한 아이입니다. 고따마 존자와 함께

33 까빠티까의 가문 이름

이야기를 나누어도 좋을 듯합니다."

12. 그 때 세존께서 생각하셨다. '브라만들이 이렇게 브라만 까빠티까를 높이 여기니 분명 세 가지 베다의 대가임에 틀림없다.'

브라만 까빠티까도 생각했다. '고따마 존자께서 나와 눈을 마주치시면 질문을 해야겠다.'

세존께서는 마음으로 브라만 까빠티까의 생각을 헤아려 아시고 그에게 눈을 돌렸다. 그러자 브라만 까빠티까가 생각했다. '고따마 존자께서 나에게 눈을 돌리셨다. 이제 질문을 드리는 것이 좋겠다.' 그리고 세존께 말씀드렸다. "고따마 존자시여, 오래전부터 구전으로 내려와 성전으로 지켜온 베다의 찬가에 대해서 브라만들은 이렇게 단정지어 말합니다. '이것만이 진리이고, 다른 것은 모두 옳지 않다.' 고따마 존자께서 이에 대해 어떻게 생각하십니까?"

13. "바라드와자여, 브라만들 가운데 '이것만이 진리이고, 다른 것은 모두 옳지 않다고 나는 알고 본다.'고 말하는 브라만이 한 명이라도 있는가?" - "고따마 존자시여, 없습니다."

"바라드와자여, 그렇다면 그대의 스승이나, 스승의 스승, 그 위로 일곱 대를 거슬러 올라간 스승 가운데 '이것만이 진리이고, 다른 것은 모두 옳지 않다고 나는 알고 본다.'고 말하는 이가 한 명이라도 있는가?" - "고따마 존자시여, 없습니다."

"바라드와자여, 오래 전부터 합송하고, 외우고, 기록해 온 태초의 찬가인 앗타까, 와마까, 와마데와, 웨사밋따, 아마딱기, 앙기라사, 바라드와자, 와셋타, 깟사빠, 바구를[34] 과거에 합송하고, 외워온 그대로

177

지금도 브라만들은 합송하고 외운다. 태초의 선지자들, 찬가의 창조자들, 찬가를 처음 노래한 자들이 '이것만이 진리이고, 다른 것은 모두 옳지 않다고 나는 알고 본다.'라고 말했는가?"-"고따마 존자시여, 아닙니다."

"바라드와자여, 브라만들 가운데 '이것만이 진리이고, 다른 것은 모두 옳지 않다고 나는 알고 본다.'고 말하는 브라만이 한 명도 없다. 그대의 스승이나, 스승의 스승, 그 위로 일곱 대를 거슬러 올라간 스승 가운데서도 '이것만이 진리이고, 다른 것은 모두 옳지 않다고 나는 알고 본다.'고 말하는 이가 단 한 명도 없다. 태초의 선지자들, 찬가의 창조자들, 찬가를 처음 노래한 자들조차도 '이것만이 진리이고, 다른 것은 모두 옳지 않다고 나는 알고 본다.'고 말하지 않았다. 바라드와자여, 브라만들이 단정지어 말하는 것은 마치 눈먼 이들이 서로를 붙잡고 한 줄로 서서 첫 번째 맹인도 보지 못하고, 가운데 맹인도 보지 못하고, 끝에 있는 맹인도 보지 못하는 것과 같다. 바라드와자여, 이것이 브라만들의 믿음이 근거없다는 증거가 아니냐?"

14. "고따마 존자시여, 브라만들이 믿음 하나로 그러는 것이 아니라 가르침이 구전되어 오기 때문에 존중하는 것입니다."

"바라드와자여, 그대는 처음에는 믿음을 근거로 입장을 밝히더니 이제 구전을 말하는구나. 다음의 다섯 가지는 바로 지금 여기에서 참과 거짓 두 가지 중 하나로 판별할 수 있다. 이 다섯 가지는 무엇인

---

34 천상으로부터 신의 영감을 받고 베다를 지은 성자들의 이름

가? ①믿음, ②동의, ③구전, ④논리적인 사고, ⑤심사숙고한 후에 견해로 받아들임이다.[35] 바라드와자여, 이 다섯 가지는 바로 지금 여기에서 참과 거짓 두 가지 중 하나로 판별할 수 있다. 전적으로 믿는 대상이라 할지라도 공허하고, 의미없고, 거짓일 수 있다. 전적으로 믿지 않는 대상일지라도 사실이고, 진리고, 틀리지 않을 수도 있다. 전적으로 동의하더라도 … 잘 구전되었더라도 … 논리적으로 생각했더라도 … 심사숙고한 후에 견해로 받아들였더라도 공허하고, 의미없고, 거짓일 수 있다. 그렇지 않더라도 사실이고, 진리고, 틀리지 않을 수 있다. 그러므로 진리를 보전하는 현명한 이가 '이것만이 진리이고, 다른 것은 모두 옳지 않다.'라고 단정지어 말하는 것은 옳지 않다.

15. "고따마 존자시여, 진리를 어떻게 보전해야 합니까? 진리를 어떻게 보호해야 합니까? 저희는 고따마 존자께 진리의 수호에 대해 여쭙니다."

"바라드와자여, 만약 어떤 이가 무언가를 믿는다면 '나의 믿음은 이러하다.'라고 말하되 '이것만이 진리이고, 다른 것은 모두 옳지 않다.'라고 확정적으로 단언해서는 안된다. 바라드와자여, 이것이 진리를 보전하는 방법이고, 이것이 진리를 보호하는 방법이며, 이것을 진리의 수호라고 말한다. 하지만 진리를 깨달은 것은 아니다."

---

35 앞의 두 가지는 감정에, 세 번째는 전통에 대한 절대적 수용, 마지막 두 가지는 이성 또는 인지에 기반하고 있다.

"만약 어떤 이가 무언가에 동의한다면 ⋯ 구전을 받았다면 ⋯ 논리적 사고에 기초해 결론에 도달했다면 ⋯ 심사숙고한 결과 견해로 받아들였다면 '내가 심사숙고한 결과 받아들인 견해는 이러하다.'라고 말하되 '이것만이 진리이고, 다른 것은 모두 옳지 않다.'라고 확정적으로 단언해서는 안된다. 바라드와자여, 이것이 진리를 보전하는 방법이고 이것이 진리를 보호하는 방법이며 이것을 진리의 수호라고 말한다. 하지만 진리를 깨달은 것은 아니다."

16. "고따마 존자시여, 이렇게 진리를 보전합니다. 이렇게 진리를 보호합니다. 이렇게 진리의 수호를 실천합니다. 하지만 고따마 존자시여, 어떻게 진리를 찾습니까? 어떻게 진리를 깨닫습니까? 저희는 스승 고따마께 진리의 실현에 대해 여쭙니다."

17. "바라드와자여, 비구가 마을이나 도시에 의지해 머물면 재가자들이 그 비구를 찾아가 그에게 욕심을 근본으로 한 상태, 미움을 근본으로 한 상태, 어리석음을 근본으로 한 상태, 이 세 가지 상태가 있는지 조사한다. '이 비구는 욕심에 마음이 사로잡혀 알지 못하면서 "나는 안다."고 말하거나, 보지 못하면서 "나는 본다."고 말하는가? 또는 다른 이들을 부추겨 오랫동안 해로움과 괴로움을 겪도록 만드는가?' 그 비구를 조사하면 '이 비구에게는 욕심이 없다. 이 비구의 말과 행동은 욕심에서 비롯된 것이 아니다. 그가 가르치는 법은 심오하고, 알기 어려우며, 이해하기 쉽지 않고, 평온하며, 지극하고, 생각으로 알 수 없으며, 미묘하고, 현명한 이들만이 경험하는 것이다. 이 법은 욕심부리는 비구가 쉽게 가르칠 수 있는 것이 아니다.'라고 알게

된다.

18. "비구를 조사하여 그에게 욕심이 없다는 것을 알게 되면 미움을 근본으로 한 상태를 조사한다. '이 비구는 미움에 마음이 사로잡혀 알지 못하면서 "나는 안다."고 말하거나, 보지 못하면서 "나는 본다."고 말하는가? 또는 다른 이들을 부추겨 오랫동안 해로움과 괴로움을 겪도록 만드는가?' 그 비구를 조사하면 '이 비구에게는 미움이 없다. 이 비구의 말과 행동은 미움에서 비롯된 것이 아니다. 그가 가르치는 법은 심오하고 … 현명한 이들만이 경험하는 것이다. 이 법은 미움이 있는 비구가 쉽게 가르칠 수 있는 것이 아니다.'라고 알게 된다.

19. "비구를 조사하여 미움이 없다는 것을 알게 되면 어리석음을 근본으로 한 상태를 조사한다. '이 비구는 어리석음에 마음이 사로잡혀 알지 못하면서 "나는 안다."고 말하거나, 보지 못하면서 "나는 본다."고 말하는가? 또는 다른 이들을 부추겨 오랫동안 해로움과 괴로움을 겪도록 만드는가?' 그 비구를 조사하면 '이 비구에게는 어리석음이 없다. 이 비구의 말과 행동은 어리석음에서 비롯된 것이 아니다. 그가 가르치는 법은 심오하고 … 현명한 이들만이 경험하는 것이다. 이 법은 어리석은 비구가 쉽게 가르칠 수 있는 것이 아니다.'라고 알게 된다.

20. "비구를 조사하여 어리석음이 없다는 것을 알게 되면 그에게 믿음이 생긴다. 믿음이 생기면 찾아가 예경드린다. 예경드린 뒤 그의 말에 귀를 기울인다. 귀를 기울이면 법을 들을 수 있다. 법을 듣고, 기억하고, 기억한 가르침의 뜻을 자세히 살핀다. 뜻을 자세히 살피면

그 가르침을 숙고한 결과로 받아들인다. 가르침을 숙고한 결과로 받아들이면 열의가 생긴다. 열의가 생기면 노력을 기울인다. 노력을 기울였기 때문에 무상, 고, 무아를 관찰할 수 있다. 무상, 고, 무아를 관찰했기 때문에 정진한다. 온 힘을 다해 정진하면 지혜로 최상의 진리를 실현하고 꿰뚫어 보게 된다.[36] 바라드와자여, 이렇게 진리를 찾을 수 있다. 이렇게 진리를 깨달을 수 있다. 이렇게 진리를 실현할 수 있다. 하지만 아직 궁극의 진리에는 이르지 못했다.[37]

21. "고따마 존자시여, 이렇게 진리를 찾습니다. 이렇게 진리를 깨닫습니다. 이렇게 진리를 실현합니다. 하지만 고따마 존자시여, 어떻게 궁극의 진리에 이릅니까? 어떻게 궁극의 진리에 도달합니까? 저희는 스승 고따마께 궁극의 진리에 닿는 방법에 대해 여쭙니다."

"바라드와자여, 궁극의 진리는 앞에서 말한 것을 반복해서 닦고 익혀야 얻을 수 있다. 바라드와자여, 그렇게 해야 궁극의 진리에 이를 수 있고, 도달할 수 있고, 닿을 수 있다."

22. "고따마 존자시여, 이렇게 궁극의 진리에 이릅니다. 이렇게 궁극의 진리에 도달합니다. 이렇게 궁극의 진리에 닿습니다. 하지만 고따마 존자시여, 무엇이 궁극의 진리에 이르는 데 가장 도움이 됩니까? 고따마 존자께 궁극의 진리에 이르는 데 가장 도움이 되는 것이

---

36 노력과 정진은 비슷해 보이지만 노력을 통해 통찰지를 얻고, 정진을 통해 통찰지에서 출세간의 깨달음을 얻게 된다.

37 진리를 찾는 것은 예류과를 성취한 것이고 궁극의 진리에 이르는 것은 아라한을 이루는 것이다.

무엇인지 여쭙니다."

"바라드와자여, 정진이 궁극의 진리에 이르는 데 가장 도움이 된다. 정진하지 않으면 진리에 이르지 못한다. 정진해야 진리에 이른다. 그렇기 때문에 정진이 궁극의 진리에 이르는 데 가장 도움이 된다."

23. "고따마 존자시여, 정진에 무엇이 가장 도움이 됩니까? 고따마 존자께 정진에 가장 도움이 되는 것이 무엇인지 여쭙니다."

"바라드와자여, 무상, 고, 무아를 관찰하는 것이 정진에 가장 도움이 된다. 무상, 고, 무아를 관찰하지 않으면 정진하지 못한다. 무상, 고, 무아를 관찰해야 정진할 수 있다. 그렇기 때문에 무상, 고, 무아를 관찰하는 것이 정진에 가장 도움이 된다."

24. "고따마 존자시여, 무상, 고, 무아를 관찰하는 데 무엇이 가장 도움이 됩니까? 고따마 존자께 무상, 고, 무아를 관찰하는 데 가장 도움이 되는 것이 무엇인지 여쭙니다."

"바라드와자여, 노력이 무상, 고, 무아를 관찰하는 데 가장 도움이 된다. 노력하지 않으면 무상, 고, 무아를 관찰할 수 없다. 노력해야 무상, 고, 무아를 관찰할 수 있다. 그렇기 때문에 노력이 무상, 고, 무아를 관찰하는 데 가장 도움이 된다."

25. "고따마 존자시여, 노력에 무엇이 가장 도움이 됩니까? 고따마 존자께 노력에 가장 도움이 되는 것이 무엇인지 여쭙니다."

"바라드와자여, 열의가 노력에 가장 도움이 된다. 열의가 생기지 않으면 노력하지 않는다. 열의가 생겨야 노력한다. 그렇기 때문에 열의가 노력에 가장 도움이 된다."

26. "고따마 존자시여, 열의에 무엇이 가장 도움이 됩니까? 고따마 존자께 열의에 가장 도움이 되는 것이 무엇인지 여쭙니다."

"바라드와자여, 숙고한 결과로 가르침을 받아들이는 것이 열의가 생기는 데 가장 도움이 된다. 숙고한 결과로 가르침을 받아들이지 않으면 열의가 생기지 않는다. 가르침을 숙고한 결과로 받아들여야 열의가 생긴다. 그렇기 때문에 숙고한 결과로 가르침을 받아들이는 것이 열의가 생기는 데 가장 도움이 된다."

27. "고따마 존자시여, 숙고한 결과로 가르침을 받아들이는 데 무엇이 가장 도움이 됩니까? 고따마 존자께 숙고한 결과로 가르침을 받아들이는 데 가장 도움이 되는 것이 무엇인지 여쭙니다."

"바라드와자여, 뜻을 자세히 살피는 것이 숙고한 결과로 가르침을 받아들이는 데 가장 도움이 된다. 뜻을 자세히 살피지 않으면 숙고한 결과로 가르침을 받아들이지 않는다. 뜻을 자세히 살펴야 숙고한 결과로 가르침을 받아들인다. 그렇기 때문에 뜻을 자세히 살피는 것이 숙고한 결과로 가르침을 받아들이는 데 가장 도움이 된다."

28. "고따마 존자시여, 뜻을 자세히 살피는 데 무엇이 가장 도움이 됩니까? 고따마 존자께 뜻을 자세히 살피는 데 가장 도움이 되는 것이 무엇인지 여쭙니다."

"바라드와자여, 가르침을 기억하는 것이 뜻을 자세히 살피는 데 가장 도움이 된다. 가르침을 기억하지 않으면 뜻을 자세히 살필 수 없다. 가르침을 기억해야 뜻을 자세히 살필 수 있다. 그렇기 때문에 가르침을 기억하는 것이 뜻을 자세히 살피는 데 가장 도움이 된다."

29. "고따마 존자시여, 가르침을 기억하는 데 무엇이 가장 도움이 됩니까? 고따마 존자께 가르침을 기억하는 데 가장 도움이 되는 것이 무엇인지 여쭙니다."

"바라드와자여, 법을 듣는 것이 가르침을 기억하는 데 가장 도움이 된다. 법을 듣지 않으면 가르침을 기억할 수 없다. 법을 들어야 가르침을 기억할 수 있다. 그렇기 때문에 법을 듣는 것이 가르침을 기억하는 데 가장 도움이 된다."

30. "고따마 존자시여, 법을 듣는 데 무엇이 가장 도움이 됩니까? 고따마 존자께 법을 듣는 데 가장 도움이 되는 것이 무엇인지 여쭙니다."

"바라드와자여, 귀를 기울이는 것이 법을 듣는 데 가장 도움이 된다. 귀를 기울이지 않으면 법을 들을 수 없다. 귀를 기울여야 법을 들을 수 있다. 그렇기 때문에 귀를 기울이는 것이 법을 듣는 데 가장 도움이 된다."

31. "고따마 존자시여, 귀를 기울이는 데 무엇이 가장 도움이 됩니까? 고따마 존자께 귀를 기울이는 데 가장 도움이 되는 것이 무엇인지 여쭙니다."

"바라드와자여, 예경드리는 것이 귀를 기울이는 데 가장 도움이 된다. 예경드리지 않으면 귀를 기울일 수 없다. 예경드려야 귀를 기울인다. 그렇기 때문에 예경드리는 것이 귀를 기울이는 데 가장 도움이 된다."

32. "고따마 존자시여, 예경드리는 데 무엇이 가장 도움이 됩니까?

고따마 존자께 예경드리는 데 가장 도움이 되는 것이 무엇인지 여쭙니다."

"바라드와자여, 찾아뵙는 것이 예경드리는 데 가장 도움이 된다. 스승을 찾아뵙지 않으면 스승께 예경드릴 수 없다. 스승을 찾아뵈어야 스승께 예경드릴 수 있다. 따라서 찾아뵙는 것이 예경드리는 데 가장 도움이 된다."

33. "고따마 존자시여, 찾아뵙는 것에 가장 도움이 되는 것은 무엇입니까? 고따마 존자께 찾아뵙는 것에 가장 도움이 되는 것이 무엇인지 여쭙니다."

"바라드와자여, 믿음이 찾아뵙는 데 가장 도움이 된다. 스승에 대한 믿음이 없으면 스승을 찾아뵙지 않는다. 스승에 대한 믿음이 있어야 스승을 찾아뵙는다. 따라서 믿음이 찾아뵙는 데 가장 도움이 된다."

34. "저희는 고따마 존자께 진리를 보전하는 방법에 대해 여쭤보았고 고따마 존자께서 진리를 보전하는 방법에 대해 답해 주셨습니다. 저희는 그 말씀을 인정하고 받아들이며 대단히 만족합니다. 저희는 고따마 존자께 진리를 깨닫는 방법에 대해 여쭤보았고 고따마 존자께서 진리를 깨닫는 방법에 대해 답해 주셨습니다. 저희는 그 말씀을 인정하고 받아들이며 대단히 만족합니다. 저희는 고따마 존자께 궁극적 진리에 이르는 방법에 대해 여쭤보았고 고따마 존자께서 궁극적 진리에 이르는 방법에 대해 답해 주셨습니다. 저희는 그 말씀을 인정하고 받아들이며 대단히 만족합니다. 저희는 고따마 존자께 궁

극적 진리에 도달하는 데 가장 도움이 되는 것에 대해 여쭤보았고 고따마 존자께서 궁극적 진리에 도달하는 데 가장 도움이 되는 것을 답해 주셨습니다. 저희는 그 말씀을 인정하고 받아들이며 대단히 만족합니다. 저희가 어떤 질문을 여쭈어도 고따마 존자께서 모두 답해 주셨습니다. 저희는 그 말씀을 인정하고 받아들이며 대단히 만족합니다. 이전에 저희는 이렇게 생각했습니다. '삭발한 이 수행자들은 브라흐마의 발에서 태어난 검은 종족인데 법을 이해할 수 있겠는가?'[38] 하지만 고따마 존자께서 저희가 수행자들을 사랑하고, 믿고, 존경할 수 있도록 감명을 주셨습니다.

35. "경이롭습니다, 세존이시여! 경이롭습니다, 세존이시여! 세존께서는 뒤집힌 것을 바로 세우시듯, 숨겨놓은 것을 꺼내 보이시듯, 길을 잃은 이에게 길을 안내하시듯, 어둠 속에서 불을 밝혀 눈 좋은 이들이 잘 볼 수 있듯이 법을 분명하게 설하셨습니다. 저희는 부처님과 가르침과 승가에 귀의합니다. 저희들을 재가 신자로 받아 주시면 오늘부터 삶이 다하는 날까지 귀의하겠습니다."

(MN 95)

---

38 브라만들은 자신들은 브라흐마의 입에서, 귀족들은 가슴에서, 상인과 농민들은 배꼽에서, 천민들은 다리에서, 수행자들은 발바닥에서 태어났다고 생각했다.

현생에 바로 누리는 행복。

4

들어가기

불교는 원래 출세간의 해탈을 목표로 하기 때문에 세간사에 매여 사는 일반인에게는 도움이 되지 않는다고 일부 학자들은 주장한다. 저 옛날에도 진정한 불교 수행은 사찰에서 시작되었고, 세상을 등지고 출가한 사람들만이 법을 배울 자격이 있다고 생각했을까? 재가자들을 위한 가르침은 그저 구색 맞추기였을까? 승단과 출가자들에게 물질적 지원을 제공하고 복덕을 쌓아 미래 생에 비구, 비구니가 되어 진정한 수행을 시작하라고만 재가자들을 가르쳤던 것일까?

거의 모든 불자들이 이런 질문의 근저에 깔려 있는 전제를 당연하게 받아들이는 시기도 있었다. 이번 생은 포기하고, 세상을 눈물의 계곡, 망령된 환영으로 치부하며, 생사윤회의 해탈에 몰두할수록 수행의 경지가 높다고 생각했다. 일반 사람들이 일상 생활의 문제를 해결하는 데 불법의 지혜를 적용할 수 있도록 가르치는 데 비구들은 별로 관심이 없었다. 그 결과 재가자들은 그들이 선택한 삶 속에서 수행을 발전시키지 못했고, 뒤로 물러나 비구들에게 물질적 지원을 함으로써 복덕을 쌓는 일에만 열중했다.

191

불교의 정수는 괴로움으로부터의 완전한 해탈에 있다고 니까야에서 분명히 말하고 있지만 경전에 담겨 있는 다양한 가르침들을 그저 최상의 출세간법에만 국한시키는 것은 큰 실수이다. 부처님은 '많은 이들의 안녕과 행복을 위하여, 세상을 향한 자비심에서, 천신과 인간의 이익, 안녕, 행복을 위하여 나투신다.'라는 구절을 다시 기억할 필요가 있다. 부처님의 역할은 완전한 법을 찾아서 깨닫고 선언하는 것이다. 여기에는 법을 갖가지 측면에서 다양하게 적용할 수 있는 종합적인 이해도 포함된다. 부처님은 태어남, 늙음, 죽음의 한계를 벗어나 윤회를 초월한 무위의 열반을 꿰뚫었다. 완전한 깨달음과 해탈로 가는 길을 선언하셨다. 하지만 무엇보다도 세간 사람들이 겪을 수밖에 없는 복잡한 인간의 운명에 당신의 깨달음을 적용할 수 있는 다양한 방법들을 밝히셨다.

담마Dhamma, 즉 법法은 넓은 의미에서 우주의 본연적이고 변하지 않는 질서로 진리, 규칙성, 도덕이 불가분 합쳐진 것이다. 이 우주의 법은 인간의 마음 속에서 진리, 내적 아름다움, 선善에 대한 동경으로 나타나고 몸, 말, 마음의 선한 행위로도 표출된다. 법은 제도적으로 구현되기도 하지만 그것을 올바른 삶의 본보기로 우러러보는 개인들의 삶 속에서 드러나기도 한다.

법은 세간과 출세간 모두에 구현되는데, 불교에서는 전설적인 전륜성왕에게 세간의 법을 수호할 책임이 있다고 보았다. 전륜성왕은 최상의 윤리 규범에 따라 왕국을 통치하는 자비로운 지도자로 보편적 정의와 번영을 실현하며 평화롭게 세상을 정복한다. **1-1)법왕**에서 묘사하고 있듯 출세간에서 전륜성왕은 바로 부처님에 해당한다. 전륜성왕과 마찬가지로 부처님도 법에 의지하고, 법을 공경하지만 전륜성왕은 왕국을 다스리는 올바른 법칙으로 법에 의지하는 반면 부처님은 인간을 가르치고 변화시키며 몸, 말, 마음으로 올바른 행동을 하도록 이끄는 윤리적이고 종교적인 규범으로 법에 의지한다. 전륜성왕이나 부처님 모두 자신들이 옹호하는 법을 만든 창시자는 아니지만 법 없이 각자의 역할을 수행할 수 없다. 법은 비인격적이고, 실재하며, 영원히 존재하는 질서로 전륜성왕과 부처님이 그 실천 방법을 가르치고 전파하는 근거 및 기준이 된다. 법왕인 부처님은 세상에 참된 선善, 안녕, 행복을 증장시킬 임무를 맡고 있다. 세상 사람들이 법에 따라 살도록, 그리고 부처님이 깨달으신 해탈의 법을 똑같이 깨달을 수 있도록 이끌고 지도하신다.

빠알리어 주석서에서는 법을 수행하면 얻게 되는 이익을 세 가지로 나누고 복덕의 크기에 따라 순서를 매겼다.

1. 도덕적 의무와 사회적 책임을 다하여 현생에서 바로 얻을 수 있는 이익과 행복
2. 복덕을 지어서 다음 생에서 얻는 이익과 행복
3. 여덟 가지 바른 길을 닦아 궁극의 선 또는 최상의 목적인 열반을 얻어 윤회에서 벗어남

서양의 초기불교 학자 대부분은 세 번째 측면만이 부처님의 원래

의도인 것처럼 무게를 싣고 있지만 세 가지 측면을 모두 균형있게 살펴볼 필요가 있다. 그러므로 4장부터는 이 세 가지 측면을 설명하는 니까야 경전들을 살펴볼 것이다.

4장에 실린 경전들은 현생에서 바로 누리는 행복에 관한 부처님의 가르침을 전하고 있다. 이런 주제의 경전 중에서 시갈라까 경이 가장 포괄적인 내용을 담고 있는데 바로 **1-2)여섯 방향에 예경하기**이다. 이 경전의 백미는 여섯 방향에 절을 하는 내용이다. 부처님은 고대 인도 사람들의 일상적인 의식에 새로운 윤리적 의미를 부여하여 해석하셨다. 여섯 방향에 절을 하는 의식은 부처님께서 설명하셨듯이 사회 구성원들이 친절, 공감, 선의의 정신으로 상호간의 의무와 책임을 다할 때 밀접한 인간관계가 형성되어 사회 결집이 이루어진다는 믿음을 전제로 하고 있다.

부처님께서는 부모와 자녀, 스승과 제자, 남편과 아내, 친구와 친구, 고용주와 일꾼, 재가 신도와 종교적 스승 등의 여섯 가지 기본적인 인간관계를 비유로 들고 있다. 각각의 관계는 여섯 방향에 대입된다. 시갈라까와 같은 젊은 남자에게 부모님은 동쪽, 스승은 남쪽, 아내와 아이들은 서쪽, 친구는 북쪽, 일꾼들은 아래쪽, 종교적 스승은 위쪽이다. 부처님은 특유의 간결함으로 각 방향에 짝이 되는 사람들에게 이행해야 할 다섯 가지 의무를 부여하고 있다. 서로 의무를 완수하면 그 방향은 '편안해지고 두려움이 없어진다'. 따라서 초기불교에서 말하는 인간의 행복의 조건이 되는 사회 안정은 다양한 인간관계 속에서 부과된 의무에 대해 구성원들이 책임을 다할 때 가장 효과적으로 이룰 수 있다. 각자가 편협한 자기 이익의 욕구를 극복하고 다른 이들의 안녕과 공동의 선을 얻기 위해 진실되고 아량 넓은 마음을 길러야 한다.

지금까지는 재가자들이 일반적으로 실천할 수 있는 윤리 강령들을 살펴보았고 이제는 좀더 구체적인 가르침을 전하는 경전들로 넘어가 보겠다. **4장 2.가족**은 부모와 자녀, 남편과 아내 두 부분으로 다시 나뉜다. 사실 모든 농경 사회가 그렇듯이 당시 인도 사회의 규범에 따라 부처님은 사회 통합과 사회화의 가장 기본적인 단위로 가족을 들고 있다.

가족은 특히 부모와 자녀 간의 친밀하고 애정 어린 관계를 기초로 하며 결속력 있는 사회에 필수적인 인간으로서의 도리와 미덕을 배우는 곳이다. 가족 내에서 이러한 가치들이 세대에서 세대로 전해지기 때문에 조화로운 사회는 부모와 자녀 간의 조화로운 관계에 달려 있다. 부처님은 **2-1)부모님 섬기기**에서 효도를 강조하시고 **2-2)부모님 은혜 갚기**에서 자녀들이 부모에게 감사하는 방법 또는 은혜를 제대로 갚는 방법은 바른 믿음, 계, 보시, 지혜를 알려주는 것밖에 없다고 하셨다.

부모와 자녀 간의 바람직한 관계는 서로 아끼고 존중하는 부부 사이에 달려 있다. 그러므로 부처님은 결혼한 부부가 바른 사이를 유지하기 위해서 윤리적 행위과 종교 수행을 함께 실천해야 한다고 가르치신다. 많은 부부들이 결혼한 지 얼마 지나지 않아 이혼을 선택하는 현시대에 특히 우리의 관심을 끄는 부분이 바로 나꿀라삐따와 나꿀라마따라는 금슬 좋은 부부에게 주신 가르침이다. **2-4)미래 생에 다시 만나려면**은 남편과 아내가 미래 생에서 다시 만나려면 현생에서 어떻게 애정을 이어나가야 하는지 부처님께서 대답해주신 경이다. 이 법문에서 부처님은 재가자들에게 세상에 대한 욕망을 버리라고 종용하시기보다는 세상의 욕망에 휩싸인 이들이 오히려 욕망을 성취할 수 있는 방법을 알려주신다. 다만 한 가지 조건을 내걸었는데 바로 윤리적인 원칙으로 욕망을 제어할 줄 알아야 한다는 것이다.

다음은 올바른 생계를 중심으로 묶어진 여러 경전들이 가정생활의 다양한 측면들을 다루고 있다. 부처님께서 세속적 행복을 추구하는 재가자들을 가르칠 때 나타나는 두 가지 특징이 있는데 이 경전들에서 잘 드러난다.

첫 번째 특징은 '현생에서 바로 누릴 수 있는 이익'을 위해서 재가자들은 특히 오계五戒를 수지하고 바른 생계를 실천하는 등 항상 올바른 행동을 해야 한다는 것이다. **3)현재의 행복과 미래의 행복**에 나오듯 재산은 '이마에 땀이 맺혀가며 두 팔의 힘으로 올바르고 떳떳하게 벌어들여 모아야 한다.' **4-2)올바른 소비**에서는 재가자들이 축적한 부를 스스로 만족하는 데만 쓰지 말고 식솔들과 도움이 필요한 사람들을 위해 베풀어야 하며, 특히 덕이 높은 수행자와 브라만을 위해 보시해야 한다고 말씀하셨다.

두 번째 특징은 재가자들이 일시적인 이익과 행복에 만족하여 안주해서는 안되고 미래 생의 이익과 행복을 추구해야 한다는 것이다. 이는 행복한 곳에서 다시 태어나게 하거나 열반을 성취할 수 있는 공덕을 기르는 것이다. **3)현재의 행복과 미래의 행복과 5)가정주부의 역할**에서는 미래 생의 행복을 위하여 재가자들이 갖추어야 할 주요 덕목을 나열하고 있다. ① 믿음(부처님에 대한 신심), ② 계행(오계를 범하지 않음), ③ 보시(자선, 기부, 나눔), ④ 지혜(일체의 일어남과 사라짐을 꿰뚫는 통찰)이다. 초기불교에서 꼽는 이상적인 재가자는 승가에 많은 보시를 하는 시주자로서 뿐만 아니라 깨달음의 네 단계 중 최소 첫 단계인 예류과를 성취한 고귀한 성인을 말한다.

마지막으로 **6)공동체**를 다루고 있다. 경전에서 부처님은 공동체라는 단어를 출가자들의 모임인 승가와 승가가 뿌리 내리고 있는 시민 사회 모두를 아우르는 넓은 의미로 쓰고 있다. 부처님은 사람들을 윤리의 실천과 마음 수행으로 인도하려고 하시면서도 이들이 윤리를 실천하고 마음 수행을 할 수 있는 역량은 이들이 몸 담고 있는 사회의 물리적인 조건에 좌우된다는 것을 아주 잘 알고 계셨다. 사람들이 빈곤에 빠져 기아와 결핍에 시달리면 도덕적으로 무결한 길을 갈 수 없다는 것을 너무나 잘 알고 계셨던 것이다. 사람들이 제대로 된 일자리를 얻어서 합리적인 노동의 댓가를 받는다면 배고픔 때문에, 또는 비바람을 피하고 가족을 부양하고자 하는 욕구 때문에 해서는 안 될 일들을 저지르지 않을 것이다. 따라서 부처님은 경제

정의의 실현은 사회 화합과 정치 안정에 필수적이라고 생각하셨다.

6-1)불화를 일으키는 여섯 가지 뿌리와 6-2)화합하게 하는 여섯 가지 원칙 두 개의 경전에서 부처님은 승가를 위해 두 단의 지침을 내려주셨다. 두 경전 모두 자이나교의 수장이었던 마하위라가 세상을 떠난 지 오래지 않아 부처님께서 설법하신 긴 경에서 발췌한 것이다. 자이나교 교단은 교주가 세상을 떠난 뒤 바로 분열됐는데 부처님께서는 당신이 열반한 후 승가가 똑같은 운명을 맞지 않도록 승가를 보호할 수 있는 지침을 정해놓을 수밖에 없었을 것이다.

첫 번째 경전에서는 다툼과 논쟁으로 이어지는 여섯 가지 원인을 나열하고 있다. 비구들은 이 원인들을 경계하여 자신의 마음 속에서 발견하면 즉각 제거하기 위해 노력해야 한다. 이러한 지침은 승가를 위한 것이었지만 일반 기관이나 종교 조직에 널리 적용할 수 있다. 모든 갈등의 근원에는 이 여섯 가지 원인이 있기 때문이다. 경계하는 지침과 대응되는 긍정적인 지침들이 구성원들 간의 애정, 존중, 화합을 북돋는 여섯 가지 원칙으로 두 번째 경전에 나열되고 있다. 몸, 말, 마음의 자애행, 나눔, 지계의 실천, 견해를 함께 함 등의 원칙들을 적절히 변용한다면 승가뿐 아니라 더 큰 규모의 공동체에도 적용이 가능할 것이다. 부처님 사후에 승가의 화합을 유지할 수 있는 좀더 자세한 지침들이 같은 경전에 나와 있지만 본서에 싣기에 지나치게 구체적인 계율을 다루고 있어 생략했다.

6-3)네 계급의 청정은 앗살라야나경을 상당 부분 옮겨왔다. 부처님은 카스트 제도를 정당화하는 브라만들의 주장에 대해 나이는 어리지만 박학한 예비 브라만 사제와 대론을 펼치신다. 부처님 당시 카스트 제도는 인도의 북동 지역에서 시작되어 모양이 잡혀가고 있던 단계였고 오랫동안 인도 사회를 옥죄인 많은 하층 계급과 엄격한 차별은 아직 견고히 자리잡지 못했다.

당시 인도 사회는 크게 네 계급으로 나뉘었는데 브라만은 베다의 종교 의식들을 주관하는 사제계급이었고, 끄샤뜨리야는 귀족, 전사, 행정가이며, 바이샤는 상인이나 농부, 수드라는 백정이나 노예가 해당되었다. 이 네 계급 외에 수드라보다 천한 대접을 받는 사람들도 있었다. 니까야에 등장하는 브라만들은 종교적 권한만 행사했고 이들이 절대적 권력을 얻은 것은 카스트 제도의 규율을 확고히 규정한 마누법전이 등장한 이후부터이다. 하지만 브라만들은 이미 인도 사회 전체를 지배하려는 야욕을 품고 브라만이 가장 높은 계급이며, 신성한 축복을 받은 브라흐마의 자손으로 유일하게 청정해질 수 있다는 주장을 퍼뜨리고 있었다.

많은 사람들이 알고 있는 것과 달리 부처님은 카스트 제도의 철폐를 주장하거나 계급없는 평등사회 건설을 시도한 적이 없다. 그러나 승가 내에서는 출가한 순간부터 카스트의 구분을 없애버렸다. 부처님께 출가한 수행자는 어떤 계급 출신이라도 그 명예와 특혜를 버리고 사꺄의 아들(사꺄족 출신이었던 부처님을 칭함)의 제자로 불렸다. 부처님과 제자들은 브라만 자신들이 가장 우월하다고 주장할 때마다

강력하게 대론을 펼쳤다. 경전에서 볼 수 있듯이 부처님은 그러한 주
장들이 모두 근거없다고 말씀하셨다. 청정은 태생적으로 타고나는
것이 아니라 자신의 행동의 결과이므로 네 계급 모두 얻을 수 있다고
가르치셨다. 부처님은 브라만이라는 명칭에서 세습적으로 전해 내
려온다는 뜻을 지워버리고 거룩한 사람이라는 본래의 뜻을 되살렸
다. 그리고 진정한 브라만은 아라한이라고 정의하셨다.(본서에는 실리
지 않은 MN 98)

　　　　다음에 나오는 두 경전은 정치 행정에 관한 지침을 담고 있
다. 부처님께서 유행하며 설법하셨던 인도 북동 지역의 국가들은 거
의 군주국 아니면 공화국이었다. 종교적 지도자로서 부처님은 특정
한 통치 체제를 선호하시거나 정치에 적극적으로 개입하시지 않았
다. 하지만 군주국과 공화국의 최고 권력자들은 모두 부처님을 따랐
고, 부처님은 윤리적 규범에 따라 국가를 통치하도록 가끔씩 가르침
을 주셨다.

6-4)사회 안정을 가져오는 일곱 가지 원칙은 부처님 입멸 전후의
기록이 담긴 대열반경의 시작 장면이다. 북인도 군주국들 중 떠오르
는 별이었던 마가다가 권세를 확장하고 주변의 부족 공화국들을 흡
수하던 혼란스러웠던 인도 역사의 한 때를 엿볼 수 있다. 마가다의
아자따삿뚜 왕이 당시 가장 강성하고 잘 정비된 부족 공화국인 왓지
연방에 눈독을 들이고 있는 모습이 재현되고 있다. 경전의 첫 부분에

아자따삿뚜 왕은 부처님께 고위 관료를 보내 왓지 사람들을 상대로 전쟁을 일으키면 이길 승산이 얼마나 되는지 여쭤보게 한다. 부처님은 당신이 과거에 왓지 사람들에게 가르쳤던 사회 안정을 유지하는 일곱 가지 조건에 대해 아난다 존자에게 묻는다. 그리고 '왓지인들이 이 일곱 가지 원칙을 지키고, 이 원칙들이 효력이 있는 한 왓지인들은 번영하지 쇠망하지 않을 것이다.'고 말씀하셨다. 그리고 비구들을 모이게 하여 승가에 적용할 수 있는 유사한 일곱 가지 원칙을 선언하신다.

결국 군주국의 승리가 불가피해 보였기 때문에 부처님은 왕의 독단적인 권력 남용을 막고 왕의 권한을 더 높은 권위에 종속시킬 수 있는 제도를 확립하려고 하신 것이다. 그래서 법이라는 비인격적이고, 정의로운 원칙에 따라 통치하는 정의롭고 올바른 왕, 전륜성왕이라는 이상을 설정하셨다. 왕이 받드는 법은 국가 통치의 윤리적 토대가 된다. 신성한 윤보輪寶로 상징되는 법은 무력을 휘두르지 않고 세상을 정복하며 오계를 수지하는 평화롭고 덕스러운 통일국가를 세울 수 있는 바탕이 된다.

전륜성왕은 백성들의 안녕과 행복을 위하여 나라를 다스리고 왕국의 경계 내에 있는 새와 짐승들까지 보호한다. 그의 책무 중 하나는 영토 내에 범죄가 일어나지 않도록 예방하는 것인데, 왕국을 범죄로부터 보호하기 위해서 곤궁한 이들에게 부를 나눠주어야 한다. 니까야에서는 빈곤이 범죄의 온상이라고 본 것이다. **6-5)전륜성왕**에서 전륜성왕의 책무로 나온 이 내용은 **6-6)평화로운 나라**에 이어서 자세히 설명되고 있다. 현명한 사제가 나라 안의 도둑질과 약탈의 폐해를 끝내는 옳은 방법은 가혹한 형벌을 가하고 엄중한 법을 집행하는 것이 아니라 국민들에게 먹고 살 수 있는 방도를 열어주는 것이라고 왕에게 일러준다. 국민들이 만족할 만한 생활 수준을 누리게 되면 다른 사람들을 해칠 생각을 하지 않을 것이기 때문에 비로소 나라가 조용하고 평화롭다는 것이다.

01 불법을 실현하는 사회

1) 법왕

세존께서 말씀하셨다.

"비구들이여, 아무리 정의롭고 올바른 전륜성왕이라도 조력자의 도움 없이 홀로 국가를 통치할 수 없다."

세존께서 말씀하시자 한 비구가 세존께 여쭈었다.

"세존이시여, 정의롭고 올바른 전륜성왕의 조력자는 누구입니까?"

"비구여, 그것은 올바른 원칙이니라." 세존께서 대답하셨다.

"정의롭고 올바른 전륜성왕은 올바른 원칙에 의지하고, 올바른 원칙을 드높이고, 올바른 원칙을 존중하고 찬탄하며, 올바른 원칙을 기준으로 하고, 기치로 내걸고, 통치 권력으로 삼아서 국민들에게 합당한 보호처가 되고, 의지처가 되며, 그들을 안전하게 보살핀다. 전륜성왕은 그를 모시는 끄샤뜨리아에게 합당한 보호처가 되고, 의지처가 되며, 그들을 안전하게 보살핀다. 왕의 병사, 브라만, 일반 국민들, 성읍과 농촌의 거주민들, 수행자, 사제, 짐승과 새들에게 합당한 보호처가 되고, 의지처가 되며, 안전하게 보살핀다.

"올바른 원칙에 따라 통치하는 자만이 모든 이들의 합당한 보호처가 되고, 의지처가 되며, 안전을 책임지는 정의롭고 올바른 전륜성왕이 될 수 있다. 어느 누가 적의를 품더라도 통치권을 전복시킬 수 없다.

"그렇더라도, 비구들이여, 여래·아라한·완전히 깨달은 이이자 정의롭고 올바른 법왕은 불법을 의지하고, 불법을 드높이고, 불법을 존중하고 찬탄하며, 불법을 기준으로 하고, 기치로 내걸고, 통치 권력으로 삼아서 몸, 말, 마음의 합당한 보호처가 되고, 의지처가 되며, 안전을 책임진다. 그는 이렇게 가르친다. '몸으로 이러한 행동은 하되 저러한 행동을 해서는 안된다. 이러한 말은 하되, 저러한 말을 해서는 안된다. 이러한 마음은 내되, 저러한 마음을 내어서는 안된다.'

"여래·아라한·완전히 깨달은 이이자 정의롭고 올바른 법왕은 몸, 말, 마음의 합당한 보호처가 되고, 의지처가 되며, 안전을 책임진다. 이는 오직 견줄 데 없는 법의 바퀴를 법답게 돌리는 자만이 할 수 있다. 이 법의 바퀴는 어떤 수행자도, 브라만도, 천신도, 마라도, 범천도, 세상의 어느 누구도 다시 거꾸로 돌릴 수 없다."

(AN 3:14)

2) 여섯 방향에 예경하기

1. 나는 이와 같이 들었다. 한때 세존께서 라자가하의 죽림정사 안

에 위치한 다람쥐 보호구역에 머물고 계셨다. 재가자 시갈라까가 아침 일찍 일어나 라자가하 밖으로 나가서 옷과 머리를 적시고 두 손을 모아 동서남북과 상하 여섯 방향에 절을 했다.

2. 세존께서 아침 일찍 일어나 옷을 입으시고 가사와 발우를 챙겨 라자가하로 탁발을 나가셨다가 시갈라까가 여러 방향에 절을 하는 것을 보고 말씀하셨다.

"장자의 아들이여, 왜 이른 아침에 일어나 여러 방향에 절을 하는가?"

"세존이시여, 저희 아버지가 돌아가실 때 그렇게 해야 한다고 유언을 남겼습니다. 아버지의 말씀을 존경하고, 받들고, 어기지 않기 위해 저는 아침 일찍 일어나 이렇게 여섯 방향에 절을 합니다."

"장자의 아들이여, 하지만 그것은 여섯 방향에 절하는 올바른 방법이 아니다. 부처님의 제자들이 따르는 법도가 아니다."

"세존이시여, 그럼 부처님의 제자들은 어떻게 여섯 방향에 절을 합니까? 부처님의 제자들이 여섯 방향에 절을 올리는 바른 방법을 세존께서 알려주시기를 간청드립니다."

"장자의 아들이여, 귀를 기울여 잘 들으라. 내가 설하겠다."

"세존이시여, 알겠습니다."

세존께서 말씀하셨다. …

27. "장자의 아들이여, 부처님의 고귀한 제자들은 어떻게 여섯 방향을 보호하는가? 여섯 방향을 다음의 여섯 가지로 생각해야 한다. 동쪽은 어머니와 아버지, 남쪽은 스승, 서쪽은 아내와 자식, 북쪽

은 친구와 동료, 아래쪽은 하인과 일꾼, 심부름꾼, 위쪽은 수행자와 브라만이라고 여겨야 한다.

28. "아들이 어머니와 아버지를 동쪽 방향과 같이 모시는 데는 다섯 가지 방법이 있다. '①어머니와 아버지가 나를 길러주셨듯이 나도 부모님을 돌봐 드리고, ②부모님의 할 일을 대신하며, ③집안의 전통을 지키고, ④물려받은 것을 가치있게 사용하며, ⑤부모님이 돌아가시면, 그들을 대신해 베풀 것이다.'라고 생각하는 것이다. 아들이 동쪽 방향처럼 부모를 섬기면 부모는 다섯 가지 방법으로 보답해야 한다. 아들을 ①나쁜 것으로부터 막아주고, ②선한 일을 할 때는 도와주며, ③기술을 가르치고, ④어울리는 아내를 찾아주며, ⑤적당한 때가 되면 유산을 넘겨주어야 한다. 이렇게 하면 동쪽 방향은 평온하고 두려움 없이 보호된다.

29. "제자가 스승을 남쪽 방향과 같이 모시는 데 다섯 가지 방법이 있다. ①자리에서 일어나 인사드리고, ②옆에서 시중을 들며, ③경청하고, ④섬기며, ⑤배운 기술을 익혀야 한다. 제자가 남쪽 방향처럼 스승을 모시면 스승은 다섯 가지 방법으로 보답해야 한다. ①자세히 가르쳐 주고, ②순서대로 잘 이해했는지 확인하며, ③모든 기술의 기본을 철저히 전수해 주고, ④친구와 동료에게 추천해 주며, ⑤모든 방면에서 안정될 수 있도록 도와야 한다. 이렇게 남쪽 방향은 평온하고 두려움 없이 보호된다.

30. "남편이 아내를 서쪽 방향과 같이 대우하는 데 다섯 가지 방법이 있다. ①아내를 존중하고, ②아내를 무시하지 않으며, ③정조를

지키고, ④부인에게 권한을 주며, ⑤장신구를 사주어야 한다. 남편이 아내를 서쪽 방향처럼 대우하면 아내는 다섯 가지 방법으로 보답해야 한다. ①집안일을 제대로 하고, ②하인들에게 친절하며, ③정조를 지키고, ④재산을 지키며, ⑤해야 할 일을 능숙하고 부지런히 해내야 한다. 이렇게 서쪽 방향은 평온하고 두려움 없이 보호된다.

31. "친구와 동료를 북쪽 방향과 같이 대우하는 데 다섯 가지 방법이 있다. ①넉넉히 베풀고, ②따뜻한 말을 건네며, ③그들의 행복에 관심을 가지고, ④공평하게 대하며, ⑤약속을 지켜야 한다. 친구와 동료를 북쪽 방향처럼 대우하면 친구와 동료가 그에게 다섯 가지 방법으로 보답한다. 그가 ①상황이 좋지 않을 때 돌봐주고, ②상황이 좋지 않을 때 재산을 지켜주며, ③두려워할 때 의지처가 되어주고, ④힘들 때 저버리지 않으며, ⑤그의 자녀들을 보살펴야 한다. 이렇게 북쪽 방향은 평온하고 두려움 없이 보호된다.

32. "주인은 하인과 일꾼을 아래 방향과 같이 대해야 하는데 다섯 가지 방법으로 해야 한다. ①능력에 맞게 일을 분배해 주고, ②식사와 임금을 제공하며, ③아플 때 돌봐주고, ④맛있는 음식을 함께 나누며, ⑤적당한 때에 쉬게 해야 한다. 주인이 하인과 일꾼들을 아래 방향처럼 대하면 하인과 일꾼들은 다섯 가지 방법으로 보답해야 한다. ①주인보다 먼저 일어나고, ②주인보다 늦게 잠자리에 들며, ③주는 것만 가지고, ④일을 제대로 하며, ⑤주인을 칭송하여 명성을 이어가게 해야 한다. 이렇게 아래 방향은 평온하고 두려움 없이 보호된다.

207

33. "수행자와 브라만을 위쪽 방향과 같이 모시는데 다섯 가지 방법이 있다. ①몸, ②말, ③마음으로 친절하게 대하고, ④언제나 문을 열어두고 반기며, ⑤생명을 유지하는 데 필요한 것을 보시한다. 수행자와 브라만을 위쪽 방향처럼 섬기면 수행자와 브라만은 다섯 가지 방법으로 보답한다. ①나쁜 일에 빠지지 못하게 막아주고, ②선한 일을 하도록 이끌어 주며, ③그에게 자애심과 연민심을 일으키고, ④들어보지 못한 가르침을 일러주며, ⑤천상에 태어나는 법을 알려준다. 이렇게 위쪽 방향은 평온하고 두려움없이 보호된다.

(DN 31)

02 가족

부모와 자녀

1) 부모님 섬기기

"비구들이여, 자녀들이 부모를 공경하는 가정에는 범천이 함께 한다. 자녀들이 부모를 공경하는 가정에는 옛 스승들이 함께 한다. 자녀들이 부모를 공경하는 가정에는 옛 천신들이 함께 한다. 자녀들이 부모를 공경하는 가정에는 성스러운 이들이 함께 한다.

"비구들이여, '범천'이란, 어머니와 아버지를 뜻한다. '옛 스승'이란 어머니와 아버지를 뜻한다. '옛 천신'이란 어머니와 아버지를 뜻한다. '성스러운 이들'은 어머니와 아버지를 뜻한다. 어째서 그러한가? 부모는 자녀들에게 큰 도움을 주기 때문이다. 부모는 자녀를 키우고, 먹이고, 세상을 알려준다."

(AN 4:63)

2) 부모님 은혜 갚기

"비구들이여, 은혜를 절대 갚을 수 없는 두 사람이 있다. 이 두 사람은 누구인가? 어머니와 아버지이다.

　"어머니를 한쪽 어깨에, 아버지를 다른 어깨에 메고 백 년을 살아도 그 은혜를 다 갚을 수 없다. 또 부모님에게 연고를 발라 드리고, 주물러 드리며, 목욕시켜 드리고, 팔다리를 문질러 드리며, 똥오줌을 받아내어도 부모님에게 충분히 해드리지 못했으며 은혜를 다 갚지 못했다. 부모님을 이 땅의 최고의 군주로, 통치자로 내세우고 일곱 가지 보물을 구족하게 한다해도 충분히 해드리지 못했으며 은혜를 다 갚지 못했다. 무엇 때문인가? 부모님은 자녀들에게 큰 도움을 주기 때문이다. 부모님은 자식을 보살피고, 먹이고, 세상을 가르친다.

　"하지만 비구들이여, 믿음 없는 부모님이 견고한 믿음을 갖게 하고, 부도덕한 부모님에게 계를 일러주며, 인색한 부모님에게 보시하게 하고, 무지한 부모님이 지혜를 얻게 한다면, 그러한 자녀는 부모님을 위해 충분히 했다. 부모님의 은혜를 다 갚았을 뿐 아니라 부모님이 해준 것보다 더 많은 것을 해준 것이다."

(AN 2)

남편과 아내

3) 여러 부부의 모습

한때 세존께서 마두라에서 웨란자로 이어진 큰길을 따라 유행 중이 셨는데 마침 한 무리의 장자들이 부인들을 데리고 같은 길을 걷고 있 었다. 세존께서 길에서 벗어나 나무 아래 자리를 잡고 앉으시니 장자 와 부인들도 나무 아래로 와 세존께 예경드리고 한쪽에 앉았다. 세존 께서 말씀하셨다.

"재가자들이여, 부부가 함께 사는 모습에는 네 가지가 있으니 이 네 가지는 무엇인가? 비천한 사람이 비천한 사람과 함께 사는 것, 비 천한 사람이 선인仙人과 사는 것, 선인이 비천한 사람과 사는 것, 선 인이 선인과 사는 것이다.

"비천한 사람이 어떻게 비천한 사람과 함께 사는가? 재가자들이 여, 남편이 살아있는 생명을 죽이고, 주지 않은 것을 가지며, 잘못된 성생활을 하고, 거짓말을 일삼으며, 술과 약물에 빠져서 방종한다. 도덕적이지 못하고, 인품이 악하며, 인색한 마음으로 가정을 꾸리고, 수행자와 브라만을 괴롭히고 비난한다. 그의 부인 또한 모든 면에서 남편과 똑같다. 이것이 비천한 사람이 비천한 사람과 함께 사는 것 이다.

"비천한 사람이 어떻게 선인과 함께 사는가? 재가자들이여, 남편 이 살아있는 것을 죽이고, … 수행자와 브라만을 괴롭히고 비난한다.

211

하지만 그의 아내는 살아있는 것을 죽이지 않고, … 술과 약물에 빠지지 않는다. 도덕적이고, 인품이 선하며, 인색하지 않게 가정을 꾸리고, 수행자와 브라만을 괴롭히고 비난하지 않는다. 이것이 비천한 사람이 선인과 함께 사는 것이다.

"선인이 어떻게 비천한 사람과 함께 사는가? 재가자들이여, 남편이 살아있는 것을 죽이지 않고 … 수행자와 브라만을 괴롭히고 비난하지 않는다. 하지만 그의 아내는 살아있는 것을 죽이고 … 수행자와 브라만을 괴롭히고 비난한다. 이것이 선인이 비천한 사람과 함께 사는 것이다.

"선인이 어떻게 선인과 함께 사는가? 재가자들이여, 남편이 살아있는 것을 죽이지 않고 … 술과 약물에 빠지지 않는다. 도덕적이고, 인품이 선하며, 인색하지 않게 가정을 꾸리고, 수행자와 브라만을 괴롭히고 비난하지 않는다. 그의 부인 또한 모든 면에서 남편과 똑같다. 이것이 선인이 선인과 함께 사는 것이다.

"재가자들이여, 이것이 부부가 함께 사는 네 가지 모습이다."

(AN 4:53)

4) 미래 생에 다시 만나려면

한때 세존께서 숨수마라기리의 베사깔라 숲에 있는 녹야원에서 바가족 사람들과 함께 계셨다. 어느 날 아침 세존께서 옷을 입으시고 윗 가사와 발우를 챙겨서 나꿀라삐따의 집으로 향하셨다. 도착하시어 준비된 자리에 앉으시자 장자 나꿀라삐따와 그의 아내 나꿀라마따가 세존께 다가와 예경하고 한쪽에 앉았다. 장자 나꿀라삐따가 세존께 여쭈었다.

"세존이시여, 어린 나꿀라마따가 저에게 시집왔을 때 저 또한 어렸습니다. 그때부터 지금까지 저는 아내를 잘못 대하기는커녕 그런 상상조차 하지 못했습니다. 저희는 이 생이 다할 때까지 그리고 다음 생에서도 서로의 얼굴을 마주할 수 있기를 바랍니다."

그 때 부인인 나꿀라마따가 세존께 말씀드렸다.

"세존이시여, 어린 남편인 나꿀라삐따에게 시집왔을 때 저 또한 어렸습니다. 그때부터 지금까지 저는 남편을 잘못 대하기는커녕 그런 상상조차 하지 못했습니다. 저희는 이 생이 다할 때까지 그리고 다음 생에서도 서로의 얼굴을 마주할 수 있기를 바랍니다."

그러자 세존께서 다음과 같이 말씀하셨다.

"재가자들이여, 남편과 아내가 이 생이 다하고 다음 생에서도 서로의 얼굴을 마주할 수 있기를 바란다면 같은 신심을 가지고, 같은 계를 따르며, 같은 보시를 행하고, 같은 지혜를 얻어야 한다. 그러면 이 생이 다하고 다음 생에서도 서로의 얼굴을 마주할 수 있다."

깊은 신심을 가지고, 보시를 실천하며,
자제력을 기르고, 올곧은 삶을 산다면
남편과 아내로 만나
서로를 극진히 사랑하게 되리.

213

많은 축복과 가피로
함께 행복한 삶을 누리니
적들은 실의에 빠지고
둘은 함께 공덕을 쌓아가리.

이 세상에서 부처님의 가르침을 따르고,
계를 함께 지키며, 공덕을 쌓았으므로
천신의 세계에 다시 태어나 기뻐하며
더없는 행복을 누리리.

(AN 4:55)

5) 일곱 종류의 아내

한때 세존께서 사왓티의 아나타삔디까 장자가 기증한 기원정사에 머물고 계셨다. 어느 날 아침 세존께서는 옷을 입으시고 가사와 발우를 챙겨 아나타삔디까 장자의 집으로 향하셨다. 도착하여 준비된 자리에 앉으시니 집안 사람들이 난리를 피우며 소란스럽게 하는 소리가 들렸다. 아나타삔디까 장자가 세존께 다가가 예경하고 한쪽에 앉으니 세존께서 물으셨다.

"장자여, 집안이 왜 이렇게 소란스럽습니까? 누가 들으면 어부들이 고기를 한가득 잡아오기라도 한 줄 알겠습니다."

"세존이시여, 이는 며느리인 수자타 소리입니다. 수자타는 부잣집에서 시집와 재산이 많은데, 시아버지, 시어머니 말도 듣지 않고 남편 말도 따르지 않습니다. 세존을 우러르고, 존경하고, 귀하게 여기고, 존중하지도 않습니다."

그러자 세존께서 며느리인 수자타를 부르셨다.

"수자타여, 이리 와보게."

"네, 세존이시여."

수자타는 대답하고 세존께 가 예경하고 한쪽에 앉았다. 세존께서 말씀하셨다.

"수자타여, 일곱 종류의 아내가 있다. 일곱 종류는 무엇인가? 첫 번째는 살인자같은 아내, 두 번째는 도둑같은 아내, 세 번째는 폭군같은 아내, 네 번째는 어머니같은 아내, 다섯 번째는 누이같은 아내, 여섯 번째는 친구같은 아내, 마지막은 하녀같은 아내이다. 이 일곱 종류의 아내 중 그대는 어떤 아내인가?"

"세존께서 하신 말씀의 뜻을 알지 못하겠습니다. 세존이시여, 제가 이해할 수 있도록 자세히 설명해주시기를 간청드립니다."

"수자타여, 귀기울여 잘 들으라. 내가 설하겠다."

"세존이시여, 알겠습니다."

수자타가 대답했다. 세존께서 말씀하셨다.

"미워하는 마음으로 차갑고 무정하게 굴며
다른 사람에게 욕정을 품고 남편을 경멸하며
자신을 데려온 사람이 죽기를 바라는

그러한 아내를 살인자라 부른다.

"훌륭한 손재주나, 장사, 농사일로
남편이 재산을 모으면
자신을 위해 조금씩 빼돌리는
그러한 아내를 도둑이라 부른다.

"게으르게 먹기만 하고 빈둥거리며
상처 주는 날카롭고 거친 말을 내뱉으며
주변 사람들을 괴롭히는 여자,
그러한 아내를 폭군이라 부른다.

항상 친절히 도와주고
어머니가 아들을 돌보듯 남편을 보호하고
남편의 재산을 알뜰히 지키는
그러한 아내를 어머니라 부른다.

여동생이 오빠를 공경하듯이
남편을 높이 떠받들고
남편의 뜻에 겸허히 따르는
그러한 아내를 누이라 부른다.

친구를 정답게 환대하듯이
남편 보기를 기뻐하며
좋은 환경에서 자라서 덕스럽고 사랑 넘치는
그러한 아내를 친구라 부른다.

성내지 않고 벌을 두려워하며
남편을 미워하지 않고 참을 줄 알며
남편의 뜻에 겸허히 따르는
그러한 아내를 하녀라고 부른다.[39]

살인자, 도둑, 폭군으로
불리는 아내들
이들은 몸이 무너지면
지옥에 다시 태어나리.

어머니, 누이, 친구, 하녀로
불리는 아내들은
공덕을 쌓고 계를 지켜서
몸이 무너지면 천상에 다시 태어나리.

---

39 다행스럽게도 불자들이 이 가르침을 그대로 받아들이기보다는 어머니, 누이, 친구 같은 아내를 더 이상적으로 따르고 있다.

"수자타여, 이것이 일곱 종류의 아내이다. 너는 어떤 아내인가?"

"세존이시여, 오늘부터 저는 하녀와 같은 아내가 되겠습니다."

(AN 7:59)

03 현재의 행복과 미래의 행복

한때 세존께서 꼴리야족이 사는 깍까라빳따라는 도시에 머무셨다. 디가자누 장자가 세존을 찾아 뵙고 예경드린 뒤 한쪽에 앉아 세존께 말씀드렸다.

"세존이시여, 감각적 쾌락을 즐기는 저희 재가자들은 자식을 낳고, 가정생활을 하며, 고급 전단향을 좋아하고, 꽃목걸이를 걸며, 향수와 오일을 몸에 바르고, 금은을 지니고 다닙니다. 세존께서 저희에게 현생뿐 아니라 미래 생에서도 편안하고 행복한 삶을 살 수 있는 법을 가르쳐주십시오."

"디가자누여, 집안의 가장이 현생에서 편안하고 행복하게 살 수 있는 방법에는 네 가지가 있다. 이 네 가지는 무엇인가? 끊임없이 노력하고, 잘 보호하며, 좋은 사귐을 하고, 균형있는 삶을 사는 것이다.

"끊임없는 노력이란 무엇인가? 디가자누여, 집안의 가장이 농사를 짓거나, 장사를 하거나, 가축을 치거나, 군인이 되거나, 나라 일을 맡거나, 기술을 가지고 생계를 이어갈 때 부지런히 능숙하게 잘 해낼 수 있어야 한다. 적당한 방법을 연구하고 만사를 제대로 계획해서 실

219

천할 줄 알아야 한다. 이것이 끊임없는 노력이다.

"잘 보호하는 것은 무엇인가? 디가자누여, 집안의 가장은 이마에 땀이 맺혀가며 두 팔의 힘으로 올바르고 떳떳하게 벌어들여 모은 재산을 보호하고 지켜야 한다. '어떻게 왕족과 도둑들이 뺏지 못하게 하고, 화재에 소실되지 않게 하고, 홍수에 떠내려가지 않게 하고, 먼 친척들이 상속받지 못하게 할까?' 하고 고민해야 한다. 이것이 잘 보호하는 것이다.

"좋은 사귐은 무엇인가? 디가자누여, 집안의 가장이 어느 도시, 어느 마을에 살든지, 믿음, 계행, 보시, 지혜를 갖춘 덕스러운 장자나 그들의 아들들과 노소에 관계없이 친분을 맺어야 한다. 그들과 대화하고 의견을 나누어야 한다. 그들의 믿음, 계행, 보시, 지혜를 배워야 한다. 이것이 좋은 사귐이다.

"균형있는 삶이란 무엇인가? 디가자누여, 집안의 가장은 가계의 수입과 지출을 잘 알고 지나치게 사치하거나 곤궁하지 않도록 균형있는 소비를 해야 한다. 수입이 지출보다 많게 하고, 지출이 수입을 넘어서는 안된다. 금제련사나 그 조수가 금을 잴 때 저울이 얼마나 내려가고 얼마나 올라갔는지 잘 아는 것처럼 집안의 가장도 균형있는 경제 생활을 해야 한다.

"이렇게 재산을 모아도 네 가지를 원인으로 사라질 수 있다. 여자, 술, 도박, 나쁜 친구가 이 넷이다. 네 개의 유입구와 유출구가 있는 큰 통에 유입구는 잠그고 유출구만 열어 놓은 채 석당한 비도 내려주지 않는다면 통 안에 물은 늘기는커녕 줄어들 것이다. 그와 같이 이 네 가지를 원인으로 모아 놓은 재산이 바닥날 것이다.

"마찬가지로 모은 재산을 더욱 늘릴 수 있는 네 가지 원인이 있다. 여자와 술, 도박, 나쁜 친구를 멀리하는 것이다. 네 개의 유입구와 유출구가 있는 큰 통에 유입구는 열고 유출구를 잠근 채 적당한 비가 내려준다면 통 안에 물은 줄어들기는커녕 늘어날 것이다. 이와 같이 네 가지를 원인으로 모아 놓은 재산이 더욱 늘어날 것이다.

"디가자누여, 이 네 가지를 멀리하면 집안의 가장이 현생에서 편안하고 행복한 삶을 살 수 있다.

"집안의 가장이 미래 생에서도 편안하고 행복하게 살도록 이끌어주는 다른 네 가지가 있다. 이 네 가지는 무엇인가? 믿음, 계행, 보시, 지혜를 성취하는 것이다.

"집안의 가장이 어떻게 믿음을 성취할 것인가? 디가자누여, 믿음이 있는 가장은 '세존은 아라한이고, 완전히 깨달았으며, 지혜와 실천이 원만하고, 잘 가신 분이며, 세간에 대한 지혜를 통달했고, 중생을 잘 다스리며, 천신과 인간의 스승이고 부처이다.'라고 믿음을 낸다. 이렇게 집안의 가장은 믿음을 성취한다.

"집안의 가장이 어떻게 계행을 성취할 것인가? 디가자누여, 집안의 가장은 생명을 죽이지 않고, 도둑질하지 않으며, 잘못된 성생활을 하지 않고, 거짓말을 하지 않으며, 방종의 근본이 되는 술과 약물을 멀리해야 한다. 이렇게 집안의 가장은 계행을 성취한다.

"집안의 가장이 어떻게 보시를 성취할 것인가? 디가자누여, 집안의 가장은 인색하지 않은 마음으로, 아낌없이 넉넉하게 보시하고, 놓

아버리는 것을 좋아하고, 자선에 힘쓰고, 나누는 것을 기쁨으로 삼는다. 이렇게 집안의 가장은 보시를 성취한다.

"집안의 가장이 어떻게 지혜를 성취할 것인가? 디가자누여, 집안의 가장은 현상의 일어남과 사라짐을 꿰뚫어 아는 성스러운 지혜를 갖추어서 괴로움의 완전한 소멸에 이른다. 이렇게 집안의 가장은 지혜를 성취한다.

"디가자누여, 이 네 가지를 통해서 집안의 가장은 미래 생에서도 편안하고 행복하게 살 수 있다."

(AN 8:54)

04 바른 생계

1) 잘못된 생계

"비구들이여, 재가자들은 다음의 다섯 가지를 생업으로 삼아서는 안 된다. 무기를 거래하거나, 살아있는 생명을 거래하거나, 고기를 거래하거나, 술과 마약을 거래하거나, 독약을 거래해서는 안된다."

(AN 5:177)

2) 올바른 소비

세존께서 아나타삔디까 장자에게 말씀하셨다.

"부처님의 제자는 이마에 땀 흘려가며 직접 두 손으로 애써서 바르게 모은 떳떳한 재산으로 네 가지 가치 있는 일을 한다. 이 네 가지는 무엇인가?

"모은 재산으로 스스로 즐겁고 기쁘게 살며 계속해서 행복한 삶을 유지한다. 부모님을 즐겁고 기쁘게 하며 그들이 계속해서 행복하게 살 수 있도록 돕는다. 아내와 아이들, 하인과 일꾼, 노예들을 즐겁고 기쁘게 하며 그들이 계속해서 행복하게 살 수 있도록 돕는다. 벗들과 동료들을 즐겁고 기쁘게 하며 그들이 계속해서 행복하게 살 수 있도록 돕는다. 이것이 재산을 가치 있는 명분을 위하여 유익하게 사용하는 첫 번째 방법이다.

"장자여, 부처님의 제자는 모은 재산을 화재나 홍수로 잃거나, 왕이나 도둑에게 뺏기거나, 먼 친척이 상속받는 경우에 대비해 비상 자금을 준비해 놓는다. 예상하지 못한 일에 대해 스스로 방책을 마련해 놓는다. 이것이 재산을 … 사용하는 두 번째 방법이다.

"장자여, 부처님의 제자는 모은 재산으로 친척, 손님, 돌아가신 조상, 왕, 천신 등 다섯 무리에 공양 올린다. 이것이 재산을 … 사용하는 세 번째 방법이다.

"장자여, 부처님의 제자는 모은 재산으로 수행자와 브라만에게 거룩한 공양을 올린다. 이들은 자만심과 게으름을 버리고, 인내와 온화함을 갖추며, 스스로를 길들이고 고요히 하여 열반을 얻는 데 전념하는 이들이다. 이 거룩한 공양은 행복을 가져다주며, 천상에 태어나게 한다. 이것이 재산을 가치 있는 명분을 위하여 유익하게 사용하는 네 번째 방법이다.

"장자여, 이것이 부처님의 제자가 이마에 땀 흘려가며 직접 두 손으로 애써서 바르게 모은 떳떳한 재산으로 할 수 있는 네 가지 가치 있는 일이나.

"이 네 가지 가치 있는 일 말고 다른 곳에 재산을 사용하는 이들은 재산을 낭비하고, 허비하고, 경솔하게 사용한 것이다. 하지만 이 네 가지 가치 있는 일을 위하여 재산을 사용한 이들은 가치 있는 명분을 위하여 유익하게 재산을 사용했다고 말할 수 있다."

(AN 4:61)

3) 가장의 행복

세존께서 아나타삔디까 장자에게 말씀하셨다.

"장자여, 때와 장소에 따라 적절히 감각적 쾌락을 즐기는 재가자가 얻을 수 있는 네 가지 행복이 있다. 무엇이 네 가지인가? 소유의 행복, 향유의 행복, 빚이 없는 행복, 허물이 없는 행복이다.

"장자여, 소유의 행복이란 무엇인가? 가장은 이마에 땀 흘려가며 직접 두 손으로 애써서 바르게 모은 떳떳한 재산을 소유한다. 그는 '나는 이마에 땀 흘려가며 … 바르게 모은 떳떳한 재산을 소유한다.' 라고 생각하며 행복과 기쁨을 누린다. 이것이 소유의 행복이다.

"장자여, 향유의 행복이란 무엇인가? 가장이 이마에 땀 흘려가며 직접 두 손으로 애써서 바르게 모은 떳떳한 재산으로 부를 누리고 공덕을 짓는다. 그는 '나는 이마에 땀 흘려가며 … 바르게 모은 떳떳한 재산으로 부를 누리고 공덕을 짓는다.'라고 생각하며 행복과 기쁨을 누린다. 이것이 향유의 행복이다.

"장자여, 빚이 없는 행복이란 무엇인가? 가장이 누구에게도 많든 적든 갚아야 할 빚이 전혀 없다. 그는 '나는 누구에게도 많든 적든 갚아야 할 빚이 전혀 없다'라고 생각하며 행복과 기쁨을 누린다. 이것이 빚이 없는 행복이다.

"장자여, 허물이 없는 행복이란 무엇인가? 부처님의 제자는 몸, 말, 마음으로 허물이 없는 행동을 실천한다. 그가 '나는 몸, 말, 마음으로 허물이 없는 행동을 실천한다.'라고 생각할 때 행복과 기쁨을 누린다. 이것이 허물이 없는 행복이다.

"장자여, 이것이 때와 장소에 따라 적절히 감각적 쾌락을 즐기는 재가자가 얻을 수 있는 네 가지 행복이다."

(AN 4:62)

05 가정주부의 역할

한때 세존께서 사왓티에서 녹자모 강당에 머무셨다. 그때 녹자모라고 불리는 위사카가 세존을 찾아뵙고 예경드린 뒤 한쪽에 앉았다.[40] 세존께서 말씀하셨다.

"위사카여, 가정주부가 네 가지 자질을 갖추면 이번 생에서 큰 성과를 이루고 이 세상에서 큰 성공을 누리게 된다. 이 네 가지는 무엇인가?

"위사카여, 가정주부는 살림을 잘해야 하고, 집안을 잘 경영해야 하며, 남편의 뜻에 맞게 행동해야 하고, 남편의 재산을 잘 지켜야 한다.

"가정주부가 어떻게 살림을 잘 할 수 있는가? 위사카여, 뜨개질이나 바느질 등 남편의 내조를 능숙하고 부지런히 해야 한다. 적당한 방법을 연구하고 만사를 제대로 계획해서 실천할 줄 알아야 한다. 이것이 가정주부가 살림을 잘 해내는 방법이다.

---

40 위사카는 부처님의 제일 가는 여성 재가 신도로 미가라 장자의 집안에 시집가 가족을 모두 부처님께 귀의시킨 탓에 미가라의 어머니(녹자모)라 불렸다. 위사카가 기증한 절을 그녀의 이름을 따 녹자모 강당이라 불렀다.

227

"가정주부가 어떻게 집안을 잘 경영할 수 있는가? 위사카여, 노예나 하인, 일꾼 등 남편의 일을 돕는 사람들이 무슨 일을 끝마쳤고 무슨 일을 마치지 못했는지 직접 살펴 알아야 한다. 몸은 아프지 않은지 관심을 가져야 하고, 적당한 양의 음식을 나눠주어야 한다. 이것이 가정주부가 집안을 잘 경영하는 방법이다.

"가정주부가 어떻게 남편의 뜻에 맞게 행동해야 하는가? 위사카여, 남편이 알면 허락하지 않을 잘못된 행동은 목숨을 버리더라도 해서는 안된다. 이것이 가정주부가 남편의 뜻에 맞게 행동하는 방법이다.

"가정주부가 어떻게 남편의 재산을 잘 지킬 수 있는가? 위사카여, 남편이 현금이나 곡식, 금은 등 무엇이든 벌어서 집으로 가지고 오면 보호하고 지켜야 한다. 재산을 훔치거나, 헤프게 쓰거나, 낭비하거나, 허비해서는 안된다. 이것이 가정주부가 남편의 재산을 잘 지키는 방법이다.

"위사카여, 가정주부가 이 네 가지 자질을 갖추면 이번 생에서 큰 성과를 이루고 이 세상에서 큰 성공을 누리게 된다. 가정주부가 또 다른 네 가지 자질을 갖춘다면 저 생에서 큰 성과를 이루고 저 세상에서 큰 성공을 누리게 된다. 이 네 가지는 무엇인가?

"위사카여, 가정주부는 믿음과 계행과 보시와 지혜를 성취해야 한다.

"가정주부가 어떻게 믿음을 성취할 것인가? 위사카여, 믿음이 있는 가정주부는 여래의 깨달음을 믿는다. '세존은 아라한이고, 완전히 깨달았으며, 지혜와 실천이 원만하고, 잘 가신 분이며, 세간에 대한 지혜를 통달했고, 중생을 잘 다스리며, 천신과 인간의 스승이고, 부처님이다.' 가정주부는 이렇게 믿음을 성취해야 한다.

"가정주부가 어떻게 계행을 성취할 것인가? 위사카여, 생명을 죽이지 않고, 도둑질하지 않으며, 잘못된 성생활을 하지 않고, 거짓말을 하지 않으며, 방종의 근본이 되는 술과 약물을 멀리해야 한다. 가정주부는 이렇게 계행을 성취해야 한다.

"가정주부가 어떻게 보시를 성취할 것인가? 위사카여, 가정주부는 인색하지 않은 마음으로, 아낌없이 넉넉하게 보시하고, 내려놓는 것을 좋아하고, 자선에 힘쓰고, 나누는 것을 기쁨으로 삼는다. 가정주부는 이렇게 보시를 성취해야 한다.

"가정주부가 어떻게 지혜를 성취할 것인가? 위사카여, 가정주부는 현상의 일어남과 소멸을 꿰뚫어 아는 성스러운 지혜를 갖추어서 괴로움의 완전한 소멸에 이른다. 가정주부는 이렇게 지혜를 성취해야 한다.

"위사카여, 가정주부가 이 네 가지 자질을 갖추면 저 생에서 큰 성과를 이루고 저 세상에서 큰 성공을 누리게 된다."

(AN 8:49)

06 공동체

1) 불화를 일으키는 여섯 가지 뿌리

6. "아난다여, 불화를 일으키는 여섯 가지 뿌리가 있다. 이 여섯 가지는 무엇인가? 아난다여, 화내고 원망하는 비구는 스승과 법과 승가를 존경하고 따르지 않으며 수행하지 않는다. 스승과 법과 승가를 존경하고 따르지 않으며 수행하지 않는 비구는 승가 내에서 불화를 일으킨다. 이는 많은 이들에게 해로움과 괴로움이 되며 인간과 천신에게 손해, 해로움, 괴로움을 불러온다. 자신이나 외부에서 이런 불화의 뿌리를 본다면 그 뿌리를 뽑기 위해 노력해야 한다. 자신이나 외부에 그런 불화의 뿌리가 보이지 않는다면, 앞으로도 불화가 뿌리내리지 못하도록 수행해야 한다. 그렇게 하면 사악한 불화의 뿌리를 뽑아낼 수 있다. 그렇게 하면 앞으로도 사악한 불화의 뿌리가 자리잡을 수 없다.

7-II. "오만하고 무례하며 … 시기 질투하고 옹졸하며 … 사람을 기만하고 속이며 … 삿된 바램과 잘못된 견해를 가지고 자신의 견해

에 집착하고, 완강히 매달리며, 버리지 못하는 비구는 스승과 법과 승가를 존경하고 따르지 않으며 수행하지도 않는다. 스승과 법과 승가를 존경하고 따르지 않으며 수행하지 않는 비구는 승가 내에서 불화를 일으킨다. 이는 많은 이들에게 해로움과 괴로움이 되며 인간과 천신에게 손해, 해로움, 괴로움을 불러온다. 자신이나 외부에 이런 불화의 뿌리를 본다면, 그 뿌리를 뽑기 위해 노력해야 한다. 자신이나 외부에 그런 불화의 뿌리가 보이지 않는다면, 앞으로도 불화가 뿌리내리지 못하도록 수행해야 한다. 그렇게 하면 사악한 불화의 뿌리를 뽑아낼 수 있다. 그렇게 하면 앞으로도 사악한 불화의 뿌리가 자리잡을 수 없다."

(MN 104)

2) 화합하게 하는 여섯 가지 원칙

21. "아난다여, 사랑과 존경을 북돋으며, 서로 결합시키고, 분쟁을 막고, 화합시키고, 단결하게 하는 여섯 가지 원칙이 있다. 이 여섯 가지는 무엇인가?

"비구는 대중 생활을 할 때나 홀로 머물 때 수행 생활을 함께하는 도반들에게 몸으로 자애로운 행동을 해야 한다. 이것이 사랑과 존경을 북돋으며, 서로 결합시키고, 분쟁을 막고, 화합시키고, 단결하게 하는 원칙이다.

"비구는 대중 생활을 할 때나 홀로 머물 때 수행 생활을 함께하는 도반들에게 자애로운 말을 해야 한다. 이것이 사랑과 존경을 북돋으며, … 단결하게 하는 원칙이다.

　"비구는 대중 생활을 할 때나 홀로 머물 때 수행 생활을 함께하는 도반들에게 자애로운 마음을 내야 한다. 이것이 사랑과 존경을 북돋으며, … 단결하게 하는 원칙이다.

　"비구는 수행 생활을 함께하는 덕스러운 도반들과 나누는 것을 즐거워해야 한다. 정당하게 얻은 올바른 공양물이라면 발우에 든 음식조차도 도반들과 아낌없이 나누어야 한다. 이것이 사랑과 존경을 북돋으며 … 단결하게 하는 원칙이다.

　"비구는 대중 생활을 할 때나 홀로 머물 때 수행 생활을 함께하는 도반들과 끊어지지 않고, 완전하고, 흠이 없고, 때 묻지 않고, 벗어나게 하고, 현명한 이들이 칭송하고, 그릇되지 않고, 선정으로 이어지는 계율을 함께 수지해야 한다. 이것이 사랑과 존경을 북돋으며… 단결하게 하는 원칙이다.

　"비구는 대중 생활을 할 때나 홀로 머물 때 수행 생활을 함께하는 도반들과 거룩하고, 해탈하게 하고, 따라 수행하면 괴로움이 완전히 소멸되는 견해를 함께 해야 한다. 이것이 사랑과 존경을 북돋으며, 서로 결합시키고, 분쟁을 막고, 화합시키고, 단결하게 하는 원칙이다.

　"이 여섯 가지가 사랑과 존경을 북돋으며, 서로 결합시키고, 분쟁을 막고, 화합시키고, 단결하게 하는 여섯 가지 원칙이다."

(MN 104)

3) 네 계급의 청정

1. 나는 이와 같이 들었다. 한때 세존께서 사왓티에서 아나타삔디까 장자가 기증한 기원정사에 머물고 계셨다.

2. 그때 여러 지역에서 온 오백 명의 브라만들이 이런저런 용무를 보기 위해 사왓티에 머물고 있었다. 그 브라만들은 '네 계급 모두 청정해질 수 있다고 말하는 수행자 고따마를 누가 논박할 수 있을까?' 하고 궁리했다.

3. 그때 예비 브라만 사제였던 앗살라야나도 사왓티에 머물고 있었다. 삭발을 한 앗살라야나는 16세로 아직 어렸지만 세 가지 베다의 어휘, 의례, 음운, 어원, 역사에 정통했을 뿐 아니라 어학과 문법에 능숙하며 우주론과 위인의 상호에도 통달했다. 브라만들은 그가 세존을 대적할 수 있을 것이라 생각했다.

4. 그리고 브라만 앗살라야나에게 가서 물었다.

"앗살라야나여, 수행자 고따마는 네 계급 모두 청정해질 수 있다고 말한다오. 그대가 가서 이 주장에 대해 수행자 고따마를 반박해 주시오."

이 말이 끝나자 브라만 앗살라야나는 대답했다.

"브라만들이여, 수행자 고따마는 법을 말하는 사람입니다. 법을 말하는 사람을 반박하는 것은 어렵습니다. 저는 수행자 고따마를 반박할 수 없습니다."

브라만들이 두 번, 세 번 그에게 가달라고 부탁했다. 앗살라야나가

233

두 번째 거절하고 세 번째는 허락할 수밖에 없었다.

5· 브라만 앗살라야나가 브라만들과 큰 무리를 지어 세존을 찾아뵙고 인사드렸다. 공손하고 정다운 이야기를 마치고 그는 한쪽에 앉아 세존께 말씀드렸다.

"고따마 존자시여, 브라만들은 이렇게 말합니다. '브라만이 가장 높은 계급이고 다른 계급에 속한 이들은 모두 열등하다. 브라만들의 피부색이 가장 희고 다른 계급에 속한 이들은 모두 검다. 브라만만이 청정하고 브라만이 아니라면 청정하지 못하다. 브라만만이 브라흐마의 아들이고, 브라흐마의 자손이며, 브라흐마의 입에서 태어났고, 브라흐마의 태생이며, 브라흐마에게 창조되었고, 브라흐마의 상속자이다.' 고따마 존자께서는 이에 대해 어떻게 생각하십니까?"

"앗살라야나여, 브라만 여성이 월경을 하고, 임신을 하고, 출산을 하고, 아기를 돌보는 것은 모두가 보고 안다. 그렇게 어머니의 태에서 태어나는데도 브라만들은 '브라만들은 가장 높은 계급이고 … 브라만만이 브라흐마의 아들이고, 브라흐마의 자손이며, 브라흐마의 입에서 태어났고, 브라흐마의 태생이며, 브라흐마에게 창조되었고, 브라흐마의 상속자이다.'라고 주장한다."

6· "고따마 존자께서 이렇게 말씀하셔도 브라만들은 계속 이렇게 생각합니다. '브라만들은 가장 높은 계급이고 … 브라흐마의 상속자이다.'"

"앗살라야나여, 어떻게 생각하느냐? 요나, 깜보자, 그리고 다른 변방국에는 주인과 노예 두 계급밖에 없으며 주인이 노예가 되기도 하고 노예가 주인이 되기도 한다는 이야기를 들어본 적이 있느냐?"

"네, 들어본 적이 있습니다."

"그렇다면 브라만들은 어떤 논점과 권위에 근거해 '브라만들은 가장 높은 계급이고 … 브라흐마의 상속자이다.'라고 말하는 것이냐?"

7. "고따마 존자께서 이렇게 말씀하셔도 브라만들은 계속 이렇게 생각합니다. '브라만들은 가장 높은 계급이고 … 브라흐마의 상속자이다.'"

"앗살라야나여, 어떻게 생각하느냐? 끄샤뜨리야가 살아있는 생명을 해치고, 주지 않은 것을 가지고, 잘못된 성행위를 하고, 거짓말을 하고, 악의적으로 말하고, 거친 말을 하고, 잡담하고, 욕심내고, 미워하고, 잘못된 견해를 믿는다고 생각해 보아라. 죽어서 몸이 흩어지면 비참한 곳, 고통스러운 세계, 삼악도, 지옥에 태어날 것이다. 상인들이 … 일꾼들이 살아있는 생명을 해치고 … 잘못된 견해를 믿는다고 생각해 보아라. 죽어서 몸이 흩어지면 비참한 곳, 고통스러운 세계, 삼악도, 지옥에 태어날 것이다. 브라만은 그렇지 않은가?"

"고따마 존자시여, 그렇습니다. 끄샤뜨리야든, 브라만이든, 상인이든, 일꾼이든 네 계급 모두 살아있는 것을 해치고 … 잘못된 견해를 믿으면 죽어서 몸이 흩어진 후 비참한 곳, 고통스러운 세계, 삼악도, 지옥에 태어납니다."

"그렇다면 브라만들은 어떤 논점과 권위에 근거해 '브라만들은 가장 높은 계급이고 … 브라흐마의 상속자이다.'라고 말하는 것이냐?"

8. "고따마 존자께서 이렇게 말씀하셔도 브라만들은 계속 이렇게

생각합니다. '브라만들은 가장 높은 계급이고 … 브라흐마의 상속자이다.'"

"앗살라야나여, 어떻게 생각하느냐? 브라만이 살아있는 것을 해치지 않고, 주지 않은 것을 가지지 않고, 잘못된 성행위를 하지 않고, 거짓말을 하지 않고, 악의적인 말을 하지 않고, 거친 말을 하지 않고, 잡담하지 않고, 탐욕이 없고, 미워하지 않고, 잘못된 견해를 믿지 않는다고 생각해 보아라. 죽어서 몸이 흩어지면 행복한 곳, 천상 세계에 태어날 것이다. *끄샤뜨리야*나, 상인, 일꾼들은 그렇지 않겠느냐?"

"고따마 존자시여, 그렇습니다. *끄샤뜨리야*든, 브라만이든, 상인이든, 일꾼이든 이 네 계급 모두 살아있는 것을 해치지 않고 … 바른 견해를 믿는다면 죽어서 몸이 흩어진 후 행복한 곳, 천상 세계에 태어납니다."

"그렇다면 브라만들은 어떤 논점과 권위에 근거해 '브라만들은 가장 높은 계급이고 … 브라흐마의 상속자이다.'라고 말하는 것이냐?"

9. "고따마 존자께서 이렇게 말씀하셔도 브라만들은 계속 이렇게 생각합니다. '브라만들은 가장 높은 계급이고 … 브라흐마의 상속자이다.'"

"앗살라야나여, 어떻게 생각하느냐? 브라만만이 이 지역을 향해 적의와 악의가 없는 자애로운 마음을 내고, *끄샤뜨리야*나 상인, 일꾼들은 할 수 없겠는가?"

"고따마 존자시여, 아닙니다. *끄샤뜨리야*든, 브라만이든, 상인이든, 일꾼이든 이 네 계급 모두 이 지역을 향해 적의와 악의가 없는 자애로운 마음을 낼 수 있습니다."

"그렇다면 브라만들은 어떤 논점과 권위에 근거해 '브라만들은 가장 높은 계급이고 … 브라흐마의 상속자이다.'라고 말하는 것이냐?"

IO. "고따마 존자께서 이렇게 말씀하셔도 브라만들은 계속 이렇게 생각합니다. '브라만들은 가장 높은 계급이고 … 브라흐마의 상속자이다.'"

"앗살라야나여, 어떻게 생각하느냐? 브라만만이 목욕 솔과 가루비누를 가지고 강에 가 먼지와 때를 씻어낼 수 있고 끄샤뜨리야와 상인과 일꾼은 할 수 없겠는가?"

"고따마 존자시여, 아닙니다. 끄샤뜨리야든, 브라만이든, 상인이든, 일꾼이든 이 네 계급 모두 목욕 솔과 가루비누를 들고 강에 가 먼지와 때를 씻어낼 수 있습니다."

"그렇다면 브라만들은 어떤 논점과 권위에 근거해 '브라만들은 가장 높은 계급이고 … 브라흐마의 상속자이다.'라고 말하는 것이냐?"

II. "고따마 존자께서 이렇게 말씀하셔도 브라만들은 계속 이렇게 생각합니다. '브라만들은 가장 높은 계급이고 … 브라흐마의 상속자이다.'"

"앗살라야나여, 어떻게 생각하느냐? 정식으로 왕위에 오른 끄샤뜨리야 왕이 출생이 다른 백 명의 남자들을 모아 놓고 이렇게 말한다고 생각해 보아라. '이리들 오시오. 끄샤뜨리야나 브라만 계급, 왕족으로 태어난 이들은 고급 목재로 만들어진 부시 막대기를 가지고 불을 지펴 열을 내보시오. 천민으로 태어난 사람들, 사냥꾼, 초를 만드

237

는 사람들, 짐수레를 만드는 사람들, 똥지게꾼들은 개 물그릇, 돼지 여물통, 쓰레기통으로 만든 부시 막대기나 피마자유 처리한 나무로 만든 부시 막대기를 가지고 불을 지펴 열을 내보시오.'

"앗살라야나여, 어떻게 생각하느냐? 첫 번째 사람들이 불을 지펴 열이 나면 그 불에는 불꽃, 색깔, 광채가 있고, 불의 용도에 맞게 사용하는 것이 가능하고, 두 번째 사람들이 불을 지펴 열이 나면 그 불에는 불꽃, 색깔, 광채가 없고, 불의 용도에 맞게 사용하는 것이 불가능한가?"

"고따마 존자시여, 아닙니다. 첫 번째 사람들이 불을 지펴 열이 나면 그 불에는 불꽃, 색깔, 광채가 있으며, 불의 용도에 맞게 사용하는 것이 가능합니다. 두 번째 사람들이 불을 지펴 열이 나면 그 불에도 불꽃, 색깔, 광채가 있고, 불의 용도에 맞게 사용하는 것이 가능합니다. 모든 불에는 불꽃, 색깔, 광채가 있으며 불의 용도에 맞게 사용할 수 있습니다."

"그렇다면 브라만들은 어떤 논점과 권위에 근거해 '브라만들은 가장 높은 계급이고 … 브라흐마의 상속자이다.'라고 말하는 것이냐?"

12. "고따마 존자께서 이렇게 말씀하셔도 브라만들은 계속 이렇게 생각합니다. '브라만들은 가장 높은 계급이고 … 브라흐마의 상속자이다.'"

"앗살라야나여, 어떻게 생각하느냐? 끄샤뜨리야 젊은이가 브라만 여인과 결혼하여 아들이 태어났다고 하면 끄샤뜨리야 젊은이와 브라만 여인에게서 태어난 아들은 아버지를 따라 끄샤뜨리야가 되는

가? 어머니를 따라 브라만이 되는가?"

"둘 다 될 수 있습니다. 고따마 존자시여."

13. "앗살라야나여, 어떻게 생각하느냐? 브라만 젊은이가 *끄샤뜨*
리야 여인과 결혼하여 아들이 태어났다고 하면 브라만 젊은이와 *끄*
샤뜨리야 여인에게서 태어난 아들은 아버지를 따라 브라만이 되는
가? 어머니를 따라 *끄샤뜨리야*가 되는가?"

"둘 다 될 수 있습니다. 고따마 존자시여."

14. "앗살라야나여, 어떻게 생각하느냐? 암말과 숫당나귀가 교미
하여 새끼가 태어났다. 이 새끼는 어미를 따라 말이라 불러야 할 것
인가? 아비를 따라 당나귀라 불러야 할 것인가?"

"고따마 존자시여, 노새라고 불러야 합니다. 말도 아니고 당나귀
도 아니기 때문입니다. 이 마지막 경우는 다르지만 앞의 두 경우에는
다른 것을 알지 못하겠습니다."

15. "앗살라야나여, 어떻게 생각하느냐? 같은 어머니에게서 태어
난 두 형제가 예비 사제로 수련 과정에 있었다. 한 명은 공부도 열심
히 하고 부지런했는데, 다른 한 명은 공부도 열심히 하지 않고 부지
런하지도 않았다. 브라만들이 장례식, 기도의식, 희생제 후 식사 자리
에서 그들 중 누구에게 먼저 음식을 대접하겠는가?"

"그럴 경우 브라만들은 공부를 열심히 하고 부지런한 아이에게 먼
저 음식을 대접할 것입니다. 공부도 열심히 하지 않고 부지런하지 않
은 이에게 공양한 복덕은 크지 않기 때문입니다."

16. "앗살라야나여, 어떻게 생각하느냐? 같은 어머니에게서 태어

239

난 두 형제가 예비 사제로 수련 과정에 있었다. 한 명은 공부를 열심히 하고 부지런했는데 품행이 바르지 않고 성격이 좋지 않았다. 다른 한 명은 공부도 열심히 하지 않고 부지런하지도 않았지만 품행이 바르고 성격이 좋았다. 브라만들이 장례식, 기도의식, 희생제 후 식사 자리에서 그들 중 누구에게 먼저 음식을 대접하겠는가?"

"그럴 경우 브라만들은 공부도 열심히 하지도 부지런하지도 않지만 품행이 바르고 성격이 좋은 아이를 먼저 먹일 것입니다. 품행이 바르지 않고 성격이 좋지 않은 이에게 공양한 복덕은 크지 않기 때문입니다."

17. "앗살라야나여, 그대는 처음에는 태생을 근거로, 나중에는 경전 공부를 근거로 입장을 취하더니, 이제는 내가 말했던 네 계급 모두 청정해질 수 있다는 입장을 취했다."

세존께서 이렇게 말씀하시자 브라만 앗살라야나는 말없이 앉아 있다가 이윽고 침울해져서 어깨를 늘어뜨리고 머리를 숙인 채 불러도 대답도 않고 떠났다.

(MN 93)

4) 사회 안정을 가져오는 일곱 가지 원칙

1-1. 나는 이와 같이 들었다. 한때 세존께서 라자가하의 영축산에 머물고 계셨다. 그때 마가다국의 아자따삿뚜 웨데히뿟따 왕은 왓지국을 침략할 생각으로 "부강하고 세력이 큰 왓지국에 쳐들어가 모조

리 베고 몰락시킬 것이다. 폐허로 만들어 멸망시킬 것이다!"라고 말했다.

I-2. 왕은 고위 관료인 브라만 왓사까라를 불렀다.

"브라만이여, 세존을 찾아뵙고 나의 이름으로 세존의 발에 머리숙여 예경드린 뒤 혹시 어떤 병환이라도 있으신지, 편안히 잘 계신지여쭈어라. 그리고 '세존이시여, 마가다의 아자따삿뚜 웨데히뿟따 왕이 왓지국을 침략하기를 원합니다. "내가 부강하고 세력이 큰 왓지국을 … 멸망시킬 것이다!"라고 외칩니다.'라고 말씀드려라. 그리고 나서 세존께서 그대에게 하시는 말씀을 하나도 빼지 말고 나에게 전하라. 여래는 거짓말을 하지 않는다."

I-3. "알겠습니다, 폐하."

왓사까라는 이와 같이 대답하고 준비된 의전용 마차 중 한 대에올라타 위엄있는 모습으로 라자가하의 왕궁을 출발했다. 영축산에도착해 길이 허락하는 곳까지 마차로 이동한 뒤 세존이 계시는 곳까지 걸어갔다. 그는 세존과 의례적인 인사를 나눈 뒤 한쪽에 앉아 왕의 전갈을 전했다.

I-4. 세존은 그때 뒤에서 부채질하고 있던 아난다 존자에게 말씀하셨다.

(1) "아난다여, 왓지인들이 정기적으로 그리고 자주 모임을 연다는 이야기를 들었느냐?" ― "세존이시여, 그들은 그렇게 한다고 들었습니다."

"아난다여, 왓지인들이 정기적으로 그리고 자주 모임을 연다면 그

241

들은 번영하지 쇠망하지 않을 것이다.

(2) "왓지인들이 만날 때도 화합하고, 헤어질 때도 화합하며, 일을 처리할 때도 화합한다는 이야기를 들었느냐?" - "세존이시여, 그들은 그렇게 한다고 들었습니다."

"아난다여, 왓지인들이 만날 때도 화합하고, 헤어질 때도 화합하며, 일을 처리할 때도 화합한다면 그들은 번영하지 쇠망하지 않을 것이다.

(3) "왓지인들이 이전에 공인받지 못한 일은 공인하지 않고, 이미 공인한 일은 없애지 않으며, 옛적부터 공인한 대로 일을 처리한다는 이야기를 들었느냐?" - "세존이시여, 그들은 그렇게 한다고 들었습니다." … (4) "왓지인들이 웃어른을 받들고, 공경하며, 존경하고, 예를 다하며, 어른들이 하는 말에 귀기울인다는 이야기를 들었느냐? … (5) 부녀자를 완력으로 납치하여 강제로 데리고 살지 않는다는 이야기를 들었느냐? … (6) 왓지국 안팎의 사당을 받들고, 공경하며, 존중하고, 예를 다하며, 이전부터 이어져 온 합당한 지원을 멈추지 않는다는 이야기를 들었느냐? … (7) 앞으로 왓지국으로 찾아올 아라한과 이미 왓지국에 머무는 아라한의 안위를 위하여 적당한 식량을 비축해 놓았다는 이야기를 들었느냐?" - "세존이시여, 그들은 그렇게 한다고 들었습니다."

"아난다여, 적당한 식량을 그렇게 비축하는 한 왓지인들은 번영하지 쇠망하지 않을 것이다."

I-5. 그리고 세존께서는 브라만 왓사까라에게 말씀하셨다.

242

"브라만이여, 내가 이전에 웨살리에 있는 사란다다 사당에서 왓지인들에게 이 일곱 가지 쇠망하지 않는 원칙을 가르쳤다. 그들이 이 일곱 가지 원칙을 지키고 실천하는 동안은 번영하지 쇠망하지 않을 것이다."

이에 왓사까라가 대답했다.

"고따마 존자시여, 왓지인들이 이 원칙들 가운데 일곱 가지는 차치하고 하나라도 지킨다면 번영하지 쇠망하지 않을 것입니다. 아자따삿뚜 왕이 군대의 힘으로 왓지인들을 정복할 수 없을 것입니다. 선전으로 동요시키거나 서로 등을 돌리게 하는 방법밖에는 없을 것 같습니다. 고따마 존자시여, 저는 정무가 바빠 이제 가보겠습니다."

"브라만이여, 좋을 대로 하라."

왓사까라는 세존의 말씀에 기뻐하며 자리에서 일어나 떠났다.

I-6. 왓사까라가 떠나자 세존께서 말씀하셨다.

"아난다여, 라자가하 근처 비구들을 모두 불러 강당에 모이게 하라."

"세존이시여, 알겠습니다."

아난다 존자는 대답하고 말씀대로 했다. 그리고 세존께 절을 하고 한쪽에 서서 말씀드렸다.

"세존이시여, 비구 승가가 모두 모였습니다. 세존께서 마땅한 일을 하실 차례입니다."

그러자 세존께서 자리에서 일어나 강당으로 가셔서 준비된 자리에 앉으시고 말씀하셨다.

243

"비구들이여, 승가의 번성을 위해 실천해야 할 일곱 가지를 일러 주겠다. 귀를 기울여 자세히 들으라, 이제 설하겠다. 비구들이 정기 적으로, 그리고 자주 모임을 연다면 번성하지 쇠망하지 않을 것이다. 비구들이 만날 때도 화합하고, 헤어질 때도 화합하며, 일을 처리할 때도 화합한다면 번성하지 쇠망하지 않을 것이다. 비구들이 이전에 인가받지 못한 일은 인가하지 않고, 이미 인가한 일은 없애지 않으며 계율에서 인가한 대로 일을 처리한다면…, 오래전에 계를 받고 오랫 동안 출가생활을 해온 장로들, 승단의 어른들과 지도자들을 받들고, 공경하며, 존경하고, 예를 다한다면…, 다음 생의 원인이 되는 마음 속의 갈애에 희생양이 되지 않는다면…, 숲속에 거주하는 데 전념한 다면…, 몸에 대한 알아차림을 놓치지 않아서 벗들 가운데 선한 이들 이 주위에 모이고, 이미 가까이 온 이들은 편안함을 느낀다면…, 비 구들이 이 일곱 가지 원칙을 지키고, 그러한 모습이 목격된다면 승가 는 번성하지 쇠망하지 않을 것이다."

(DN 16)

5) 전륜성왕

3. "수백, 수천 년 후 달하네미 왕이 한 남자에게 말했다.

'여보게, 저 거룩한 윤보輪寶가 제자리에서 벗어나거든 나에게 알 려주오.'

'폐하, 알겠습니다.' 그 남자가 대답했다.

수백, 수천 년 후 그 남자가 거룩한 윤보가 제자리에서 벗어난 것을 보고 왕에게 이 사실을 알렸다. 달하네미 왕은 장자인 태자를 불러오게 한 뒤 말했다.

'태자여, 저 거룩한 윤보가 제자리에서 벗어났다. 전륜성왕 치하에 이런 일이 생기면, 전륜성왕이 살 날이 얼마 남지 않았다는 이야기가 전해진다. 나는 인간으로서의 모든 쾌락을 누렸으니 이제 천상의 기쁨을 찾아 나설 때이다. 태자여, 이 땅을 맡아 다스리도록 하라. 나는 머리카락과 수염을 자르고, 갈색 가사를 걸치고, 집을 떠나 출가수행의 삶을 살겠다.'

달하네미 왕은 태자를 왕위에 책봉한 뒤 머리카락과 수염을 자르고, 갈색 가사를 걸치고, 집을 떠나 출가수행의 삶을 시작했다. 왕이 궁전을 떠나 선인이 된 지 칠 일이 지나자 거룩한 윤보가 사라졌다.

4. "한 남자가 새로 즉위한 끄샤뜨리야 왕에게 다가와 말했다.

'폐하, 거룩한 윤보가 사라졌습니다.'

이에 왕은 슬프고 애석한 마음에 출가수행 중인 선왕에게 가 그 사실을 알렸다. 선왕이 말했다.

'아들아, 윤보가 없어졌다고 슬퍼하거나 애석해 할 필요가 없다. 윤보는 선대부터 내려오는 가보가 아니다. 아들아, 이제 네가 스스로 고귀한 전륜성왕이 되어야 한다. 네가 신성한 전륜성왕의 도리를 다한 뒤 보름달이 뜨는 포살날에 머리를 감고 궁전의 꼭대기 층 베란다에 올라가면 거룩한 윤보가 나타날 것이다. 테와 축과 모든 구조가 완벽한 천 개의 살로 된 바퀴가 나타날 것이다.'

5. "'선왕이시여, 신성한 전륜성왕의 의무는 무엇입니까?'

'아들아, 전륜성왕의 도리는 이와 같다. 몸소 법에 의지하고, 법을 높이고, 법을 존중하고, 법을 아끼고, 법에 예경하고, 법을 공경해야 한다. 법을 증표로, 기치로 내세우고, 법을 스승으로 모시며, 가정에 서부터, 병정들, 끄샤뜨리야, 신하들, 브라만, 장자들, 성읍과 시골 사람들, 수행자, 사제들, 들짐승과 날짐승 모두를 정의롭게 지키고, 보호하고, 감싸야 한다. 나라에 범죄가 만연해서는 안되고, 궁핍한 이들과 부를 나눠야 한다. 감각적 욕망을 버리고, 인내하며, 자비로운 삶에 헌신하는 영토 내의 수행자와 브라만들은 자신을 조복하고, 고요히 머물며, 욕망을 끊기 위해 정진하니 네가 가끔씩 그들에게 다가가 물어야 한다.

"존경하는 이들이여, 무엇이 선하고, 무엇이 불선합니까? 무엇이 비난받을 만하고, 무엇이 비난받지 않습니까? 무엇을 따라야 하고, 무엇을 따라서는 안됩니까? 어떤 행동이 해로움과 슬픔에 이르게 하고, 어떤 행동이 안녕과 행복으로 이르게 합니까?"

그들의 가르침을 들어서 옳지 못한 일은 피하고 선한 일을 해야 한다. 아들아, 이것이 신성한 전륜성왕의 도리이다.'

"'선왕이시여, 알겠습니다.'

왕은 대답했다. 이후 신성한 전륜성왕의 도리를 실천하고 보름달 이 뜨는 포살 날에 머리를 감고 왕궁의 꼭대기 베란다에 올라가자 거룩한 윤보가 나타났다. 테와 축과 모든 구조가 완벽한 천 개의 살로 된 바퀴였다. 왕이 생각했다. '정식으로 즉위한 끄샤뜨리야 왕이 보름

달이 뜨는 포살 날에 윤보를 보면 전륜성왕이 된다는 이야기를 들었다. 내가 전륜성왕이 될 것인가?'

6. "그리고 왕은 자리에서 일어나 한쪽 어깨를 옷으로 감싼 후 왼손으로 금색 물병을 들고 오른손으로 윤보에 물을 뿌리며 말했다.

'거룩한 윤보여, 굴러라, 거룩한 윤보여, 정복하라!'

윤보가 동쪽으로 굴러가자 왕은 네 무리의 군대와 함께 따랐다. 윤보가 멈추는 나라 어디든지 왕은 네 무리의 군대와 함께 머물렀다. 왕을 반대하던 동쪽 지역 사람들이 와서 말했다.

'폐하, 어서 오십시오. 이곳은 모두 폐하의 땅이옵니다. 저희를 다스려 주십시오.'

그러면 왕이 말했다.

'산 목숨을 죽이지 말라. 주지 않은 것을 가지지 말라. 잘못된 성행위를 하지 말라. 거짓말을 하지 말라. 술, 마약을 하지 말라. 계속해서 가진 것을 누리도록 하라.'

그를 반대했던 동쪽 지역 사람들은 모두 그의 신하가 되었다.

7. "이제 윤보가 남쪽, 서쪽, 북쪽으로 굴러가 ⋯ [앞 문단과 상동] ⋯ 윤보는 바다로 둘러싸인 모든 땅을 정복하고 본국의 수도로 돌아가 궁전 앞 재판소에서 멈추었다. 마치 축에 고정된 듯 움직이지 않은 채 온 궁전을 환히 비추었다."

(DN 26)

247

6) 평화로운 나라

9. 브라만 꾸따단따가 한쪽에 앉은 후 세존께 여쭈었다.

"고따마 존자시여, 존자께서는 열여섯 가지 필수품으로 세 가지 희생제를 원만히 지내는 방법을 알고 계신다 들었습니다. 저는 잘 알지 못하지만, 큰 희생제를 지내고 싶습니다. 존자께서 알려주시기를 간청드립니다."

"브라만이여, 귀기울여 자세히 들으라. 내가 설하겠노라."

"네, 세존이시여."

꾸따단따가 대답했다. 부처님께서 이어서 말씀하셨다.

10. "브라만이여, 옛날에 마하위지따라는 왕이 있었다. 왕은 많은 재산과 재원을 소유하고, 금과 은이 넘치며, 살림과 물자와 화폐가 풍족하고, 금고와 곳간이 가득 찰 정도로 부유했다. 왕이 혼자 사색에 잠겨 있던 중 이런 생각이 들었다. '나는 인간으로서 더할 나위 없는 부를 누리고, 광활한 땅을 정복해 다스린다. 이제 나에게 오랫동안 이익과 행복을 가져다 줄 큰 희생제를 올려야겠다.' 그리고 왕궁의 사제를 불러 이 생각을 말했다.

'사제여, 큰 희생제를 올리고 싶소. 어떻게 희생제를 올려야 영구한 이익과 행복을 얻을 수 있는지 알려주시오.'

11. "사제가 대답했다.

'폐하의 나라는 지금 도둑 떼의 출몰로 골치가 아픕니다. 나라가 황폐해지고, 마을과 도시가 파괴되고 있으며, 시골에는 산적들이 들끓고 있습니다. 폐하께서 이 지역에 세금을 거두는 것은 옳지 못한 일입니다. 폐하께서 "내가 이 도적 떼를 잡아서 목을 베고, 감옥에 넣고, 재산을 몰수하고, 겁을 주고, 멀리 쫓아버리겠다."고 생각하신다 해도 도적 떼를 모두 없애지 못할 것입니다. 살아남은 자들이 분명히 다시 와서 폐하의 영토에 해를 끼칠 것입니다. 하지만 이렇게 계책을 세우시면 도적 떼를 완전히 뿌리 뽑을 수 있습니다. 작물을 경작하고 소를 치는 사람들에게 곡물과 사료를 나눠주고, 상업을 하는 사람들에게 자본을 빌려주고, 공무를 보는 사람들에게 적당한 임금을 주십시오. 그러면 이 사람들은 생업이 바빠서 나라를 해치지 못할 것이고, 폐하는 더 많은 세금을 거두게 될 것이며, 나라는 평안하고 도적이 끊지 않을 것입니다. 사람들은 마음에 기쁨이 넘쳐 아이들과 놀아주며 문단속도 하지 않고 살아갈 것입니다.'

"왕은 '그렇게 하도록 하라!'고 말하며 사제의 조언을 받아들였다. 작물을 경작하고 소를 치는 사람들에게는 곡물과 사료를 나눠주고, 상업을 하는 사람들에게는 자본을 빌려주고, 공무를 보는 사람들에게는 적당한 임금을 주었다. 그러자 사람들이 생업이 바빠 나라를 해치지 못했고, 왕의 세수도 불어났으며, 나라가 평안하고, 도적이 사라졌다. 사람들은 마음에 기쁨이 넘쳐 아이들과 놀아주며 문단속도 하지 않고 살았다."

(DN 5)

4장 현생에 바로 누리는 행복

행복한 내생으로 가는 길.

5

들어가기

부처님은 구도의 여정에 대해 이야기하시면서 성도 직후 세상을 바라보니 중생들이 연못에서 갖가지로 자라는 연꽃과 같았다고 말씀하셨다. 수면 가까이 꽃을 피운 연꽃처럼 어떤 중생들은 출세간법을 듣기만 하여도 깨달을 수 있지만 대부분의 사람들은 물 속에 잠긴 연꽃과 같다고 하셨다. 이 연꽃들은 물속에서 햇빛을 받아 생명을 유지하면서 점차 수면 밖으로 나와 꽃을 피워야 한다.

마찬가지로 부처님의 가르침을 듣고 믿음을 낸 무수한 사람들은 법의 밝은 기운을 받아 선한 자질들을 길러서 직접 깨달음을 체험할 수 있을 만큼 마음을 성숙시켜야 한다. 이러한 과정은 대개 많은 생이 걸리기 때문에 마음 수행을 할 때는 장기적인 안목을 갖추어야 한다. 해탈을 위해 계속 수행하는 동시에 불행한 곳에 다시 태어나서는 안되고 경제적 풍요, 행복, 수행을 이어갈 수 있는 기회가 주어지는 곳에서 연속적으로 태어나야 한다.

법을 수행할 수 있는 유리한 조건들은 복덕을 쌓아야 얻을 수 있다. 빠알리어 뿐냐puñña를 번역한 '복덕'이라는 말은 윤회계에서 이로운 결과를 가져오는 선한 행동의 힘을 말한다. 불교에서는 다양한 중생계가 존재하는 이 우주를 물리, 생물, 심리, 윤리 등 모든 측면에서 지배하는 불변의 법칙이 있다고 본다. 중생이 하나의 중생계에서 다른 중생계로 옮겨가는 과정도 마찬가지로 법칙을 따른다. 이 법칙은 두 가지 원리로 작동한다. 먼저 우리의 행동은 그 행동에 어울리는 특정한 중생계와 연결되어 있으며, 둘째 우리의 행동이 그 중생계에서 겪는 일까지도 결정한다.

이 모든 과정에 법칙성을 부여하는 지배적인 요인은 빠알리어로 깜마kamma라고 하는 업의 힘이다. 이 '깜마'라는 단어의 문자적인 뜻은 행동인데, 엄밀하게 따지면 의도적인 행동을 말한다. 부처님은 "나는 의도를 깜마라고 한다. 의도가 있기 때문에 몸, 말, 마음으로 행동하기 때문이다."고 말씀하셨다. 깜마, 즉 업은 의도를 가지고 한 행동이다. 이런 의도는 생각, 계획, 욕구의 형태로 마음 속에 머물 수도 있고, 몸이나 말을 통해 겉으로 표출될 수도 있다.

우리의 행동은 한번 저지르고 나면 어떤 흔적도 없이 사라져 버린다. 다른 사람들과 주변 환경에 끼친 영향으로만 남을 뿐이다. 그런데 부처님께서는 모든 도덕적 판단이 가능한 의도된 행동들은 그 도덕적 수준에 상응하는 결과를 가져올 수 있는 잠재력이 있다고 말씀하셨다. 도덕적으로 상응하는 결과를 가져올 수 있는 행동의 힘을 두고 바로 업이라고 한 것이다. 우리의 행동은 그 내재된 성질에 따라 결과를 도출하는 잠재력, 즉 업을 만들어낸다. 안팎의 조건들이 맞으면 업은 성숙해서 상응한 결과를 맺는다. 업이 성숙할 때 원래 행동의 도덕적 수준에 따라 우리에게 다시 이익이나 해로움으로 돌아오는 것이다. 그 행동을 했던 그 생에 바로 돌아올 수도 있고, 다음 생에 돌아올 수도 있고, 또는 먼 미래 생에 돌아올 수도 있다. 한 가지 확실한 것은 우리가 윤회를 하는 한 아직 결과를 맺지 않은 저장된 업이 반드시 성숙할 것이라는 사실이다.

부처님은 윤리적 가치를 기준으로 업을 두 가지로 구분하셨다. 선한 업과 불선한 업이 그것이다. 불선한 업은 그 행위자의 수행을 저해하고, 도덕적으로 질책받을 만하며, 내생에 불행하게 태어나게 하고, 괴로운 결과를 가져온다. 어떤 행동이 불선하다고 판단할 수 있는 기준은 내재하는 동기, 즉 그 행동이 촉발된 뿌리를 보는 것이다. 세 가지 불선한 뿌리가 있는데 욕심, 미움, 어리석음이다. 이 세 가지 뿌리에서 화, 적대감, 시기, 이기심, 자만, 우월감, 거만, 게으름 등의 아주 많은 부차적인 번뇌들이 일어난다. 뿌리가 되는 번뇌와 부차적인 번뇌에서 옳지 않은 행동이 나온다.

반면에 선한 업은 행위자의 수행에 도움이 되고, 도덕적으로 칭송받을 만하며, 행복과 좋은 운명을 가져온다. 선한 업의 내재적 동기는 세 가지 선한 뿌리로 욕심 없음, 미움 없음, 어리석지 않음이다. 긍정으로 표현하면 보시, 자애, 지혜를 말한다. 불선한 원인으로 촉발된 행동들은 반드시 끊임없이 생사윤회에 매여 있게 하며 선한 원인으로 촉발된 행동들은 세간과 출세간 둘로 나눌 수 있다. 세간의 선한 행동들은 윤회계에서 행복한 곳에 다시 태어나게 하고 즐거운 결과를 가지고 온다. 출세간의 선한 행동은 여덟 가지 바른 길 등 37가지 깨달음에 이르는 법(삼십칠조도품三十七道品)을 닦아서 형성된 업으로 윤회계에서 해탈하게 하고, 깨달음을 성취하게 한다. 업의 인과를 송두리째 뿌리 뽑는 업이다.

업과 그 과보의 상관관계는 **1-1)네 가지 업**에 개괄적으로 나와 있다. 이 경전에서는 불선한 행동을 '어두운 업'이라고 하고 세간의 선한 행동을 '밝은 업'이라고 지칭한다. 어두우면서 밝은 업도 언급되고 있는데 엄격히 말하자면 불선하고 선한 성격을 동시에 가지는 하나의 행동을 말하는 것이 아니다. 이는 불가능하다. 행동은 선하거나 불선할 뿐이다. 혼합된 업은 불선한 행동과 선한 행동을 시간 차를 두고 하는 것을 말한다. 마지막으로 네 번째 종류의 업은 어둡지도 밝지도 않은 업이다. 여덟 가지 바른 길을 닦는 행동으로 출세간의 선한 업이다.

초기불교에서는 이런 업의 인과 법칙을 이해하고 수긍하는 것이 바른 견해를 구성하는 가장 중요한 요소라고 강조한다. 바른 견해에는 두 가지 측면이 있다. 세속의 삶에 도움이 되는 세간의 바른 견해와 해탈의 길로 가는 출세간의 바른 견해이다. 출세간의 바른 견해는 네 가지 고귀한 진리, 연기, 그리고 무상, 고, 무아의 삼법인을 이해하는 것이다. 초기불교에서 이 출세간의 바른 견해는 세간의 바른 견해를 배제하고 따로 논할 수 없다. 세간의 바른 견해는 업의 인과 법칙이 윤회 과정에서 실현되는 실효성을 확고히 믿는 것이다. 때문에 출세간의 바른 견해의 전제 조건이자 든든한 발판이 된다.

업의 법칙을 수긍한다는 것은 우리가 세상과 관계 맺는 방식이 완전히 변한다는 의미이다. 업과 윤회라는 한 쌍의 교법을 통해 우리가 살아가는 세상은 우리 마음 속 우주가 외부로 투영된 것이라는 것을 알 수 있다. 그렇다고 일부 철학 사상에서 주장하듯이 외부 세계를 오로지 마음의 투영으로만 치부할 수는 없다. 이 두 교법을 연결해서 보면 우리가 살아가는 환경은 우리 마음의 업이 가지는 성향과 밀접한 상관관계가 있다는 것을 알 수 있다.

한 생명이 어떤 특정한 중생계에 태어난 이유는 그곳에 다시 태어나도록 만든 전생의 업, 의도적 행동 때문이다. 따라서 결론적으로 모든 중생계는 중생들의 마음 작용으로 생성되고, 형성되며, 유지된다고 말할 수 있다. 부처님은 이렇게 말씀하셨다. "무명에 덮이고 갈애에 속박된 중생들에게 업은 밭이고, 의식은 씨앗이며, 갈애는 물이 되어 열등하거나 중간이거나 우월한 존재계에 그 의식이 다시 태어나게 한다."

1-2)사후에 운명이 다른 이유에서 불선한 업과 선한 업을 좀더 세부적으로 나누고 있다. 각 업마다 10가지 경우를 나열하고 '바르지 않고 법답지 않은 행동' 그리고 '바르고 법다운 행동'이라고 설명하고 있는데 일반적으로 십선+善과 십악+惡으로 알려져 있다. 이 열 가지 행동은 다시 세 가지 문, 즉 몸, 말, 마음으로 나뉜다. 먼저 열 가

257

지 불선한 업을 살펴보면 몸으로 짓는 세 가지 잘못된 행동은 생명을 죽이거나, 남의 것을 훔치거나, 잘못된 성행위를 하는 것이다. 말로 짓는 네 가지 잘못된 행동은 거짓말, 악의적인 말, 거친 말, 잡담이다. 마음으로 짓는 세 가지 잘못된 행동은 욕심내거나 미워하거나 어리석은 것이다.

열 가지 선한 행동은 이와 반대되는 것들이다. 몸으로 짓는 세 가지 잘못된 행동을 하지 않는 것, 말로 짓는 네 가지 잘못된 행동을 하지 않는 것, 욕심내지 않고, 선의를 가지며, 바른 견해를 믿는 것이다. 이 경전에서는 중생들이 죽어서 나쁜 곳에 다시 태어나는 이유가 바로 이 열 가지 불선한 업 때문이라고 한다. 반대로 열 가지 선한 업을 지으면 죽어서 좋은 곳에 다시 태어나는 원인이 된다. 천상에 다시 태어나는 발판이 될 뿐 아니라 '번뇌를 부수고' 해탈하는 원인이 될 수 있다고 설명하고 있다.

이 경전의 마지막 부분에서는 불교 우주관을 짧게 조망하고 있다. 불교의 우주는 크게 욕계欲界, 색계色界, 무색계無色界 세 곳으로 나뉘고, 다시 세분된다.

인간 세상이 포함되는 욕계는 이곳에 태어나는 중생들이 감각적 욕망에 크게 휘둘리기 때문에 그 이름이 욕계이다. 욕계는 다시 악도惡道와 선도善道로 나뉜다. 악도에는 극심한 고통을 당하는 지옥, 동물로 태어나는 축생, 끝없는 배고픔과 갈증에 시달리는 아귀 세 곳이 있다. 열 가지 불선한 업에 대한 과보로 태어나는 세상이다.

선도에는 인간계와 육욕천六欲天이 있다. 육욕천에는 네 명의 천신이 통솔하는 사천왕천, 게으르지만 신심이 깊은 사꺄가 다스리는 도리천, 야마천, 부처님의 전신인 보살이 마지막으로 태어나기 전에 머물던 도솔천, 자재천, 타화자재천이 있다. 열 가지 선한 업을 원인으로 선도에 다시 태어난다.

색계에는 거친 물질이 존재하지 않는다. 이곳에 사는 천신들은 욕계의 존재들보다 훨씬 뛰어난 행복, 권력, 광채, 활기를 누린다. 색계에는 사선정四禪定의 목적지가 되는 십육천十六天이 있다. 초선初禪을 낮은 단계, 중간 단계, 높은 단계까지 닦은 정도에 따라 대범천왕의 다스림을 받는 천신 무리가 사는 범중천梵衆天, 대범천왕의 신하들이 사는 범보천梵輔天, 대범천왕이 사는 대범천大梵天에 다시 태어난다. 제2선도 닦은 정도를 세 단계로 나누어 소광천少光天(광명이 가장 적기 때문에), 무량광천無量光天(광명이 한량없기 때문에), 광음천光音天(입으로 광명을 내어 말을 대신하기 때문에)에 각각 태어난다.

제3선도 닦은 정도를 세 단계로 나누어 소정천少淨天(즐겁고 청정한 것이 가장 적기 때문에), 무량정천無量淨天(헤아릴 수 없이 즐겁고 청정하여), 변정천遍淨天(즐겁고 청정함이 가득 찼기 때문에)에 태어난다.

제4선은 대개 광과천廣果天의 천신으로 태어나는데 의식을 혐오하는 마음이 생기면 의식이 없는 무상천無想天에 다시 태어나게 된다. 그리고 불환과만이 태어날 수 있는 다섯 정거천淨居天이 있는데, 무번천無煩天, 무열천無熱天, 선현천善現天, 선견천善見天, 색구경천色

259

究竟天이다. 미세한 물질로 이루어진 색계천의 수명은 엄청나게 길고 상위의 천계일수록 더욱더 늘어난다.

마지막으로 물질은 없고 의식만 존재하는 무색계이다. 사무색천四無色天은 무색계 사선정의 목적지이기 때문에 선정의 단계와 그 이름도 같다. 공무변처空無邊處, 식무변처識無邊處, 무소유처無所有處, 비상비비상처非想非非想處이다. 각 수명은 2만, 4만, 6만, 8만 4천 대겁이다.

불교 우주론에서 삼계三界의 중생들은 유한한 힘을 가진 업의 부산물로서 영원하지 않다고 본다. 자신의 업 또는 행동에 부합하는 세상에 태어나서 좋거나 나쁜 결과를 경험한 뒤 업의 힘이 소진되면 죽어서 다른 곳에 다시 태어난다. 아직 남아있는 업이 조건을 만나 성숙하면 다음 태어나는 곳이 결정되는 것이다. 그러므로 지옥에서의 고통과 천상에서의 행복은 얼마나 오랫동안 이어지더라도 결국 끝나기 마련이다. 부처님은 수행력이 아직 여물지 않은 이들에게는 인간 세계나 천상계에 다시 태어나게끔 서원을 세우게 하고 그 서원을 성취할 수 있는 행동을 하도록 가르치셨다. 수행력이 익은 이들에게는 하염없이 떠도는 윤회계를 벗어나 모든 유위법을 초월한 불사의 열반을 이루기 위해 정진하라고 당부하셨다.

앞의 두 경전에서 업과 윤회의 일반적인 관계를 밝히고 나서 **1-3)업과 과보**에서는 다양한 삶 속에서 나타나는 업의 인과를 구체적인 예시로 들었다. "인간들은 자신의 행동의 주인이며, 자신의 행동의 상속자이다. 인간은 자신의 행동을 원인으로 존재하고, 자신의 행동에 묶여 있으며, 자신의 행동을 의지처로 한다. 뛰어나고 열등한 차이는 바로 자신의 행동으로 결정된다."는 유명한 부처님 말씀도 등장한다. 그리고 사람들에게서 관찰되는 서로 반대되는 자질들을 일곱 쌍으로 묶어서 예로 제시하고 있다.

이 경전은 불선한 업이 가져오는 과보를 두 가지로 구분해서 설명하고 있는데 첫 번째는 악도에 태어나는 것이고, 두 번째는 인간으로 태어나되 좋지 않은 환경을 만나는 것이다. 예를 들면 생명을 해친 적이 있는 사람은 자신의 수명도 짧게 태어난다. 선한 업의 과보도 두 가지로 구분했는데 첫 번째는 천상에서 태어나는 것이고 두 번째는 인간으로 태어나되 좋은 환경을 만나는 것이다.

5장 2는 '복덕'을 주제로 하고 있다. 선한 업은 윤회계에서 이로운 결과를 가져올 수 있다. 복덕을 쌓으면 좋은 태생, 재산, 미모, 성공과 같은 세속적인 이익을 얻을 수도 있고 출세간의 이익을 얻을 수 있는 유리한 조건을 만들어서 깨달음의 과위를 얻게 도와주기도 한다. **2-1)복덕을 짓는 행동**에서 부처님은 자신이 수많은 전생에서 복덕을 쌓은 것을 예로 들며 제자들에게도 복덕을 쌓으라고 당부하신다.

니까야에서는 복덕을 보시, 지계, 선정이라는 '복덕을 짓는 세 가지 방법'으로 간단히 정리했다. **2-2)복덕 짓는 세 가지 방법**에서는 복덕을 짓는 방법과 그 결과로 다시 태어나는 내생을 연결시키고 있다. 인도의 종교적 맥락에서 복덕을 짓는다는 것은 복덕을 얻게 도와

261

주고, 영적 힘을 실어주는 신성한 대상에 대한 믿음을 말한다. 불교에서 이 대상은 불, 법, 승 삼보에 해당한다.

2-3)최상의 믿음에서는 삼보三寶를 각각의 영역에서 가장 수승하다고 극찬하고 있다. 부처님은 사람 중에 최상이고, 법은 가르침 중에 최상이며, 승가는 교단 중에 최상이다. 이 경전에서는 흥미롭게도 법보를 두 가지로 구분하고 있다. 모든 유위법 중에서 여덟 가지 바른 길이 최상이며, 모든 유위법과 무위법 중에 열반이 최상이다. 삼보에 신심을 내는 것, 다시 말하면 존경에서 우러나온 믿음과 헌신은 그 자체로 복덕의 원인이 된다. 경전 후반부에 나오는 게송들에서 분명히 밝히고 있듯이 부처님과 승가는 공양을 받는 역할을 한다. 부처님과 승가가 공양을 받아주어야 시주자는 올바른 서원을 성취할 수 있는 복덕을 얻게 된다. 아래에서 복덕의 이런 측면에 대한 자세한 설명을 이어가겠다.

5장 3에서 '복덕을 짓는 세 가지 방법'을 하나씩 자세히 설명하고 있는데 먼저 보시로 시작하고 있다. 부처님은 보시가 수행에서 가장 기본이 되는 덕목이라고 말씀하셨다. 보시를 하면 우리가 타인과 상호작용을 할 때 자아중심적인 시각에서 벗어날 수 있기 때문이다. 초기불교에서 보시는 가난하고 소외된 사람들에게 주는 기부나 자선만을 의미하지는 않았다. 여기에 더해 인도의 사회적 구조를 배경으로 한 다른 의미도 부여되었다.

부처님 당시 인도에는 존재의 깊은 의미를 이해하고 윤회에서 벗어나고자 집과 가족을 버리고 출가한 사람들이 많았다. 이들은 결집력이 강한 인도 사회에서 익숙한 곳을 떠나 유행승의 힘든 삶을 선택한 것이다. 삭발을 하거나 떡진 머리를 하고 갈색이나 흰색 가사를 입거나 또는 발가벗은 채 정해진 곳 없이 이곳 저곳을 유행하다가 우기 세 달 동안은 오두막, 동굴 등 한 곳에 머물렀다. 이런 출가 수행자들을 사문 즉 유행승이라 불렀는데 이들은 직업을 가지지 않고 재가자들에게 보시를 받아 생계를 이어갔다. 재가자들은 가사, 음식, 머물 곳, 약 등 필요한 물품들을 제공했다. 이렇게 보시를 하면 윤회에서 해탈하는 날이 하루 더 가까워질 거라 믿었다.

부처님도 이와 같은 삶의 방식을 선택하셨다. 스승이 되어 가르침을 펴시며 승가를 이끌 때도 똑같은 원칙을 지키게 하셨다. 비구와 비구니는 재가자들이 제공하는 경제적 지원에 의지하는 대신 시주자들에게 훨씬 값진 법보시로 은혜를 갚는다. 행복, 평온, 해탈로 이끌어 주는 고귀한 길, 법을 가르쳐주는 것이다.

3-5)서로 의지함은 이렇게 서로 이익이 되는 원칙을 잘 보여주고 있다. 재가자들의 보시를 받으면서 출가 수행자들은 그들에게 복덕을 쌓을 기회를 준다. 보시의 행위에서 발생하는 복덕의 크기는 받는 사람이 얼마나 보시를 받을 만한가에 따라 비례한다. 보시받는 사람이 부처님이나, 부처님의 족적을 따르는 사람들이라면 그 복덕은 헤아릴 수 없다. 이러한 이유 때문에 부처님의 고귀한 제자를 세상의 위없는 복밭이라고 한다. 승가에 보시하면 큰 가피를 받을 수 있다.

오랫동안 이익과 행복을 얻을 수 있고, 천상에 다시 태어날 수 있다. 그런데 이는 계가 청정한 이에게 해당되지 계가 청정하지 않으면 그렇지 않다고 **6)보시를 원인으로 다시 태어남**에서 다시 밝히고 있다.

이제 두 번째 복덕을 짓는 방법인 지계를 살펴보겠다. 초기불교에서 불자가 되기 위해서는 반드시 계를 받아야 했다. 니까야에 나오는 가장 기본적인 도덕 지침은 오계五戒인데, 생명을 죽이지 않고, 훔치지 않고, 잘못된 성행위를 하지 않고, 거짓말을 하지 않고, 술이나 마약을 하지 않는 것이다. **4-1)오계**에서는 계를 때 묻지 않고, 오래되었으며, 전통을 계승하고, 옛적부터 내려오는 보시라고 말하면서 지계를 슬쩍 보시 안에 포함시키고 있다. 계를 지키는 것이 보시가 될 수 있는 이유는 계를 지키는 사람은 헤아릴 수 없이 많은 존재들에게 두려움, 적대감, 억압에서의 자유를 선물하기 때문이다. 그 업의 과보로 '그 자신도 헤아릴 수 없는 두려움, 적대감, 억압에서의 자유를 누리게 된다.'

부처님은 재가 신도들에게 항상 오계를 지켜야 한다고 가르치셨고, 또 포살에는 더 엄격하게 계를 지킬 것을 권하셨다. 포살은 음력으로 초하루, 보름 그리고 두 번의 반월로 정해진다.(나흘 중에 오늘날에는 보름을 가장 중요하게 여긴다.) 포살에는 신심깊은 불자들이 팔계를 수지하는데 오계 중 잘못된 성생활을 금지하는 세 번째 계를 성생활 자체를 금하는 것으로 바꾸고, 초심자 출가자들의 계율에서 따온 세 가지 계를 추가한 것이다. **4-2)포살에 지켜야 할 여덟 가지**에서 팔계를 세세히 나열하고 있다. 오계를 확장시킨 것으로 자제력, 소박함, 만족을 길러서 세 번째 복덕을 짓는 방법인 선정 수행에 대비해 준비시키고 있다고 볼 수 있다.

명상 수행은 해탈의 길에서 핵심이자 그 자체로 복덕을 쌓는 방법이 된다. 올바른 명상 수행이 곧바로 통찰지로 이어지지 않는다 해도 거친 번뇌를 정화시켜서 마음 속 깊이 잠재된 밝은 빛을 드러나게 한다. **5-1)자애심 기르기**에서는 세속적인 복덕을 쌓는 데 가장 효과가 큰 명상 수행은 자애심을 닦는 것이라고 밝히고 있다. 자애심 수행은 사무량심四無量心 수행의 한 가지이다. 사무량심은 자애심, 연민심, 같이 기뻐함, 평정의 네 가지를 모든 중생들을 위해 한없이 확장시키는 수행법이다. 간단하게 말하자면, 자애는 모든 존재의 안녕과 행복을 바라는 것이고, 자비심은 고통받는 이들을 공감하는 것이고, 같이 기뻐하는 것은 다른 이들의 성공과 행운에 함께 기뻐해 주는 것이고, 평정은 행복과 불행에 균형있게 대응하는 것으로 감정적인 동요를 막아준다.

이 명상을 하면 범천의 세계에 다시 태어난다고 **5-2)사무량심**에서 설명하고 있다. 그런데 범천의 세계는 브라만들에게는 궁극적 목적지가 될 수 있지만 부처님에게는 윤회계 천상 중의 하나일 뿐이다. 이러한 명상 수행 중에 삼매가 일어나면 해탈로 이어지는 통찰지를 기르는 토대가 될 수 있다.

5-3)통찰지의 위대함은 이 장의 마지막 경전으로 공양물의 종류

와 받는 사람의 수행 경지에 따라 복덕이 달라지는 보시에서부터, 삼보에 귀의하고, 오계를 받아서 자애 명상을 닦는 것까지 여러 복덕의 크기를 비교하고 있다. 그리고 마지막에 그중에서 가장 과보가 큰 것은 무상을 관하는 것이라고 밝히고 있다. 다른 장에서 설명하겠지만, 무상을 관하면 세간에서 행복한 과보를 얻을 뿐만 아니라 번뇌를 부수는 통찰지로 이어져 열반이라는 완전한 해탈을 이룰 수 있기 때문에 과보가 큰 것이다.

01   인과의 법칙

1) 네 가지 업

"비구들이여, 나는 네 가지 종류의 업을 최상의 지혜로 꿰뚫어 알아 널리 밝혔으니 이 네 가지는 무엇인가?

"어두운 업은 그 과보도 어둡다. 밝은 업은 그 과보도 밝다. 어둡고 밝은 업은 그 과보도 어둡고 밝다. 어둡지도, 밝지도 않은 업은 그 과 보가 어둡지도, 밝지도 않으며 업의 소멸로 이어진다.

"비구들이여, 어두운 과보를 낳는 어두운 업은 무엇인가? 어떤 이 가 몸, 말, 마음으로 해로운 의도를 일으켰다면 그 때문에 해로운 세 계에 다시 태어난다. 해로운 세계에 태어나면 해로운 접촉을 하게 되 고, 해로운 접촉을 하게 되면 해롭고 끔찍한 고통을 경험하게 된다. 지옥의 중생들이 그 예이다. 이를 어두운 과보를 낳는 어두운 업이라 고 한다.

"비구들이여, 밝은 과보를 낳는 밝은 업은 무엇인가? 어떤 이가 몸, 말, 마음으로 해롭지 않은 의도를 일으켰다면 그 때문에 해롭지

267

않은 세계에 다시 태어난다. 해롭지 않은 세계에 태어나면 해롭지 않은 접촉을 하게 되고, 해롭지 않은 접촉을 하게 되면 해롭지 않은 지극히 즐거운 경험을 하게 된다. 변정천遍淨天에 사는 천신들이 그 예이다. 이를 밝은 과보를 낳는 밝은 업이라고 한다.

"비구들이여, 어둡고 밝은 과보를 낳는 어둡고 밝은 업은 무엇인가? 어떤 이가 몸, 말, 마음으로 해로운 의도를 일으키기도 하고 해롭지 않은 의도를 일으키기도 했다면 그 때문에 해롭기도 하고 해롭지도 않은 세계에 다시 태어난다. 해롭기도 하고 해롭지도 않은 세계에 태어나면 해롭기도 하고 해롭지도 않은 접촉을 하게 되고, 해롭기도 하고 해롭지도 않은 접촉을 하게 되면 해롭기도 하고 해롭지도 않은 느낌 즉, 괴로움과 즐거움을 함께 느끼게 된다. 인간과 일부 천신들, 일부 낮은 세계에 처한 중생들이 그 예이다. 이를 어둡고 밝은 과보를 낳는 어둡고 밝은 업이라고 한다.

"비구들이여, 어둡지도 밝지도 않은 과보를 낳으며 업의 소멸로 이어지는 어둡지도 밝지도 않은 업은 무엇인가? 어두운 과보를 낳는 어두운 업을 버리고, 밝은 과보를 낳는 밝은 업을 버리며, 어둡고도 밝은 과보를 낳는 어둡고도 밝은 업을 버리려는 의도, 이를 어둡지도 밝지도 않은 과보를 낳으며 업의 소멸로 이어지는 어둡지도 밝지도 않은 업이라고 한다.

"비구들이여, 이것이 내가 바로 보고 꿰뚫어 알아 널리 밝힌 네 가지 종류의 업이다."

(AN 4:232)

2) 사후에 운명이 다른 이유

I. 나는 이와 같이 들었다. 한때 세존께서 많은 비구들과 꼬살라 전역을 유행하던 중 살라라는 브라만 마을에 도착하셨다.

2. 마을 사람들 사이에 다음과 같은 소문이 돌았다.

"수행승 고따마는 샤카족 출신으로 집을 떠나 유행하다 이 마을에 닿았다. 항간에서 '고따마 존자는 아라한이고, 완전히 깨달았으며, 지혜와 실천이 원만하고, 잘 가신 분이며, 세간의 지혜를 통달했고, 중생을 잘 다스리며, 천신과 인간의 스승이고, 부처이며 세존이시다. 천신과 마라와 범천이 사는 천상 세계와 수행자와 브라만이 속한 인간 세계를 바로 깨달아 가르침을 펴신다. 시작도 좋고, 중간도 좋고, 끝도 좋은 가르침을 올바른 뜻과 바른 말로 설하신다. 빠짐없이 구족한 청정한 출가 수행자의 삶을 보여주신다.'라고 한다. 이제 깨달은 이를 직접 만나보는 것이 좋겠다."

3. 이윽고 마을 사람들이 세존을 찾아 뵈었다. 어떤 이는 세존께 예경드린 후 한쪽에 앉았고, 어떤 이는 인사말 등 몇 마디 대화를 나눈 뒤 한쪽에 앉았고, 어떤 이들은 공손히 절을 하고 한쪽에 앉았고, 어떤 이들은 아무 말도 하지 않고 한쪽에 앉았다.

4. 모두 자리에 앉은 후 세존께 여쭈었다.

"고따마 존자시여, 무엇이 원인과 조건이 되어 어떤 이들은 죽어서 몸이 흩어지면 비참한 곳, 고통스러운 세계, 삼악도, 지옥에 다시 태어납니까? 무엇이 원인과 조건이 되어 어떤 이들은 죽어서 몸이 흩어지면 행복한 곳, 천상 세계에 태어납니까?"

5. "재가자들이여, 어떤 이들은 바르지 않고 법답지 않게 행동하기 때문에 죽어서 몸이 흩어지면 비참한 곳, 고통스러운 세계, 삼악도, 지옥에 태어난다. 어떤 이들은 올바르고 법답게 행동하기 때문에 죽어서 몸이 흩어지면 행복한 곳, 천상 세계에 태어난다."

6. "고따마 존자께서 자세한 뜻을 설명하지 않으시고 간략히 말씀하셔서 저희가 그 깊은 뜻을 이해하지 못했습니다. 저희가 이해할 수 있도록 존자께서 자세히 법을 가르쳐 주시기를 간청드립니다."

"재가자들이여, 그렇다면 자세히 들으라. 내가 설하겠다."

"네, 세존이시여!" 재가자들이 대답했다.

세존께서 다음과 같이 말씀하셨다.

7. "재가자들이여, 바르지 않고 법답지 않은 행동을 몸으로 세 가지, 말로 네 가지, 마음으로 세 가지 지을 수 있다.

8. "몸으로 짓는 바르지 않고 법답지 않은 행동 세 가지는 무엇인가? 1) 어떤 이는 살아있는 것을 죽인다. 흉악하고, 잔인하며, 걸핏하면 때리고 폭력을 행사하며, 생명을 아끼고 보호하지 않는다. 2) 주지 않은 것을 가진다. 마을이나 숲속에서 사람들의 재산과 재물을 도둑질하여 가진다. 3) 잘못된 성생활을 한다. 어머니, 아버지, 어머니와 아버지, 형제, 자매, 친척들의 보호를 받거나, 남편이 있거나, 법으로 보호하거나, 이미 약혼한 여성들과 성행위를 한다. 이 세 가지가 몸으로 짓는 바르지 않고 법답지 않은 행동이다.

9. "재가자들이여, 말로 짓는 바르지 않고 법답지 않은 행동 네 가

지는 무엇인가? 1)어떤 이는 거짓말을 한다. 법정, 모임, 친척들 앞, 조합, 왕실 등에 증인으로 불려 가서 '여보게, 아는 것을 말하시오.'라고 질문을 받으면 그는 알지 못하면서 '나는 압니다.'라고 말하거나 알면서 '나는 모릅니다.'라고 말하거나 보지 못하면서 '나는 봅니다.'라고 말하거나 보면서 '나는 보지 못합니다.'고 말한다. 자신의 이익을 위하여, 다른 이의 이익을 위하여, 하찮은 세속적 이익을 위하여 진실이 아닌 줄 알면서 거짓말한다. 2)나쁜 의도로 말한다. 여기에서 들은 말을 다른 곳에 옮겨 이 사람과 저 사람을 갈라놓는다. 다른 곳에서 들은 말을 이 사람에게 옮겨 저 사람과 이 사람을 갈라놓는다. 화합하는 이들을 갈라놓고, 분란을 만들며, 분쟁을 좋아하고, 분쟁을 즐기며, 분쟁을 기쁨으로 삼고, 분쟁을 만드는 말만 한다. 3)거친 말을 한다. 다른 이들에게 험한 말, 심한 말, 상처 주는 말, 모욕적인 말을 해서 화를 돋우고 집중하지 못하게 한다. 4)한가한 잡담을 한다. 부적절한 때에 말하고, 사실이 아닌 말을 하며, 쓸모없는 말을 하고, 부처님의 가르침과 수행법에 반대되는 말을 한다. 쓸데없고, 부당하고, 터무니없고, 이익이 없는 말을 부적절한 때에 한다. 이 네 가지가 말로 짓는 바르지 않고 법답지 않은 행동이다.

10. "재가자들이여, 마음으로 짓는 바르지 않고 법답지 않은 행동 세 가지는 무엇인가? 1)어떤 이는 탐욕스럽다. 다른 이들의 재산과 재물을 보고 '아, 저이가 가진 것이 내 것이 되게 하소서!'라고 탐한다. 2)미워하고 나쁜 의도를 품는다. '이들이 모두 목숨을 잃고 죽게 하소서! 잘리고, 멸망하고, 사라지게 하소서!'라고 저주한다. 3)잘못

271

되고 왜곡된 견해를 따른다. '보시한 것도 없고, 공양드린 것도 없으며, 제사 올린 것도 없다. 선하고 악한 행동의 결과도 과보도 없다. 이 세상도 다른 세상도 없다. 어머니, 아버지도 없다. 화생化生도 없다. 바른 지혜로 깨달아 이 세상과 저 세상을 선언한 덕스럽고 고결한 수행자와 브라만도 없다.'라고 믿는다.[41] 이 세 가지가 마음으로 짓는 바르지 않고 법답지 않은 행동이다. 그러니 재가자들이여, 어떤 이들은 바르지 않고 법답지 않게 행동하기 때문에 죽어서 몸이 흩어지면 비참한 곳, 고통스러운 세계, 삼악도, 지옥에 태어난다.

11. "재가자들이여, 올바르고 법다운 행동을 몸으로 세 가지, 말로 네 가지, 마음으로 세 가지 지을 수 있다.

12. "재가자들이여, 몸으로 짓는 올바르고 법다운 행동 세 가지는 무엇인가? 1) 어떤 이는 생명을 죽이지 않고, 생명을 죽이지 않도록 삼간다. 모든 생명에 자비심을 내어 몽둥이와 무기를 내려놓고, 성심껏 너그러이 대한다. 2) 주지 않은 것을 가지지 않고, 주지 않은 것을 가지지 않도록 삼간다. 마을이나 숲속에서 사람들의 재산과 재물을 도둑질하여 가지지 않는다. 3) 잘못된 성행위를 하지 않고, 잘못된 성행위를 하지 않도록 삼간다. 어머니, 아버지, 어머니와 아버지, 형제,

---

41 도덕적 가치를 부정하는 유물론으로 내생과 업의 과보를 인정하지 않는다. '보시한 것이 없다.'는 말은 보시의 공덕을 부정한 것이다. '이 세상도 다른 세상도 없다.'는 것은 이 세상이나 저 세상에 다시 태어나지 않는다는 말이다. '어머니, 아버지도 없다.'는 부모님에 대한 선하고 악한 행동에 아무 과보가 없다는 말이다. 수행자와 브라만에 대한 말은 부처님과 아라한의 존재를 부정한 것이다.

자매, 친척들의 보호를 받거나, 남편이 있거나, 법으로 보호하거나, 이미 약혼한 여성들과 성행위를 하지 않는다. 이 세 가지가 몸으로 짓는 올바르고 법다운 행동이다.

13. "재가자들이여, 말로 짓는 올바르고 법다운 행동 네 가지는 무엇인가? 1) 어떤 이는 거짓말을 하지 않고, 거짓말을 하지 않도록 삼간다. 법정, 모임, 친척들 앞, 조합, 왕실 등에 증인으로 불려 가서 '여보게, 아는 것을 말하시오.'라고 질문을 받으면, 그는 알지 못하면 '나는 모릅니다.'라고 말하고, 알면 '나는 압니다.'라고 말하고, 보지 못하면 '나는 보지 못합니다.'라고 말하고, 보면 '나는 봅니다.'고 말한다. 자신의 이익을 위하여, 다른 이의 이익을 위하여, 또는 하찮은 세속적 이익을 위하여 진실이 아닌 줄 알면서 거짓말을 하지 않는다. 2) 나쁜 의도로 말하지 않고, 나쁜 의도로 말하지 않도록 삼간다. 여기에서 들은 말을 다른 곳에 옮겨 이 사람과 저 사람을 갈라놓지 않는다. 다른 곳에서 들은 말을 이 사람에게 옮겨 저 사람과 이 사람을 갈라놓지 않는다. 분열된 이들을 화합시키고, 친목을 도모하며, 화합을 좋아하고, 화합을 즐기며, 화합을 기쁨으로 삼고, 화합하는 말만 한다. 3) 거친 말을 하지 않고, 거친 말을 하지 않도록 삼간다. 온화한 말, 듣기 좋은 말, 호감이 가는 말, 마음에 닿고, 공손하며, 많은 이들이 원하고 공감하는 말을 한다. 4) 한가한 잡담을 하지 않고, 한가한 잡담을 하지 않도록 삼간다. 적당한 때에 말하고, 사실만을 말하고, 좋은 말을 하고, 부처님의 가르침과 수행법에 대해 말한다. 기록할 가치가 있고, 합당하고, 적절하고, 이익되는 말을 적당한 때에 한

273

다. 이 네 가지가 말로 짓는 올바르고 법다운 행동이다.

14. "재가자들이여, 마음으로 짓는 올바르고 법다운 행동 세 가지는 무엇인가? 1) 어떤 이는 탐욕 부리지 않는다. 다른 이들의 재산과 재물을 보고 '아, 저 이가 가진 것이 내 것이 되게 하소서!'라고 탐하지 않는다. 2) 미워하지 않고 나쁜 의도를 품지 않는다. '이들이 모두 원한과 고통과 걱정이 없기를! 행복하게 살기를!' 하고 축복한다. 3) 바르고 왜곡되지 않은 견해를 따른다. '보시한 것도 있고, 공양드린 것도 있으며, 제사 올린 것도 있다. 선하고 악한 행동의 결과와 과보가 있다. 이 세상과 저 세상이 있다. 어머니, 아버지가 있다. 화생化生이 있다. 바른 지혜로 깨달아 이 세상과 저 세상을 선언한 덕스럽고 고결한 수행자와 브라만이 있다.'라고 믿는다. 이 세 가지가 마음으로 짓는 올바르고 법다운 행동이다. 그러니 재가자들이여, 여기 어떤 이들은 올바르고 법다운 행동을 하기 때문에 죽어서 몸이 흩어지면 행복한 곳, 천상 세계에 태어난다.

15. "재가자들이여, 올바르고 법다운 행동을 한 이가 '내가 죽어 몸이 흩어지면 부유한 귀족 무리에 다시 태어나게 하소서!'라고 서원을 세운다면 죽어서 몸이 흩어진 후 부유한 귀족의 무리 속에 태어날 수도 있다. 왜 그러한가? 올바르고 법다운 행동을 실천했기 때문이다.

16-17. "재가자들이여, 올바르고 법다운 행동을 한 이가 '내가 죽어 몸이 흩어지면 부유한 브라만 무리에 … 부유한 일반 가정에 다시 태어나게 하소서!'라고 서원을 세운다면 죽어서 몸이 흩어진 후 부유한 일반 가정에 태어날 수도 있다. 왜 그러한가? 올바르고 법다운 행동

을 실천했기 때문이다.

18-42. "재가자들이여, 올바르고 법다운 행동을 한 이가 '내가 죽어 몸이 흩어진 후 사천왕천의 신들의 무리에 다시 태어나게 하소서! 도리천에 … 야마천에 … 도솔천의 … 화락천의 … 타화자재천의 … 범신천의 … 이선천二禪天의 … 소광천의 … 무량광천의 … 광음천의 … 삼선천三禪天의 … 소정천의 … 무량정천의 … 변정천의 … 사선천四禪天의 … 무번천의 … 무열천의 … 선현천의 … 선견천의 … 색구경천의 … 공무변처의 … 식무변처의 … 무소유처의 … 비상비비상처의 신들의 무리에 다시 태어나게 하소서!'라고 서원을 세운다면 죽어서 몸이 흩어진 후 비상비비상처의 신들의 무리에 다시 태어날 수 있다. 왜 그러한가? 올바르고 법다운 행동을 실천했기 때문이다.

43. "재가자들이여, 올바르고 법다운 행동을 한 이가 '내가 최상의 지혜로 바로 깨달아 번뇌가 다한 때 없는 마음의 해탈, 지혜의 해탈에 들어가 머물게 하소서!'라고 서원을 세운다면 최상의 지혜로 바로 깨달아 번뇌가 다한 때 없는 마음의 해탈, 지혜의 해탈에 들어가 머무는 것이 가능하다. 왜 그러한가? 올바르고 법다운 행동을 실천했기 때문이다."[42]

---

42 '법다운 행동'은 천신으로 다시 태어나기 위한 필요 조건일 뿐 번뇌의 소멸을 위한 충분 조건이 될 수 없다. 범보천으로 시작하는 색계의 천상에서 다시 태어나기 위해서는 사선정에 들어야 하고, 정거천에 다시 태어나려면 불환과를 얻어야 하며, 무색계천에서 다시 태어나려면 사무색정에 들어야 한다. 번뇌가 소멸되기 위해서는 팔정도에서 아라한과까지 완벽히 닦아야 한다.

44. 세존의 말씀이 끝나자 살라의 브라만 장자들이 세존께 말씀드렸다.

"경이롭습니다, 고따마 존자시여! 경이롭습니다, 고따마 존자시여! 세존께서는 뒤집힌 것을 바로 세우시듯, 숨겨놓은 것을 꺼내 보이시듯, 길을 잃은 이에게 길을 안내하시듯, 눈 좋은 이들이 잘 볼 수 있도록 어둠 속에서 불을 밝히시듯 법을 분명하게 설하셨습니다. 저희는 고따마 존자와 가르침과 승가에 귀의합니다. 저희들을 재가신자로 받아 주시면 오늘부터 삶이 다하는 날까지 귀의하겠습니다."

(MN 41)

3) 업과 과보

1. 나는 이와 같이 들었다. 한때 세존께서 사왓티에서 아나타삔디까 장자가 기증한 기원정사에 머물고 계셨다.

2. 그때 예비 사제였던 수바라는 이름의 또데야의 아들이 세존을 찾아 뵙고 인사를 드렸다. 수바는 세존과 공손하고 정다운 대화를 나눈 뒤 한쪽에 앉아 세존께 여쭈었다.

3. "고따마 존자시여, 어째서 사람들 가운데 어떤 이는 뛰어나고 어떤 이는 열등합니까? 수명이 짧은 이도 있고 수명이 긴 이도 있으며, 병약한 이도 있고 건강한 이도 있으며, 추하게 생긴 이도 있고 잘생긴 이도 있으며, 권위가 있는 이도 있고 권위가 없는 이도 있으며, 가난한 이도 있고 부유한 이도 있으며, 귀하게 태어난 이도 있고 천하

게 태어난 이도 있으며, 어리석은 이도 있고 지혜로운 이도 있습니까? 고따마 존자시여, 어째서 사람들 가운데 어떤 이는 뛰어나고 어떤 이는 열등합니까?"

4. "예비 사제여, 인간들은 자신의 행동의 주인이며, 자신의 행동의 상속자이다. 인간은 자신의 행동을 원인으로 존재하고, 자신의 행동에 묶여 있으며, 자신의 행동을 의지처로 한다. 뛰어나고 열등한 차이는 바로 자신의 행동으로 결정된다."

"고따마 존자께서 자세한 뜻을 설명하지 않으시고 짧게 말씀하셔서 그 깊은 뜻을 이해할 수 없습니다. 제가 이해할 수 있도록 존자께서 자세히 법을 가르쳐 주시기를 간청드립니다."

"예비 사제여, 그렇다면 자세히 들으라. 내가 설하겠다."

"알겠습니다, 세존이시여." 수바가 대답했다.

세존께서 다음과 같이 말씀하셨다.

5. "예비 사제여, 어떤 남자나 여자는 흉악하고, 잔인하며, 걸핏하면 때리고 폭력을 행사하며, 생명을 아끼고 보호하지 않는다. 이러한 행동 때문에 죽어서 몸이 흩어지면 그들은 비참한 곳, 고통스러운 세계, 삼악도, 지옥에 태어난다. 혹여 죽어서 몸이 흩어진 후 다행히 비참한 곳, 고통스러운 세계, 삼악도, 지옥에 떨어지지 않고 다시 인간의 몸을 받는다면 어디에 태어나든지 수명이 짧다. 예비 사제여, 수명이 짧은 것은 이러한 이유 때문이니, 생명을 죽이고, 흉악하며, 잔인하고, 걸핏하면 때리고, 폭력을 행사하며, 생명을 아끼고 보호하지 않기 때문이다.

6. "예비 사제여, 어떤 남자나 여자는 생명을 죽이지 않고, 생명을 죽이지 않도록 삼간다. 모든 생명에 자비심을 내어 몽둥이와 무기를 내려놓고, 성심껏 너그러이 대한다. 이러한 행동 때문에 죽어서 몸이 흩어지면 그들은 행복한 곳, 천상에 태어난다. 혹여 죽어서 몸이 흩어진 후 행복한 곳, 천상에 태어나지 않고 다시 인간의 몸을 받는다면 어디에 태어나든지 수명이 길다. 예비 사제여, 수명이 긴 것은 이러한 이유 때문이니, 생명을 죽이지 않고, 생명을 죽이지 않도록 삼가기 때문이다. 모든 생명에 자비심을 내어 몽둥이와 무기를 내려놓고, 성심껏 너그러이 대하기 때문이다.

7. "예비 사제여, 어떤 남자나 여자는 걸핏하면 손으로, 흙뭉치로, 막대기로, 칼로 다른 생명에 상처를 입힌다. 이러한 행동 때문에 죽어서 몸이 흩어지면 그들은 비참한 곳에 … 태어난다. 혹여 다행히 다시 인간의 몸을 받으면 어디에 태어나든지 몸이 병약하다. 예비 사제여, 병약한 몸을 얻는 것은 이러한 이유 때문이니 걸핏하면 손으로, 흙덩이로, 막대기로, 칼로 다른 생명에 상처를 입혔기 때문이다.

8. "예비 사제여, 어떤 남자나 여자는 손으로, 흙덩이로, 막대기로, 칼로 다른 생명에 상처를 입히지 않는다. 이러한 행동 때문에 죽어서 몸이 흩어지면 그들은 행복한 곳에 … 태어난다. 혹여 다시 인간의 몸을 받으면 어디에 태어나든지 몸이 건강하다. 예비 사제여, 건강한 몸을 얻는 것은 이러한 이유 때문이니 손으로, 흙덩이로, 막대기로, 칼로 다른 생명에 상처를 입히지 않기 때문이다.

9. "예비 사제여, 어떤 남자나 여자는 화를 잘 내고 신경질적이라

조금만 비난받아도 기분이 상해서 화내고, 적대시하고, 원망하고, 분노, 미움, 억울함을 표출한다. 이러한 행동 때문에 ⋯ 비참한 곳에 ⋯ 다시 태어난다. 혹여 다행히 다시 인간의 몸을 받으면 어디에 태어나든지 외모가 추하다. 예비 사제여, 외모가 추한 것은 이러한 이유 때문이니 화를 잘 내고 신경질적이라 ⋯ 분노, 미움, 억울함을 표출하기 때문이다.

10. "예비 사제여, 어떤 남자나 여자는 화를 내지 않고 신경질적이지 않아서 비난받더라도 기분이 상하거나, 화를 내거나, 적대시하거나, 원망하지 않고, 분노, 미움, 억울함을 표출하지 않는다. 이러한 행동 때문에 ⋯ 행복한 곳에 ⋯ 다시 태어난다. 혹여 다시 인간의 몸을 받으면 어디에 태어나든지 외모가 아름답다. 예비 사제여, 외모가 아름다운 것은 이러한 이유 때문이니 화를 내지 않고 신경질적이지 않아서 ⋯ 분노, 미움, 억울함을 표출하지 않기 때문이다.

11. "예비 사제여, 어떤 남자나 여자는 시기 질투가 많아서 다른 사람들이 얻은 이익이나, 명예, 존경, 공경, 인사 등을 샘내고, 미워하고, 못마땅해한다. 이러한 행동 때문에 ⋯ 비참한 곳에 ⋯ 다시 태어난다. 혹여 다행히 다시 인간의 몸을 받으면 어디에 태어나든지 권위가 없다. 예비 사제여, 권위가 없는 것은 이러한 이유 때문이니, 다른 사람들이 얻은 이익이나, 명예, 존경, 공경, 인사 등을 ⋯ 못마땅해 하기 때문이다.

12. "예비 사제여, 어떤 남자나 여자는 시기 질투하지 않고, 다른 사람들이 얻은 이익이나, 명예, 존경, 공경, 인사 등을 샘내지 않고, 미워

279

하지 않고, 못마땅해하지 않는다. 이러한 행동 때문에 … 행복한 곳에 … 다시 태어난다. 혹여 다시 인간의 몸을 받으면 어디에 태어나든지 권위가 있다. 예비 사제여, 권위가 있는 것은 이러한 이유 때문이니, 다른 사람들이 얻은 이익이나, 명예, 존경, 공경, 인사 등을 샘내지 않기 … 때문이다.

13. "예비 사제여, 어떤 남자나 여자는 수행자나 브라만에게 음식, 음료, 옷, 마차, 꽃목걸이, 향, 연고, 침구, 숙소, 등불 등을 보시하지 않는다. 이러한 행동 때문에 … 비참한 곳에 … 다시 태어난다. 혹여 다행히 다시 인간의 몸을 받으면 어디에 태어나든지 가난하다. 예비 사제여, 가난하게 태어나는 것은 이러한 이유 때문이니, 수행자나 브라만에게 음식과 … 등불을 보시하지 않기 때문이다.

14. "예비 사제여, 어떤 남자나 여자는 수행자나 브라만에게 음식 … 등불을 보시한다. 이러한 행동 때문에 … 행복한 곳에 … 다시 태어난다. 혹여 다시 인간의 몸을 받으면 어디에 태어나든지 부유하다. 예비 사제여, 부유하게 태어나는 것은 이러한 이유 때문이니, 수행자나 브라만에게 음식과 … 등불을 보시하기 때문이다.

15. "예비 사제여, 어떤 남자나 여자는 고집이 세고 오만하여 예경받아 마땅한 분에게 예경하지 않고, 일어나 맞이해야 할 분에게 일어나 맞이하지 않고, 자리를 양보해야 할 분에게 자리를 양보하지 않고, 길을 비켜드려야 할 분에게 길을 비키지 않고, 높이고, 존경하고, 공경하고, 추앙해야 할 분을 높이지도, 존경하지도, 공경하지도, 추앙하지도 않는다. 이러한 행동 때문에 … 비참한 곳에 … 다시 태어

난다. 혹여 다행히 다시 인간의 몸을 받으면 어디에 태어나든지 천하다. 예비 사제여, 천하게 태어나는 것은 이러한 이유 때문이니, 고집이 세고 오만하여 … 높이고, 존경하고, 공경하고, 추앙해야 할 분을 높이지도, 존경하지도, 공경하지도, 추앙하지도 않기 때문이다.

16. "예비 사제여, 어떤 남자나 여자는 고집이 세거나 오만하지 않아서 예경받아 마땅한 분에게 예경하고, 일어나 맞이해야 할 분에게 일어나 맞이하고, 자리를 양보해야 할 분에게 자리를 양보하고, 길을 비켜드려야 할 분에게 길을 비켜 드리고, 높이고, 존경하고, 공경하고, 추앙해야 할 분을 높이고, 존경하고, 공경하고, 추앙한다. 이러한 행동 때문에 … 행복한 곳에 … 다시 태어난다. 혹여 다시 인간의 몸을 받으면 어디에 태어나든지 귀하게 태어난다. 예비 사제여, 귀하게 태어나는 것은 이러한 이유 때문이니, 고집이 세지 않고 오만하지 않아서 높이고, 존경하고, 공경하고, 추앙해야 할 분을 높이고, 존경하고, 공경하고, 추앙하기 때문이다.

17. "예비 사제여, 어떤 남자나 여자는 수행자나 브라만을 찾아뵙고 다음과 같은 질문을 하지 않는다. '존자여, 무엇이 선합니까? 무엇이 불선합니까? 비난받을 일은 무엇입니까? 비난받지 않을 일은 무엇입니까? 무엇을 닦아야 합니까? 닦지 않아야 할 것은 무엇입니까? 어떤 행동들이 오랫동안 해로움과 괴로움을 가지고 옵니까? 어떤 행동들이 오랫동안 평안과 행복을 가지고 옵니까?'라고 묻지 않는다. 이러한 행동 때문에 … 비참한 곳에 … 다시 태어난다. 혹여 다행히 다시 인간의 몸을 받으면 어디에 태어나든지 어리석다. 예비 사제여,

281

어리석게 태어나는 것은 이러한 이유 때문이니, 수행자나 브라만을 찾아뵙고 이런 질문을 하지 않기 때문이다.

18. "예비 사제여, 어떤 남자나 여자는 수행자나 브라만을 찾아뵙고 다음과 같은 질문을 한다. '존자여, 무엇이 선합니까? … 어떤 행동들이 오랫동안 평안과 행복을 가지고 옵니까?'라고 묻는다. 이러한 행동 때문에 … 행복한 곳에 … 다시 태어난다. 혹여 다시 인간의 몸을 받으면 어디에 태어나든지 지혜롭게 태어난다. 예비 사제여, 지혜롭게 태어나는 것은 이러한 이유 때문이니, 수행자나 브라만을 찾아뵙고 이런 질문을 하기 때문이다.

19. "예비 사제여, 수명을 짧게 하는 행동 때문에 수명이 짧고, 수명을 길게 하는 행동 때문에 수명이 길다. 몸을 병약하게 하는 행동 때문에 몸이 병약하고, 몸을 건강하게 하는 행동 때문에 몸이 건강하다. 외모를 추하게 하는 행동 때문에 외모가 추하고, 외모를 아름답게 하는 행동 때문에 외모가 아름답다. 권위를 떨어뜨리는 행동 때문에 권위가 떨어지고, 권위를 세우는 행동 때문에 권위가 선다. 가난해지는 행동 때문에 가난하고, 부유해지는 행동 때문에 부유하다. 천하게 태어나게 하는 행동 때문에 천하게 태어나고, 귀하게 태어나게 하는 행동 때문에 귀하게 태어난다. 어리석은 행동 때문에 어리석고, 지혜로운 행동 때문에 지혜롭다.

20. "인간들은 자신의 행동의 주인이며, 자신의 행동의 상속자이다. 인간은 자신의 행동을 원인으로 존재하고, 자신의 행동에 묶여 있으며, 자신의 행동을 의지처로 한다. 뛰어나고 열등한 차이는 바로

자신의 행동으로 결정된다."

21. 말씀이 끝나자 또데야의 아들 수바가 세존을 칭송했다.

"경이롭습니다, 고따마 존자시여! 경이롭습니다, 고따마 존자시여! … 고따마 존자께서 저를 재가신자로 받아 주시면 오늘부터 목숨이 다하는 날까지 귀의하겠습니다."

(MN 135)

02 복덕
행복한 삶의 지름길

1) 복덕을 짓는 행동

"비구들이여, 복덕 짓는 일을 두려워하지 마라. 복덕이란 행복, 바람
직한 것, 원하는 것, 소중한 것, 흡족한 것의 다른 표현이다. 비구들이
여, 내가 바람직하고, 원하고, 소중하고, 흡족한 과보를 오랫동안 누
릴 수 있었던 것은 자주 복덕을 지었기 때문이다.

"나는 7년 동안 자애심을 닦은 후 일곱 번의 성주괴공의 대겁이 지
나가도록 이 세상에 돌아오지 않았다. 우주가 무너지는 수축기에는
빛의 세계에 머물러 있었고, 우주가 생성되는 팽창기에는 텅 빈 천상
세계에 다시 태어났다. 나는 정복할 수 없는 승리자, 전지전능한 신,
범천, 대범천이 되기도 하고, 천신들의 제왕인 사꺄가 되어 서른여섯
생을 보내기도 하였으며, 올바르고 정의로운 왕, 지구의 모든 대륙을
정복한 자, 영토를 굳건히 지배한 이, 칠보를 소유한 전륜성왕으로
수백 생을 살기도 하였는데 한 지역을 다스리는 왕을 말해 무엇하겠
느냐.

"비구들이여, 그런 가운데 나에게 이런 의문이 들었다. '나의 어떤 행동이 이러한 과보로 이어졌는가? 나의 어떤 행동들이 과보로 익어서 지금과 같은 위대한 성취와 권력을 얻게 된 것인가?' 그러자 나에게 이런 생각이 들었다. '이는 나의 세 가지 행동의 결과이다. 내가 이와 같이 위대한 성취와 권력을 얻게 된 것은 보시, 지계, 인욕이라는 세 가지 선행의 과보가 익었기 때문이다.'"

(It 22)

2) 복덕 짓는 세 가지 방법

"비구들이여, 복을 짓는 세 가지 방법이 있다. 이 세 가지는 무엇인가? 보시, 지계, 선정이다.

"어떤 이들은 어느 정도만 보시하고, 어느 정도만 지계를 실천할 뿐, 선정은 닦지 않는다. 이런 사람들은 죽어서 몸이 흩어지면 인간으로 다시 태어나되 좋지 못한 환경을 만난다.

"또 어떤 이들은 많은 보시를 하고, 철저히 지계를 실천하지만, 선정은 닦지 않는다. 이런 사람들은 죽어서 몸이 흩어지면 인간으로 태어나서 좋은 환경을 누린다.

"이들은 사천왕천의 신들의 무리에 다시 태어날 수도 있다. 그 중에서도 사천왕천의 주인인 사천왕들은 매우 높은 수준의 보시와 지계를 실천했기 때문에 수명, 외모, 행복, 명예, 신통력, 시력, 청력, 후각, 미각, 촉각의 열 가지 면에서 휘하의 천신들을 능가한다.

"또는 도리천의 천신들의 무리에 다시 태어날 수도 있다. 그 중에서도 도리천의 주인인 사꺄는 매우 높은 수준의 보시와 지계를 실천하였기 때문에 수명, 외모, 행복, 명예, 신통력, 시력, 청력, 후각, 미각, 촉각의 열 가지 면에서 휘하의 천신들을 능가한다.

[야마천, 도솔천, 화락자재천, 타화자재천에서 다시 태어나 각 천계의 주인이 되는 비슷한 내용이 반복된다.]

"비구들이여, 이것이 복을 짓는 세 가지 방법이다."

(AN 8:36)

3) 최상의 믿음

"비구들이여, 최상의 믿음에는 네 가지가 있다. 이 네 가지는 무엇인가?

"다리가 없거나, 두 개거나, 네 개거나, 아주 많거나, 몸이 있거나, 없거나, 지각이 있거나, 없거나, 지각이 있지도 없지도 않거나 존재하는 모든 중생들 가운데 여래·아라한·완전히 깨달은 이가 최상이다. 따라서 부처님을 믿는 것은 최상의 믿음을 내는 것이고, 최상의 믿음을 낼 때 그 과보도 최상이 된다.

"조건지어진 것(有爲法)들 중 여덟 가지 바른 길이 최상이다. 여덟 가지 바른 길을 믿는 것은 최상의 믿음을 내는 것이고, 최상의 믿음을 낼 때 그 과보도 최상이 된다.

"조건지어진 것과 조건지어지지 않은 것(無爲法) 중에 욕망이 사그라드는 것이 최상이니, 자만을 깨고, 갈증을 없애며, 집착을 뿌리 뽑고, 윤회를 멈추며, 갈애를 처부수고, 욕망이 사그라들며, 고통이 소멸하고, 열반으로 이어지기 때문이다. 부처님의 가르침을 믿는 것은 최상의 믿음을 내는 것이고, 최상의 믿음을 낼 때 그 과보도 최상이 된다.

"어떤 집단과 교단 중에서도 여래의 제자들이 모인 승가가 최상이다. 이 네 쌍으로 짝지어진 여덟 부류의 성인들은 부처님의 제자로서 보시받을 만하고, 환대받을 만하며, 공양받을 만하고, 예경받을 만하며, 세상에 최상의 복전이 되어준다. 승가를 믿는 것은 최상의 믿음을 내는 것이고, 최상의 믿음을 낼 때 그 과보도 최상이 된다."

최상의 믿음을 낸 이들,
최상의 가르침을 이해한 이들,
공양받아 마땅한 위없는
부처님을 믿는 이들,

욕망이 사그라들고 지극한 평온으로 이끄는
부처님의 법을 믿는 이들,
위없는 복전이 되는
승가를 믿는 이들,

최상에 보시하는 이들에게

최상의 복이 증장하네.

최상의 수명, 외모, 명예

좋은 평판, 행복, 기력이 따르네.

천신이나 인간으로 태어나

최상의 믿음을 낸 현명한 이들은

최상의 가르침을 닦아

최상의 과보를 누리네.

(AN 4:34)

03 보시

1) 사람들이 보시의 공덕을 안다면

"비구들이여, 만약 사람들이 내가 아는 것처럼 보시와 베품의 공덕
을 안다면 나누지 않고 혼자 먹거나 인색함에 사로잡혀 인색함이 마
음에 뿌리 내리게 두지 않을 것이다. 마지막 한 조각, 마지막 한 입이
라도 같이 나눌 사람이 있다면 나누지 않고 혼자 먹는 일이 없을 것이
다. 비구들이여, 하지만 사람들이 내가 아는 것처럼 보시와 베품의
공덕을 알지 못하기 때문에 나누지 않고 혼자 먹고, 인색함에 사로잡
혀 인색함이 마음에 뿌리 내리게 두는 것이다."

(It 26)

2) 보시하는 이유

"비구들이여, 보시하는 이유에는 여덟 가지가 있다. 이 여덟 가지는
무엇인가? 사람들은 사랑해서, 미워해서, 어리석어서, 두려워서 보시

한다. 또는 '아버지, 할아버지, 그 이전부터 이러한 보시를 해왔으니 대대로 이어 온 전통을 내가 끊는 것은 옳지 않다.'는 생각에서 보시한다. '이것을 보시하면 죽어서 좋은 곳, 천상에서 태어나겠지.'라고 생각해서 보시한다. '이것을 보시하면 마음이 기쁘고 행복과 환희심이 일어날 거야.'라고 기대해서 보시한다. 또는 마음을 고귀하고 아름답게 하기 위해 보시하기도 한다."

(AN 8:33)

3) 음식 공양

한때 세존께서 삿자넬라라는 마을에 콜리아인들과 함께 머무셨다. 어느 날 아침 세존께서는 옷을 입으시고 가사와 발우를 챙겨서 숩빠와싸의 집을 방문하셨다. 세존께서 준비된 자리에 앉으시자 숩빠와싸가 준비한 산해진미를 직접 공양 올렸다. 세존께서 공양을 마치시고 발우에서 손을 거두시자 숩빠와싸가 한쪽에 앉았다. 세존께서 다음과 같이 말씀하셨다.

"숩빠와사여, 고귀한 제자여, 음식을 공양하는 것은 공양받는 사람에게 네 가지를 보시하는 것이다. 이 네 가지는 무엇인가? 긴 수명, 아름다움, 행복, 기력이다. 긴 수명을 보시하기 때문에 스스로 인간이나 천신으로 장수할 것이다. 아름다움을 보시하기 때문에 스스로 인간이나 천신으로 아름다움을 누릴 것이다. 행복을 보시하기 때문에 스스로 인간이나 천신으로 행복을 누릴 것이다. 기력을 보시하기 때

문에 스스로 인간이나 천신으로 충만한 기력을 누릴 것이다. 고귀한
제자여, 음식을 공양하는 것은 공양받는 사람에게 이 네 가지를 보시
하는 것이다."

(AN 4:57)

4) 뛰어난 이의 보시

"비구들이여, 뛰어난 이가 행하는 다섯 가지 보시가 있다. 이 다섯 가
지는 무엇인가?

"믿음으로 보시하고, 공손하게 보시하고, 적절한 시간에 보시하
고, 아낌없는 마음으로 보시하고, 자신과 상대에게 해가 되지 않게
보시한다.

"믿음으로 보시하기 때문에 그 과보가 익으면 부유해지고, 풍요로
워지고, 윤택해진다. 인물이 좋아지고, 훤해지고, 준수해지고, 낯빛이
빼어나게 아름다워진다.

"공손하게 보시하기 때문에 그 과보가 익으면 부유해지고, 풍요로
워지고, 윤택해진다. 자녀, 부인, 하인, 전령, 일꾼들이 모두 순종하고,
그의 말에 귀를 기울이며, 마음을 다해 뜻을 따르려고 한다.

"적절한 시간에 보시하기 때문에 그 과보가 익으면 부유해지고,
풍요로워지고, 윤택해진다. 적당한 때에 넉넉한 이로움을 얻는다.

"아낌없는 마음으로 보시하기 때문에 그 과보가 익으면 부유해지
고, 풍요로워지고, 윤택해진다. 다섯 가지 감각적 쾌락의 대상 중에서

291

도 최상의 것을 선별하여 누릴 줄 알게 된다.

　"자신과 상대에게 해가 되지 않게 보시하기 때문에 그 과보가 익으면 부유해지고, 풍요로워지고, 윤택해진다. 화재, 홍수, 왕, 도둑, 먼 친척들이 사방 어디에서도 재산에 손해 끼치지 못한다.

　"비구들이여, 이것이 뛰어난 이들이 행하는 다섯 가지 보시이다."

(AN 5:148)

5) 서로 의지함

"비구들이여, 브라만과 재가자들은 그대들에게 많은 도움을 준다. 그들은 옷과 음식, 머물 곳, 아플 때를 대비해 약품 등 필요한 것을 보시한다. 비구들도 브라만과 재가자들에게 많은 도움을 준다. 그들에게 처음도 좋고, 중간도 좋고, 끝도 좋은 가르침을 바른 뜻과 옳은 말로 가르치고 허물없는 청정한 수행 생활을 알려 준다. 비구들이여, 그러므로 폭류를 건너 고통을 완전히 끝내기 위해 이처럼 서로 도우며 수행 생활을 해야 한다."

(It 107)

6) 보시를 원인으로 다시 태어남

"비구들이여, 보시를 행하면 여덟 가지로 다시 태어난다. 이 여덟 가지는 무엇인가?

"비구들이여, 어떤 이는 수행자나 브라만에게 먹을 것, 마실 것, 옷, 탈 것, 꽃목걸이, 향, 연고, 침구, 숙소, 등불 등을 공양 올리며 좋은 과보가 있기를 바란다. 그는 부유한 귀족이나, 브라만, 장자들이 다섯 가지 감각적 쾌락의 대상을 풍족하게 누리는 것을 보고 이렇게 마음을 품는다. '오, 이 몸이 죽어 없어지면 나도 저들처럼 태어나기를!' 그리고 거기에 마음을 쏟아 더욱 견고히 하고 발전시켜 나간다. 이와 같이 저열한 것을 목표로 할 뿐 좀더 고매한 서원을 세우지 않는다면 그는 바라는 대로 태어날 것이다. 몸이 죽어 없어지면 부유한 귀족, 브라만, 장자로 다시 태어날 것이다. 하지만 이는 계를 잘 지킨 사람에게만 해당하지 계를 지키지 않은 사람에게 그런 일은 없다. 비구들이여, 계가 청정한 이가 마음에 품은 바램이 성취되는 이유는 그 사람의 계가 청정하기 때문이다.

"비구들이여, 또 어떤 이가 수행자나 브라만에게 먹을 것, 마실 것, 옷, 탈 것, 꽃목걸이, 향, 연고, 침구, 숙소, 등불 등을 공양 올리며 좋은 과보가 있기를 바란다. 그는 사천왕천, 도리천, 야마천, 도솔천, 화락천, 타화자채천의 신들이 긴 수명, 아름다움, 지극한 행복을 누린다는 이야기를 듣고는 그들처럼 다시 태어나기를 바란다. 그리고 거기에 마음을 쏟아 더욱 견고히 하고 발전시켜 나간다. 이와 같이 저열한 것을 목표로 할 뿐 좀더 고매한 서원을 세우지 않는다면 그는 바라는 대로 태어날 것이다. 몸이 죽어 없어지면 그는 사천왕천 … 타화자재천의 신으로 다시 태어날 것이다. 이는 계를 잘 지킨 사람에게만 해당하지 계를 지키지 않은 사람에게 그런 일은 없다. 비구들이여, 계가 청정한 이가 마음에 품은 바램이 성취되는 이유는 그 사람의 계가 청정하기 때문이다.

"비구들이여, 또 다른 이가 수행자나 브라만에게 먹을 것 … 등불 등을 공양 올리며 좋은 과보가 있기를 바란다. 그는 범신천의 신들이 긴 수명, 아름다움, 지극한 행복을 누린다는 이야기를 듣고는 그들처럼 다시 태어나기를 바란다. 그리고 거기에 마음을 쏟아 더욱 견고히 하고 발전시켜 나간다. 이와 같이 저열한 것을 목표로 할 뿐 좀더 고매한 서원을 세우지 않는다면 그는 바라는 대로 태어날 것이다. 몸이 죽어 없어지면 범신천의 신으로 다시 태어날 것이다. 이는 계를 잘 지킨 사람에게만 해당하지 계를 지키지 않은 사람에게 그런 일은 없다. 탐욕이 소멸한 이들에게만 해당하지 탐욕이 있는 이들에게 그런 일은 없다. 비구들이여, 계가 청정한 이가 마음에 품은 바램이 성취되는 이유는 탐욕이 없기 때문이다.

"비구들이여, 이것이 보시를 행하면 태어나는 여덟 가지이다."

(AN 8:35)

04 계

1) 오계五戒

"비구들이여, 복덕이 되고, 유익하며, 행복의 영양분이 되는 여덟 가지가 있다. 이 여덟 가지는 성스럽고, 행복을 가져오며, 천상에 다시 태어나게 한다. 바라는 것, 좋아하는 것, 이익이 되는 것을 성취하게 하며 편안하고 행복한 삶을 가져온다. 이 여덟 가지는 무엇인가?

"비구들이여, 고귀한 제자는 부처님께 귀의한다. 이것이 복덕이 되고 유익하며 행복의 영양분이 되는 여덟 가지 중 첫 번째이다. 이는 성스럽고, 행복을 가져오며, 천상에 다시 태어나게 한다. 바라는 것, 좋아하는 것, 이익이 되는 것을 성취하게 해주며 편안하고 행복한 삶을 가져온다.

"비구들이여, 고귀한 제자는 가르침에 귀의한다. 이것이 복덕이 되고 유익하며 행복의 영양분이 되는 여덟 가지 중 두 번째이다. … 바라는 것, 좋아하는 것, 이익이 되는 것을 성취하게 하며 편안하고 행복한 삶을 가져온다.

295

"비구들이여, 고귀한 제자는 승가에 귀의한다. 이것이 복덕이 되고 유익하며 행복의 영양분이 되는 여덟 가지 중 세 번째이다. … 바라는 것, 좋아하는 것, 이익이 되는 것을 성취하게 하며 편안하고 행복한 삶을 가져온다.

"비구들이여, 그리고 때 묻지 않고, 오래되었으며, 전통을 계승하고, 옛적부터 내려오는 다섯 가지 보시가 있다. 다른 것과 섞이지 않았고, 섞인 적이 없으며, 섞이고 있지도 않고, 앞으로도 섞이지 않을 것이다. 현명한 수행자와 브라만들이 싫어하지 않는 이 다섯 가지 보시는 무엇인가?

"비구들이여, 고귀한 제자는 생명을 죽이지 않고, 죽이지 않도록 삼간다. 고귀한 제자는 생명을 죽이지 않으므로 헤아릴 수 없는 존재들을 두려움, 적의, 억압에서 자유롭게 한다. 헤아릴 수 없는 존재들이 두려움, 적의, 억압에서 자유롭기 때문에 그 자신도 두려움, 적의, 억압에서 헤아릴 수 없는 자유를 누린다. 이것이 다섯 가지 보시 중 첫 번째이자 여덟 가지 복덕 중 네 번째이다.

"비구들이여, 고귀한 제자는 주지 않은 것을 가지지 않고, 주지 않은 것을 가지지 않도록 삼간다. 고귀한 제자는 주지 않은 것을 가지지 않으므로 헤아릴 수 없는 존재들을 두려움, … 자유롭게 한다. 이것이 다섯 가지 보시 중 두 번째이자 여덟 가지 복덕 중 다섯 번째이다.

"비구들이여, 고귀한 제자는 잘못된 성생활을 하지 않고, 잘못된 성생활을 하지 않도록 삼간다. 고귀한 제자는 잘못된 성생활을 하지 않으므로 헤아릴 수 없는 존재들을 두려움, … 자유롭게 한다. 이것이 다섯 가지 보시 중 세 번째이자 여덟 가지 복덕 중 여섯 번째이다.

"비구들이여, 고귀한 제자는 거짓말을 하지 않으며 거짓말을 하지 않도록 삼간다. 고귀한 제자는 거짓말을 하지 않으므로 헤아릴 수 없는 존재들을 두려움, … 자유롭게 한다. 이것이 다섯 가지 보시 중 네 번째이자 여덟 가지 복덕 중 일곱 번째이다.

"비구들이여, 고귀한 제자는 방종의 근본이 되는 술과 약물을 하지 않고, 술과 약물을 하지 않도록 삼간다. 고귀한 제자는 술과 약물을 하지 않으므로 헤아릴 수 없는 존재들을 두려움, 적의, 억압에서 자유롭게 한다. 헤아릴 수 없는 존재들이 두려움, 적의, 억압에서 자유롭기 때문에 그 자신도 두려움, 적의, 억압에서 헤아릴 수 없는 자유를 누린다. 이것이 다섯 가지 보시 중 다섯 번째이자 여덟 가지 복덕 중 여덟 번째이다.

"비구들이여, 이것이 복덕이 되고 유익하며 행복의 영양분이 되는 여덟 가지이다. 이 여덟 가지는 성스럽고, 행복을 가져오며, 천상에 다시 태어나게 한다. 바라는 것, 좋아하는 것, 이익이 되는 것을 성취하게 하며 편안하고 행복한 삶을 가져온다."

(AN 8:39)

2) 포살에 지켜야 할 여덟 가지

"비구들이여, 포살에 여덟 가지 계를 온전히 실천하면 훌륭한 과보와 이익이 빛을 발하여 미치지 않는 곳이 없다. 그러면 어떻게 포살에 여덟 가지 계를 온전히 실천할 수 있는가?

"비구들이여, 고귀한 제자는 다음과 같이 생각한다. '아라한은 한 평생 살아있는 생명을 죽이지 않고, 살아있는 생명을 죽이지 않도록 삼간다. 모든 생명에 자비심을 내어 몽둥이와 무기를 내려놓고, 성심껏 너그럽게 대한다. 나도 오늘 하루 밤낮으로 아라한의 이러한 점을 본받아 아라한처럼 살며 계를 온전히 지키겠다.' 이것이 포살을 완전하게 하는 첫 번째 요소이다.

"그리고 또 생각하기를 '아라한은 한평생 주지 않은 것을 가지지 않고, 주지 않은 것을 가지지 않도록 삼간다. 주어진 것만을 가지며 정직한 마음으로 도둑질하지 않는다. 나도 오늘 하루 밤낮으로 … 계를 온전히 지키겠다.' 이것이 포살을 완전하게 하는 두 번째 요소이다.

"'아라한은 한평생 이성을 멀리하고 금욕적인 생활을 한다. 떨어진 곳에 거처하며 음란한 성생활을 삼간다. 나도 오늘 하루 밤낮으로 … 계를 온전히 지키겠다.' 이것이 포살을 완전하게 하는 세 번째 요소이다.

"'아라한은 한평생 거짓말을 하지 않고, 거짓말을 하지 않도록 삼간다. 그들은 진실만을 말하고 지키기 때문에 믿을 수 있고, 의지할 수 있으며, 세상을 속이지 않는다. 나도 오늘 하루 밤낮으로 … 계를 온전히 지키겠다.' 이것이 포살을 완전하게 하는 네 번째 요소이다.

"'아라한은 한평생 방종의 근원이 되는 술과 약물을 하지 않고, 술과 마약을 하지 않도록 삼간다. 나도 오늘 하루 밤낮으로 … 계를 온전히 지키겠다.' 이것이 포살을 완전하게 하는 다섯 번째 요소이다.

"아라한은 한평생 하루에 한 끼만 공양하고 밤과 같이 적당한 시간이 아닌 때에 먹지 않도록 삼간다. 나도 오늘 하루 밤낮으로 … 계를 온전히 지키겠다.' 이것이 포살을 완전하게 하는 여섯 번째 요소이다.

"아라한은 한평생 춤과 노래, 음악, 부적절한 구경거리를 삼가고, 꽃목걸이나, 향, 화장품 등으로 꾸미지 않는다. 나도 오늘 하루 밤낮으로 … 계를 온전히 지키겠다.' 이것이 포살을 완전하게 하는 일곱 번째 요소이다.

"아라한은 한평생 높고 사치스러운 침상이나 방석을 사용하지 않고, 높고 사치스러운 침상이나 방석을 사용하지 않도록 삼간다. 낮고 편안한 작은 침상이나 짚으로 만든 깔개를 사용한다. 나도 오늘 하루 밤낮으로 아라한의 이러한 점을 본받아 아라한처럼 살며 계를 온전히 지키겠다.' 이것이 포살을 완전하게 하는 여덟 번째 요소이다.

"비구들이여, 포살에 이 여덟 가지를 완전히 실천하면 훌륭한 과보와 이익이 빛을 발하고 미치지 않는 곳이 없다. 그러면 훌륭한 과보와 이익이 어느 정도로 빛을 발하고 미치는가?

"비구들이여, 앙가, 마가다, 까씨, 꼬살라, 왓지, 말라, 쩨티, 왕가, 꾸루, 빤짤라, 맛차, 수라세나, 앗사까, 아완띠, 간다라, 깜보자 등의 16개 나라에 일곱 가지 보물이 풍부하다. 이 나라들을 지배하고 통치하는 왕이라 할지라도 그 복덕은 포살에 여덟 가지 계를 온전히 지킨 것의 16분의 1에도 미치지 못한다. 왜 그러한가? 인간의 왕위는 천계의 행복에 비할 바가 아니기 때문이다.

"사천왕천의 신들의 하루 밤낮은 인간의 50년에 해당한다. 그렇게 긴 하루가 30일 모여 한 달이 되고 한 달이 12개 모여 일 년이 된다. 사천왕천의 신들의 수명은 그런 천상의 시간으로 500년이나 된다. 비구들이여, 어떤 남자나 여자가 포살 날에 여덟 가지 계를 온전히 수지하고 죽어 몸이 흩어지면 사천왕천의 신들의 무리에 다시 태어날 것이다. 그런 이유로 인간이 누리는 왕의 지위가 천신들의 행복에 비할 바가 아니라고 말한 것이다.

"도리천의 신들의 하루 밤낮은 인간의 백 년에 해당한다. … 도리천의 신들의 수명은 그런 천상의 시간으로 천 년이나 된다. … 야마천의 신들의 하루 밤낮은 인간의 이백 년에 해당한다. … 야마천의 천신들의 수명은 그런 천상의 시간으로 이천 년이나 된다. … 도솔천의 신들의 하루 밤낮은 인간의 사백 년에 해당한다. … 도솔천의 신들의 수명은 그런 천상의 시간으로 사천 년이나 된다. 화락천의 신들의 하루 밤낮은 인간의 팔백 년에 해당한다. … 화락천의 신들의 수명은 그런 천상의 시간으로 팔천 년이나 된다. 타화자재천의 신들의 하루 밤낮은 인간의 천육백 년에 해당한다. 그렇게 긴 하루가 30일 모여 한 달이 되고 한 달이 열두 개 모여 일 년이 된다. 타화자재천의 신들의 수명은 그런 천상의 시간으로 만육천 년이나 된다. 비구들이여, 어떤 남자나 여자가 포살 날에 여덟 가지 계를 온전히 수지하고 죽어 몸이 흩어지면 타화자재천의 신들의 무리에서 다시 태어날 수도 있다. 그런 이유로 인간이 누리는 왕의 지위가 천신들의 행복에 비할 바가 아니라고 한 것이다."

(AN 8:41)

05 명상

1) 자애심 기르기

"비구들이여, 다음 생을 위해 어떤 복덕의 토대를 쌓더라도, 자애심으로 해탈한 마음의 복덕에 비하면 16분의 1도 되지 않는다. 자애심으로 해탈한 마음의 복덕이 가장 뛰어나며 가장 밝고 눈부시게 빛난다.

"모든 별빛을 다 합해도 달빛의 16분의 1도 되지 않듯이 달빛이 별빛보다 뛰어나며 밝고 눈부시게 빛난다. 그렇듯이 다음 생을 위해 어떤 복덕의 토대를 쌓더라도, 자애심으로 해탈한 마음의 복덕에 비하면 16분의 1도 되지 않는다. 자애심으로 해탈한 마음의 복덕이 가장 뛰어나며 가장 밝고 눈부시게 빛난다.

"우기의 마지막 달, 가을이 시작될 때, 구름 한 점없이 맑은 하늘에 태양이 떠오르면 어둠은 물러나고 허공이 환하게 밝아진다. 그렇듯이 다음 생을 위해 어떤 복덕의 토대를 쌓더라도, 자애심으로 해탈한 마음의 복덕에 비하면 16분의 1도 되지 않는다. 자애심으로 해탈한 마음의 복덕이 가장 뛰어나며 가장 밝고 눈부시게 빛난다.

301

"동이 틀 무렵 어두운 하늘에 샛별이 밝고 눈부시게 빛난다. 그렇 듯이 다음 생을 위해 어떤 복덕의 토대를 쌓더라도, 자애심으로 해탈 한 마음의 복덕에 비하면 16분의 1도 되지 않는다. 자애심으로 해탈 한 마음의 복덕이 가장 뛰어나며 가장 밝고 눈부시게 빛난다."

(It 27)

2) 사무량심

22. 또데야의 아들인 수바라는 이름의 예비 사제가 세존께 여쭈었 다. "고따마 존자시여, 저는 존자께서 범신천에 다시 태어나는 법을 알고 계시다 들었습니다."

"예비 사제여, 어떻게 생각하느냐? 날라까라 마을은 여기서 가깝 지 않느냐?"

"고따마 존자시여, 날라까라 마을은 여기서 가깝습니다."

"예비 사제여, 어떻게 생각하느냐? 날라까라에서 나고 자란 사람 이 그 마을에서 벗어나자마자 누가 그 마을로 가는 길을 묻는다면 그 이가 대답을 머뭇거리거나 대답하는 데 시간이 걸리겠느냐?"

"고따마 존자시여, 아닙니다. 그 사람은 날라까라에서 나고 자랐 기 때문에 마을로 가는 길을 잘 알고 있습니다."

"날라까라에서 나고 자랐더라도 마을로 가는 길을 알려줄 때 머뭇 거리거나 대답하는 데 시간이 걸릴 수도 있다. 하지만 여래가 범천의 세계에 대해서, 범천의 세계로 가는 법에 대해서 질문을 받으면 머뭇

거리거나 대답하는 데 시간이 걸리지 않는다. 나는 범천을 알고, 범천의 세계를 알고, 범천의 세계로 가는 법을 알고, 범천의 세계에 다시 태어나기 위해 어떻게 수행해야 하는지 잘 알고 있다."

23. "고따마 존자시여, 저는 존자께서 범신천에 다시 태어나는 방법을 가르친다고 들었습니다. 존자께서 범신천으로 가는 방법을 알려주시기를 간청드립니다."

"그렇다면 예비 사제여, 자세히 들으라. 내가 설하겠다."

"존자시여, 알겠습니다." 수바가 대답했다.

세존께서 다음과 같이 말씀하셨다.

24. "예비 사제여, 어떻게 범신천으로 가는가? 비구는 자비가 가득한 마음으로 첫 번째 방향, 두 번째 방향, 세 번째 방향, 네 번째 방향을 가득 채운다. 네 중간 방위와 상하를 포함한 어느 곳이든 자신뿐 아니라 모두에게 적의와 악의가 없는 기쁜 마음으로 광대하고 측량할 수 없는 자애를 온 세계에 가득 메운다. 이렇게 자애심으로 해탈한 마음을 닦으면 제한된 업이 남지 않는다. 힘센 나팔수가 많은 힘을 들이지 않고 사방으로 나팔 소리를 전할 수 있는 것처럼 이렇게 닦은 해탈한 마음에는 제한된 업이 남지 않는다.[43] 이것이 범신천으

---

43 제한된 업이란 욕계에 다시 태어나게 하는 업이다. 반대로 제한되지 않은, 또는 무량한 업은 사선정과 사무색정이다. 여기에서는 선정을 얻는 단계까지 사무량심을 닦도록 의도한 것이다. 사선정이나 사무색정을 얻고 나면 욕계에 다시 태어나게 하는 업은 발현될 기회를 얻지 못한다. 색계 또는 무색계에서 다시 태어나게 하는 업이 욕계에 태어나게 하는 업을 압도하여 발현된다. 사무량심에 통달하면 색계천과

303

로 가는 길이다.

25-27. "자비심이 가득한 마음으로 … 따라 기뻐하는 마음으로 … 평정심이 가득한 마음으로 첫 번째 방향을, 두 번째 방향을, 세 번째 방향을, 네 번째 방향을 가득 메운다. 네 중간 방위와 상하를 포함한 어느 곳이든 자신뿐 아니라 모두에게 적의와 악의가 없는 기쁜 마음으로 광대하고 측량할 수 없는 평정심을 온 세계에 가득 메운다. 이렇게 평정심으로 해탈한 마음을 닦으면 제한된 업이 남지 않는다. 힘센 나팔수가 많은 힘을 들이지 않고 사방으로 나팔 소리를 전할 수 있는 것처럼 이렇게 닦은 평정심으로 해탈한 마음에는 제한된 업이 남지 않는다. 이것이 범신천으로 가는 길이다."

(MN 99)

3) 통찰지의 위대함

부처님께서 아나타삔디까 장자에게 말씀하셨다.

"장자여, 과거에 웰라마라는 브라만이 있었는데 그는 아주 많은 공양을 올렸다. 은을 가득 채운 팔만사천 개의 금사발, 금을 가득 채운 팔만사천 개의 은사발, 금괴·은괴를 가득 채운 팔만사천 개의 동사발, 팔만사천의 코끼리, 마차, 젖소, 하녀, 침상, 수백만 벌의 최고급 옷, 형언할 수 없이 많은 음식, 음료, 연고, 침구 등을 보시했다.

　　　무색계천에 태어난다.

"브라만 웰라마의 공양이 훌륭하기는 하지만 올바른 견해를 가진 한 사람에게 공양 올린 과보에 미치지 못한다.[44] 브라만 웰라마의 공양이 훌륭하고, 올바른 견해를 가진 백 사람에게 공양 올리는 것도 훌륭하지만, 일환과—環果 한 분께 공양 올린 과보에는 미치지 못한다. 브라만 웰라마의 공양이 훌륭하고, 일환과 백 분께 공양 올리는 것도 훌륭하지만, 불환과不還果 한 분께 공양 올린 과보에 미치지 못한다. 브라만 웰라마의 공양이 훌륭하고, 불환과 백 분께 공양올리는 것도 훌륭하지만, 한 분의 아라한께 공양 올린 과보에 미치지 못한다. 브라만 웰라마의 공양이 훌륭하고, 아라한 백 분께 공양 올리는 것도 훌륭하지만, 벽지불 한 분께 공양 올린 과보에는 미치지 못한다.[45] 브라만 웰라마의 공양이 훌륭하고, 벽지불 백 분께 공양 올리는 것도 훌륭하지만, 완전히 깨달은 부처님 한 분께 공양 올린 과보에는 미치지 못한다. … 만약 부처님을 모시는 승가에 공양 올리고, 사방의 승가를 위해 절을 짓는다면 그 공덕이 더 크다 … 믿는 마음으로 부처님, 가르침, 승가에 귀의하고, 오계를 받아 지녀 생명을 죽이지 않으며, 주지 않은 것을 가지지 않고, 잘못된 성생활을 하지 않으며, 거짓말하지 않고, 술과 약물을 멀리하면 그 과보가 더 크다. 이 공덕

---

44 올바른 견해를 가진 사람이란 예류과를 말한다.

45 벽지불은 완전히 깨달은 부처님과 같이 스승의 지도 없이 깨달은 자를 말한다. 하지만 부처님과는 달리 다른 이들도 깨달음을 얻도록 인도하지는 못한다. 벽지불은 완전히 깨달은 부처님의 가르침이 세상에 존재하는 한 출현하지 못하고 앞의 부처님이 가시고 다음 부처님이 나투기 전 그 사이에만 세상에 출현한다.

들이 모두 크지만 소의 젖을 잡아당기는 그 짧은 순간 동안이라도 자애심을 기르면 그 과보가 더 크다. 이 공덕들이 모두 크지만 손가락 튕기는 한 찰나만이라도 무상을 통찰한다면 그 과보가 더 크다."

(AN 9:20)

세
계
관
의 확
장
。

6

들어가기

경전을 해석할 때는 그 경전이 설해진 배경과 대상을 염두에 두어야 한다. 부처님께서는 반평생을 설법하시며 그 내용을 사람들의 다양한 근기에 맞추어 전하셨다. 무모한 행동으로 파멸을 자처하는 사람들에게는 좋은 결과를 불러오는 선한 행동을 하도록 가르치시고, 운명에 자신을 맡긴 사람들에게는 현재의 노력이 현생뿐만 아니라 미래의 운명까지 결정함을, 죽고 나면 그만이라고 믿는 사람들에게는 죽어 몸이 흩어져도 업에 따라 다시 태어남을, 아직 마음이 높은 깨달음을 얻을 만큼 성숙하지 못한 사람들에게는 천신의 무리에 태어나 천상의 행복과 영광을 누릴 수 있도록 서원을 세우라고 가르치셨다.

그런데 천상에 태어나 지극한 행복을 누리는 것은 단지 임시 정차역일 뿐이지 부처님께서 법을 가르친 최종 목적은 아니었다. 법의 궁극적 목표는 괴로움의 소멸이며 천상의 행복이 얼마나 지극하다 할지라도 괴로움의 소멸에는 비할 수 없다. 불교에서는 윤회계의 모든 존재가, 천신이라 할지라도, 일시적이고, 의지할 수 없고, 고통이 따르기 마련이라고 설명한다. 그러므로 법의 최종 목적은 윤회에서 완전히 해탈하는 것이다.

윤회에서 벗어나면 조건지어지지 않은 상태인 열반에 이르게 된다. 열반은 모든 조건지어진 세계를 초월하지만 조건지어진 이 세상에서 이번 생에 성취할 수 있으며 괴로움의 소멸로 경험되어진다. 부처님은 깨달음을 통해 열반을 얻으시고 이후 45년 동안 다른 사람들도 스스로 열반을 얻을 수 있도록 이끄셨다. 열반은 지혜의 완성으로 실현되며, 지극한 평온, 완전한 행복, 강박적 충동의 잠재움으로 표현된다. 열반은 갈애라는 지독한 목마름의 해소이며, 늙음, 병듦, 죽음이라는 격렬한 파도 속에 안전하게 의지할 수 있는 섬이다.

수행이 익은 제자들이 열반을 향할 수 있도록 부처님께서는 이들이 선한 과보로 미래생에 얻는 달콤한 대가를 초탈하도록 이끄셨다. 바로 욕계, 색계, 무색계의 삼계를 초월하는 출세간법을 가르치신 것이다. 부처님은 설법하실 때마다 반복적으로 모든 존재의 본질적인 위험을 가차없이 지적하셨다. 모든 존재는 큰 위험에 빠져 있으며 고통받고 있다고 경고를 보내신 것이다. 단 하나의 희망은 마음의 정화와 해탈을 통해서 영구한 안전을 보장받는 것이라고 분명히 말씀하셨다. 무명과 갈애를 완전히 끊고 극묘한 선정에 대한 집착까지 제거할 수 있는 길을 제시하셨다.

가르침에 귀를 기울이는 초심자들에게 법을 단계적으로 닦는 방법을 설하실 때 부처님은 항상 보시와 지계로 시작하셨다. 보시, 비

폭력, 정직, 절제 등과 같은 미덕들을 극찬하시는데, 이렇게 복을 쌓으면 천상에 다시 태어나 기쁨을 누리게 된다고 설명하셨다. 그리고 나서 감각적 욕망의 위험, 타락, 더러움과 출리出離의 행복을 밝히셨다. 이런 방식으로 청중들의 마음을 서서히 성숙시킨 뒤 불교의 핵심 교리인 네 가지 고귀한 진리에 대해 말씀하신다. 바로 괴로움, 괴로움의 원인, 괴로움의 소멸, 괴로움의 소멸로 가는 길에 대한 진리이다. 부처님께서 네 가지 고귀한 진리를 직접 설하신 법문은 기본 교리를 소개하는 기초불교 강좌와는 근본적으로 다르다. 오로지 제자들에게 법의 눈을 일깨우기 위한 것이었기 때문이다. 즉 역행할 수 없는 해탈의 길로 들어서게 하는 초세간적 진리를 엿보게 하는 것이 그 목적이었다.

부처님의 설법을 듣고 그 자리에서 바로 깨닫는 제자들의 이야기를 경전에서 간혹 보기도 하지만 그렇다고 법을 쉽게 깨달을 수 있다고 착각해서는 안된다. 그 제자들이 그렇게 쉽게 진리를 꿰뚫을 수 있었던 이유는 아마도 전생에서부터 깨달음의 조건들을 충분히 쌓아서 수행력이 성숙하였기 때문일 것이다. 그런데 출세간법은 본질적으로 세속적인 마음과 결이 다르다. 부처님께서는 법은 미묘하고, 심오하며, 알기 어렵다고 말씀하셨다. 법을 깨닫기 어려운 이유 중 하나는 최상의 행복은 마음이 원하는 것을 얻는다고 성취되는 것이 아니라 오히려 욕망을 제어할 때 성취될 수 있다는 가르침 때문이다. 이러한 가르침은 세간에 젖어 사는 사람들의 생각, 태도, 행동과는 완전히 반대된다. 우리가 감각적 쾌락의 유혹에 빠지고, 이렇게 저렇

313

게 다시 태어나는 것을 즐기는 한 우리에게 불법은 그저 알 수 없는 신비나 수수께끼로 남을 뿐이다. 그러므로 부처님은 출세간법을 펼 때 감각적 쾌락과 세속적 집착에 고착된 마음을 풀어내는 문제가 급선무가 될 것이라 예상하셨다. 마음이 익숙한 틀에서 벗어나 완전히 다른 방향으로 향하게 해야 했다. 제자들이 감각적 쾌락의 유혹과 세속적 집착을 멀리하고 환멸, 욕망의 제거, 깨달음에 이르도록 지도하신 것이다.

부처님은 이러한 임무를 완수하기 위해 스승으로서의 모든 자질을 총동원하셨다. 배움을 청하는 이들의 정신 수준에 맞춰 대기 설법을 펴신 것이다. 때로는 원망받을 것을 감수하면서도 솔직히 있는 그대로 말씀하실 때도 있었고, 조용히 은거하는 삶을 살고 싶었지만 도전해오는 논쟁에 대응해야 할 때도 있었으며, 논점을 강화하기 위해 비유, 은유, 우화 등의 이야기를 빌려 구체적인 설명을 더하실 때도 있었고, 상대가 적대적인 교단의 수행자나 승가 내의 이단일 경우 불교의 원칙들을 강력히 주장하기도 하셨다. 부처님은 이 어려운 임무를 너무나 잘 완수하셨기 때문에 **6장 1. 네 가지 경이로운 일**에서 이를 경이롭고 훌륭한 업적으로 유려하게 칭송하고 있다.

부처님은 법을 펴는 과정에서 획기적이고 새롭게 '보는 방식'을 전해주신다. 우리가 부처님이 이끄시는 방향으로 따라가기 위해서는 마음을 사로잡는 화려한 쾌락, 지위, 권력의 이면을 볼 줄 알아야 한다. 동시에 우리의 눈을 가리는 망령된 인식, 생각, 견해의 왜곡을 꿰뚫어 볼 줄도 알아야 한다. 우리는 대개 주관적인 편견이라는 난공불락의 프리즘을 통해서 사물을 본다. 갈애와 집착으로 형성된 편견은 다시 갈애와 집착을 더욱 공고히 한다. 우리는 보고자 하는 것만 본다. 자신에게 위협이 되거나 방해가 되는 것은 가려버린다. 편안함을 뒤흔들고 자신과 삶에 대한 익숙한 생각들에 의문이 들게 하는 것은 외면해버린다. 이 과정을 되돌리기 위해서는 지금 당장은 불편하지만 장기적으로는 우리를 행복하고, 자유롭게 할 진리를 적극적으로 받아들여야 한다.

부처님의 가르침 덕분에 우리의 세계관은 확장될 수 있다. 삶을 규정하는 기존의 가치들을 재고해 볼 수 있는 세 가지 관점을 제시하여 세상에 대한 우리의 이해를 바꾸고 더욱더 넓힐 수 있도록 돕기 때문이다. 이 세 가지 관점은 세 가지 '순간' 또는 단계라고도 말할 수 있는데, 상식적인 태도에서부터 체계적으로 지혜, 깨달음, 벗어남으로 향하는 진행 과정을 나타낸다. 이 세 가지 순간은 바로 만족, 위험, 벗어남이다.

2-1)깨닫기 전에서부터 **2-3)만약 만족이 없다면**까지는 이 세 가지 순간들을 세계 전체에 적용시키고 있다. 니까야의 다른 경전에서도 네 가지 물질 요소(사대四大), 다섯 가지 무더기(오온五蘊), 여섯 가지 감각 기관(육근六根)에 세 가지 순간들을 구체적으로 적용하고 있다. 부처님은 세상을 이렇게 완전히 이해하고 나서야 위없는 깨달음을 얻었다고 선언할 수 있었다고 말씀하시며 그 중요성을 더욱 강조하셨다.

감각 대상, 물질, 느낌과 같은 세간법들이 어느 정도 만족을 준다는 부정할 수 없는 사실을 인정하면서 첫 번째 순간이 시작된다. 우리가 욕망을 성취했을 때 경험하는 즐거움과 기쁨이 바로 이 만족이다. 이 사실을 인정하고 나면 이러한 즐거움과 기쁨이 오로지 만족스럽기만 한지 더 깊이 궁리해 볼 수 있다. 이 의문에 대해 냉정하고 솔직하게 생각해 보면 이러한 즐거움과 기쁨이 만족과는 거리가 멀다는 것을 깨닫게 된다. 계속해서 만족을 추구하기 위해 덮어놓았던 사소한 문제에서부터 삶의 근간을 뒤흔드는 중대한 문제에 이르기까지 오히려 많은 결점들이 있다는 것을 알게 된다. 이것을 위험이라고 하며 관찰해야 할 두 번째 순간이다. 겉으로 무해해 보이는 세간의 즐거움 뒤에 숨어 있는 가장 포괄적인 위험은 무상하고, 괴로움이며, 변하기 마련이라는 그 본질적 특성이다.

다음으로 세 번째 순간은 벗어남이다. 여기서 벗어남이란 도피가 아니다. 도피는 문제를 회피하기 위해서 마치 아무 문제도 없는 것처럼 행동하거나 중요하지 않은 다른 일에 몰두하려는 불안한 노력이다. 벗어남은 이와는 정반대이다. 실제로 위험을 감지했을 때 행동으로 옮기는 가장 분별력 있고, 이성적이며, 신중한 실천을 말한다. 불난 집에서 출구를 찾는 것과 같고, 고열에 시달릴 때 병원에 가는 것과 같으며, 담배의 유해성을 알고 금연하는 것과 같다. 우리가 집착하는 대상이 완전하지 못하고, 그 안에 위험이 도사리고 있다는 것을 깨달았을 때 위험에서 벗어나는 방법은 그 대상에 대한 집착을 내려놓는 것이라고 알게 된다. 이것을 두고 경전에서는 '욕망과 탐욕을 버리고 없애는 것'이라고 표현하고 있다.

빠알리어 주석서는 이 세 가지 순간들을 네 가지 고귀한 진리와 연결시키고 있다. '만족'은 두 번째 진리인 괴로움의 원인을 의미한다. 즐거움과 기쁨은 갈애를 일으키기 때문이다. '위험'은 그 자체로 괴로움이다. '벗어남'은 괴로움의 소멸인 동시에 괴로움의 소멸로 가는 길인 여덟 가지 바른 길을 의미한다.

6장3.집착의 대상에 대한 바른 이해에서 부처님은 이 세 가지 순간을 가장 주요한 집착의 대상인 감각적 쾌락, 육체, 느낌에 적용하여 세세하게 분석하고 있다. 경전의 상당 부분은 감각적 욕망의 위험을 살펴보는 데 할애되었다. 고대 인도에서 지금의 전문직에 해당하는 일자리를 찾는 젊은이들을 '일족의 자손'이라고 번역했는데 이들이 감각적 만족을 추구하는 과정에서 겪게 되는 고난을 가까이 들여다보면서 경전이 시작된다. 그리고 그 결과를 개인적인 차원에서 집단적 차원으로 확대하면서 사회정치적 영역까지 아우르며 경전 내용을 전개하고 있다. 감각적 만족을 향한 집단적 충동으로 발생하는 전쟁과 인간의 참상을 묘사하는 장면에서 정점을 찍는다.

육체에 대한 집착을 치료하기 위해 부처님은 비구들에게 미모가 절정에 달한 젊은 여성을 떠올려 보라고 말씀하셨다. 그리고 이 여성이 나이가 들고, 병에 걸리고, 죽음에 이르고, 시체가 부패하여 뼈가루가 될 때까지 육체의 시간적 변화를 따라가고 있다. 느낌의 위험을 보여주기 위해 부처님은 선정에 든 비구가 느끼는 세간에서 가장 극묘한 즐거움과 평온을 예로 들어 이러한 고매한 느낌조차도 무상하고, 만족스럽지 않고, 변하기 마련이라고 설명하신다.

다른 경전들도 이 세 순간으로 이루어진 구조를 표면적으로 내세우지 않지만 분명히 따르고 있으며 특히 위험의 순간에 방점을 두고 있다. **6장4.감각적 쾌락의 함정** 두 개의 경전은 감각적 쾌락의 위험을 다시 한번 강조하고 있는데 앞에 나온 경전들과는 방법에 다소 차이가 있다. **4-1)세간사를 끊음**에서 부처님은 자신이 모든 세간사를 끊었다고 믿는 거만한 재가자와 대화를 나누고 계신다. 부처님은 그의 자만을 꺾기 위해 여러 비유를 들어 감각적 쾌락에 얼마나 속기 쉬운지 설명하고 불교 수행에서 세간사를 끊는 것이 어떤 의미인지를 밝힌다. **4-2)감각적 쾌락의 열병**에서도 부처님은 주로 비유를 들어 향락주의자인 마간디야를 반박한다. 여기서 부처님은 감각적 쾌락은 왜곡된 인식 때문에 즐겁다고 느낄 뿐, 올바르게 보았을 때는 불타는 숯불 구덩이와 같다고 말씀하셨다. 이 경전에는 니까야에서 가장 눈에 띄는 비유들이 포함되어 있으며 부처님께서 이러한 비유들을 가볍게 사용하셨을 리 없다.

6장5.짧고 무상한 삶에서도 여러 이미지를 사용하여 무상한 인간의 삶을 주제로 표현하고 있다. 경전에서 부처님은 태어나면 반드시 죽는다는 죽음의 필연성과 언제 죽음이 닥칠지 모른다는 불확실성을 자주 관하라고 조언하고 있다. 이러한 권고는 죽음이라는 만성 질병에 걸린 것처럼 행동하라는 뜻이 아니라 삶에 대한 몰입에서 깨어나 집착을 버리라는 것이다. 이러한 이유로 죽음을 되새기는 것은 불교 명상에서 가장 중요한 주제가 되었다. 부처님은 다른 경전에서도 죽음을 잘 되새기면 불사의 기반을 이루어 결국 불사를 얻는다고 말씀하셨다. 이 경전에서는 일생을 날짜 수, 계절 수, 끼니 수로 계산하여 그 무상함을 더욱 강조하고 있다.

6장6.네 가지로 요약한 가르침은 부처님께서 믿음제일이라고 칭찬하셨던 제자 랏타빨라 존자의 이야기가 실린 경전에서 발췌했다. 랏타빨라 존자는 명망있는 집안의 자제였는데 부처님의 설법을 듣고 가슴 깊이 느끼는 것이 있어 그 자리에서 바로 출가하여 비구가 되었다. 부처님이 랏타빨라 존자에게 부모님의 허락을 받고 오라고 돌려보냈으나 그의 부모님은 외동아들에 대한 사랑이 지극하여 결코 허락해 주지 않았다. 랏타빨라 존자는 드러누워 먹지도 마시지도 않고 출가하지 못할 바엔 그 자리에서 죽겠다고 뜻을 꺾지 않았다. 부모님이 결국 이기지 못하고 출가를 허락했는데 비구가 되어서도 고향 집을 방문해야 한다는 조건이었다.

세월이 흘러 랏타빨라 존자가 약속을 지키기 위해 부모님 집을 방문했을 때 부모님을 그를 환속시키려고 했지만 존자는 이미 아라한 과를 얻었기 때문에 세속으로 돌아가는 것이 불가능했다. 존자는 집을 나서 왕의 정원으로 갔다가 그곳에서 꼬라뱌 왕에게 네 가지 법을 요약하여 설법하게 된다. 이 경전에서 랏타빨라 존자는 아주 간결하고 분명한 어투로 왜 자신을 비롯한 출중한 선남선녀들이 수도 없이 인생의 절정기에 편안한 재가자의 삶을 버리고 불확실한 출가의 삶을 선택하는지 설명하면서 괴로움의 보편성과 깊이에 대한 심오한 통찰력을 보여준다.

감각적 쾌락에 대한 갈애는 중생을 윤회에 묶어두는 하나의 덫이다. 견해에 대한 집착은 또 다른 덫이다. 따라서 부처님은 감각적 쾌락에 대한 열망을 버리게 이끄셨을 뿐 아니라 견해의 위험을 드러내어 열반으로 가는 길을 열었다. 이것이 **6장 7.견해의 위험**의 주제이다.

잘못된 견해 중에서도 윤리의 근간을 부정하거나 해치는 견해가 가장 위험하다. **7-1)삿된 견해에 관한 경구의 모음**에서는 이러한 잘못된 견해가 가져오는 수많은 위험들을 모아놓았다. 그중 가장 눈에 띄는 것은 악도에 다시 태어나는 것이다. 또한 견해로 인해 현실을 한쪽으로 치우치고 편향되게 해석하게 되고 또 그것이 정확하고 완전하다고 고집하게 된다. 어떤 상황에 대해 자신의 견해를 집요하게 고집하는 사람들은 그 상황을 다른 각도로 보는 사람들과 충돌하게 되며 당연히 갈등과 분쟁이 생긴다. 세계의 어떤 문헌도 **7-2)장님과 코끼리**보다 교리에 대한 고집이 가져올 수 있는 위험을 명료하게 묘사하지 못할 것이다.

7-3)두 가지 견해는 상견常見과 단견斷見, 또는 존재론과 비존재론이라는 왜곡된 견해를 대조하고 있다. 상견은 개인을 구성하는 영원한 실체, 파괴되지 않는 자아나 전능한 창조신과 같은 영원불멸하는 근원을 인정한다. 단견은 죽음 뒤의 존재를 부정하고 육체의 죽음

으로 모든 것이 끝난다고 주장한다. 불교에서는 상견의 경우 존재하기를 원하기 때문에 윤회계에 속박되고 단견은 존재하기를 원하지 않지만 역설적이게도 혐오해 마지않는 윤회계에 다시 속박된다고 본다. 부처님은 바로 이 두 가지 견해의 허망한 과보에서 벗어나기 위해 연기를 가르치셨다.

6장 8. 천상에서 지옥으로에서는 특히 상견으로 인해 발생하는 문제를 다루고 있다. 상견을 믿는 선정 수행자들은 신성한 존재와의 합일 또는 영원불멸의 자아의 실현이라고 믿는 깊은 선정 상태를 동경하게 된다. 하지만 불교에서 깊은 선정은 그 선정에서의 경험이 의식의 근본 조건이 되어 윤회계에 다시 태어나게 하는 업력으로 작용할 뿐이라고 가르친다. 다시 말하자면 인간계에서 깊은 선정을 경험하면 그 선정의 깊이에 따라 색계나 무색계의 천상에 다시 태어난다는 뜻이다. 많은 종교에서 인간의 괴로움을 해결하는 방법으로 천상을 제시하지만 부처님은 이러한 천상 세계도 무상한 윤회계의 고통에서 벗어날 수 있는 궁극적 탈출구가 되지 못한다고 가르치셨다.

경전에서는 사무량심을 닦으면 범천의 세계에 다시 태어나 500 대겁 동안 머물 수도 있다고 설명한다. 그러나 이 천신들도 결국은 죽어서 삼악도에 다시 떨어질 수밖에 없다. 본서에 나오지 않지만 다른 유사한 경전들도 사선정과 사무색정에 따라 다시 태어나는 윤회계의 천상 세계에 대해 각각 설명하면서 같은 결말을 시사하고 있다.

이 장의 마지막을 장식하는 두 경전에서는 조건지어진 존재의 불만족과 불안함을 주제로 설명하면서 극적인 이미지를 사용하여 내용을 더욱 생생하게 전하고 있다. **9-1)눈물의 강**에서 부처님은 우리가 여러 윤회계를 헤매면서 흘린 눈물이 4대양의 바닷물보다 많다고 강조하여 말씀하셨다. **9-2)피의 강**에서는 서른 명의 비구들에게 윤회계를 헤매면서 이들이 도살되고, 처형되면서 흘린 피가 4대양의 바닷물보다 많다고 말씀하셨다. 이때 부처님의 법문을 들은 서른 명의 비구들은 큰 감명을 받고 모두 그 자리에서 해탈을 얻었다고 한다.

01 네 가지 경이로운 일

"비구들이여, 여래·아라한·완전히 깨달은 이가 출현하면 네 가지 경이롭고 훌륭한 일이 나타난다. 이 네 가지는 무엇인가?

 "사람들은 대부분 집착하는 것을 좋아하고, 집착을 기쁨으로 삼고, 집착을 즐거워한다. 하지만 여래가 집착을 버리는 법을 가르치면 사람들은 귀를 기울여 듣고 이해하려고 한다. 이것이 여래·아라한·완전히 깨달은 이가 출현하면 나타나는 네 가지 경이롭고 훌륭한 일 중 첫 번째이다.

 "사람들은 대부분 자만하는 것을 좋아하고, 자만을 기쁨으로 삼고, 자만을 즐거워한다. 하지만 여래가 자만을 버리는 법을 가르치면 사람들은 귀를 기울여 듣고 이해하려고 한다. 이것이 여래·아라한·완전히 깨달은 이가 출현하면 나타나는 네 가지 경이롭고 훌륭한 일 중 두 번째이다.

 "사람들은 대부분 들뜨는 것을 좋아하고, 들뜸을 기쁨으로 삼고, 들뜸에 즐거워한다. 하지만 여래가 고요한 법을 가르치면 사람들은 귀를 기울여 듣고 이해하려고 한다. 이것이 여래·아라한·완전히 깨달은 이가 출현하면 나타나는 네 가지 경이롭고 훌륭한 일 중 세 번째이다.

"사람들은 대부분 무명 속에 살고, 무명에 눈이 멀고, 무명의 속박에 묶여 있다. 하지만 여래가 무명을 버리는 법을 가르치면 사람들은 귀를 기울여 듣고 이해하려고 한다. 이것이 여래·아라한·완전히 깨달은 이가 출현하면 나타나는 네 가지 경이롭고 훌륭한 일 중 네 번째이다.

"여래·아라한·완전히 깨달은 이가 출현하면 이 네 가지 경이롭고 훌륭한 일이 나타난다."

(AN 4:128)

o2　만족, 위험, 벗어남

1) 깨닫기 전

"비구들이여, 내가 깨닫기 전 보살로서 완전한 깨달음을 얻지 못했을
때 이런 생각이 들었다. '세상의 만족은 무엇이고, 세상의 위험은 무
엇이며, 세상에서 벗어나는 방법은 무엇인가?' 그러자 이런 생각이
들었다. '세상의 모든 쾌락과 기쁨이 세상의 만족이다. 세상은 무상하
고 괴롭고 변하기 마련인데 이것이 세상의 위험이다. 세상에 대한 욕
망과 탐욕을 버리고 없애는 것이 세상에서 벗어나는 것이다.'

"비구들이여, 내가 세상의 만족을 만족으로, 위험을 위험으로, 벗
어남을 벗어남으로 있는 그대로 바로 알지 못했다면 천신과 마라와
범천이 사는 천상 세계와 수행자와 브라만이 속한 인간 세상의 모든
천신과 인간 가운데 위없는 완전한 깨달음을 얻었다고 선언하지 않
았을 것이다.

"하지만 내가 이를 있는 그대로 바로 보았기 때문에, 천신과 마라
와 범천이 사는 천상 세계와 수행자와 브라만이 속한 인간 세상의 모

325

든 천신과 인간 가운데 위없는 완전한 깨달음을 얻었다고 선언했다. '흔들리지 않는 마음의 해탈을 얻었다. 이것이 나의 마지막 생으로 다시 태어나지 않으리.'라는 눈과 앎이 나에게 생겼다."

(AN 3:101)

2) 구도의 여정

"비구들이여, 나는 세상의 만족을 찾아 길을 떠났다. 그리고 세상의 갖가지 만족을 다 보았다. 나는 세상의 만족이 어디까지 미칠 수 있는지 지혜의 눈으로 분명히 보았다.

"나는 세상의 위험을 찾아 길을 떠났다. 그리고 세상의 갖가지 위험을 다 보았다. 나는 세상의 위험이 어디까지 미칠 수 있는지 지혜의 눈으로 분명히 보았다.

"나는 세상에서 벗어남을 찾아 길을 떠났다. 그리고 세상의 갖가지 벗어남을 다 보았다. 나는 세상에서 벗어남이 어디까지 미칠 수 있는지 지혜의 눈으로 분명히 보았다."

(AN 3:101)

3) 만약 만족이 없다면

"비구들이여, 만약 세상에 만족이 없다면 중생들이 세상에 마음이 현혹되지 않을 것이다. 세상에 만족이 있기 때문에 중생들이 세상에 현혹된다.

"비구들이여, 만약 세상에 위험이 없다면 중생들이 세상에 환멸을 느끼지 않을 것이다. 세상에 위험이 있기 때문에 중생들이 세상에 환멸을 느낀다.

"세상에 벗어남이 없다면, 중생들은 세상에서 벗어날 수 없다. 세상에 벗어남이 있기 때문에 중생들이 세상에서 벗어날 수 있다."

(AN 3:102)

03 집착의 대상에 대한 바른 이해

1. 나는 이와 같이 들었다. 한때 세존께서 사왓티에서 아나타삔디까 장자가 기증한 기원정사에 머물고 계셨다.

2. 어느 날 아침 여러 비구들이 옷을 입고, 발우와 가사를 챙겨 사왓티로 탁발을 나갔다. 그리고 '사왓티에서 탁발을 하기에 아직 시간이 이르다. 다른 교단의 유행승들이 머무는 숲에 들러보는 것이 좋겠다.'고 생각하고 다른 교단의 유행승들이 머무는 숲에 가 인사를 나누었다. 공손하고 정다운 대화를 마치고 비구들이 한쪽에 앉자 유행승들이 말했다.

3. "벗들이여, 고따마 존자께서 감각적 쾌락을 완전히 깨닫고 설하시듯 저희도 그러합니다. 고따마 존자께서 육체를 완전히 깨닫고 설하시듯 저희도 그러합니다. 고따마 존자께서 느낌을 완전히 깨닫고 설하시듯 저희도 그러합니다. 벗들이여, 그렇다면 고따마 존자의 교법과 우리의 교법이 어떻게 구분되고, 차별되며, 다릅니까?"[46]

---

46 완전히 깨달았다는 것은 극복, 버림을 뜻한다. 다른 교단의 유행승들은 감각적 욕

4. 그러자 비구들은 유행승들의 말에 동의하지도, 부인하지도 않았다. 어떤 응답도 하지 않은 채 '이 질문의 의미를 세존께 직접 여쭤봐야겠다.'고 생각하며 자리에서 일어나 길을 나섰다.

5. 비구들은 사왓티에서 탁발을 마치고 돌아와 공양 후 세존을 찾아뵈었다. 예경드리고 한쪽에 앉아 무슨 일이 있었는지 자초지종을 말씀드렸다. 세존께서 말씀하셨다.

6. "비구들이여, 다른 교단의 유행승들이 그렇게 말한다면 이렇게 물어야 한다. '벗들이여, 감각적 쾌락의 만족, 위험, 벗어남이 무엇입니까? 육체의 만족, 위험, 벗어남이 무엇입니까? 느낌의 만족, 위험, 벗어남이 무엇입니까?' 다른 교단의 유행승들은 이 질문에 제대로 대답하지 못하고 혼란에 빠질 것이다. 이는 그들의 영역이 아니기 때문이다. 비구들이여, 천신, 마라, 범천 등의 천상 세계와 수행자와 브라만이 속한 인간 세계의 모든 천신과 인간들 가운데 여래와 여래의 제자, 여래의 제자의 제자를 제외하고 이 질문에 흡족하게 대답할 수 있는 이를 나는 단 한 명도 보지 못했다.

감각적 쾌락

7. (i) "비구들이여, 감각적 쾌락의 만족은 무엇인가? 감각적 쾌락

망의 완전한 깨달음을 초선初禪으로 본다. 물질의 완전한 깨달음을 사무색정으로 본다. 느낌의 완전한 깨달음을 마음이 잠시 멈춘 상태인 무상유정천無想有情天으로 본다. 부처님은 감각적 욕망을 완전히 깨달은 것을 불환향으로, 물질과 느낌을 완전히 깨달은 것을 아라한향으로 보았다.

에는 다섯 가지가 있으니 이 다섯 가지는 무엇인가? 눈으로 인식되는 형색이 첫 번째로 욕망하고, 바라고, 잘 맞고, 마음에 들기 때문에 감각적 쾌락의 대상이 되며 더 많은 욕망을 부추긴다. 귀로 인식되는 소리가 두 번째로 … 코로 인식되는 냄새가 세 번째로 … 혀로 인식되는 맛이 네 번째로 … 몸으로 인식되는 촉감이 다섯 번째로 욕망하고, 바라고, 잘 맞고, 마음에 들기 때문에 감각적 쾌락의 대상이 되며 더 많은 욕망을 부추긴다. 이상이 다섯 가지 감각적 쾌락으로 이 다섯 가지를 연하여 일어나는 즐거움과 기쁨을 감각적 쾌락의 만족이라고 말한다.

8. (ii) "비구들이여, 감각적 쾌락의 위험은 무엇인가? 비구들이여, 일족의 자손이 숫자, 계산, 셈, 농사, 장사, 목축, 무예, 관직 등 어떤 기술을 가지고 생계를 이어갈 때 추위와 더위에 맞서야 한다. 쇠파리와 모기, 비바람과 햇볕, 기어다니는 벌레들에 몸이 상하기도 하고 굶주림과 갈증으로 죽음에 이를 수도 있다. 이것이 감각적 쾌락의 위험이며, 이번 생에 보고 느낄 수 있는 괴로움의 덩어리이다. 감각적 쾌락이 그 원인이자, 근원이며, 토대로 바로 감각적 쾌락이 원인이다.

9. "일족의 자손이 이렇게 노력하고 애쓰며 일해도 재산을 모을 수 없다면 그는 슬퍼하고, 서러워하고, 한탄한다. 눈물을 흘리며 가슴을 치고 어찌할 바를 모른다. '나의 모든 수고가 헛되고, 나의 모든 노력이 결실을 맺지 못했구나!'라며 울부짓는다. 이것이 감각적 쾌락의 위험이며, 이번 생에 보고 느낄 수 있는 괴로움의 덩어리이다. 감각적 쾌락이 그 원인이자, 근원이며, 토대로 바로 감각적 쾌락이 원인

이다.

10. "일족의 자손이 이렇게 노력하고 애쓰며 일해서 재산을 모았다 하여도 그 재산을 지키기 위해 고통과 슬픔을 감수해야 한다. '이 재산을 어떻게 하면 왕이나 도둑에게 빼앗기지 않고, 화재에 소실되지 않고, 홍수에 떠내려가지 않고, 먼 친척들이 상속받지 않게 할까?' 궁리하며 밤을 지새운다. 재산을 아무리 지키고 보호해도 결국 왕이나 도둑에게 재산을 빼앗기고, 화재에 소실되고, 홍수에 떠내려가고, 먼 친척들이 상속받는 일이 생긴다. 그러면 그는 슬퍼하고, 서러워하고, 한탄한다. 눈물을 흘리며 가슴을 치고 어찌할 바를 모른다. '이제 한 푼도 없구나!'라며 울부짖는다. 이 또한 감각적 쾌락의 위험이며, 이번 생에 보고 느낄 수 있는 괴로움의 덩어리이다. 감각적 쾌락이 그 원인이자, 근원이며, 토대로 바로 감각적 쾌락이 원인이다.

11. "또 감각적 쾌락이 원인이 되어 … 왕은 왕과 싸우고, 끄샤뜨리야는 끄샤뜨리야와 싸우며, 브라만은 브라만과 싸우고, 재가자는 재가자와 싸운다. 어머니가 아들과 싸우고, 아들이 어머니와 싸우며, 아버지가 아들과 싸우고, 아들이 아버지와 싸운다. 형과 아우가 싸우고, 오빠와 누이가 싸우며, 동생이 누나와 싸우고, 친구가 친구와 싸운다. 언쟁과 다툼과 논쟁을 벌이며 주먹으로, 돌멩이로, 막대기로, 칼로 서로를 공격하여 죽이거나 치명적인 상해를 입힌다. 이 또한 감각적 쾌락의 위험이며, 이번 생에 보고 느낄 수 있는 괴로움의 덩어리이다. 감각적 쾌락이 그 원인이자, 근원이며, 토대로 바로 감각적 쾌락이 원인이다.

12. "또 감각적 쾌락이 원인이 되어 … 남자들은 검과 방패를 손에 들고, 화살과 화살통을 둘러메고 전쟁터로 나아간다. 두 진영 사이에 화살과 창이 날아다니고, 검들이 날카롭게 부딪힌다. 화살과 창에 맞아 치명적인 상해를 입거나 검에 목이 날아가 목숨을 잃는다. 이 또한 감각적 쾌락의 위험이며, 이번 생에 보고 느낄 수 있는 괴로움의 덩어리이다. 감각적 쾌락이 그 원인이자, 근원이며, 토대로 바로 감각적 쾌락이 원인이다.

13. "또 감각적 쾌락을 원인으로 … 남자들은 검과 방패를 손에 들고, 화살과 화살통을 둘러메고 미끄러운 요새로 나아간다. 화살과 창이 날아다니고, 검들이 날카롭게 부딪힌다. 화살과 창에 부상을 입거나, 끓는 물에 삼기거나, 무거운 돌에 깔리거나, 검에 목이 날아간다. 모두 죽거나 치명적인 상해를 입는다. 이 또한 감각적 쾌락의 위험이며, 이번 생에 보고 느낄 수 있는 괴로움의 덩어리이다. 감각적 쾌락이 그 원인이자, 근원이며, 토대로 바로 감각적 쾌락이 원인이다.

14. "또 감각적 쾌락을 원인으로 … 남자들은 남의 집에 몰래 침입하고, 남의 재산을 훔치며, 강도짓을 하고, 큰길에서 습격하며, 남편이 있는 여자를 유혹한다. 왕이 이들을 잡아서 다양한 방식으로 고문하니 … 죽거나 치명적인 상해를 입는다. 이 또한 감각적 쾌락의 위험이며, 이번 생에 보고 느낄 수 있는 괴로움의 덩어리이다. 감각적 쾌락이 그 원인이자, 근원이며, 토대로 바로 감각적 쾌락이 원인이다.

15. "또 감각적 쾌락을 원인으로 … 사람들은 몸, 말, 마음으로 옳지 못한 행동을 즐겨 한다. 그러다가 죽어서 몸이 흩어지면 비참한 곳,

고통스러운 세계, 삼악도, 지옥에 태어난다. 이는 감각적 쾌락의 위험이며, 다음 생에 보고 느낄 수 있는 괴로움의 덩어리이다.[47] 감각적 쾌락이 그 원인이자, 근원이며, 토대로 바로 감각적 쾌락이 원인이다.

16. (iii) "비구들이여, 감각적 욕망에서 벗어남은 무엇인가? 욕망과 탐욕을 없애는 것, 감각적 쾌락에 대한 욕망과 탐욕을 버리는 것이다.

17. "감각적 쾌락의 만족을 만족으로, 위험을 위험으로, 벗어남을 벗어남으로 있는 그대로 알지 못하는 수행자와 브라만들이 스스로 감각적 쾌락을 완전히 깨달았다든가, 다른 이들이 감각적 쾌락을 완전히 깨닫도록 가르친다는 것은 불가능하다. 감각적 쾌락의 만족을 만족으로, 위험을 위험으로, 벗어남을 벗어남으로 있는 그대로 아는 수행자들과 브라만들만이 스스로 감각적 쾌락을 완전히 깨달아서 다른 이들도 감각적 쾌락을 완전히 깨닫도록 가르칠 수 있다.

육체

18. (i) "비구들이여, 육체의 만족은 무엇인가? 끄샤뜨리야, 브라만, 또는 일반 재가자 가운데 15세에서 16세 정도 되는 소녀가 키가 너무 크지도 작지도 않고, 몸이 너무 마르지도 뚱뚱하지도 않으며, 피부색이 너무 어둡지도 희지도 않다고 생각해 보아라. 이 소녀의 미

---

47 앞 문단에서 설명하고 있는 감각적 욕망의 위험은 이번 생에 보고 느낄 수 있는 괴로움의 덩어리이고 이 문단에서의 감각적 욕망의 위험은 다음 생에 보고 느낄 수 있는 괴로움의 덩어리로 설명하고 있다.

333

모와 아름다움이 절정에 이르지 않았느냐?" – "그렇습니다, 세존이시여." – "그 미모와 아름다움을 연하여 일어나는 즐거움과 기쁨이 육체에서 느끼는 만족이다.

19. (ii) "비구들이여, 육체의 위험은 무엇인가? 세월이 흐른 뒤 이 소녀가 80, 90, 100살이 되면 늙어서 등이 서까래처럼 굽고 꼬부랑하여 지팡이를 짚은 몸이 흔들흔들 할 것이다. 시들고, 쇠약하며, 이는 다 빠지고, 쇤 머리카락은 빠져서 성글며, 얼굴은 주름투성이고, 온몸에 저승꽃이 필 것이다. 비구들이여, 어떻게 생각하느냐? 젊었을 때의 미모와 아름다움은 사라지고, 육체의 위험만이 분명하지 않은가?" – "그렇습니다, 세존이시여." – "비구들이여, 이것이 육체의 위험이다.

20. "또 중병이 들면 극심한 고통 속에서 대소변을 가리지 못하고 다른 사람들의 손에 들려 침상에 옮겨진다. 비구들이여, 어떻게 생각하느냐? 젊었을 때의 미모와 아름다움은 사라지고, 육체의 위험만이 분명하지 않은가?" – "그렇습니다, 세존이시여." – "비구들이여, 이 또한 육체의 위험이다.

21. "죽고 나서 묘지에 버려진 시체는 하루, 이틀, 삼 일이 지나면 부풀어 오르고, 변색되며, 피고름이 흘러나올 것이다. 비구들이여, 어떻게 생각하느냐? 젊었을 때의 미모와 아름다움은 사라지고, 육체의 위험만이 분명하지 않은가?" – "그렇습니다, 세존이시여." – "비구들이여, 이 또한 육체의 위험이다.

22-29. "또 시체를 묘지에 버려두면 까마귀, 매, 독수리, 개, 자칼,

온갖 벌레들이 살을 파 먹을 것이다. … 살과 피가 묻은 해골이 힘줄로 붙어있을 것이다. … 살은 썩어 없어지고 피만 묻은 해골이 힘줄로 붙어있을 것이다. … 살도 피도 없는 해골만 힘줄로 붙어있을 것이다. … 나중에는 사방으로 유골이 흩어져 여기에 손뼈, 저기에 발뼈, 여기에 정강이뼈, 저기에 허벅지뼈, 여기에 엉덩이뼈, 저기에 등뼈, 여기에 두개골이 널려져 있을 것이다. … 뼈들이 조개 껍데기처럼 하얗게 색이 바랄 것이다. … 뼈들이 무더기를 이룰 것이다. … 일년이 지나자 뼈가 썩어서 가루처럼 부서질 것이다. 비구들이여, 어떻게 생각하느냐? 젊었을 때의 미모와 아름다움은 사라지고, 육체의 위험만이 분명하지 않은가?" - "그렇습니다, 세존이시여." - "비구들이여, 이 또한 육체의 위험이다.

30. (iii) "비구들이여, 육체에서 벗어남은 무엇인가? 욕망과 탐욕을 없애는 것, 바로 육체에 대한 욕망과 탐욕을 버리는 것이 육체에서 벗어남이다.

31. "육체의 만족을 만족으로, 위험을 위험으로, 벗어남을 벗어남으로 있는 그대로 알지 못하는 수행자와 브라만들이 스스로 육체를 완전히 깨달았다든가, 다른 이들이 육체를 완전히 깨닫도록 가르친다는 것은 불가능하다. 육체의 만족을 만족으로, 위험을 위험으로, 벗어남을 벗어남으로 있는 그대로 아는 수행자들과 브라만들만이 스스로 육체를 완전히 깨달아서 다른 이들도 육체를 완전히 깨닫도록 가르칠 수 있다.

느낌

32. (i) "비구들이여, 느낌에 대한 만족은 무엇인가? 비구는 감각적 쾌락을 멀리하고, 불선한 상태를 멀리하여 첫 번째 선정에 들어가 머문다. 일으킨 생각과 지속적인 고찰이 있고, 멀리함으로 생긴 희열과 행복이 있다. 자신의 고통을 의도하지 않고, 타인의 고통을 의도하지 않으며, 자신과 타인의 고통 모두 의도하지 않는다. 모든 고통에서 벗어난 느낌만 존재한다. 느낌에 대한 최상의 만족은 고통에서 벗어난 느낌이라고 나는 말한다.

33-35. "일으킨 생각과 지속된 고찰이 가라앉으면 비구는 두 번째 선정에 들어가 머문다. … 희열이 사라지면서 … 비구는 세 번째 선정에 들어가 머문다. … 즐거움과 괴로움을 버리고 … 비구는 네 번째 선정에 들어가 머문다. … 자신의 고통을 의도하지 않고, 타인의 고통을 의도하지도 않으며, 자신과 타인의 고통 모두 의도하지 않는다. 모든 고통에서 벗어난 느낌만 존재한다. 느낌에 대한 최상의 만족은 고통에서 벗어난 느낌이라고 나는 말한다.

36. (ii) "비구들이여, 느낌의 위험은 무엇인가? 느낌은 무상하고, 괴롭고, 변하기 마련이다. 이것이 느낌의 위험이다.

37. (iii) "비구들이여, 느낌에서 벗어남은 무엇인가? 욕망과 탐욕을 없애는 것, 바로 느낌에 대한 욕망과 탐욕을 버리는 것이 느낌에서 벗어남이다.

38. "느낌의 만족을 만족으로, 위험을 위험으로, 벗어남을 벗어남으로 있는 그대로 알지 못하는 수행자와 브라만들이 스스로 느낌을

완전히 깨달았다든가, 다른 이들이 느낌을 완전히 깨닫도록 가르친 다는 것은 불가능하다. 느낌의 만족을 만족으로, 위험을 위험으로, 벗 어남을 벗어남으로 있는 그대로 아는 수행자들과 브라만들만이 스 스로 느낌을 완전히 깨달아서 다른 이들도 느낌을 완전히 깨닫도록 가르칠 수 있다."

세존께서 이와 같이 설하시자 비구들은 만족하고 기뻐했다.

(MN 13)

04 감각적 쾌락의 함정

1) 세간사를 끊음

뽀딸리아 장자가 세존께 여쭈었다.

"세존이시여, 깨달은 이의 수행법에서는 세간사를 어떻게 완전하고도 철저하게 끊습니까? 세존께서 가르쳐 주시기를 간청드립니다. 깨달은 이의 수행법에서는 세간사를 어떻게 완전하고도 철저하게 끊는지 알려주십시오."

"장자여, 그렇다면 자세히 들으라. 내가 설하겠다."

"네, 세존이시여!" 뽀딸리아 장자가 대답했다.

세존께서 다음과 같이 말씀하셨다.

15. "장자여, 굶주려 야윈 개 한 마리가 푸줏간 옆에서 기다리고 있다고 생각해 보아라. 능숙한 백정이나 그 조수가 뼈다귀 하나를 살점 하나 붙이지 않고 깨끗하게 발라 피만 묻혀 그 개에게 던져 준다면, 장자여, 어떻게 생각하느냐? 그 개가 그렇게 살점 하나 붙지 않게 깨끗하게 발린 피 묻은 뼈다귀를 씹어 먹고 주린 배를 채워 기운을 차

리겠는가?"

"아닙니다, 세존이시여. 살점 하나 붙이지 않고 깨끗하게 발린 피 묻은 뼈다귀로 그럴 수 없습니다. 그 개는 결국 기운만 빠지고 실망할 것입니다."

"장자여, 마찬가지로 부처님의 제자도 이렇게 생각한다. '세존께서는 뼈다귀의 비유를 들어 감각적 쾌락에는 많은 고통과 절망이 따르며, 훨씬 더 많은 위험이 도사리고 있다고 말씀하셨다.' 바른 지혜로 이와 같이 있는 그대로 보았기 때문에 다양한 감각적 쾌락으로 인한 평정을 물리치고 제4선의 평정만을 닦아서 세속에서 추구하는 모든 육욕에 대한 집착이 남김없이 소멸한다.

16. "장자여, 독수리, 왜가리, 매가 고기 한 덩이를 물고 멀리 날아가면 다른 독수리, 왜가리, 매가 쫓아가서 부리로 쪼고 발톱으로 할퀼 것이다. 장자여, 어떻게 생각하느냐? 처음 고기를 물고간 독수리, 왜가리, 매가 그 고기를 빨리 포기하지 않으면 죽음에 이르거나 끔찍한 고통을 겪지 않겠느냐?"

"그렇습니다, 세존이시여."

"장자여, 마찬가지로 부처님의 제자도 이렇게 생각한다. '세존께서는 고기 덩어리의 비유를 들어 감각적 쾌락에는 많은 고통과 절망이 따르며, 훨씬 더 많은 위험이 도사리고 있다고 말씀하셨다.' 바른 지혜로 이와 같이 있는 그대로 보았기 때문에 … 모든 육욕에 대한 집착이 남김없이 소멸한다.

17. "장자여, 어떤 이가 불타는 횃불을 손에 쥐고 바람이 불어오는

쪽으로 걸어간다고 생각해 보아라. 장자여, 어떻게 생각하느냐? 이 사람이 횃불을 빨리 놓지 않으면 손이나 팔, 또는 몸의 한 부분이 화상을 입어 그 때문에 죽음에 이르거나 끔찍한 고통을 겪지 않겠느냐?"

"그렇습니다, 세존이시여."

"장자여, 마찬가지로 부처님의 제자도 이렇게 생각한다. '세존께서는 불타는 횃불의 비유를 들어 감각적 쾌락에는 많은 고통과 절망이 따르며, 훨씬 더 많은 위험이 도사리고 있다고 말씀하셨다.' 바른 지혜로 이와 같이 있는 그대로 보았기 때문에 … 모든 육욕에 대한 집착이 남김없이 소멸한다.

18. "장자여, 사람 키보다 훨씬 깊이 판 숯불 구덩이에 연기도 불꽃도 없는 벌건 숯이 가득하다고 생각해 보아라. 살고 싶지 죽기 싫으며, 즐거움을 원하지 괴로움은 밀어내는 어떤 사람을 건장한 두 남자가 한쪽 팔씩 잡고 그 숯불 구덩이로 끌고 간다면, 장자여, 어떻게 생각하느냐? 그 남자가 이리저리 몸부림치지 않겠느냐?"

"그렇습니다, 세존이시여. 그 숯불 구덩이에 빠지게 되면 죽음에 이르거나 끔찍한 고통을 겪는다는 것을 알기 때문입니다."

"장자여, 마찬가지로 부처님의 제자도 이렇게 생각한다. '세존께서는 숯불 구덩이의 비유를 들어 감각적 쾌락에는 많은 고통과 절망이 따르며, 훨씬 더 많은 위험이 도사리고 있다고 말씀하셨다.' 바른 지혜로 이와 같이 있는 그대로 보았기 때문에 … 모든 육욕에 대한 집착이 남김없이 소멸한다.

19. "장자여, 어떤 이가 꿈속에서 아름다운 숲과 동산, 목초지, 호수를 보았는데 잠에서 깨니 아무것도 없었다. 마찬가지로 부처님의 제자도 이렇게 생각한다. '세존께서는 꿈의 비유를 들어 감각적 쾌락에는 많은 고통과 절망이 따르며, 훨씬 더 많은 위험이 도사리고 있다고 말씀하셨다.' 바른 지혜로 이와 같이 있는 그대로 보았기 때문에 … 모든 육욕에 대한 집착이 남김없이 소멸한다.

20. "장자여, 어떤 이가 고급 마차와 화려한 보석 귀걸이를 빌려서 그 빌린 물건들을 앞세워 저잣거리로 갔다. 사람들이 그를 보고 '저 사람은 부유하구나! 부자들은 저렇게 부를 누리는구나!'라고 감탄했지만 물건의 주인들이 알아보고 모두 되찾아갔다. 장자여, 어떻게 생각하느냐? 물건을 빌린 사람이 낙담하겠느냐?"

"그렇습니다, 세존이시여. 주인들이 물건을 되찾아갔기 때문입니다."

"장자여, 마찬가지로 부처님의 제자도 이렇게 생각한다. '세존께서는 빌린 물건을 비유로 들어 감각적 쾌락에는 많은 고통과 절망이 따르며, 훨씬 더 많은 위험이 도사리고 있다고 말씀하셨다.' 바른 지혜로 이와 같이 있는 그대로 보았기 때문에 … 모든 육욕에 대한 집착이 남김없이 소멸한다.

21. "장자여, 마을에서 멀지 않은 울창한 숲에 과일이 열린 나무가 있었는데 과일이 아직 땅에 떨어지지 않았다. 과일이 필요한 한 남자가 과일을 찾아 헤매다가 숲속에 들어가 그 나무를 보았다. 그리고 '이 나무에 과일이 열렸는데 아직 땅에 떨어지지 않았다. 나는 나무

를 탈 줄 아니 이 나무를 타고 올라가 과일을 먹고 싶은 만큼 실컷 먹고 가방도 채워야겠다.'라고 생각하고 그렇게 했다. 과일이 필요한 두 번째 남자가 날카로운 도끼를 가지고 과일을 찾아 헤매다가 숲속에 들어가 또 그 나무를 보았다. 그리고 '이 나무에 과일이 열렸는데 아직 땅에 떨어지지 않았다. 나는 나무를 탈 줄 모르니 나무를 밑동에서 잘라 과일을 실컷 먹고 가방도 채워야겠다.'라고 생각하고 그렇게 했다. 장자여, 어떻게 생각하느냐? 나무를 타고 올라간 첫 번째 남자가 빨리 내려오지 않으면 나무가 쓰러질 때 손이나 발, 몸의 한 부분이 부러지지 않겠는가? 죽음에 이르거나 끔찍한 고통을 겪지 않겠느냐?"

"그렇습니다, 세존이시여."

"장자여, 마찬가지로 부처님의 제자도 이렇게 생각한다. '세존께서는 나무에 열린 과일의 비유를 들어 감각적 쾌락에는 많은 고통과 절망이 따르며, 훨씬 더 많은 위험이 도사리고 있다고 말씀하셨다.' 바른 지혜로 이와 같이 있는 그대로 보았기 때문에 다양한 감각적 쾌락으로 인한 평정을 물리치고 제4선의 평정만을 닦아서 세속에서 추구하는 모든 육욕에 대한 집착이 남김없이 소멸한다."

(MN 54)

2) 감각적 쾌락의 열병

10. "마간디야여, 내가 이전에 출가하기 전 재가자였을 때, 다섯 가

지 감각적 쾌락을 풍족하게 누리며 살았다. 바라고, 욕망하고, 잘 맞고, 마음에 드는 형상을 눈으로 … 소리를 귀로 … 냄새를 코로 … 맛을 입으로 … 감촉을 몸으로 향유했다. 이 감각적 욕망의 대상들은 계속해서 더 많은 욕망을 불러일으켰다. 나는 세 개의 궁전을 소유하고 우기와 겨울, 여름 별장으로 사용했다. 우기에는 우기용 궁전에서 4개월 동안 머물며 여자들에 둘러싸여 음악에 심취했고 다른 궁전에는 가보지 않았다.

"이후에 감각적 쾌락의 발생과 소멸, 만족과 위험, 벗어남을 있는 그대로 알게 된 후 감각적 쾌락에 대한 욕망을 버리고, 감각적 쾌락이라는 열병을 떨치고, 갈망 없이 편안한 마음으로 머물렀다. 감각적 쾌락에 대한 탐욕에 사로잡히고, 감각적 욕망에 마음이 뺏기고, 감각적 쾌락의 열병에 불타오르고, 감각적 쾌락을 탐닉하는 사람을 보아도 나는 그들을 부러워하지도, 좋아하지도 않았다. 그 이유는 마간디야여, 감각적 쾌락도 아니고, 그릇된 법도 아닌 지극한 행복을 능가하는 즐거움이 있기 때문이다. 그러한 즐거움을 누리기 때문에 나는 열등한 것을 부러워하지도 기뻐하지도 않는다.

II. "마간디야여, 장자나 장자의 아들이 부유하고, 넉넉하고, 윤택해서 다섯 가지 감각적 쾌락을 풍족하게 누리며 산다고 생각해 보아라. 바라고, 욕망하고, 잘 맞고, 마음에 드는 형상을 눈으로 … 소리를 귀로 … 냄새를 코로 … 맛을 입으로 … 감촉을 몸으로 향유할 것이다. 이 감각적 욕망의 대상들은 계속해서 더 많은 욕망을 불러일으킬 것이다. 이들은 몸, 말, 마음으로 올바르게 행동한 덕분에 죽어서 몸

343

이 흩어지면 행복한 곳, 천상 세계에 다시 태어날 수도 있다. 도리천의 신들의 무리에 태어나 난다나 동산에서 정령들에 둘러싸여 다섯 가지 천상의 쾌락을 풍족하게 즐길 수도 있을 것이다. 이러한데 이들이 재가자 또는 재가자의 아들이 인간의 다섯 가지 감각적 쾌락을 풍족히 즐기는 것을 본다면 마간디야여, 어떻게 생각하느냐? 난다나 동산에서 정령들에 둘러싸여 다섯 가지 천상의 쾌락을 향유하는 젊은 천신이 재가자나 재가자의 아들이 즐기는 인간의 다섯 가지 감각적 쾌락을 부러워하겠느냐? 그 인간들의 감각적 쾌락에 매력을 느끼겠느냐?"

"고따마 존자시여, 아닙니다. 천상의 쾌락은 인간의 감각적 쾌락보다 뛰어나고 지극하기 때문입니다."

12. "마간디야여, 마찬가지로 내가 이전에 출가하기 전 재가자였을 때, 다섯 가지 감각적 쾌락을 풍족하게 누리며 살았다. 바라고, 욕망하고, 잘 맞고, 마음에 드는 형상을 눈으로 … 소리를 귀로 … 냄새를 코로 … 맛을 입으로 … 감촉을 몸으로 향유했다. 이 감각적 욕망의 대상들은 계속해서 더 많은 욕망을 불러일으켰다. 이후에 감각적 쾌락의 발생과 소멸, 만족과 위험, 벗어남을 있는 그대로 알게 된 후 감각적 쾌락에 대한 욕망을 버리고, 감각적 쾌락이라는 열병을 떨치고, 갈망 없이 편안한 마음으로 머물렀다. 감각적 쾌락에 대한 탐욕에 사로잡히고, 감각적 욕망에 마음이 뺏기고, 감각적 쾌락의 열병에 불타오르고, 감각적 쾌락을 탐닉하는 사람을 보아도 나는 그들을 부러워하지도, 좋아하지도 않았다. 그 이유는 마간디야여, 감각적 쾌락도 아

니고, 그릇된 법도 아닌 지극한 행복을 능가하는 즐거움이 있기 때문이다. 그러한 즐거움을 누리기 때문에 나는 열등한 것을 부러워하지도 기뻐하지도 않는다.

13. "마간디야여, 어떤 나병환자가 온몸에 물집이 생기고 상처가 나서 벌레들이 버글거리고, 손톱으로 상처를 긁어서 딱지가 떨어져 나가며, 벌건 숯불 구덩이 위에 몸을 지져 상처를 치료한다고 생각해 보아라. 그러면 그의 친구들과 주변 사람들, 일가친척들이 의사를 불러서 그를 치료해 줄 것이다. 의사가 약을 지어주면 그는 약을 먹고 나병이 나을 것이다. 이제 다시 건강하고, 행복하며, 주체적이고, 삶의 주인이 되어서 가고 싶은 곳은 어디든 갈 수 있을 것이다. 그런데 다른 나병환자가 온몸에 물집이 생기고 상처가 나서 벌레들이 버글거리고, 손톱으로 상처를 긁어서 딱지가 떨어져 나가며, 벌건 숯불 구덩이 위에 몸을 지져 상처를 치료하는 것을 보았다면 마간디야여, 어떻게 생각하느냐? 병이 나은 사람이 다른 나병환자가 숯불 구덩이에 몸을 지지거나 약을 복용하는 것이 부럽겠느냐?"

"고따마 존자시여, 아닙니다. 아플 때는 약이 필요하지만 아프지 않으면 약이 필요없습니다."

14. "마간디야여, 내가 이전에 출가하기 전 재가자였을 때, … 그러한 즐거움을 누리기 때문에 나는 열등한 것을 부러워하지도 기뻐하지도 않는다.

15. "마간디야여, 어떤 나병환자가 온몸에 물집이 생기고 상처가 나서 벌레들이 버글거리고, 손톱으로 상처를 긁어서 딱지가 떨어져

345

나가며, 벌건 숯불 구덩이 위에 몸을 지져 상처를 치료한다고 생각해 보아라. 그러면 그의 친구들과 주변 사람들, 일가친척들이 의사를 불러서 그를 치료해 줄 것이다. 의사가 약을 지어주면 그는 약을 먹고 나병이 나을 것이다. 이제 다시 건강하고, 행복하며, 주체적이고, 삶의 주인이 되어서 가고 싶은 곳은 어디든 갈 수 있을 것이다. 그런데 건장한 두 남자가 와서 그의 두 팔을 잡고 벌겋게 타는 숯불 구덩이로 그를 끌고 간다면 마간디야여, 어떻게 생각하느냐? 그 남자가 이리저리 몸부림치지 않겠느냐?"

"고따마 존자시여, 그렇습니다. 불에 닿으면 뜨겁고, 쓰라리고, 고통스럽기 때문입니다."

"마간디야여, 어떻게 생각하느냐? 닿으면 뜨겁고, 쓰라리고, 고통스러운 것이 지금 이 불뿐이냐, 아니면 그전에도 불에 닿으면 뜨겁고, 쓰라리고, 고통스러웠느냐?"

"고따마 존자시여, 불은 지금도 닿으면 뜨겁고, 쓰라리고, 고통스러우며 그전에도 닿으면 뜨겁고, 쓰라리고, 고통스러웠습니다. 그 남자가 사지에 물집이 생기고 상처가 난 나병환자였을 때 몸에는 벌레들이 버글거리고, 손톱으로 상처 딱지를 긁어내며, 몸을 숯불 구덩이 위에 지져서 상처를 치료했습니다. 그때 그의 몸은 제 기능을 하지 못했기 때문에 실제로 불은 고통스럽지만 불이 쾌적하다고 잘못 생각한 것입니다."

16. "마간디야여, 과거에도 감각적 쾌락은 뜨겁고, 쓰라리고, 고통스러웠다. 미래에도 감각적 쾌락은 뜨겁고, 쓰라리고, 고통스러울 것

이다. 지금도 감각적 쾌락은 뜨겁고, 쓰라리고, 고통스럽다. 감각적 쾌락에 대한 탐욕에 사로잡히고, 감각적 욕망에 마음이 뺏기고, 감각적 쾌락의 열병에 불타오른 사람들은 감각적 기능이 손상되었기 때문에 감각적 쾌락은 사실 고통스럽지만 즐겁다고 잘못 인식하는 것이다.

17. "마간디야여, 어떤 나병환자가 온몸에 물집이 생기고 상처가 나서 벌레들이 버글거리고, 손톱으로 상처를 긁어서 딱지가 떨어져 나가며, 벌건 숯불 구덩이 위에 몸을 지져 상처를 치료한다고 생각해 보아라. 피딱지를 긁어낼수록, 몸을 불구덩이에 지질수록 심한 악취와 썩는 냄새가 진동하고, 상처는 곪을 것이지만 상처를 긁는 데 어느 정도의 만족과 즐거움을 느낄 것이다. 마간디야여, 감각적 쾌락에 대한 탐욕에 사로잡히고, 감각적 욕망에 마음이 뺏기고, 감각적 쾌락의 열병에 불타오르고, 감각적 쾌락을 탐닉하는 사람들도 마찬가지다. 감각적 쾌락에 심취할수록 감각적 쾌락에 대한 욕망은 커져 가고 감각적 쾌락의 열병은 깊어 가지만 다섯 가지 감각적 쾌락에 대한 어느 정도의 만족과 즐거움을 느낀다."

(MN 75)

347

05 짧고 무상한 삶

"비구들이여, 오래 전 아라까라는 다른 교단의 스승이 있었는데 감각적 욕망에서 벗어난 이였다. 그는 수백 명의 제자들에게 다음과 같이 가르쳤다.

"브라만들이여, 인간의 삶은 짧고, 유한하며, 금방 지나가고, 괴로움과 고난이 가득하다. 이를 지혜롭게 알아서 선한 일을 하고 청정한 삶을 살아야 한다. 태어난 이상 죽음을 피할 수 없다.

"풀잎에 맺힌 이슬방울이 해가 떠오르면 금세 사라져 영원하지 않은 것과 같다. 브라만들이여, 인간의 삶도 이슬방울처럼 그렇게 짧고, 유한하며, 금방 지나가고, 괴로움과 고난이 가득하다. 이를 지혜롭게 알아서 선한 일을 하고 청정한 삶을 살아야 한다. 태어난 이상 죽음을 피할 수 없다.

"하늘에서 굵은 빗방울이 떨어져 강물 표면에 닿으면 금세 사라져 영원하지 않은 것과 같다. 브라만들이여, 인간의 삶도 빗방울처럼 그렇게 짧고 … 태어난 이상 죽음을 피할 수 없다.

"막대기로 물 위에 선을 그리면 금세 사라져 영원하지 않은 것과 같다. 브라만들이여, 인간의 삶도 물 위의 선처럼 그렇게 짧고 … 태어난 이상 죽음을 피할 수 없다.

"멀리서부터 빠르게 흐르는 계곡물에 부유물이 휩쓸려 떠내려오면 잠시도 머물지 않고, 바로 그 즉시, 지체하지 않고, 소용돌이치며 흘러가는 것과 같다. 브라만들이여, 인간의 삶도 계곡물처럼 그렇게 짧고 … 태어난 이상 죽음을 피할 수 없다.

"건장한 사람이 혀끝에 모은 침을 힘들이지 않고 바로 뱉을 수 있는 것과 같다. 브라만들이여, 인간의 삶도 혀끝의 침처럼 그렇게 짧고 … 태어난 이상 죽음을 피할 수 없다.

"고기 한 덩이를 하루 종일 달군 철판 위에 올리면 금세 타버려 영원하지 않은 것과 같다. 브라만들이여, 인간의 삶도 고기 덩어리처럼 그렇게 짧고 … 태어난 이상 죽음을 피할 수 없다.

"도살장에 끌려온 소가 한 걸음 뗄 때마다 죽음에 가까워지는 것과 같다. 브라만들이여, 인간의 삶도 도살장에 끌려온 소처럼 그렇게 짧고, 유한하며, 금방 지나가고, 괴로움과 고난이 가득하다. 이를 지혜롭게 알아서 선한 일을 하고 청정한 삶을 살아야 한다. 태어난 이상 죽음을 피할 수 없다.'

"비구들이여, 당시 인간의 수명은 6만 살이었고, 여자들의 결혼 적령기는 5백 살이었다. 인간은 추위와 더위, 배고픔, 갈증, 대변, 소변 등의 여섯 가지 고통만 겪었다. 인간의 수명이 그렇게 길고, 여섯 가지 고통밖에 없었지만 스승 아라까는 제자들을 이렇게 가르쳤던 것이다. '인간의 삶은 짧고 ….'

349

"비구들이여, 지금은 정말로 '인간의 삶은 짧고 … .'라고 말할 수 있는 때이니 인간의 수명이 길어야 백 년을 조금 넘을 뿐이다. 백 년을 산다면 3백 번의 계절을 거치는데 백 번의 겨울, 백 번의 여름, 백 번의 우기가 지나간다. 이 3백 번의 계절에는 겨울이 사백 개월, 여름이 4백 개월, 우기가 4백 개월 하여 총 천2백 개의 달이 있다. 이 천2백 개의 달에는 겨울에 보름이 8백 번, 여름에 보름이 8백 번, 우기에 보름이 8백 번 하여 총 2천 4백 번의 보름이 있다.

"이 2천 4백 번의 보름에는 겨울 1만 2천일, 여름 1만 2천일, 우기 1만 2천일 하여 총 3만 6천 일이 있다. 3만 6천 일을 살면 겨울에 2만 4천 번, 여름에 2만 4천 번, 우기에 2만 4천 번 하여 총 7만 2천 번의 식사를 한다. 여기에는 어머니의 젖을 먹을 때와 식사를 거르는 때도 포함된다. 식사를 거르는 때란 마음이 불안하거나, 슬프거나, 몸이 아프거나, 단식을 하거나, 먹을 것이 하나도 없을 때를 말한다.

"비구들이여, 나는 백세의 삶을 수명의 길이, 계절의 횟수, 년수, 달수, 보름 수, 일수, 식사 횟수로 계산해 보았다.

"나는 이제 자비로운 스승이 제자들을 위하여 해야 할 일을 그대들을 위하여 모두 해 마쳤다. 비구들이여, 여기 나무 뿌리가 있고, 빈 집이 있다. 비구들이여, 수행하라. 게으르지 말라. 그렇지 않으면 나중에 후회하리라. 이것이 내가 그대들에게 주는 가르침이니라."

(AN 7:70)

06 네 가지로 요약한 가르침

26. 랏타빨라 존자가 꼬라뱌 왕이 소유한 미가찌라 정원의 나무 아래 앉아 날을 보내려고 생각했다.

27. 마침 꼬라뱌 왕이 정원 관리인에게 말했다.

"관리인이여, 미가찌라 정원을 깨끗이 청소하시오. 아름다운 정원의 경치를 구경하러 가겠소."

"폐하, 알겠습니다." 관리인이 대답했다.

관리인은 정원을 청소하면서 랏타빨라 존자가 나무 아래 앉아 날을 보내고 있는 것을 보았다. 그리고 꼬라뱌 왕에게 가서 보고했다.

"폐하시여, 미가찌라 정원 청소를 마쳤습니다. 그런데 왕께서 항상 칭송하시는 툴라꽂티타의 유망한 가문이 있지 않습니까? 그 자손인 랏타빨라 존자가 정원의 나무 아래에서 날을 보내고 있습니다."

"관리인이여, 아름다운 정원을 구경하는 것은 그만두고, 랏타빨라 존자를 친견하러 가야겠소."

28. 꼬라뱌 왕은 준비한 음식을 모두 나눠 주라고 명령한 뒤 왕궁의 마차를 여러 대 준비시켰다. 그중 한 대에 몸소 올라타니 나머지

351

마차가 그 뒤를 따랐다. 랏타빨라 존자를 뵙기 위해 왕가의 화려함을 갖춘 마차의 행렬이 툴라꼿티타 밖으로 이어졌다. 왕은 마차가 더 이상 지나갈 수 없는 곳에 이르자 마차에서 내려 고급 관료들을 앞세우고 존자가 있는 곳까지 걸어 갔다. 왕은 존자와 인사를 나눈 뒤 공손하고 정다운 이야기가 끝나자 한쪽에 서서 말했다.

"여기 코끼리 방석이 있습니다. 랏타빨라 존자께서는 여기에 앉으십시오."

"그럴 필요 없습니다. 대왕이시여! 앉으십시오. 저는 제 방석 위에 앉겠습니다."

꼬라뱌 왕은 자리에 앉은 후 여쭈었다.

29. "랏타빨라 존자시여, 네 가지 종류의 손해가 있습니다. 사람들이 이 네 가지 손해를 겪으면 머리카락과 수염을 자르고, 갈색 가사를 걸치고, 집을 나와 출가의 길로 나아가기도 합니다. 이 네 가지 손해는 늙음으로 인한 손해, 병으로 인한 손해, 재산의 손해, 일가 인척의 손해입니다.

30. "늙음으로 인한 손해란 무엇입니까? 랏타빨라 존자시여, 늙고, 나이 들고, 세월의 짐이 무겁고, 오래 살아서 마지막 순간이 가까운 사람은 이런 생각을 하게 됩니다. '나는 늙고, 나이 들고, 세월의 짐이 무겁고, 오래 살아서 마지막 순간이 가깝다. 이제 재산을 더 모으거나 모은 재산을 더욱 불리기는 어려운 일이다. 머리카락과 수염을 자르고, 갈색 가사를 걸치고, 집을 나와 출가의 길로 나아가는 것이 좋겠다.' 이 사람은 늙음으로 인한 손해를 겪었기 때문에 머리카락과

수염을 자르고, 갈색 가사를 걸치고, 집을 나와 출가의 길로 나아갑니다. 이것을 늙음으로 인한 손해라고 합니다. 존자께서는 인생의 절정기에 새까만 머리카락만큼이나 젊음의 기쁨이 충만합니다. 늙음으로 인한 손해를 겪지 않았습니다. 존자께서는 무엇을 보고, 듣고, 알아서 재가자의 삶을 버리고 집을 떠나 출가의 길로 나아간 것입니까?

31. "병으로 인한 손해는 무엇입니까? 랏타빨라 존자시여, 심각한 병에 걸려 괴롭고 고통스러운 사람은 이런 생각을 하게 됩니다. '나는 심각한 병에 걸려 괴롭고 고통스럽다. 내가 재산을 더 모으거나 … 출가의 길로 나아가는 것이 좋겠다.' 이 사람은 병으로 인한 손해를 겪었기 때문에 … 집을 나와 출가의 길로 나아갑니다. 이것을 병으로 인한 손해라고 합니다. 하지만 존자께서는 병도 없고 고통도 없습니다. 존자께서는 너무 차지도, 너무 뜨겁지도 않은 적당한 체온으로 소화를 잘 시킵니다. 병으로 인한 손해를 겪지 않았습니다. 존자께서는 무엇을 보고, 듣고, 알아서 재가자의 삶을 버리고 집을 떠나 출가의 길로 나아간 것입니까?

32. "재산의 손해는 무엇입니까? 랏타빨라 존자시여, 부유하고, 풍족하고, 윤택했지만 점차 재산이 줄어든 사람은 이런 생각을 하게 됩니다. '이전에 나는 부유하고, 풍족하고, 윤택했지만 점차 재산이 줄어들었다. 내가 재산을 더 모으거나 … 출가의 길로 나아가는 것이 좋겠다.' 이 사람은 재산의 손해를 겪었기 때문에 … 집을 나와 출가 생활로 나아갑니다. 이것을 재산의 손해라고 합니다. 하지만 존자께

353

서는 툴라꽂티타의 유망한 가문의 아들입니다. 재산의 손해를 겪지 않았습니다. 존자께서는 무엇을 보고, 듣고, 알아서 재가자의 삶을 버리고 집을 떠나 출가의 길로 나아간 것입니까?

33. "일가친척의 손해는 무엇입니까? 랏타빨라 존자시여, 친구도 많고, 지인도 많고, 일가친척들도 많았지만 주변 사람들이 점차 줄어든 사람은 이런 생각을 하게 됩니다. '이전에 나는 친구도 많고, 지인도 많고, 일가친척들이 많았지만 주변 사람들이 점차 줄어들었다. 내가 재산을 더 모으거나 … 출가의 길로 나아가는 것이 좋겠다.' 이 사람은 일가친척의 손해를 겪었기 때문에 … 집을 나와 출가의 길로 나아갑니다. 이것을 일가친척의 손해라고 합니다. 하지만 존자께서는 툴라꽂티타에 친구도 많고, 지인도 많고, 일가친척들도 많습니다. 일가친척의 손해를 겪지 않았습니다. 존자께서는 무엇을 보고, 듣고, 알아서 재가자의 삶을 버리고 집을 떠나 출가의 길로 나아간 것입니까?

34. "랏타빨라 존자시여, 네 가지 종류의 손해를 말씀드렸습니다. 사람들이 이 네 가지 손해를 겪으면 머리카락과 수염을 자르고, 갈색 가사를 걸치고, 집을 나와 출가의 길로 나아갑니다. 존자께서는 이 가운데 어떤 손해도 겪지 않으셨는데 무엇을 보고, 듣고, 알아서 재가자의 삶을 버리고 집을 떠나 출가의 길로 나아간 것입니까?"

35. "대왕이시여, 아라한이며 완전히 깨달은 이, 세존께서 알고 보아 가르치신 법을 네 가지로 요약한 것이 있습니다. 저는 이를 알고, 보고, 들었기 때문에 재가자의 삶을 버리고 집을 떠나 출가 생활로

나아갔습니다. 이 네 가지는 무엇입니까?

36. (1) "'어떤 세상에서든 삶은 불안정하고, 휩쓸려 가버린다.' 이것이 아라한이며 완전히 깨달은 이, 세존께서 알고 보아 가르치신 법을 네 가지로 요약한 것 중 첫 번째입니다. 저는 이를 알고, 보고, 들었기 때문에 재가자의 삶을 버리고 집을 떠나 출가의 길로 나아갔습니다.

(2) "'어떤 세상에서든 삶에는 피난처도 없고 보호자도 없다.' 이것이 아라한이며 완전히 깨달은 이, 세존께서 알고 보아 가르치신 법을 네 가지로 요약한 것 중 두 번째입니다. …

(3) "'어떤 세상에서든 삶에는 온전한 자기 것이 없다. 모든 것을 남겨 두고 떠나야 한다.' 이것이 아라한이며 완전히 깨달은 이, 세존께서 알고 보아 가르치신 법을 네 가지로 요약한 것 중 세 번째입니다. …

(4) "'어떤 세상에서든 삶은 불완전하고, 만족시킬 수 없으며, 욕망의 노예이다.' 이것이 아라한이며 완전히 깨달은 이, 세존께서 알고 보아 가르치신 법을 네 가지로 요약한 것 중 네 번째입니다. …

37. "대왕이시여, 이것이 아라한이며 완전히 깨달은 이, 세존께서 알고 보아 가르치신 법을 요약한 네 가지입니다. 저는 이를 알고, 보고, 들었기 때문에 재가자의 삶을 버리고 집을 떠나 출가의 길로 나아갔습니다."

38. "랏타빨라 존자께서는 '어떤 세상에서든 삶은 불안정하고, 휩쓸려 가버린다.'고 말씀하셨습니다. 이 말의 뜻을 어떻게 이해해야 합

니까?"

"대왕이시여, 어떻게 생각하십니까? 대왕께서 스무 살, 스물다섯 살이었을 때 코끼리를 잘 타셨습니까? 말을 잘 타셨습니까? 마차를 잘 모셨습니까? 활을 잘 쏘셨습니까? 검술에 뛰어나셨습니까? 팔과 다리가 튼실하고 건장해서 전투에 나갈 수 있었습니까?"

"랏타빨라 존자시여, 저는 정말 그러했습니다. 그때 저는 초능력이 있다고 할 정도였습니다. 힘으로 저를 대적할 자가 없었습니다."

"대왕이시여, 어떻게 생각하십니까? 지금도 팔과 다리가 튼실하고 건장해서 전투에 나갈 수 있으십니까?"

"아닙니다, 랏타빨라 존자시여. 저는 이제 나이 들고, 늙고, 세월의 짐이 무겁고, 오래 살아서 마지막 순간이 가깝습니다. 나이가 팔십이나 되었습니다. 발을 이쪽에 놓으려고 해도 저쪽에 가 있습니다."

"대왕이시여, 이것이 아라한이며 완전히 깨달은 이, 세존께서 알고 보아 '어떤 세상에서든 삶은 불안정하고, 휩쓸려 가버린다.'고 말씀하신 이유입니다. 저는 이를 알고, 보고, 들었기 때문에 재가자의 삶을 버리고 집을 떠나 출가의 길로 나아갔습니다."

"랏타빨라 존자시여, 아라한이며 완전히 깨달은 이, 세존께서 알고 보아 얼마나 잘 설명하셨는지 정말로 훌륭하고 경이롭습니다. '어떤 세상에서든 삶은 불안정하고, 휩쓸려 가버린다.' 정말로 그러합니다!

39. "랏타빨라 존자시여, 이 왕궁에는 코끼리 부대, 기병대, 전차부대, 보병대가 있어 어떤 위협이 닥쳐도 물리칠 수 있습니다. 그런데 랏타빨라 존자께서는 '어떤 세상에서든 삶에는 피난처도 없고 보호

자도 없다.'라고 말씀하셨습니다. 이 말의 뜻을 어떻게 이해해야 합니까?"

"대왕이시여, 어떻게 생각하십니까? 대왕께서는 어떤 만성 질환을 앓고 있습니까?"

"랏타빨라 존자시여, 저는 만성 풍병이 있습니다. 가끔 저의 친구들과 지인들, 일가친척들이 저의 침상을 둘러싸고 '이제 꼬라뱌 왕이 죽을 때가 되었다! 이제 꼬라뱌 왕이 죽을 때가 되었다!'고 말합니다."

"대왕이시여, 어떻게 생각하십니까? 친구와 지인들, 일가친척들에게 '이리 오시오, 나의 친구, 지인, 일가친척들이여! 여기 있는 여러분들 모두가 나의 고통을 함께 나누어 고통을 줄여 줄 수 있겠소?'라고 요청할 수 있습니까? 아니면 그 고통을 오로지 홀로 견뎌야 합니까?"

"랏타빨라 존자시여, 친구나 지인, 일가친척들에게 부탁할 수 없습니다. 저 혼자 견뎌야 합니다."

"대왕이시여, 이것이 아라한이며 완전히 깨달은 이, 세존께서 알고 보아 '어떤 세상에서든 삶에는 피난처도 없고 보호자도 없다.'고 말씀하신 이유입니다. 저는 이를 알고, 보고, 들었기 때문에 재가자의 삶을 버리고 집을 떠나 출가의 길로 나아갔습니다."

"랏타빨라 존자시여, 아라한이며 완전히 깨달은 이, 세존께서 알고 보아 얼마나 잘 설명하셨는지 정말로 훌륭하고 경이롭습니다. '어떤 세상에서든 삶에는 피난처도 없고 보호자도 없다.' 정말로 그러합

357

니다!

40. "랏타빨라 존자시여, 이 왕궁의 금고와 창고에는 금화와 금괴가 쌓여 있습니다. 랏타빨라 존자께서는 '어떤 세상에서든 삶에는 온전한 자기 것이 없다. 모든 것을 남겨 두고 떠나야 한다.'고 말씀하셨습니다. 이 말의 뜻을 어떻게 이해해야 합니까?"

"대왕이시여, 어떻게 생각하십니까? 대왕께서는 다섯 가지 감각적 쾌락을 풍족하게 누리고 계십니다. 하지만 앞으로 다시 태어날 삶에서도 다섯 가지 감각적 쾌락을 지금과 같이 풍족하게 누릴 것이라고 확신하실 수 있습니까? 아니면 이 재산은 모두 남은 사람들이 나눠 가지고 대왕은 업에 따라 다음 생으로 옮겨가겠습니까?"

"앞으로 다시 태어날 삶에서 어떤 일이 일어날지 확신할 수 없습니다, 랏타빨라 존자시여. 하지만 이 재산은 남은 사람들이 나눠 가지고 저는 업에 따라 다음 생으로 옮겨갈 것은 확실합니다."

"대왕이시여, 이것이 아라한이며 완전히 깨달은 이, 세존께서 알고 보아 '어떤 세상에서든 삶에는 온전한 자기 것이 없다. 모든 것을 남겨 두고 떠나야 한다.'고 말씀하신 이유입니다. 저는 이를 알고, 보고, 들었기 때문에 재가자의 삶을 버리고 집을 떠나 출가의 길로 나아갔습니다."

"랏타빨라 존자시여, 아라한이며 완전히 깨달은 이, 세존께서 알고 보아 얼마나 잘 설명하셨는지 정말로 훌륭하고 경이롭습니다. '어떤 세상에서든 삶에는 온전한 자기 것이 없다. 모든 것을 남겨 두고 떠나야 한다.' 정말로 그러합니다!

41. "랏타빨라 존자께서는 '어떤 세상에서든 삶은 불완전하고, 만족시킬 수 없으며, 욕망의 노예이다.'고 말씀하셨습니다. 이 말의 뜻을 어떻게 이해해야 합니까?"

"대왕이시여, 어떻게 생각하십니까? 대왕은 부유한 꾸루국을 다스리지 않습니까?"

"그렇습니다, 랏타빨라 존자시여."

"대왕이시여, 어떻게 생각하십니까? 신뢰할 수 있고 믿을 만한 사람이 동쪽에서 와 대왕께 이렇게 고합니다. '대왕이시여, 제가 동쪽에서 오는 길에 부강하고 영토가 넓으며 인구가 많은 나라를 보았습니다. 코끼리 부대, 기병대, 전차부대, 보병대의 전력이 강력하고, 코끼리 상아, 세공 전후의 금화와 금괴도 풍족하며, 여자들도 많았습니다. 지금 병력으로 충분히 정복하실 수 있으실 것입니다. 대왕이시여, 정복하십시오.'라고 말한다면 어떻게 하시겠습니까?"

"랏타빨라 존자시여, 그 나라를 정복하여 다스릴 것입니다."

"대왕이시여, 어떻게 생각하십니까? 신뢰할 수 있고 믿을 만한 사람이 서쪽에서 … 북쪽에서 … 남쪽에서 … 바다 건너에서 와 대왕께 이렇게 고합니다. '대왕이시여, 제가 바다 건너에서 오는 길에 부강하고 영토가 넓으며 … 대왕이시여, 정복하십시오.'라고 말한다면 어떻게 하시겠습니까?"

"랏타빨라 존자여, 그 나라를 정복하여 다스릴 것입니다."

"대왕이시여, 이것이 아라한이며 완전히 깨달은 이, 세존께서 알고 보아 '어떤 세상에서든 삶은 불완전하고, 만족시킬 수 없으며, 욕망의 노예이다.'고 말씀하신 이유입니다. 저는 이를 알고, 보고, 들었기 때문에 재가자의 삶을 버리고 집을 떠나 출가의 길로 나아갔습니다."

"랏타빨라 존자시여, 아라한이며 완전히 깨달은 이, 세존께서 알고 보아 얼마나 잘 설명하셨는지 정말로 훌륭하고 경이롭습니다. '어떤 세상에서든 삶은 불완전하고, 만족시킬 수 없으며, 욕망의 노예이다.'라고 말씀하셨습니다. 정말로 그러합니다!"

(MN 82)

07 견해의 위험

1) 삿된 견해에 관한 경구의 모음

"비구들이여, 아직 일어나지 않은 불선한 법을 일어나게 하고, 이미 일어난 불선한 법을 증장시키는 데 삿된 견해보다 더 한 것을 나는 보지 못했다. 하나의 삿된 견해 때문에 아직 일어나지 않은 불선한 법이 일어나고 이미 일어난 불선한 법이 증장한다.

"비구들이여, 아직 일어나지 않은 선한 법을 일어나지 못하게 하고, 이미 일어난 선한 법을 줄어들게 하는 데 삿된 견해보다 더 한 것을 나는 보지 못했다. 하나의 삿된 견해 때문에 아직 일어나지 않은 선한 법이 일어나지 못하고, 이미 일어난 선한 법이 줄어든다.

"비구들이여, 중생들이 죽어서 몸이 흩어지면 비참한 곳, 고통스러운 세계, 삼악도, 지옥에 태어나는 원인으로 삿된 견해보다 더 한 것을 나는 보지 못했다. 삿된 견해를 믿는 중생은 죽어서 몸이 흩어질 때 비참한 곳, 고통스러운 세계, 삼악도, 지옥에 태어난다.

"비구들이여, 삿된 견해를 믿는 사람이 그 삿된 견해에 따라 몸,

361

말, 마음으로 지은 업들과 그 삿된 견해에 따라 품은 위태로운 의지, 서원, 바램, 욕구는 모두 바람직하지 않은 것, 원하지 않는 것, 마음에 들지 않는 것, 해로움과 괴로움으로 이어진다. 무엇 때문인가? 왜냐하면 그 견해가 나쁘기 때문이다. 님 나무 씨, 쓴 오이 씨, 여주 씨를 비옥한 땅에 심으면 그 토양의 영양분과 물을 흡수하여 쓰디쓰고, 독하고, 맛없는 열매를 맺는 것과 같다. 삿된 견해를 가진 사람도 마찬가지다. 무엇 때문인가? 왜냐하면 그 견해가 나쁘기 때문이다."

(AN 1)

2) 장님과 코끼리

한때 세존께서 사왓티에서 아나타삔디까 장자가 기증한 기원정사에 머물고 계셨다. 그때 사왓티에는 수행자, 브라만, 다른 교단의 유행승들이 많이 살고 있었다. 이들은 모두 갖가지의 견해와 믿음, 생각을 가지고 다양한 방법으로 설법했다. 그리고 "법은 이와 같고, 저와 다르다! 법은 이와 다르고, 저와 같다!"고 말하며, 서로 부딪히고, 언쟁하고, 다투고, 시비하며 날카로운 말로 서로 공격했다.

마침 한 무리의 비구가 사왓티에서 탁발을 하고 돌아와 공양을 마친 뒤 세존을 뵙고 예경드린 후 한쪽에 앉아 마을에서 본 것을 말씀드렸다. 세존께서 말씀하셨다.

"비구들이여, 다른 교단의 유행승들은 눈이 멀어 보지 못한다. 그들은 이로움과 해로움을 알지 못한다. 법을 알지 못하고, 법이 아닌 것도 알지 못하기 때문에 서로 시비하고 언쟁한다.

"비구들이여, 옛날에 사왓티에서 어떤 왕이 태어날 때부터 앞을 못보는 장님들을 불러 모았다. 장님들이 모이자, 왕은 장님들에게 코끼리를 보여주게 했는데, 어떤 장님들에게는 코끼리의 머리를, 다른 장님들에게는 귀, 상아, 코, 몸통, 발, 엉덩이, 꼬리, 꼬리털 등 각기 다른 부위를 보여주게 했다. 그리고 장님들에게 '이것이 코끼리입니다.'라고 소개하게 했다.

"이후 왕이 장님들에게 '장님들이여, 코끼리가 어떠한지 설명해 보시오.'라고 물었다.

"코끼리 머리를 만진 장님들은 '폐하, 코끼리는 물동이 같습니다.'라고 말했다. 귀를 만진 장님들은 '폐하, 코끼리는 곡식을 까부르는 키와 같습니다.'라고 말했다. 상아를 만진 장님들은 '코끼리는 쟁기날처럼 생겼습니다.'고 말했다. 코를 만진 장님들은 '코끼리는 쟁기에 달린 막대기처럼 생겼습니다.'고 말했다. 몸통을 만진 장님들은 '코끼리는 창고같이 생겼습니다.'고 말했다. 모두 자신들이 만진 코끼리의 부위에 따라 코끼리를 설명했다.

"그리고 '코끼리는 이렇게 생겼고, 저렇게 생기지 않았다! 또는 코끼리는 이렇게 생기지 않고, 저렇게 생겼다!'고 말하며 주먹으로 서로 치고 박고 싸우니 왕이 재미있어 했다. 비구들이여, 다른 교단의 유행승들은 눈이 멀어 보지 못한다. 그래서 서로 부딪히고, 언쟁하고, 다투고, 시비하며 날카로운 말로 서로 공격한다."

(Ud 6:4)

3) 두 가지 견해

"비구들이여, 두 가지 견해에 빠져서 천신과 인간은 모자라기도 하고, 넘치기도 한다. 오직 눈이 있는 자만이 바로 볼 수 있다.

"비구들이여, 어찌하여 어떤 이들은 모자라는가? 어떤 천신과 인간은 존재를 기뻐하고, 존재를 즐거워하고, 존재를 즐긴다. 존재의 소멸에 대한 가르침을 배워도 마음에 담아두지 않고, 믿지 않고, 안주하지 않고, 결심하지 못한다. 그리하여 어떤 이들은 모자라게 된다.

"비구들이여, 어찌하여 어떤 이들은 넘치는가? 어떤 천신과 인간은 존재를 싫어하고, 부끄러워하고, 환멸을 느끼면서 존재하지 않기를 바란다. '이 몸이 죽은 후에 흩어지면 나라는 것이 완전히 사라지고 없어져 존재하지 않으니, 이는 참으로 편안하고, 훌륭하고, 옳다.'라고 말한다. 그리하여 어떤 이들은 넘치게 된다.

"비구들이여, 어찌하여 눈이 있는 자들은 보는가? 비구는 존재하는 것을 존재한다고 본다. 그렇게 보았기 때문에 존재에 대해 환멸을 느끼고, 욕망이 사그라들고, 소멸로 이르는 수행을 한다. 그리하여 눈이 있는 자들은 본다고 한 것이다."

(It 49)

08   천상에서 지옥으로

"비구들이여, 세상에는 네 가지 부류의 사람이 존재한다. 무엇이 네 가지인가?

"비구들이여, 자애심이 가득한 마음으로 첫 번째 방향, 두 번째 방향, 세 번째 방향, 네 번째 방향을 가득 채우는 사람이 있다. 네 중간 방위와 상하를 포함한 어디서나 자신뿐 아니라 모두에게 적의와 악의가 없는 광대하고 측량할 수 없는 기쁜 마음으로 자애심을 온 세계에 가득히 메우면서, 이를 즐거워하고, 흡족해하며, 행복해한다. 이러한 마음을 더욱 견고히 하고, 서원을 세워 항상 머물러 죽을 때까지 잃지 않는다면 범신천의 신들의 무리에 다시 태어난다. 이 천신들의 수명은 일 겁이다. 법을 배우지 못한 범부는 그곳에서 일생을 보내고 수명이 다하면 지옥, 아귀, 축생으로 다시 태어난다. 하지만 법을 잘 배운 부처님의 제자들은 그곳에서 일생을 보내고 수명이 다하면 바로 그 상태에서 마지막 열반을 얻는다. 이것이 법을 배우지 못한 범부와 법을 잘 배운 부처님의 제자가 윤회하여 도달하는 결말의 차이점이다.

"비구들이여, 자비심이 가득한 마음으로 첫 번째 방향, 두 번째 방향, 세 번째 방향, 네 번째 방향을 가득 채우는 사람이 있다. 네 중간 방위와 상하를 포함한 어디서나 자신뿐 아니라 모두에게 적의와 악의가 없는 광대하고 측량할 수 없는 기쁜 마음으로 자비심을 온 세계에 가득히 메우면서, 이를 즐거워하고, 흡족해하며, 행복해한다. 이러한 마음을 더욱 견고히 하고, 서원을 세워 항상 머물러 죽을 때까지 잃지 않는다면 광음천의 신들의 무리에 다시 태어난다. 이 천신들의 수명은 2겁이다. 법을 배우지 못한 범부는 그곳에서 일생을 보내고 수명이 다하면 지옥, 아귀, 축생으로 다시 태어난다. 하지만 법을 잘 배운 부처님의 제자들은 그곳에서 일생을 보내고 수명이 다하면 바로 그 상태에서 마지막 열반을 얻는다. 이것이 법을 배우지 못한 범부와 법을 잘 배운 부처님의 제자가 윤회하여 도달하는 결말의 차이점이다.

"비구들이여, 함께 기뻐하는 마음이 가득한 마음으로 첫 번째 방향, 두 번째 방향, 세 번째 방향, 네 번째 방향을 가득 채우는 사람이 있다. 네 중간 방위와 상하를 포함한 어디서나 자신뿐 아니라 모두에게 적의와 악의가 없는 광대하고 측량할 수 없는 기쁜 마음으로 함께 기뻐하는 마음을 온 세계에 가득히 메우면서, 이를 즐거워하고, 흡족해하며, 행복해한다. 이러한 마음을 더욱 견고히 하고, 서원을 세워 항상 머물러 죽을 때까지 잃지 않는다면 변정천의 신들의 무리에 다시 태어난다. 이 천신들의 수명은 4겁이다. 법을 배우지 못한 범부는 그곳에서 일생을 보내고 수명이 다하면 지옥, 아귀, 축생으로 다시 태어난다. 하지만 법을 잘 배운 부처님의 제자들은 그곳에서 일생을 보내고 수명이 다하면 바로 그 상태에서 마지막 열반을 얻는다. 이것이 법을 배우지 못한 범부와 법을 잘 배운 부처님의 제자가 윤회하여 도달하는 결말의 차이점이다.

"비구들이여, 평정심이 가득한 마음으로 첫 번째 방향, 두 번째 방향, 세 번째 방향, 네 번째 방향을 가득 채우는 사람들이 있다. 네 중간 방위와 상하를 포함한 어디서나 자신뿐 아니라 모두에게 적의와 악의가 없는 광대하고 측량할 수 없는 기쁜 마음으로 평정심을 온 세계에 가득히 메우면서, 이를 즐거워하고, 흡족해하며, 행복해한다. 이러한 마음을 더욱 견고히 하고, 서원을 세워서 항상 머물러 죽을 때까지 잃지 않는다면 광과천의 신들의 무리에 다시 태어난다. 이 천신들의 수명은 5겁이다. 법을 배우지 못한 범부는 그곳에서 일생을 보내고 수명이 다하면 지옥, 아귀, 축생으로 다시 태어난다. 하지만 법을 잘 배운 부처님의 제자들은 그곳에서 일생을 보내고 수명이 다하면 바로 그 상태에서 마지막 열반을 얻는다. 이것이 법을 배우지 못한 범부와 법을 잘 배운 부처님의 제자가 윤회하여 도달하는 결말의 차이점이다.

"비구들이여, 이것이 세상에 존재하는 네 가지 부류의 사람들이다."

(AN 4:125)

09 윤회의 위험

1) 눈물의 강

"비구들이여, 윤회의 시작은 알 수 없다. 중생들이 무명에 덮이고 갈애에 속박되어 길을 잃고 헤매게 된 시작은 알 수가 없다.

"비구들이여, 너희가 긴 세월 동안 길을 잃고 헤매며 원하지 않는 것과 만나고 원하는 것과 멀어지면서 슬피 흘린 눈물은 강을 이룰 것이다. 이 눈물이 많겠느냐? 4대양의 바닷물이 많겠느냐?"

"세존이시여, 저희가 세존께서 가르치신 법을 이해하기로 저희가 긴 세월 동안 길을 잃고 헤매며 원하지 않는 것과 만나고 원하는 것과 멀어지며 슬피 흘린 눈물은 강을 이룹니다. 이 눈물은 4대양의 바닷물을 합친 것보다 많습니다."

"훌륭하고, 훌륭하다, 비구들이여! 내가 가르친 법을 그렇게 이해하고 있다니 훌륭하다. 너희가 긴 세월 동안 길을 잃고 헤매며 원하지 않는 것과 만나고 원하는 것과 멀어지며 슬피 흘린 눈물은 강을 이룰 것이다. 이 눈물은 4대양의 바닷물을 합친 것보다 많다. 비구들이여, 너희는 긴 세월 동안 수많은 어머니의 죽음을 겪었다. 어머니의 죽음을 겪으며 원하지 않는 것과 만나고 원하는 것과 멀어지면서 슬피 흘린 눈물은 강을 이룰 것이다. 이 눈물은 4대양의 바닷물을 합친 것보다 많다.

　"비구들이여, 너희는 긴 세월 동안 아버지의 죽음을 … 형제의 죽음을 … 자매의 죽음을 … 아들의 죽음을 … 딸의 죽음을 … 친척들의 죽음을 겪었고 … 재산을 잃기도 하고 … 병을 앓기도 했다. 이러한 일들을 겪으며 원하지 않는 것과 만나고 원하는 것과 멀어지면서 슬피 흘린 눈물은 강을 이룰 것이다. 이 눈물은 4대양의 바닷물을 합친 것보다 많다. 무엇 때문인가? 비구들이여, 윤회에는 시작이 없기 때문이다. 이제는 모든 형성된 것들에 환멸을 느끼고, 욕망이 사그라들고, 자유로워질 만큼 충분히 겪었다."

(SN 15:3)

2) 피의 강

한때 세존께서 라자가하의 죽림정사에 머물고 계셨다. 그 때 빠와에서 온 서른 명의 비구들이 세존을 찾아왔다. 이들은 모두 숲에 머물며 탁발을 하고 누더기로 만든 세 벌의 가사만 입으며 수행했지만 아직 속박에서 자유롭지 못했다. 그들은 세존께 다가가 예경드리고 한쪽에 앉았다.

　그때 세존께서 생각하셨다. '빠와에서 온 이 삼십 명의 비구들은

369

모두 숲에 머물며, 탁발을 하고, 누더기로 만든 세 벌의 가사만 입으며 수행하지만 아직 속박에서 자유롭지 못하다. 내가 이들에게 법을 가르쳐 바로 이 자리에서 집착을 끊고 번뇌에서 해탈하도록 하겠다.'

"비구들이여, 윤회의 시작은 알 수 없다. 중생들이 무명에 덮이고 갈애에 속박되어 길을 잃고 헤매게 된 시작은 알 수가 없다. 비구들이여, 너희가 긴 세월 동안 길을 잃고 헤매며 목이 베여 흘린 피는 강을 이룬다. 지금까지 흘린 피가 많겠느냐? 4대양의 바닷물이 많겠느냐?"

"세존이시여, 저희가 세존께서 가르치신 법을 이해하기로 저희가 긴 세월 동안 길을 잃고 헤매며 목이 베여 흘린 피가 강을 이룹니다. 이 피는 4대양의 바닷물을 합친 것보다 많습니다."

"훌륭하고, 훌륭하다, 비구들이여! 내가 가르친 법을 그렇게 이해하고 있다니 훌륭하다. 너희가 긴 세월 동안 길을 잃고 헤매며 목이 베여 흘린 피는 강을 이룬다. 이 피는 4대양의 바닷물을 합친 것보다 많다.

비구들이여, 너희가 긴 세월 동안 소로 태어나 목이 베여 도살당할 때 흘린 피는 강을 이룬다. 이 피는 4대양의 바닷물을 합친 것보다 많다. 너희는 긴 세월 동안 물소, 양, 염소, 사슴, 닭, 돼지로 태어나 …. 너희가 긴 세월 동안 도둑질, 강도질, 간통을 해오며 목이 베여 흘린 피는 강을 이룬다. 이 피는 4대양의 바닷물을 합친 것보다 많다. 무엇 때문인가? 비구들이여, 윤회에는 시작이 없기 때문이다. 중생들이 무명에 덮이고 갈애에 속박되어 길을 잃고 헤매게 된 시작은 알 수 없다. 비구들이여, 너희들은 긴 세월 동안 고통과 괴로움과 비극을 겪으며 부풀어 오른 시체가 되어 수없이 많은 무덤을 메웠다. 이제는 모든 형성된 것들에 환멸을 느끼고, 욕망이 사그라들고, 자유로워질 만큼 충분히 겪었다."

세존께서 이와 같이 설하시자 비구들은 크게 기뻐했다. 세존께서 설법하시는 동안 빠와에서 온 서른 명의 비구들은 집착을 끊고 번뇌에서 해탈했다.

(SN 15:13)

해 탈 로 가 는 길.

7

들어가기

7장에서는 불교만의 독보적인 가르침인 세상을 초월하여 해탈에 이르는 길, 즉 출세간법을 담고 있다. 앞 장에서 감각적 쾌락의 위험, 죽음의 필연성, 윤회의 끔찍함을 살펴보면서 우리의 세계관이 변화되고 깊어졌기에 이제 해탈에 이르는 길을 다룰 수 있게 되었다. 이 길을 통해서 수행자는 조건지어진 존재계 너머의 해탈에 이를 수 있으며, 우리도 부처님께서 직접 깨달으신 괴로움을 여읜 청정한 열반적정의 상태를 똑같이 성취할 수 있다.

이 장에서는 불교의 출세간법을 넓게 조망하는 경전들을 모아 보았다. 다음 8장과 9장에서는 출세간법의 양 갈래를 구성하는 선정수행과 지혜계발을 좀더 자세히 다룰 것이다. 여기서는 먼저 해탈로 가는 길의 목적을 다양한 각도에서 살펴보고자 한다.

1-1)태어남, 늙음, 죽음이라는 화살은 말룽꺄뿟따 존자에게 설한 짧은 경전의 일부로 불교 수행은 철학적인 질문에 이론적 해답을 구하는 길이 아님을 보여주고 있다. 경전에서 말룽꺄뿟따 존자는 부처님을 찾아 뵙고 사변적 견해에 대한 답을 여쭈면서 만약 답해주지 않

으시면 환속하겠다고 부처님을 조르고 있다. 부처님께서는 답하기를 거부하셨는데 그 이유가 질문 자체가 근본적으로 답할 수 없는 문제였기 때문이었는지 아니면 괴로움을 해결하는 데 실질적인 도움이 되지 않아서인지 학자들의 견해가 분분하다.

상윳따 니까야의 SN 33:1 – 10와 SN 44:7 – 8의 경전들은 부처님께서 침묵하신 이유가 어떤 현실적인 염려 이상의 깊은 뜻이 있었다는 것을 분명하게 보여준다. 이러한 사변적 질문들은 근본적으로 자아와 자아가 속한 세상이 존재한다고 가정하고 있음을 이 경전들에서 확인할 수 있다. 이 전제 자체가 성립되지 않기 때문에 이러한 전제를 기반으로 한 답도 성립할 수 없다. 따라서 부처님께서 질문 자체를 거부하신 것이다.

이러한 철학적 근거 외에도 부처님께서 답하기를 거부하신 이유는 사변적 견해에 해답을 찾는 것이 괴로움에서 벗어나는 구도의 여정과 아무런 관계가 없기 때문이다. 바로 이것이 잘 알려진 독화살의 비유가 나오는 말룽꺄뿟따경의 핵심 가르침이다. 사변적 견해가 옳거나 그르다면 "태어남이 있고, 늙음이 있고, 죽음이 있고, 슬픔, 한탄, 고통, 실의, 절망이 있다. 내가 지금 여기서 설하는 것이 무너지는 것이다."고 부처님께서 말씀하셨다. 앞 장의 마지막 경전들에서 묘사한 윤회의 실상을 배경으로 생각해 보았을 때 이 말씀은 더 확장된 의미로 해석될 수 있다. '태어남, 늙음, 죽음의 소멸'은 한 생의 괴로움이 소멸되는 것이 아니라 윤회 속에서 끝없이 반복되는 태어남, 늙음, 죽음의 고통이 소멸되는 것이다.

1-2)수행의 속재목의 원전은 '속재목 비유의 긴 경'인데 출세간법을 다른 각도에서 설명하고 있다. 이 경전에는 괴로움의 소멸을 목표로 재가자의 삶을 버리고 출가한 일족의 자손이 등장한다. 이들이 처음 계를 받고 출가했을 때는 진실한 목적을 가지고 성실히 노력했지만 이윤과 명예와 같은 작은 성취에서부터 삼매와 통찰지와 같은 큰 성취에 이르기까지 어느 정도의 성공을 거둔 후에는 안주하여 처음 출가했을 때의 목표를 망각한다. 부처님께서는 지계, 선정, 앎과 봄 등은 중간 정차역일 뿐 궁극적 종착지가 될 수 없다고 밝히셨다. 속재목, 즉 근본 목적은 '흔들리지 않는 마음의 해탈'이고 출가의 길에 들어선 이들은 그 외 어떤 것에도 만족해서는 안된다고 경책하신다.

1-3)욕망의 사라짐은 상윳따 니까야의 길 편에 나온 내용들을 선별하여 엮은 것이다. 부처님의 제자가 되어 수행하는 목적은 '욕망의 사라짐, … 집착없는 완전한 열반'이며 이러한 목적을 성취하는 방법이 바로 여덟 가지 바른 길임을 확인할 수 있다.

여덟 가지 바른 길, 즉 팔정도는 해탈로 가는 전형적인 공식으로 초전법륜경에서도 부처님은 이 여덟 가지가 괴로움의 소멸로 가는 길이라고 분명히 말씀하셨다.

7장 2.여덟 가지 바른 길의 분석에서는 각 요소의 정형화된 정의를 나열하고 있으나 그 개별적 수행이 생활 속에서 통합될 수 있는 구체적인 방법은 언급하지 않는다. 자세한 응용 방법은 이 장 후

377

반부와 8장, 9장에서 보충 설명된다.

7장3.좋은 벗, 좋은 친구, 좋은 동무는 지금까지와는 사뭇 다른 어조로 수행의 여정을 그리고 있다. 불교 수행은 온전히 개인의 노력 여하에 달렸다고 말해왔던 것과는 달리 이 경전에서는 도반의 중요성을 강조하기 때문이다. 부처님은 도반이 '수행의 절반'이 아니라 '수행의 전부'라고 말씀하셨다. 깨달음을 얻기 위한 모든 노력은 반드시 혼자만의 과업이 아니라 가까운 인간관계 속에서 이루어지기 때문이다. 도반은 수행에 필수적인 인간적 측면을 더해준다. 수직적으로는 스승과 제자, 수평적으로는 같은 길을 가는 벗들로 이루어진 승가 공동체를 결합시키는 역할을 하기 때문이다.

일반적으로 사람들이 생각하는 것과는 달리 팔정도의 각각의 요소는 하나씩 순서대로 수행하는 것이 아니다. 그래서 단계라는 말보다 구성요소라고 말하는 것이 더 적합하다. 여덟 가닥의 실이 한데 꼬여 튼튼한 밧줄을 만들어내듯 팔정도의 각 요소가 각각의 역할을 하면서 다 함께 융합되는 것이 가장 이상적이다. 그러한 경지에 오르기까지는 어느 정도 각 요소들이 순차적으로 계발될 수밖에 없다. 여덟 가지 구성요소는 아래와 같이 계정혜戒定慧 삼학三學으로 나뉠 수 있다.

1. 계戒 : 바른 말, 바른 행동, 바른 생계
2. 정定 : 바른 노력, 바른 알아차림, 바른 선정
3. 혜慧 : 바른 견해, 바른 의도

니까야에서 팔정도와 계정혜 삼학의 관계를 설명한 곳이 딱 한 군데 있는데 부처님의 말씀은 아니고 비구니 담마딘나의 설법에서였다. 혜에 해당하는 두 가지 요소가 팔정도에서 가장 먼저 나오는 이유는 예비적인 바른 견해와 바른 의도가 수행을 시작하는 데 가장 필수적이기 때문이다. 바른 견해를 통해서 불교 교리를 개념적으로 이해하고 나면 다른 요소들이 따라 계발되고 바른 의도는 올바른 수행 동기와 방향을 제시해 준다.

부처님께서 수행을 첫 단계부터 마지막 단계까지 점진적으로 설명하신 경전들이 니까야에 자주 나온다. 이 점진적인 수행은 계정혜 삼학을 좀더 세분화한 것이다. 경전에서는 어김없이 이를 출가하여 비구가 되는 것으로 시작한다. 이는 부처님의 실용적인 안목에서 출가의 삶이 얼마나 중요했는지 주목하게 한다. 원칙적으로 출가자나 재가자 모두 팔정도를 닦을 수 있고, 부처님의 재가 신도 중에도 법을 깨달아 불환과 이하 세 과위를 성취한 이들도 많았다.(테라바다 주석서에서는 재가자들도 아라한과를 얻을 수 있다고 설명하지만 임종 순간에 아라한과를 얻거나 아라한과를 얻은 후에는 출가할 수밖에 없다고 나와 있다.) 하지만 사실 재가자의 삶은 어쩔 수 없이 여러 세간사와 애착에 얽혀서 한마음으로 해탈을 구하는 데 방해가 된다. 따라서 부처님은 출가라는 방법을 통해 고귀한 구도의 여정을 시작했고 깨달은 후에는 다른 이들도 깨달음을 이룰 수 있도록 실질적인 도움을 주기 위하여 승가를 조직하여 제자들도 재가자의 삶에 얽매이지 않고 오롯이 법을 깨닫는 데 전념할 수 있게 하셨다.

379

점진적인 수행에는 디가 니까야에 나오는 긴 내용과 맛지마 니까야에 나오는 중간 길이의 내용 두 가지가 있다. 주요 차이점은 1)긴 내용에는 출가자의 태도와 수행자로서의 자제력 등 지켜야 할 사항들이 더 자세하게 나와 있다. 2)긴 내용에는 여덟 가지 높은 지혜(팔명八命)가, 중간 길이의 내용에는 세 가지 높은 지혜(삼명三明)가 나온다. 이 세 가지 지혜는 부처님께서 성도하신 이야기에 언급되어 있으므로 가장 중요하다고 볼 수 있다. 긴 내용은 DN 2에 전형적인 도식으로 나오고, 중간 길이의 내용은 MN 27과 MN 51에서 볼 수 있으며, 변형된 형태가 MN 38, MN 39, MN 53, MN 107, MN 125 에 나온다.

7장4.단계별 수행은 MN 27의 내용을 모두 옮겨온 것이다. 코끼리 발자국의 비유를 통해 점진적 수행을 설명하기 때문에 경의 이름도 '코끼리 발자국에 비유한 경'이다.

7장5.비유로 보는 높은 단계의 수행은 MN 39에서 발췌한 내용으로 MN 27에서도 설명한 높은 단계의 수행을 강력한 비유를 들어 다시 설명하고 있다.

점진적인 수행의 가장 첫 번째 순서는 여래가 세상에 나투어 법을 드러낸다. 그러면 제자는 법을 듣고 믿음을 내어 스승을 따라 출가한다. 그리고 계를 지키며 품행를 바르게 하고 수행자로서 바른 생계를 유지한다. 그 다음은 자족, 감각 기관의 단속, 알아차림과 바른 앎의 세 단계로 내면을 청정히 하여 비로소 지계에서 선정으로 넘어간다.

다섯 가지 장애(오개五蓋)를 제거하는 내용은 선정을 준비하는 단계이다. 욕망, 악의, 둔함과 졸림, 들뜸과 회한, 의심의 다섯 가지 장애는 선정을 방해하는 주요 장애물이기 때문에 마음을 가라앉히고 집중시키기 위해서는 반드시 제거해야 한다. 점진적인 수행에 대해 반복적으로 나오는 구문에서는 이 다섯 가지 장애를 극복하는 방법을 도식적으로만 설명하고 있지만 니까야의 일부 경전들은 좀더 실용적인 가르침을 전하기도 하고, 빠알리어 주석서에서는 훨씬 더 자세하게 설명하고 있다. 여기서도 비유를 통해 다섯 가지 장애를 극복함으로써 얻는 자유의 기쁨을 묘사하고 있다.

다음 단계는 마음이 대상에 완전히 몰입되어 깊이 집중하는 상태인 선정이다. 부처님은 네 가지 선정을 말씀하셨는데, 순서대로 숫자를 붙여 명칭을 만드셨다. 숫자가 올라갈수록 더 미묘하고 높은 수준의 선정이다. 각 선정은 항상 똑같은 구문으로 설명되며 일부 경전에서는 **7장5.비유로 보는 높은 단계의 수행**의 경전과 같이 미적인 비유를 들어 설명하기도 했다. 깨달음에는 선정보다는 지혜가 더 중요한 요소로 작용하지만 부처님께서 점진적인 수행의 단계에 선정을 빠짐없이 포함시키는 이유에는 두 가지가 있다. 첫째는 수행을 본질적으로 완성시켜주기 때문이며, 둘째는 선정으로 얻은 깊은 삼매는 통찰지를 일깨우는 토대가 되기 때문이다. 부처님은 선정을 '여래의 발자국'이라고 칭하고 수행의 마지막에 얻게 되는 열반안락의 전조라고 설명하셨다.

제4선에서 더 깊은 수행으로 나아가는 방법이 세 가지 있다. 점진적인 수행에 대한 전형적인 문구 외에 다수의 경전에서 부처님은 제4선에서 얻은 집중된 마음을 이어가는 사무색정에 대해 언급하셨다. '물질을 초월한 평온한 해탈'이라고 표현되는 이 선정은 제4선에서의 집중보다 훨씬 더 정교한 상태이다. 제4선에서 대상으로 삼았던 미세한 마음의 표상들을 초월한 단계이다. 공무변처, 식무변처, 무소유처, 비상비비상처가 있다.

제4선에서 더 깊은 수행으로 나아가는 두 번째 방법은 신통력을 얻는 것이다. 부처님은 여섯 가지 신통력을 묶어서 육신통六神通이라고 말씀하셨다. 그중에서 여섯 번째 신통력인 번뇌를 다한 지혜, 누진통漏盡通은 세상을 초월한 출세간법으로 마지막 세 번째 방법에 해당한다. 누진통을 제외한 다섯 가지 신통력은 모두 세간의 지혜이며 제4선의 비범하고 강력한 집중의 결과물로 신족통神足通, 천이통天耳通, 타심통他心通, 숙명통宿命通, 천안통天眼通을 얻게 된다.

사선정과 사무색정은 그 자체로 깨달음이나 해탈을 가져오지는 않는다. 고결하고 평온하지만 윤회를 지속시키는 번뇌를 잠재울 뿐 뿌리까지 제거하지는 못하기 때문이다. 번뇌를 근본적으로 뿌리 뽑아 깨달음과 해탈을 얻기 위해서는 세 번째 방법으로 방향을 잡아야 한다. 이것이 바로 '있는 그대로' 관하는 수행법이고, 결국 존재의 본질에 대한 깊은 통찰로 이어져 아라한과라는 궁극의 목적에 도달하게 된다.

점진적인 수행에서 부처님께서 목표하셨던 것은 바로 세 번째 방법이었다. 부처님은 천안통과 숙명통 두 가지를 두 번째 방법으로 먼저 설명하셨다. 그리고 누진통과 합쳐서 이 세 가지 지혜를 부처님은 성도하신 밤에 모두 성취하셨다. 이 셋을 묶어서 삼명三明이라고 부른다. 앞의 두 가지 지혜는 아라한과를 얻는 데 필수적이지는 않지만 부처님께서 묶어서 말씀하신 이유는 윤회계의 깊고 광대한 괴로움을 잘 드러내기 때문이다. 이는 괴로움을 진단하고 극복하는 법을 가르치는 네 가지 고귀한 진리를 꿰뚫도록 마음을 준비시킨 것이다.

점진적인 수행에 대한 전형적인 문구에서 선정 수행자가 통찰지를 계발하는 과정은 분명하게 설명되어 있지 않다. 전체 과정이 누진통이라는 마지막 성취로만 언급되어 있다. 누진통漏盡通에서 누漏로 번역된 빠알리어 아사와āsavas는 때, 더러움이라는 뜻으로 죽고 다시 태어나는 과정을 영속시키는 역할 때문에 번뇌로 분류된다. 주석서에서는 아사와의 어원을 '흐르다'는 뜻의 su에서 찾고 있는데 접두사 ā가 붙어서 안으로 향한다는 뜻이 되었는지 밖으로 향한다는 뜻이 되었는지 학자들의 의견이 분분하다. 그래서 '유입', '영향'의 뜻으로 이해하기도 하고 '유출', '폐수'의 뜻으로 이해하기도 한다. 여러 경전에서 반복적으로 나오는 한 구문에서 아사와를 원래 뜻과는 별개로 '오염시키고, 새로운 존재를 만들며, 문제를 일으키고, 괴로움으로 성숙되며, 다시 태어나고, 늙고, 죽게 만드는 것'이라고 설명하고 있다. 따라서 문자 그대로의 뜻은 무시하고 병폐, 타락, 때 등으로 번역하는 이들도 있다.

　니까야에서 언급하는 세 가지 더러움은 각각 감각적 욕망에 대한 갈애, 존재에 대한 갈애, 무지와 동의어이다. 수행자가 아라한과를 이루어 마음이 더러움에서 해탈하면 '태어남은 부서졌다. 청정한 수행의 삶을 살았다. 해야 할 일을 마쳤다. 더 이상 존재의 상태로 돌아오지 않을 것이다.'라고 사자후를 포효한다.

01 수행해야 하는 이유

1) 태어남, 늙음, 죽음이라는 화살

1. 나는 이와 같이 들었다. 한때 세존께서 사왓티에서 아나타삔디까 장자가 기증한 기원정사에 머물고 계셨다.

2. 말룽꺄뿟따 존자가 홀로 수행하던 중 다음과 같은 생각들이 떠올랐다.

"세존께서는 다음의 사변적 견해에 대해 분명히 밝히지 않으시고, 미뤄놓으시고, 답하기를 거부하셨다. '세계는 영원하다.', '세계는 영원하지 않다.', '세계는 유한하다.', '세계는 무한하다.', '영혼과 육체는 같다.', '영혼과 육체는 다르다.', '여래는 사후에 존재한다.', '여래는 사후에 존재하지 않는다.', '여래는 사후에 존재하기도 하고 존재하지 않기도 한다.', '여래는 사후에 존재하는 것도 아니고 존재하지 않는 것도 아니다.'[48] 나는 세존께서 이에 대해 밝히지 않으시는

---

48 이 열 가지 중에 세계에 대한 견해는 자아에 대한 견해와 같다고 볼 수 있다. 첫 번

것을 받아들일 수도, 인정할 수도 없다. 세존을 찾아뵙고 직접 뜻을 여쭈어야겠다. 세존께서 '세계가 영원하다.', … '여래는 사후에 존재하는 것도 아니고 존재하지 않는 것도 아니다.' 등의 견해에 대해 분명히 밝혀 주시면 나는 세존을 스승으로 모시고 계속 수행하겠지만 밝히지 않으신다면, 나는 고결한 수행 생활을 버리고 다시 속세로 돌아가겠다."

3. 그리고 저녁이 되자 말룽꺄뿟따 존자는 좌선을 끝내고 일어나 세존을 뵈러 갔다. 세존께 예경드린 뒤 한쪽에 앉아 여쭈었다.

"세존이시여, 제가 홀로 수행하던 중에 다음과 같은 생각이 떠올랐습니다. '세존께서는 다음의 사변적인 견해에 대해 분명히 밝히지 않으시고, … 세존께서 밝혀 주지 않으신다면, 나는 고결한 수행 생활을 버리고 다시 속세로 돌아가겠다.' 만약 세존께서 '세계가 영원하다.'고 아신다면 '세계가 영원하다.'고 밝혀 주시고 만약 세존께서 '세계가 영원하지 않다.'고 아신다면 '세계가 영원하지 않다.'고 밝혀

째 반대되는 두 견해는 상견과 단견이다. 영혼과 육체가 같다는 것은 유물론이며 단견에 해당한다. 영혼과 육체가 다르다는 것은 상견이다. 여래가 사후에 존재한다는 견해는 상견이다. 여래가 사후에 존재하지 않는다는 견해는 단견이다. 여래가 사후에 존재하기도 하고 존재하지 않기도 한다는 견해는 상견과 단견을 섞어 놓은 것이다. 여래가 존재하는 것도 아니고, 존재하지 않는 것도 아니라는 견해는 회의론 또는 불가지론적인 견해로 여래의 사후는 알 수 없다는 입장을 내세운다. 불교적 관점에서 이 열 가지 견해들은 여래가 자아로서 현재 존재한다는 것을 미리 상정하고 있기 때문에 처음부터 그 전제가 잘못되었고, 단지 자아를 여러 가지 방식으로 설명한 것에 불과하다.

주십시오. 만약 세존께서 '세계가 영원하다.'거나 '세계가 영원하지 않다.'고 확실히 알지 못하신다면 알지 못하는 자로서 '나는 알지 못한다.'고 솔직히 말씀해 주십시오.

"만약 세존께서 '세계는 유한하다.' … '세계는 무한하다.' … '영혼과 육체는 같다.' … '영혼과 육체는 다르다.' … '여래는 사후에 존재한다.' … '여래는 사후에 존재하지 않는다.' … '여래는 사후에 존재하기도 하고 존재하지 않기도 한다.'고 아신다면 그렇게 밝혀 주십시오. 만약 세존께서 '여래는 사후에 존재하는 것도 아니고 존재하지 않는 것도 아니다.'고 아신다면 그렇게 밝혀 주십시오. 만약 세존께서 '여래는 사후에 존재하기도 하고 존재하지 않기도 한다.'거나 '여래는 사후에 존재하는 것도 아니고 존재하지 않는 것도 아니다.'고 확실히 알지 못하신다면 알지 못하는 자로서 '나는 알지 못한다.'고 솔직히 말씀해 주십시오."

4. "말룽꺄뿟따여, 내가 그대에게 '오라, 말룽꺄뿟따여, 내게 와서 수행하라. 그러면 그대에게 '세계가 영원하다.' … '여래는 사후에 존재하는 것도 아니고 존재하지 않는 것도 아니다.'를 밝혀 주리라.'라고 말한 적이 있는가?" – "아닙니다, 세존이시여." – "그대는 나에게 '세존께 가서 수행하리라. 그러면 세존께서 '세계가 영원하다.' … '여래는 사후에 존재하는 것도 아니고 존재하지 않는 것도 아니다.'를 밝혀주리라.'라고 말한 적이 있는가?" – "아닙니다, 세존이시여." – "그렇다면 그대는 대단한 착각에 빠져있구나. 그대가 누구라고 무엇을 버린다는 것이냐?

5. "만약 누가 '나는 세존께서 "세계가 영원하다." … "여래는 사후에 존재하는 것도 아니고 존재하지 않는 것도 아니다."라는 견해를 밝혀 주실 때까지 기다려 세존을 스승으로 모시고 수행하겠다.'고 말한다면 이는 끝내 밝혀지지 않을 것이며 그 사람은 대답을 기다리다 수명이 다해 죽을 것이다. 말룽꺄뿟따여, 어떤 사람이 독이 잔뜩 묻은 화살을 맞고 부상을 입어서 그의 친구들과 지인들, 일가 친족들이 그를 의사에게 데리고 가 치료받게 한다고 생각해 보아라. 그이가 '나에게 화살을 쏘아 다치게 한 사람이 끄샤뜨리야 출신인지, 브라만 출신인지, 상인인지, 일꾼인지 알기 전까지 화살을 뽑을 수 없소.'라고 말하고, 또 '나에게 화살을 쏘아 다치게 한 사람의 이름과 가문을 알기 전까지 … 나에게 화살을 쏘아 다치게 한 사람의 키가 큰지, 작은지, 중간인지 알기 전까지 … 나에게 화살을 쏘아 다치게 한 사람의 피부가 검은지, 어두운지, 황금색인지 알기 전까지 … 나에게 화살을 쏘아 다치게 한 사람이 어느 마을, 어느 도시에 사는지 알기 전까지 … 나를 다치게 한 활이 장궁인지 석궁인지 알기 전까지 … 나를 다치게 한 활시위가 섬유, 동물의 힘줄, 삼, 나무껍질로 만들어졌는지 알기 전까지 … 나를 다치게 한 화살대의 나무가 야생에서 자랐는지 재배한 것인지 알기 전까지 … 화살대에 꽂힌 깃털이 독수리, 왜가리, 매, 공작, 황새의 것인지 알기 전까지 … 나를 다치게 한 화살대를 묶은 힘줄이 황소, 물소, 사슴, 원숭이의 것인지 알기 전까지 … 나를 다치게 한 화살촉이 뾰족한지, 칼 모양인지, 굽었는지, 가시가 있는지, 송아지 이빨로 만들었는지, 바늘 모양인지 알기 전까지 …

화살을 뽑을 수 없소.'라고 말한다고 생각해 보아라.

"다친 사람은 이를 다 알 수 없을뿐더러 그 전에 죽고 말 것이다. 말룽꺄뿟따여, 마찬가지로 누가 '나는 세존께서 "세계가 영원하다." … "여래는 사후에 존재하는 것도 아니고 존재하지 않는 것도 아니다."라는 견해를 밝혀 주실 때까지 기다려 세존을 스승으로 모시고 수행해야겠다.'고 말한다면 이는 끝내 밝혀지지 않을 것이며 그 사람은 대답을 기다리다 수명이 다해 죽을 것이다.

6. "말룽꺄뿟따여, '세계는 영원하다.'는 견해가 있다면 출가수행 할 수 없다. '세계는 영원하지 않다.'라는 견해가 있어도 출가수행 할 수 없다. '세계는 영원하다.'거나 '세계는 영원하지 않다.'라는 견해가 있다면 태어남이 있고, 늙음이 있고, 죽음이 있고, 슬픔, 한탄, 고통, 실의, 절망이 있다. 내가 지금 여기서 설하는 것이 무너지는 것이다.

"만약 '세계는 유한하다.' … '세계는 무한하다.' … '영혼과 육체는 같다.' … '영혼과 육체는 다르다.' … '여래는 사후에 존재한다.' … '여래는 사후에 존재하지 않는다.'는 견해가 있다면 출가수행 할 수 없다. 만약 '여래는 사후에 존재하기도 하고 존재하지 않기도 한다.'라는 견해가 있다면 출가수행 할 수 없다. '여래는 사후에 존재하는 것도 아니고 존재하지 않는 것도 아니다.'라는 견해가 있다면 출가수행 할 수 없다. '여래는 사후에 존재하기도 하고 존재하지 않기도 한다.' 거나 '여래는 사후에 존재하는 것도 아니고 존재하지 않는 것도 아니다.'라는 견해가 있다면 태어남이 있고, 늙음이 있고, 죽음이 있고, 슬픔, 한탄, 고통, 실의, 절망이 있다. 내가 지금 여기서 설하는 것이 무

389

너지는 것이다.

7. "따라서 말룽꺄뿟따여, 내가 밝히지 않은 것은 밝히지 않은 대로 내버려 두고 내가 밝힌 것은 밝힌 그대로 기억하라. 내가 무엇을 밝히지 않았는가? '세계는 영원하다.'라고 밝히지 않았다. '세계는 영원하지 않다.'라고 밝히지 않았다. '세계는 유한하다.'라고 밝히지 않았다. '세계는 무한하다.'라고 밝히지 않았다. '영혼은 육체와 같다.'라고 밝히지 않았다. '영혼과 육체는 다르다.'라고 밝히지 않았다. '여래는 사후에 존재한다.'라고 밝히지 않았다. '여래는 사후에 존재하지 않는다.'라고 밝히지 않았다. '여래는 사후에 존재하기도 하고 존재하지 않기도 한다.'라고 밝히지 않았다. '여래는 사후에 존재하는 것도 아니고 존재하지 않는 것도 아니다.'라고 밝히지 않았다.

8. "왜 밝히지 않았는가? 이익이 되지 않고, 수행 생활의 근본이 되지 않으며, 환멸, 욕망의 사그라짐, 소멸, 평안, 바른 지혜, 깨달음, 열반으로 이끌어 주지 않기 때문이다. 그래서 밝히지 않았다.

9. "무엇을 밝혔는가? '이것이 고통이다.'라고 밝혔다. '이것이 고통의 원인이다.'라고 밝혔다. '이것이 고통의 소멸이다.'라고 밝혔다. '이것이 고통의 소멸로 이끄는 길이다.'라고 밝혔다.

10. "왜 밝혔는가? 이익이 되고, 수행 생활의 근본이 되며, 환멸, 욕망의 사그라짐, 소멸, 평안, 바른 지혜, 깨달음, 열반으로 이끌어 주기 때문이다. 그래서 밝혔다.

"따라서 말룽꺄뿟따여, 내가 밝히지 않은 것은 밝히지 않은 대로 내버려 두고 내가 밝힌 것은 밝힌 그대로 기억하라."

세존께서 이와 같이 설하시자 말룽꺄뿟따 존자는 세존의 말씀에 만족하고 기뻐했다.[49]

(MN 63)

2) 수행의 속재목

I. 나는 이와 같이 들었다. 한때 세존께서는 라자가하의 영축산에 머물고 계셨다. 데와닷따가 떠나자 곧이어 세존께서 비구들에게 말씀하셨다.

2. "비구들이여, 일족의 자손이 '나는 태어남, 늙음, 죽음의 희생자이며, 슬픔, 탄식, 고통, 실의, 절망의 희생자이다. 나는 괴로움의 희생자이며, 괴로움의 제물이 되었다. 참으로 이 괴로움의 덩어리를 모조리 끊는 법을 찾아야겠다.'라고 생각하며 믿음을 내어 재가자의 삶을 버리고 출가했다. 그러자 이윤과 존경, 명예가 따랐다. 그는 이렇게 얻은 이윤과 존경, 명예가 만족스러웠고, 원래 목적도 달성되었다. 이제 '나는 이윤과 존경, 명예를 얻었지만 다른 비구들은 유명하지도 않고 별 볼 일 없다.'고 자신은 높이고 다른 사람들은 비하했다. 그는 이윤과 존경, 명예에 취해서 게을러져 방일하고 만다. 방일하기 때문에 괴로움 속에 산다.

---

49 훗날 말룽꺄뿟따 존자는 부처님께 여섯 가지 감각 기관에 대한 법문을 듣고 아라한 과를 얻는다.

391

"속재목이 필요한 사람이 속재목을 찾아 헤매다가 속재목이 있는 커다란 나무 앞에 섰다고 생각해 보아라. 속재목, 연목, 속껍질, 겉껍질은 모두 버리고 잔가지와 이파리만 따서 속재목이라 착각하고 가져갔다. 눈 좋은 이가 이 사람을 보고 '저 이는 속재목, 연목, 겉껍질, 속껍질, 잔가지, 이파리도 구분하지 못하는군. 그러니까 속재목이 필요하여 찾아 헤매다가 속재목이 있는 커다란 나무를 찾아도 속재목, 연목, 속껍질, 겉껍질은 모두 버리고 잔가지와 이파리를 속재목이라 착각하고 가져가는구나. 저 이가 속재목으로 무엇을 만들려고 했든지 간에 그 목적을 이루지 못할 것이다.'라고 말할 것이다. 이윤과 존경, 명예에 취한 비구도 이와 같다. 이 비구는 출가수행 생활의 잔가지와 이파리만 취하고 그것에 만족해 멈춘 이라고 말할 수 있다.

3. "비구들이여, 일족의 자손이 '나는 태어남, 늙음, 죽음의 희생자이며, 슬픔, 탄식, 고통, 실의, 절망의 희생자이다. 나는 괴로움의 희생자이며, 괴로움의 제물이 되었다. 참으로 이 괴로움 덩어리를 모조리 끊어 내는 법을 찾아야겠다.'라고 생각하며 믿음을 내어 재가자의 삶을 버리고 출가했다. 그러자 이윤과 존경, 명예가 따랐다. 하지만 그는 이렇게 얻은 이윤과 존경, 명예가 만족스럽지 않았고 원래 목적도 달성되지 않았다. 자신이 얻은 것에 대해 스스로 높이지 않았고 다른 이들을 비하하지도 않았다. 그는 이윤과 존경, 명예에 취해서 게을러져 방일하지 않았고 오히려 부지런히 정진하여 계율을 구족했다. 이제 계율의 구족이 만족스러웠고 원래 목적도 달성되었다. 그리고 '나는 계율을 수지한다. 나는 훌륭한 성품을 갖추었다. 하지만 다른 비

구들은 계율을 지키지 않고 성품도 좋지 않다.'고 자신은 높이고 다른 사람들은 비하했다. 그는 계율의 구족에 취하여 게을러져 방일하고 만다. 방일하기 때문에 괴로움 속에 산다.

"속재목이 필요한 사람이 속재목을 찾아 헤매다가 속재목이 있는 커다란 나무 앞에 섰다고 생각해 보아라. 속재목, 연목, 속껍질은 모두 버리고 겉껍질만 잘라서 이것이 속재목이라 착각하고 가져갔다. 눈 좋은 이가 이 사람을 보고 '저 이는 속재목, … 잔가지, 이파리도 구분하지 못하는군. 그러니까 속재목이 필요하여 찾아 헤매다가 … 겉껍질을 속재목이라 착각하고 가져가는구나. 저 이가 속재목으로 무엇을 만들려고 했든지 간에 그 목적을 이루지 못할 것이다.'라고 말할 것이다. 계율의 구족에 취한 비구도 이와 같다. 이 비구는 출가수행 생활의 겉껍질만 취하고 그것에 만족해 멈춘 이라고 말할 수 있다.

4. "비구들이여, 일족의 자손이 '나는 태어남, 늙음, 죽음의 희생자이며, 슬픔, 탄식, 고통, 실의, 절망의 희생자이다. 나는 괴로움의 희생자이며, 괴로움의 제물이 되었다. 참으로 이 괴로움의 덩어리를 모조리 끊어 내는 법을 찾아야겠다.'라고 생각하며 믿음을 내어 재가자의 삶을 버리고 출가했다. 그러자 이윤과 존경, 명예가 따랐다. 하지만 그는 이렇게 얻은 이윤과 존경, 명예가 만족스럽지 않았고, 원래 목적도 달성되지 않았다. … 오히려 부지런히 정진하여 계율을 구족했다. 계율의 구족이 만족스러웠지만 원래 목적은 달성되지 않았다. 자신이 얻은 것에 대해 스스로 높이지도 않고 다른 이들을 비하하지도

않았다. 그는 계율의 구족에 취하여 게을러져 방일하지 않고 오히려 부지런히 정진하여 삼매를 이루었다. 그러자 삼매의 성취가 만족스러웠고 원래 목적도 달성되었다. 이제 '나는 삼매를 이루었다. 내 마음은 하나로 집중되었다. 하지만 다른 비구들은 마음이 이리저리 헤매며 산란하다.'고 자신은 높이고 다른 사람들은 비하했다. 그는 삼매의 성취에 취하여 게을러져 방일하고 만다. 방일하기 때문에 괴로움 속에 산다.

"속재목이 필요한 사람이 속재목을 찾아 헤매다가 속재목이 있는 커다란 나무 앞에 섰다고 생각해 보아라. 속재목과 연목은 버리고 속껍질만 잘라서 이것이 속재목이라 착각하고 가져갔다. 눈 좋은 이가 이 사람을 보고 '저 이는 속재목, … 잔가지, 이파리도 구분하지 못하는군. 그러니까 속재목이 필요하여 찾아 헤매다가 … 속껍질을 속재목이라 착각하고 가져가는구나. 저 이가 속재목으로 무엇을 만들려고 했든지 간에 그 목적을 이루지 못할 것이다.'라고 말할 것이다. 삼매의 성취에 취한 비구도 이와 같다. 이 비구는 출가수행 생활의 속껍질만 취하고 그것에 만족해 멈춘 이라고 말할 수 있다.

5. "비구들이여, 일족의 자손이 '나는 태어남, 늙음, 죽음의 희생자이며, 슬픔, 탄식, 고통, 실의 절망의 희생자이다. 나는 괴로움의 희생자이며, 괴로움의 제물이 되었다. 참으로 이 괴로움의 덩어리를 모조리 끊어 내는 법을 찾아야겠다.'라고 생각하며 믿음을 내어 재가자의 삶을 버리고 출가했다. 그러자 이윤과 존경, 명예가 따랐다. 하지만 그는 이렇게 얻은 이윤과 존경, 명예가 만족스럽지 않았고 원래 목

적도 달성되지 않았다. … 오히려 부지런히 정진하여 계율을 구족했다. 계율의 구족이 만족스러웠지만 원래 목적은 달성되지 않았다. … 오히려 부지런히 정진하여 삼매를 이루었다. 삼매의 성취가 만족스러웠지만 원래 목적은 달성되지 않았다. 자신이 얻은 것에 대해 스스로 높이지도 않았고 다른 이들을 비하하지도 않았다. 그는 삼매의 성취에 취하여 게을러져 방일하지 않고 오히려 부지런히 정진하여 앎과 봄을 얻었다. 그러자 앎과 봄이 만족스러웠고 원래 목적도 달성되었다. 이제 '나는 알고 본다. 하지만 다른 비구들은 알지도 못하고 보지도 못한다.'고 자신은 높이고 다른 사람들은 비하했다. 그는 앎과 봄에 취하여 게을러져 방일하고 만다. 방일하기 때문에 괴로움 속에 산다.

"속재목이 필요한 사람이 속재목을 찾아 헤매다가 속재목이 있는 커다란 나무 앞에 섰다고 생각해 보아라. 속재목은 버리고 연목을 잘라서 이것을 속재목이라 착각하고 가져갔다. 눈 좋은 이가 이 사람을 보고 '저 이는 속재목, … 잔가지, 이파리도 구분하지 못하는군. 그러니까 속재목이 필요하여 찾아 헤매다가 … 연목을 속재목이라 착각하고 가져가는구나. 저 이가 속재목으로 무엇을 만들려고 했든지 간에 그 목적을 이루지 못할 것이다.'라고 말할 것이다. 앎과 봄에 취한 비구도 이와 같다. 이 비구는 출가수행 생활의 연목만 취하고 그것에 만족해 멈춘 이라고 말할 수 있다.

6. "비구들이여, 일족의 자손이 '나는 태어남, 늙음, 죽음의 희생자이며, 슬픔, 탄식, 고통, 실의 절망의 희생자이다. 나는 괴로움의 희생

자이며, 괴로움의 제물이 되었다. 참으로 이 괴로움의 덩어리를 모조리 끊어 내는 법을 찾아야겠다.'라고 생각하며 믿음을 내어 재가자의 삶을 버리고 출가했다. 그러자 이윤과 존경, 명예가 따랐다. 하지만 그는 이렇게 얻은 이윤과 존경, 명예가 만족스럽지 않았고 원래 목적도 달성되지 않았다. … 오히려 부지런히 정진하여 계율을 구족했다. 계율의 구족이 만족스러웠지만 원래 목적은 달성되지 않았다. … 오히려 부지런히 정진하여 삼매를 이루었다. 삼매의 성취가 만족스러웠지만 원래 목적은 달성되지 않았다. … 오히려 부지런히 정진하여 앎과 봄을 얻었다. 이제 앎과 봄이 만족스러웠고 그의 원래 목적도 달성되었다. 하지만 자신이 얻은 것에 대해 스스로 높이지도 않고 다른 이들을 비하하지도 않았다. 앎과 봄에 취하여 게을러져 방일하지 않고 오히려 부지런히 정진하여 영원한 해탈을 얻었다. 이 비구가 영원한 해탈에서 멀어지는 것은 불가능하다.

"속재목이 필요한 사람이 속재목을 찾아 헤매다가 속재목이 있는 커다란 나무 앞에 섰다고 생각해 보아라. 그리고 속재목만을 잘라 그것이 속재목인지 알고 가져간다. 눈 좋은 이가 이 사람을 보고 '저 이는 속재목, 연목, 겉껍질, 속껍질, 잔가지, 이파리를 잘 안다. 그러니 속재목이 필요해 속재목을 찾아 헤매다가 속재목이 있는 커다란 나무 앞에 도착하여 속재목만 잘라 그것이 속재목인지 알고 가져간다. 저 이가 속재목으로 무엇을 만들려고 했든지 간에 그 목적을 이룰 것이다.'라고 말할 것이다. 영원한 해탈을 얻은 이 비구도 이와 같다."

7. "비구들이여, 이 출가수행 생활에는 이윤도, 존경도, 명예도 이익

이 되지 않고, 계율의 구족도 이익이 되지 않으며, 삼매의 성취도 이익이 되지 않고, 앎과 봄을 얻는 것도 이익이 되지 않는다. 이 출가수행의 목적, 속재목, 목표는 흔들리지 않는 마음의 해탈이다."

세존께서 이와 같이 설하시자 비구들은 만족하고 기뻐했다.

(MN 29)

3) 욕망의 사라짐

"비구들이여, 만약 다른 교단의 수행자들이 너희들에게 '벗이여, 수행자 고따마의 가르침을 따르는 이유가 무엇이오?'라고 묻는다면 너희는 이렇게 대답해야 한다. '벗이여, 세존의 가르침에 따라 수행하는 이유는 욕망을 사라지게 하기 위해서라오.'

"비구들이여, 만약 다른 교단의 수행자들이 너희들에게 '벗이여, 욕망을 사라지게 하는 길, 그 방법이 있단 말이오?'라고 묻는다면 너희는 이렇게 대답해야 한다. '벗이여, 욕망을 사라지게 하는 길, 그 방법이 있다오.'

"비구들이여, 욕망을 사라지게 하는 길, 그 방법은 무엇인가? 그것은 여덟 가지 바른 길이다. 즉, 바른 견해, 바른 의도, 바른 말, 바른 행동, 바른 생계, 바른 노력, 바른 마음챙김, 바른 선정이다. 이것이 욕망을 사라지게 하는 길, 그 방법이다. 비구들이여, 다른 교단의 수행자들에게 너희는 이와 같이 대답해야 한다.

"또는 이렇게 대답해도 된다. '족쇄를 버리기 위해, 잠재적 성향을 뿌리 뽑기 위해, 윤회를 완전히 알기 위해, 번뇌를 깨부수기 위해, 지혜와 해탈의 과를 얻기 위해, 앎과 봄을 얻기 위해, 집착없이 완전한 열반을 얻기 위해 세존의 가르침을 따라 수행한다네.'

"비구들이여, 만약 다른 가르침을 따르는 수행자들이 너희들에게 '벗이여, 집착없이 완전한 열반을 얻을 수 있는 길, 그 방법이 있습니까?'라고 묻는다면 너희들은 이렇게 대답해야 한다. '벗이여, 집착없이 완전한 열반을 얻는 길, 그 방법이 있다오.'

"비구들이여, 집착없이 완전한 열반을 얻는 길, 그 방법은 무엇인가? 그것은 여덟 가지 바른 길이다. 바른 생각 … 바른 선정이다. 이것이 집착없이 완전한 열반을 얻는 길, 그 방법이다. 비구들이여, 다른 교단의 수행자들에게 너희는 이와 같이 대답해야 한다."

(SN 45:41 – 48)

02   여덟 가지 바른 길의 분석

"비구들이여, 그대들에게 고귀한 여덟 가지 바른 길에 대해 자세히 설할 테니 귀를 기울여 잘 들어라.

"비구들이여, 무엇이 고귀한 여덟 가지 바른 길인가? 바른 견해, 바른 의도, 바른 말, 바른 행동, 바른 생계, 바른 노력, 바른 알아차림, 바른 선정이다.

"비구들이여, 바른 견해는 무엇인가? 괴로움에 대해 알고, 괴로움의 원인에 대해 알고, 괴로움의 소멸에 대해 알고, 괴로움의 소멸에 이르는 길에 대해 아는 것이다. 이것이 바른 견해이다.

"비구들이여, 바른 의도는 무엇인가? 세간을 벗어나 수행하려는 의도, 악의가 없는 의도, 해치지 않으려는 의도이다. 이것이 바른 의도이다.

"비구들이여, 바른 말은 무엇인가? 거짓말을 하지 않고, 나쁜 의도로 말하지 않고, 거친 말을 하지 않고, 한가히 잡담하지 않는 것이다. 이것이 바른 말이다.

"비구들이여, 바른 행동은 무엇인가? 살아있는 것을 죽이지 않고,

399

주지 않은 것을 가지지 말고, 잘못된 성행위를 하지 않는 것이다. 이것이 바른 행동이다.

"비구들이여, 올바른 생계는 무엇인가? 부처님의 제자는 잘못된 생업을 버리고 올바른 생업으로 생계를 유지한다. 이것이 바른 생계이다.

"비구들이여, 바른 노력은 무엇인가? 비구는 아직 일어나지 않은 삿되고 불선한 상태가 일어나지 않도록 바라고, 노력하고, 힘을 쏟고, 온 마음을 다해 애를 쓴다. 이미 일어난 삿되고 불선한 상태를 버리도록 바라고 … 아직 일어나지 않은 선한 상태가 일어나도록 바라고 … 이미 일어난 선한 상태가 계속되어 줄지 않고, 늘어나고, 확장되고, 완전히 채워지도록 바라고, 노력하고, 힘을 쏟고, 온 마음을 다해 애를 쓴다. 이것이 바른 노력이다.

"비구들이여, 바른 알아차림은 무엇인가? 비구는 세간에 대한 기대와 실망을 모두 버리고 몸을 관찰할 때 바르게 알면서 끊임없이 알아차리며 몸을 살핀다. 세간에 대한 기대와 실망을 모두 버리고 느낌을 관찰할 때 바르게 알면서 끊임없이 알아차리며 느낌을 살핀다. 세간에 대한 기대와 실망을 모두 버리고 마음을 관찰할 때 바르게 알면서 끊임없이 알아차리며 마음을 살핀다. 세간에 대한 기대와 실망을 모두 버리고 법을 관찰할 때 바르게 알면서 끊임없이 알아차리며 법을 살핀다. 이것이 바른 알아차림이다.

"비구들이여, 바른 선정은 무엇인가? 비구는 감각적 쾌락을 멀리하고, 불선한 상태를 멀리하여 첫 번째 선정에 들어가 머문다. 일으킨 생각과 지속적인 고찰이 있고, 멀리함으로 생긴 희열과 행복이 있다. 일으킨 생각과 지속적인 고찰이 가라앉으며 두 번째 선정에 들어가 머문다. 내면에 확신이 생기고, 마음이 하나가 되며, 일으킨 생각과 지속적인 고찰이 사라지고 선정의 희열과 행복만 있다. 희열이 사라지고 바르게 알아차리고 이해하면서 평정심에 머문다. 온몸으로 행복을 경험한다. 성인들이 '평정심에 머물고, 알아차리며, 행복하다.'고 말하는 세 번째 선정에 들어가 머문다. 다시 즐거움과 괴로움을 버리고, 이미 기쁨과 불만족이 사라졌기 때문에 괴롭지도 즐겁지도 않으며, 평정으로 인해 청정한 알아차림이 있는 네 번째 선정에 들어가 머문다. 이것이 바른 선정이다."

(SN 45:8)

03 좋은 벗, 좋은 친구, 좋은 동무

나는 이와 같이 들었다. 한 때 세존께서 사꺄족이 사는 니가라까 마을에 머무셨다. 그때 아난다 존자가 세존께 다가와 예경드리고 한쪽에 앉아 여쭈었다.

"세존이시여, 좋은 벗, 좋은 친구, 좋은 동무는 수행 생활의 절반을 차지합니다."

"그렇지 않다, 아난다여! 좋은 벗, 좋은 친구, 좋은 동무는 수행 생활의 전부이니라. 비구에게 좋은 벗, 좋은 친구, 좋은 동무가 있다면 여덟 가지 바른 길을 닦고 수행할 것이기 때문이다.

"아난다여, 좋은 벗, 좋은 친구, 좋은 동무가 있는 비구가 어떻게 여덟 가지 바른 길을 닦고 수행하는가? 아난다여, 그 비구는 고요히 머물며, 탐욕을 끊고, 괴로움을 소멸시키며, 버림을 완성하는 가운데 바른 견해를 닦는다. 고요히 머물며, 탐욕을 끊고, 괴로움을 소멸시키며, 버림을 완성하는 가운데 바른 의도 ⋯ 바른 말 ⋯ 바른 행동 ⋯ 바른 생계 ⋯ 바른 노력 ⋯ 바른 알아차림 ⋯ 바른 선정을 닦는다. 아난다여, 좋은 벗, 좋은 친구, 좋은 동무가 있는 비구는 이와 같이 여덟 가지 바른 길을 닦고 수행한다.

"아난다여, 좋은 벗, 좋은 친구, 좋은 동무가 어째서 수행 생활의 전부인지 알 수 있는 방법이 또 있다. 아난다여, 여래를 좋은 친구로 삼아 의지하면 태어나는 존재들이 태어남에서 해방되고, 늙어가는 존재들이 늙음에서 해방되며, 죽음을 피할 수 없는 존재들이 죽음에서 해방되고, 슬픔, 한탄, 고통, 실망, 절망감을 느끼는 존재들이 슬픔, 한탄, 고통, 실망, 절망감에서 해방된다. 아난다여, 그러므로 좋은 벗, 좋은 친구, 좋은 동무는 수행 생활의 전부임을 알 수 있다."

(SN 45:2)

04 단계별 수행

1. 나는 이와 같이 들었다. 한때 세존께서 사왓티에서 아나타삔디까 장자가 기증한 기원정사에 머물고 계셨다.

2. 브라만 자눗소니가 한낮에 흰색 암말 여러 마리가 끄는 흰색 마차를 타고 사왓티 교외로 향하고 있었다. 그때 유행승 삘로띠까가 멀리서 걸어오고 있는 것을 보고 그에게 물었다.

"왓차야나 존자여, 이 한낮에 어디를 다녀오시는 길입니까?"

"브라만이여, 저는 고따마 존자를 뵙고 오는 길입니다."

"왓차야나 존자는 고따마 존자의 지혜에 대해 어떻게 생각하십니까? 그는 현자입니까, 아닙니까?"

"브라만이여, 제가 어찌 고따마 존자의 지혜를 헤아려 알겠습니까? 고따마 존자와 동등한 수준의 지혜가 있어야만 그 지혜의 깊이를 헤아릴 수 있을 것입니다."

"왓차야나 존자는 고따마 존자를 정말로 높이 평가하시는군요."

"브라만이여, 제가 누구라고 고따마 존자를 평가하겠습니까? 천신과 인간 중 최고만이 고따마 존자를 평가할 수 있을 것입니다."

"왓차야나 존자는 어찌하여 고따마 존자께 그토록 확고한 믿음을 내게 되셨습니까?"

3. "브라만이여, 지혜로운 코끼리 사냥꾼이 코끼리가 사는 숲에 들어가 커다란 코끼리 발자국을 발견했다고 생각해 보십시오. 그러면 '이는 덩치 큰 숫코끼리일 것이다.'라는 결론을 내릴 것입니다. 마찬가지로 제가 고따마 존자의 네 개의 발자국을 보았을 때 저는 이런 결론을 내렸습니다. '세존은 완전히 깨달은 분이시고, 법은 세존께서 잘 설하셨으며, 승가는 선한 길을 닦는다.' 이 네 가지 발자국은 무엇입니까?

4. "브라만이여, 저는 학문이 깊고 박식한 귀족들이 머리카락을 명중시키는 명사수처럼 다른 교단의 가르침을 간파하고 여기저기서 예리한 말재주로 여러 견해를 논파하는 것을 보았습니다. 그들은 고따마 존자가 이러한 마을이나 도시로 올 것이라는 소문을 들으면 질문거리를 만들어 냅니다. '고따마 존자를 만나서 이러한 질문을 하면, 존자는 이렇게 대답할 것이고, 우리는 이렇게 반박하면 된다. 저러한 질문을 하면, 존자는 저렇게 대답할 것이고, 우리는 저렇게 반박하면 된다.'고 계획을 세웁니다.

"이들은 고따마 존자가 이러한 마을이나 도시에 도착했다는 소식이 들리면 존자를 찾아뵙습니다. 그러면 고따마 존자는 이들에게 법을 설하여 가르치고, 분발시키고, 격려하고, 기쁘게 합니다. 이제 이들은 법을 배우고, 분발하고, 격려되고, 기쁘기 때문에 질문이 사라지고 논박할 거리도 없습니다. 사실상 이제 고따마 존자의 제자가 된 것이나 마찬가지입니다. 제가 이렇게 고따마 존자의 첫 번째 발자국을 보았을 때 이런 결론을 내렸습니다. '세존은 완전히 깨달은 분이시고, 법은 세존께서 잘 설하셨으며, 승가는 선한 길을 닦는다.'

5. "또, 저는 학문이 깊고 박식한 브라만들이 … 사실상 이제 고따마 존자의 제자가 된 것이나 마찬가지입니다. 제가 이렇게 고따마 존자의 두 번째 발자국을 보았을 때 이런 결론을 내렸습니다. '세존은 완전히 깨달은 분이시고, 법은 세존께서 잘 설하셨으며, 승가는 선한 길을 닦는다.'

6. "또, 저는 학문이 깊고 박식한 재가자들이 … 사실상 이제 고따마 존자의 제자가 된 것이나 마찬가지입니다. 제가 이렇게 고따마 존자의 세 번째 발자국을 보았을 때 이런 결론을 내렸습니다. '세존은 완전히 깨달은 분이시고, 법은 세존께서 잘 설하셨으며, 승가는 선한 길을 닦는다.'

7. "또, 저는 학문이 깊고 박식한 수행자들이 … 질문이 사라지고 논박할 거리도 없습니다. 이제 이들은 고따마 존자 밑에서 출가수행하겠다고 허락을 받습니다. 출가하여 홀로 한적한 곳에 거처하고, 부지런히 노력하며, 물러나지 않고 수행을 하면 오래지 않아 스스로 최상의 지혜로 깨닫습니다. 바로 그 자리에서 일족의 자손이 재가자의 삶을 버리고 출가의 길로 나아가는 궁극의 목표에 들어가 머뭅니다. 그리고 '우리는 진정한 수행자가 아니었지만 스스로 수행자라 생각하며 나쁜 길로 빠져 타락할 뻔했다. 우리는 진정한 브라만이 아니었지만 브라만이라 생각했다. 우리는 진정한 아라한이 아니었지만 아

라한이라 생각했다. 이제 드디어 진정한 수행자 … 브라만 … 아라한이 되었다.'라고 말합니다.

"제가 이렇게 고따마 존자의 네 번째 발자국을 보았을 때 이런 결론을 내렸습니다. '세존은 완전히 깨달은 분이시고, 법은 세존께서 잘 설하셨으며, 승가는 선한 길을 닦는다.'"

8. 말이 끝나자 브라만 자눗소니는 흰 암말이 끄는 흰 마차에서 내려와 그의 가사를 한쪽 어깨에 가지런히 정리한 뒤 세존을 향하여 합장 공경하고 환희에 찬 감탄을 세 번 외쳤다.

"세존, 아라한, 완전히 깨달으신 분께 귀의합니다! 세존, 아라한, 완전히 깨달으신 분께 귀의합니다! 세존, 아라한, 완전히 깨달으신 분께 귀의합니다! 저도 언젠가는 고따마 존자를 뵙고 법문을 들을 수 있기를 고대합니다."

9. 어느 날 브라만 자눗소니가 세존을 찾아뵙고 인사드렸다. 공손하고 정다운 대화가 끝나자 그는 한쪽에 앉아 유행승 삘로띠까와 나누었던 이야기를 세존께 말씀드렸다. 그러자 세존께서 말씀하셨다.

"브라만이여, 아직 네 개의 코끼리 발자국에 대한 비유가 상세히 설해지지 않았다. 이제 상세히 설할 테니 자세히 들으라." - "예, 세존이시여." 브라만 자눗소니가 대답했다. 세존께서 다음과 같이 말씀하셨다.

10. "브라만이여, 코끼리 사냥꾼이 코끼리가 사는 숲에 들어가 커다란 코끼리 발자국을 발견했다고 생각해 보아라. 지혜로운 코끼리 사냥꾼이라면 아직 이것이 덩치 큰 숫코끼리라고 단정짓지 않을 것

407

이다. 그 이유는 코끼리 숲에 사는 작은 암코끼리도 이런 큰 발자국을 남기기 때문에 이 발자국이 작은 암코끼리의 것일 수도 있기 때문이다. 계속해서 쫓아가다 보면 커다란 코끼리 발자국과 높은 나무에 쓸린 자취를 찾을 수 있을 것이다. 지혜로운 코끼리 사냥꾼이라면 아직 이것이 덩치 큰 숫코끼리라고 단정짓지 않을 것이다. 그 이유는 코끼리 숲에 사는 이빨이 튀어나온 키 큰 암코끼리도 이런 큰 발자국을 남기기 때문에 이 발자국도 이빨이 튀어나온 키 큰 암코끼리의 것일 수도 있기 때문이다.

계속해서 쫓아가다 보면 커다란 코끼리 발자국과 높은 나무에 쓸린 자취, 상아의 흔적을 찾을 수 있을 것이다. 지혜로운 코끼리 사냥꾼이라면 아직 이것이 덩치 큰 숫코끼리라고 단정짓지 않을 것이다. 그 이유는 코끼리 숲에는 상아가 있는 키 큰 암코끼리도 이런 큰 발자국을 남기기 때문에 이 발자국도 상아가 있는 키 큰 암코끼리의 것일 수도 있기 때문이다. 계속해서 쫓아가다 보면 커다란 코끼리의 발자국, 높은 나무에 쓸린 자취, 상아의 흔적, 부러진 나뭇가지를 찾을 수 있을 것이다. 그러면 드디어 나무 아래나 들판에서 걷거나, 앉거나, 엎드려 있는 숫코끼리를 발견할 것이다. 이제 커다란 발자국이 덩치 큰 숫코끼리 것이었다고 단정지을 수 있다.

11. "브라만이여, 마찬가지로 이 세상에 출현한 여래는 아라한이고, 완전히 깨달았으며, 지혜와 실천이 원만하고, 잘 가신 분이며, 세간에 대한 지혜를 통달했고, 중생을 잘 다스리며, 천신과 인간의 스승이고, 부처이다. 여래는 최상의 지혜로 스스로 깨달아 천신, 마라, 범천 등

의 천상 세계와 수행자와 브라만이 속한 인간 세계의 모든 천신과 인간들에게 널리 가르침을 전한다. 시작도 좋고, 중간도 좋고, 끝도 좋은 가르침을 올바른 뜻과 바른 말로 설하며, 빠짐없이 구족한 청정한 수행자의 삶을 보여주신다.

12. "재가자나 그의 아들, 일족의 자손들이 부처님의 가르침을 듣는다. 가르침을 들으면 여래에 대한 믿음이 생긴다. 이 믿음 때문에 '재가자의 삶은 공연히 시끄럽고 별 재미가 없구나. 출가수행의 길이 활짝 열려 있다. 반짝이는 소라껍데기처럼 허물없이 청정하고 성스러운 삶을 일반 가정에서 실천하기 쉽지 않구나. 머리카락과 수염을 자르고, 갈색 가사를 걸치고, 집을 나와 출가의 길로 나아가는 것이 좋겠다.'는 마음을 낸다. 그리고 나서 크고 작은 재산을 버려두고, 여러 친인척들을 남겨두고, 머리카락과 수염을 자르고, 갈색 가사를 두르고, 재가자의 삶에서 출가의 길로 나아간다.

13. "그렇게 출가하여 비구 계를 수지한 뒤에는 생명을 죽이지 않고, 생명을 죽이지 않도록 삼간다. 모든 생명에 자비심을 내어 몽둥이와 무기를 내려놓고, 성심껏 너그러이 대한다. 주지 않은 것을 가지지 않고, 주지 않은 것을 가지지 않도록 삼간다. 주어진 것만 바라고, 주어진 것만 가지며, 훔치지 않으므로 청렴하게 머문다. 이성과의 관계를 멀리하고 금욕생활을 한다. 멀리 떨어져 살며 음란한 성생활을 삼간다.

"거짓말을 하지 않고, 거짓말을 하지 않도록 삼간다. 진실만을 말하고, 진실만을 고집하며, 신뢰할 수 있고, 세상을 기만하지 않는다.

409

나쁜 의도로 말하지 않고, 나쁜 의도로 말하지 않도록 삼간다. 여기에서 들은 말을 저기에 옮겨 이 사람과 저 사람을 갈라놓지 않는다. 저기에서 들은 말을 여기에 옮겨 저 사람과 이 사람을 갈라놓지 않는다. 분열된 이들을 화합시키고, 친목을 도모하며, 화합을 좋아하고, 화합을 즐기며, 화합을 기쁨으로 삼고, 화합하는 말만 한다. 거친 말을 하지 않고, 거친 말을 하지 않도록 삼간다. 온화한 말, 듣기 좋은 말, 호감이 가는 말, 마음에 닿고, 공손하며, 많은 이들이 원하고, 공감하는 말만 한다. 한가한 잡담을 하지 않고, 한가한 잡담을 하지 않도록 삼간다. 적당한 때에 말하고, 사실만을 말하며, 선한 말을 하고, 부처님의 가르침과 수행법에 대해 말한다. 기록할 가치가 있고, 합당하고, 적절하고, 이익되는 말을 적당한 때에 한다.

"씨앗과 식물에 상처내지 않는다. 하루에 한 끼만 먹고 적당한 때가 아니거나 밤에 먹는 것을 삼간다. 춤, 노래, 음악, 올바르지 않은 볼거리를 삼간다. 꽃목걸이를 걸거나 향을 뿌려 멋을 내거나 얼굴을 치장하는 일을 삼간다. 높고 큰 침상을 삼간다. 금과 은을 소지하는 것을 삼간다. 익히지 않은 곡식을 받지 않는다. 익히지 않은 고기를 받지 않는다. 성인 여성과 여자 아이를 받지 않는다. 남녀 노예를 받지 않는다. 염소와 양을 받지 않는다. 닭과 돼지를 받지 않는다. 코끼리, 소, 말, 암말을 받지 않는다. 논밭이나 땅을 받지 않는다. 심부름을 하거나 소식을 전하지 않는다. 사고파는 일을 하지 않는다. 중량, 금속, 측량값을 속이지 않는다. 뇌물을 받거나, 속이고, 사기치고, 속임수를 쓰지 않는다. 상해를 입히거나 죽이거나 묶거나 도둑질하거나 약탈하거나 폭력을 쓰지 않는다.

14. "몸을 보호해 주는 가사와 배를 채워주는 발우에 만족하고 어디를 가든지 이 두 가지만 소지한다. 새가 두 날개로 어디든 날아가듯 비구도 몸을 보호해줄 가사와 배를 채워줄 발우, 이 두 가지를 가지고 어디든 갈 수 있다. 이 고귀한 계를 수지하며 한 점 부끄러움 없는 축복 속에 머문다.

15. "눈으로 형색을 보면 그 모양과 특징에 집착하지 않는다. 만약 눈의 감각 기능을 잘 지키지 않으면 삿되고 해로운 바램과 실망이 마음에 침범하기 때문에 보는 것을 잘 단도리하고 눈의 기능을 잘 지켜야 한다. 귀로 소리를 들으면 … 코로 냄새를 맡으면 … 혀로 맛을 보면 … 몸으로 촉감을 느끼면 … 마음으로 마음의 대상을 인식하면 그 모양이나 특징에 집착하지 않는다. 만약 마음을 잘 지키지 않으면 삿되고 해로운 바램과 실망이 마음에 침범하기 때문에 마음을 잘 단도리하고 잘 지켜야 한다. 이 감각 기능들을 고귀하게 절제하기 때문에 내면에 때 묻지 않은 축복을 경험한다.

16. "오고 갈 때도 바르게 알고, 앞이나 옆을 볼 때도 바르게 알며, 팔다리를 굽히고 펼 때도 바르게 알고, 옷을 입거나 윗가사와 발우를 들 때도 바르게 알며, 먹고, 마시고, 씹고, 맛볼 때도 바르게 알고, 대소변을 볼 때도 바르게 알며, 걷고, 서고, 앉고, 자고, 일어나고, 말하고, 침묵할 때도 바르게 알고 해야 한다.

17. "고귀하게 계를 수지하고, 고귀하게 감각 기능들을 제어하며, 고귀한 알아차림과 바른 앎을 실천하면서 숲, 나무 아래, 산, 계곡, 산

411

기슭 동굴, 공동묘지, 정글, 빈터, 짚더미 등 멀리 떨어진 한적한 곳에
의지해 머문다.

18. "탁발에서 돌아와 공양을 마치면 다리를 포개어 앉는다. 몸을
바로 세우고 알아차림을 앞으로 가지고 온다. 세상에 대한 욕망을 버
리고 욕망없는 마음으로 머문다. 욕망을 비우고 마음을 청정히 한다.
악의와 증오를 버리고 악의 없는 마음으로 머문다. 모든 중생들을 향
해 악의 없는 자비심을 품는다. 악의와 증오를 비우고 마음을 청정히
한다. 둔함과 졸림을 버리고 둔함과 졸림 없는 마음으로 머문다. 빛
을 인식하고, 알아차리며, 바르게 알면서 머문다. 둔함과 졸림을 비
우고 마음을 청정히 한다. 들뜸과 후회를 버리고 초조함 없는 평온한
마음으로 머문다. 들뜸과 후회를 비우고 마음을 청정히 한다. 의심을
버리고 의심을 극복하여 선한 법을 의심하지 않는다. 의심을 비우고
마음을 청정히 한다.

19. "지혜를 약화시키는 이 다섯 가지 마음의 장애를 버리고, 감각
적 욕망을 멀리하며, 불선한 상태를 멀리하여 초선에 들어가 머문다.
일어난 생각과 지속적인 고찰, 멀리 여읨에서는 오는 희열과 행복이
따른다. 브라만이여, 이것을 여래의 발자국, 여래의 자취, 여래의 흔
적이라고 한다. 하지만 부처님의 제자는 아직 '세존은 완전히 깨달은
분이시고, 법은 세존께서 잘 설하셨으며, 승가는 선한 길을 닦는다.'
라고 결론짓지 않는다.[50]

---

50 선정과 천안통, 숙명통은 불교에만 국한된 수행이 아니기 때문에 아직 삼보에 대한

20. "일으킨 생각과 지속적인 고찰이 가라앉으며 두 번째 선정에 들어가 머문다. 내면에 확신이 생기고, 마음이 하나가 되며, 일으킨 생각과 지속적인 고찰이 사라지고, 선정의 희열과 행복만 있다. 브라만이여, 이 또한 여래의 발자국, … 이라고 한다. 하지만 부처님의 제자는 아직 '세존은 완전히 깨달은 분이시고, … '라고 결론짓지 않는다.

21. "희열이 사라지고 평정한 상태에서 바르게 이해하고, 알아차리며, 직접 뛰어난 행복을 체험한다. 성인들이 '평정심에 머물고, 알아차리며, 행복하다.'고 말하는 세 번째 선정에 들어가 머문다. 브라만이여, 이 또한 여래의 발자국, … 이라고 한다. 하지만 부처님의 제자는 아직 '세존은 완전히 깨달은 분이시고, … '라고 결론짓지 않는다.

22. 즐거움과 괴로움을 버리고, 이미 기쁨과 불만족이 사라졌기 때문에 즐겁지도 괴롭지도 않으며, 평정으로 인해 청정한 알아차림이 있는 네 번째 선정에 들어가 머문다. 브라만이여, 이 또한 여래의 발자국, … 이라고 한다. 하지만 부처님의 제자는 아직 '세존은 완전히 깨달은 분이시고, … '라고 결론짓지 않는다.

23. "마음이 이렇게 집중되고, 청정하고, 밝고, 흠 없고, 때 없고, 유연하고, 잘 다듬어지고, 안정되고, 침착해지면 마음을 과거 삶을 기억하는 지혜로 이끈다. 그리고 한 생, 두 생, 세 생, 네 생, 다섯 생, 열 생, 스무 생, 삼십 생, 사십 생, 오십 생, 백 생, 천 생, 십만 생, 많은 수축 겁

결론에 도달하지 못한 것이다.

과 많은 팽창 겁, 그리고 많은 대겁의 과거 생을 기억한다. '그때 내 이름은 무엇이었고, 어떤 가문이었으며, 이런 모습을 하고, 이런 영양분을 섭취하며, 이런 저런 기쁨과 고통을 경험하고, 몇 살까지 살았구나. 죽어서 다른 곳에 태어나 거기서 내 이름은 무엇이었고, 어떤 가문이었으며, 이런 모습을 하고, 이런 영양분을 섭취하며, 이런 저런 기쁨과 고통을 경험하고 몇 살까지 살았구나. 죽어서 이제 여기에 태어났구나.'라고 수없는 과거 생의 여러 모습과 특징들을 기억해낸다. 브라만이여, 이 또한 여래의 발자국, … 이라고 한다. 하지만 부처님의 제자는 아직 '세존은 완전히 깨달은 분이시고, … '라고 결론짓지 않는다.

24. "마음이 이렇게 집중되고, 청정하고, 밝아지고, 때가 없고, 흠이 없고, 유연하고, 잘 다듬어지고, 안정되고, 침착해지면 중생들의 죽음과 다시 태어남을 아는 지혜로 마음을 이끈다. 인간을 능가하는 청정한 천상의 눈으로 중생들이 열등하고 뛰어나게, 아름답고 추하게, 부유하고 가난하게 다시 태어나는 것을 본다. 그리고 자신의 행위에 따라 다시 태어난다는 것을 깨닫는다. '몸, 말, 마음으로 그릇된 행동을 하고, 성자들을 헐뜯으며, 잘못된 견해를 믿고, 그 잘못된 견해를 바탕으로 행동한 중생들은 죽어서 몸이 흩어지면 비참한 곳, 고통스러운 세계, 삼악도, 지옥에 다시 태어난다.' 하지만 몸, 말, 마음으로 바르게 행동하고, 성자들을 헐뜯지 않으며, 바른 견해를 믿고, 그 바른 견해를 바탕으로 행동한 중생들은 죽어서 몸이 흩어지면 행복한 곳, 천상 세계에 다시 태어난다.'고 안다. 인간을 능가하는 청정

한 천상의 눈으로 중생들이 열등하고 뛰어나게, 아름답고 추하게, 부유하고 가난하게 다시 태어나는 것을 다 본다. 그리고 자신의 행위에 따라 다시 태어난다는 것을 깨닫는다. 브라만이여, 이 또한 여래의 발자국, … 이라고 한다. 하지만 부처님의 제자는 아직 '세존은 완전히 깨달은 분이시고, … '라고 결론짓지 않는다.

25. "마음이 이렇게 집중되고, 청정하고, 밝아지고, 때가 없고, 흠이 없고, 유연하고, 잘 다듬어지고, 안정되고, 침착해지면 번뇌를 뿌리 뽑는 지혜로 마음을 이끈다. '이것이 괴로움이다. 이것이 괴로움의 원인이다. 이것이 괴로움의 소멸이다. 이것이 괴로움의 소멸로 이르는 길이다.'를 있는 그대로 바로 안다. '이것이 번뇌다. 이것이 번뇌의 원인이다. 이것이 번뇌의 소멸이다. 이것이 번뇌의 소멸로 이르는 길이다.'를 있는 그대로 바로 안다.

"브라만이여, 이 또한 여래의 발자국, 여래의 자취, 여래의 흔적이라고 한다. 하지만 부처님의 제자는 아직 '세존은 완전히 깨달은 분이시고, 법은 세존께서 잘 설하셨으며, 승가는 선한 길을 닦는다.'고 결론짓지 않는다. 아직 끝나지 않았다.

26. "이와 같이 보고 알았을 때 마음은 감각적 욕망의 번뇌에서, 존재의 번뇌에서, 무명의 번뇌에서 해탈한다. 해탈하면 '해탈했다.'는 앎이 생긴다. '태어남은 부서졌다. 청정한 수행의 삶을 살았다. 해야 할 일을 마쳤다. 다시 태어나지 않으리.'라고 안다.

"브라만이여, 이 또한 여래의 발자국, 여래의 자취, 여래의 흔적이라고 한다. 이제서야 부처님의 제자는 '세존은 완전히 깨달은 분이시고, 법은 세존께서 잘 설하셨으며, 승가는 선한 길을 닦는다.'라는 결론에 도달한다. 브라만이여, 이제서야 네 개의 코끼리 발자국에 대한 비유가 상세히 설해졌다."

27. 세존께서 말씀을 마치시자 브라만 자눗소니가 칭송했다.

"경이롭습니다, 고따마 존자시여! 경이롭습니다, 고따마 존자시여! 세존께서는 뒤집힌 것을 바로 세우시듯, 숨겨놓은 것을 꺼내 보이시듯, 길을 잃은 이에게 길을 안내하시듯, 눈이 좋은 이들이 잘 볼 수 있도록 어둠 속에서 불을 밝히시듯 법을 분명하게 설하셨습니다. 저는 고따마 존자와 가르침과 승가에 귀의합니다. 고따마 존자께서 저를 재가 신도로 받아 주시면 오늘부터 목숨이 다하는 날까지 귀의하겠습니다."

(MN 27)

05 비유로 보는 높은 단계의 수행

12. "비구들이여, 비구는 외떨어진 한적한 곳에 의지해야 한다. 숲속, 나무 아래, 산, 산골짜기, 산비탈 동굴, 묘지, 정글, 빈터, 짚 더미에 머물러야 한다.

13. "탁발에서 돌아와 공양을 마치면 다리를 포개어 앉는다. 몸을 바로 세우고 알아차림을 앞으로 가지고 온다. 세상에 대한 기대를 버리고 욕망없는 마음으로 머문다. 욕망을 비우고 마음을 청정히 한다. 악의와 증오를 버리고 악의 없는 마음으로 머문다. 모든 중생들을 향해 악의 없는 자비심을 품는다. 악의와 증오를 비우고 마음을 청정히 한다. 둔함과 졸림을 버리고 둔함과 졸림 없는 마음으로 머문다. 빛을 인식하고, 알아차리며, 바르게 알면서 머문다. 둔함과 졸림을 비우고 마음을 청정히 한다. 들뜸과 후회를 버리고 초조함 없는 평온한 마음으로 머문다. 들뜸과 후회를 비우고 마음을 청정히 한다. 의심을 버리고 의심을 극복하여 선한 법을 의심하지 않는다. 의심을 비우고 마음을 청정히 한다. 마음에서 의심을 거둬낸다.

14. "비구들이여, 어떤 사람이 돈을 빌려서 사업을 시작했다고 생

각해 보아라. 사업이 잘 되어 빌린 돈을 다 갚고도 돈이 남아서 아내를 얻어 가정을 꾸렸다면 이 생각만으로도 그는 기쁘고 행복할 것이다. 어떤 사람이 심각한 병에 걸려 아프고 괴로워서 입맛도 없고 몸에 기운이 하나도 없다고 생각해 보아라. 나중에 병에서 회복되어 입맛이 돌고 몸에 기운이 난다면 이 생각만으로도 그는 기쁘고 행복할 것이다. 어떤 사람이 감옥에 갇혔다고 생각해 보아라. 이후 다치지 않고 안전하게 석방되었는데 재산도 전혀 축나지 않았다면 이 생각만으로도 그는 기쁘고 행복할 것이다. 노예가 된 사람이 항상 다른 사람을 의지해야 하고 홀로 할 수 있는 일이 없다고 생각해 보아라. 그는 가고 싶은 곳조차 자유롭게 가지 못한다. 이후 노예에서 풀려나 다른 사람에게 기대지 않고 주체적으로 살 수 있으며, 원하는 곳은 어디든 갈 수 있는 자유가 생긴다면 이 생각만으로도 그는 기쁘고 행복할 것이다. 재산이 많은 부자가 사막에서 길을 잃었다고 생각해 보아라. 나중에 다치지 않고 안전하게 사막을 건넜는데 재산도 전혀 축나지 않았다면 이 생각만으로도 그는 기쁘고 행복할 것이다.

비구들이여, 마찬가지로 다섯 가지 장애를 버리지 않으면 각 장애는 그에게 빚이요, 질병이요, 감옥이요, 노예 생활이요, 사막과 마찬가지다. 하지만 내면의 다섯 가지 장애를 버리면 빚으로부터의 자유, 질병으로부터의 회복, 감옥에서의 석방, 노예에서의 해방, 안전한 땅으로의 탈출을 누리게 된다.

15. "지혜를 쇠퇴시키는 다섯 가지 마음의 장애를 버리고, 감각적 쾌락을 멀리하며, 불선한 상태를 멀리하여 비구는 일어난 생각과 지

속적인 고찰, 멀리 여읨에서 오는 희열과 행복이 있는 첫 번째 선정에 들어가 머문다. 멀리 여읨에서 오는 희열과 행복이 온몸을 축이고, 적시고, 채우고, 온몸에 배서 몸의 한구석도 스미지 않은 곳이 없다. 마치 공중 목욕탕에서 일하는 사람이 조수와 함께 가루비누를 금속 대야에 쏟아붓고 물을 조금씩 뿌려가며 가루비누에 물기가 완전히 스며들 때까지 잘 치대서 물을 골고루 잘 먹이는 것과 같다. 잘 치대진 비누 반죽은 질지 않아 흘러내리지 않는다. 마찬가지로 멀리 여읨에서 오는 희열과 행복이 온몸을 축이고, 적시고, 채우고, 온몸에 배서 몸의 한구석도 스미지 않은 곳이 없다.

16. "비구들이여, 일으킨 생각과 지속적인 고찰이 가라앉으며 두 번째 선정에 들어가 머문다. 내면에 확신이 생기고, 마음이 하나가 되며, 일으킨 생각과 지속적인 고찰이 사라지고, 선정의 희열과 행복만 있다. 선정에서 오는 희열과 행복이 온몸을 축이고, 적시고, 채우고, 온몸에 배서 몸의 한구석도 스미지 않은 곳이 없다. 마치 호수 바닥에서만 물이 솟아오르고 동쪽, 서쪽, 북쪽, 남쪽에서 흘러들어오는 물도 없는데 비도 내리지 않는 것과 같다. 호수 바닥의 샘에서 솟아오르는 깨끗한 물이 호수를 축이고, 적시고, 채우고, 호수에 배서 한구석도 스미지 않은 곳이 없다. 마찬가지로 선정에서 오는 희열과 행복이 온몸을 축이고, 적시고, 채우고, 온몸에 배서 몸의 한구석도 스미지 않은 곳이 없다.

17. "비구들이여, 이제 비구는 희열이 사라지고, 바르게 알아차리고, 이해하면서 평정심에 머문다. 온몸으로 행복을 경험한다. 성인들

419

이 '평정심에 머물고 알아차리며 행복하다.'고 말하는 세 번째 선정에 들어가 머문다. 희열이 사라진 행복이 온몸을 축이고, 적시고, 채우고, 온몸에 배서 몸의 한구석도 스미지 않은 곳이 없다. 푸른색, 붉은색, 흰색 연꽃들이 연못 속에서 싹이 트고 자라서 물 밖으로 나오지 않고 잘 성장하는 것과 같다. 연꽃의 뿌리부터 머리까지 맑은 물이 축이고, 적시고, 채우고, 배서 한구석도 스미지 않은 곳이 없다. 마찬가지로 비구는 희열이 사라진 행복이 온몸을 축이고, 적시고, 채우고, 온몸에 배서 몸의 한구석도 스미지 않은 곳이 없다.

18. "이제 비구는 즐거움과 괴로움을 버리고, 이미 기쁨과 불만족이 사라졌기 때문에 네 번째 선정에 들어가 머문다. 괴롭지도 즐겁지도 않으며 평정심으로 마음이 청정하다. 청정하고 밝은 마음이 몸을 축이고, 적시고, 채우고, 온몸에 배서 몸의 한구석도 스미지 않은 곳이 없다. 마치 어떤 사람이 앉아서 흰 천으로 머리부터 발끝까지 감싸면 흰 천이 몸에 감기지 않은 곳이 없는 것과 같다. 마찬가지로 청정하고 밝은 마음이 몸을 축이고, 적시고, 채우고, 온몸에 배서 몸의 한구석도 스미지 않은 곳이 없다.

19. "비구는 마음이 이렇게 집중되고, 청정하고, 밝고, 흠 없고, 때 없고, 유연하고, 잘 다듬어지고, 안정되고, 침착해지면 마음을 과거 삶을 기억하는 지혜로 이끈다. 그는 수없는 과거 생을 한 생, 두 생 … [7장 4. 단계별 수행 23문단과 상동] … 기억한다. 수없는 과거 생을 기억할 때 그 여러 모습과 특징들도 기억한다. 마치 어떤 사람이 자기 고향 마을에서 다른 마을로 갔다가 다시 고향 마을로 돌아올 때 이렇

게 생각하는 것과 같다. '나는 내 고향 마을에서 저 마을로 갔다. 거기서 이렇게 서 있었고, 이렇게 앉아 있었고, 이렇게 말했고, 이렇게 침묵했다. 그리고 또 다른 마을로 가서 저렇게 서 있었고, 저렇게 앉아 있었고, 저렇게 말했고, 저렇게 침묵했다. 그리고 다시 고향 마을로 돌아왔다.' 마찬가지로 비구도 수없는 과거 생을 … 기억한다. 수없는 과거 생을 기억할 때 그 여러 모습과 특징들도 기억한다.

20. "비구는 마음이 이렇게 집중되고, 청정하고, 밝고, 흠 없고, 때 없고, 유연하고, 잘 다듬어지고, 안정되고, 침착해지면 마음을 다른 중생들의 죽음과 다시 태어남을 아는 지혜로 이끈다. … [7장 4. 단계별 수행 24문단과 상동] … 인간을 능가하는 청정한 천상의 눈으로 중생들이 열등하고 뛰어나게, 아름답고 추하게, 부유하고 가난하게 다시 태어나는 것을 다 본다. 그리고 자신의 행위에 따라 다시 태어난다는 것을 깨닫는다. 마치 시력 좋은 사람이 마주 보는 두 집 사이에 지키고 서서 들고 나는 이들을 지켜보는 것처럼 인간을 능가하는 청정한 천상의 눈으로 비구는 중생들의 죽음과 다시 태어남을 본다. … 그리고 그들의 행동에 따라 다음 삶이 결정되는 것을 깨닫는다.

21. "비구는 마음이 이렇게 집중되고, 청정하고, 밝고, 흠 없고, 때 없고, 유연하고, 잘 다듬어지고, 안정되고, 침착해지면 마음을 번뇌를 부수는 지혜로 이끈다. '이것은 괴로움이다.'라고 있는 그대로 안다. … [7장 4. 단계별 수행 25-26 문단과 상동] … 그는 '태어남은 부서졌다. 청정한 출가수행의 삶을 살았다. 해야 할 일을 마쳤다. 다시 태어나지 않을 것이다.'라고 안다.

421

"마치 눈 좋은 사람이 깊은 산속의 맑고, 깨끗하고, 투명한 호숫가에 조개껍데기, 자갈, 돌멩이와 물고기 떼가 헤엄치고 머무는 것을 들여다보고 '맑고, 깨끗하고, 투명한 호숫가에 조개껍데기, 자갈, 돌멩이가 있고, 물고기 떼가 헤엄치다 머물다 하는구나.'라고 아는 것과 같다. 마찬가지로 비구는 '이것은 괴로움이다.'라고 있는 그대로 안다. … 그는 '태어남은 부서졌다. 청정한 출가수행의 삶을 살았다. 해야 할 일을 마쳤다. 다시 태어나지 않을 것이다'라고 안다."

(MN 39)

마음 길들이기.

8

들어가기

앞 장에서 출세간법을 개괄적으로 살펴보았다. 이번 장에서는 니까야에서 출세간법을 설명하는 두 가지 측면인 선정과 지혜에 대해 좀 더 자세히 알아보겠다. 앞에서 보았듯 점진적인 수행은 계정혜戒定慧 삼학三學으로 나뉜다. 삼학에서 계학戒學은 지계를 의미하며 양심적인 행동과 도덕적 절제를 원칙으로 한다. 니까야에서 계를 수지한다고 할 때는 특히 구족계具足戒를 의미하며 이를 높은 계학 수행이라고 부른다. 계를 꾸준히 수지한다면 청정한 도덕적 가치가 마음을 채우고 법에 대한 깊은 신심과 기쁨이 생긴다.

계학을 토대로 이제 선정 수행으로 넘어가는데 선정을 닦는 이유는 마음을 안정시키고 지혜를 막는 걸림돌을 제거하기 위해서이다. 선정은 마음을 일반적인 수준 이상으로 끌어올리기 때문에 이 단계의 수행을 높은 정학定學 수행이라고 부른다. 마음에 평온과 고요를 가져오기 때문에 사마타(고요) 수행이라고도 불린다. 바르게 선정을 닦으면 마음이 통일되고 고요히 멈추어 깊은 삼매에 든다. 니까야에서 가장 두드러지게 등장하는 선정은 사선정四禪定으로 팔정도의 바

427

른 선정에 해당한다. 사선정 너머에는 마음이 한층 더 미묘한 집중 상태로 이어지는 사무색정四無色定이 있다.

세 번째는 높은 혜학慧學 수행으로 부처님께서 말씀하신 있는 그 대로의 본성을 바르게 보는 통찰지를 일깨우는 수행이다. 이에 관해 서는 다음 장에서 자세히 다루겠다.

8장1.마음의 힘에는 마음 수행을 해야 하는 이유를 설명하는 짧 은 경구들을 모아 놓았다. 경구는 짝을 이루는데 각 쌍에서 첫 번째 문구는 마음을 닦지 않았을 때의 위험을 경고하고 두 번째 문구는 마 음을 닦았을 때 얻는 이익을 칭송하고 있다. 닦지 않은 마음은 욕심, 미움, 어리석음과 거기에서 파생된 여러 번뇌에 희생물이 되기 쉽다. 번뇌는 불선한 업을 만들고 그 결과 이번 생과 미래 생에 괴로운 과 보를 받게 된다. 번뇌는 괴로움과 속박의 원인이기 때문에 해탈로 가 는 길은 반드시 번뇌를 가라앉혀서 마음 속 깊숙히 자리잡은 은거지 에서부터 번뇌를 뿌리 뽑을 수 있는 세밀한 마음 수행 과정을 동반해 야 한다. 이렇게 마음을 닦으면 행복, 자유, 평온을 맛볼 수 있다.

니까야에서는 사마타(고요)와 위빠사나(통찰지) 두 가지 마음 수행법을 다룬다. **2-1)사마타와 위빠사나**에서는 마음이 고요해질 때 탐욕과 악의와 같은 정서적 번뇌로부터 마음이 집중되고 자유로 워진다고 말한다. 통찰지가 계발되면 일체 법의 진정한 본성을 꿰뚫 어 보고 영원히 무명에서 벗어나는 높은 혜학 수행으로 이어진다고 설명한다. 따라서 마음을 길들이는 데 가장 필요한 두 가지는 고요와 통찰지 즉, 사마타와 위빠사나이다.

선정은 지혜의 바탕이 되기 때문에 니까야에서는 대개 사마타 수행이 위빠사나 수행에 앞선다고 설명한다. 하지만 수행자들의 성향이 모두 다르기 때문에 일부 경전에서는 다른 대안들을 허용하고 있다. **2-2)아라한을 이루는 네 가지 방법**에서 네 가지 마음 수행법을 제시하고 있다.

첫 번째는 전형적인 방법으로 사마타를 먼저 닦고 위빠사나를 닦는 것이다. 여기서 고요라는 뜻의 사마타는 사선정과 선정에 완전히 들기 직전의 근접삼매 둘 다를 말한다.

두 번째는 위빠사나를 먼저 닦고 사마타를 수행하는 것이다. 선정에 들지 않고는 진정한 통찰지를 얻을 수 없기 때문에 예리한 지적 능력을 지닌 수행자들이라도 처음에는 선정을 이용해서 법의 진정한 본성을 꿰뚫는 통찰지로 나아간다. 그런데 이 수준의 선정으로는 통찰지는 얻을 수 있을지 몰라도 출세간도를 꿰뚫지는 못한다. 따라서 이런 수행자들은 위빠사나를 더 닦아 나가기 전에 마음을 하나로 모으는 수행으로 다시 돌아와야 한다. 이렇게 선정을 토대로 한 통찰지는 결국 출세간도에 이르게 된다.

세 번째 방법은 사마타와 위빠사나를 함께 닦는 것이다. 이 방법으로 수행하는 사람들은 먼저 사선정이나 사무색정 중 한 곳에 도달한 뒤 그 선정을 바탕으로 위빠사나를 닦는다. 통찰지를 얻은 후에 다시 선정 수행으로 돌아가 사선정이나 사무색정의 더 높은 선정에 도달한 뒤 다시 그 선정을 바탕으로 위빠사나를 닦는다. 출세간도에 이를 때까지 이를 반복한다.

네 번째 방법은 좀 모호하다. 경전에서는 "비구는 가르침을 깨닫고자 마음이 안절부절하지 못한다."고 하고서는 다시 선정을 얻어서 출세간도를 이룬다고 설명한다. 이 말은 처음에는 법을 깨닫고자 하는 강렬한 욕구로 인해 선정의 대상에 집중하지 못하다가 이후에 유익한 조건들의 도움으로 마음을 가라앉히고 집중해서 출세간도를 이뤘다는 뜻이다.

2-3)네 부류의 사람들에서는 사마타와 위빠사나 모두 필요하다고 다시 한번 확인시킨 뒤 각 수행을 위해 필요한 능력들을 설명하고 있다. 사마타 수행에는 마음을 안정시키고, 고요히 하며, 통일시키고, 집중시키는 능력이 필요하다. 위빠사나 수행은 조건지어진 법, 즉 형성된 것들을 관찰하고, 조사하고, 분별하는 능력이 필요하다. 앞의 경전과 마찬가지로 이 경전에서도 어떤 수행자들은 마음을 고요히 하는 수행으로 시작하고, 다른 수행자들은 법을 꿰뚫는 지혜를 기르는 것으로 시작하기도 하고, 또 둘을 동시에 수행하는 사람도 있다고 다시 한번 설명한다. 각기 그 시작은 다를지라도 결국 사마타와 위빠사나의 올바른 균형을 찾게 된다. 둘 사이의 정확한 균형점은 사람마다 다르겠지만 적당한 균형을 찾게 되면 사마타와 위빠사나는 함께 작용하여 네 가지 고귀한 진리에 대한 앎과 봄이 생기게 된다.

이 앎과 봄은 네 단계의 출세간 지혜로 실현되는데, 순차적으로 무명과 그에 따른 번뇌를 영구히 제거한다. **2-2)아라한을 이루는 네 가**

지 방법에서 이 번뇌를 '족쇄와 잠재 성향'이라고 표현하였다.

사마타와 위빠사나를 수행하는데 가장 주된 난관은 다섯 가지 장애로 앞서 점진적인 수행에서 살펴본 바 있다.

8장 3. 수행의 장애는 갖가지로 오염된 물 사발에 자신의 얼굴을 분명하게 비춰볼 수 없는 것처럼 이 다섯 가지 장애 때문에 우리 자신의 이익과 다른 이들의 이익을 제대로 볼 수 없다고 설명한다. 그러므로 수행자는 무엇보다 다섯 가지 장애들을 극복하는 데 전념해야 한다. 이 장애들을 극복하고 나면 사마타와 위빠사나 수행을 성공적으로 이끌 수 있다.

8장 4. 마음의 정화에서는 마음을 정화하는 단계를 금을 제련하는 데 비유하고 있다. 선정을 닦는 비구는 계를 실천하고 끊임없이 자신을 성찰하면서 몸, 말, 마음의 거친 불순물을 먼저 제거해야 한다. 그리고 나서 불선한 생각들 즉, 감각적 욕망이나 악의, 해치고자 하는 마음 등 중간 단계의 불순물을 제거해야 한다. 다음은 미세한 불순물인 잡다한 생각을 제거한다. 그리고 마지막으로 가장 미세한 장애인 법을 깨닫고자 하는 마음까지도 제거해야 한다. 모든 산만한 생각들이 제거된 후에는 마음이 통일되고, 통일된 마음을 기반으로 육신통을 얻으며, 육신통 중 마지막인 누진통을 통해 결국 아라한이 된다.

니까야에서는 마음을 조복시키는 과정을 야생 동물을 길들이는 데 비유하곤 한다. 동물 조련사가 야생 동물을 길들이기 위해 다양한

431

방법을 동원하는 것처럼 수행자도 마음을 가라앉히기 위해 다양한 수단을 써야 한다. 한 가지 선정 수행법을 익히는 것으로는 충분치 않다. 특정 장애들에 맞아떨어지는 대치법들을 모두 익혀 다양한 방법에 능숙해야 한다.

8장5.산만한 생각에서 부처님은 다섯 가지 부수적인 기술을 소개하고 있는데, 욕심, 미움, 어리석음으로 생긴 불선한 생각을 표상, 즉 마음 속의 이미지를 이용해서 제거하는 것이다. 이 방법으로 산만한 생각을 극복한 사람을 '생각의 흐름을 지배한 자'라고 부르고 있다.

이 경전에서는 마음을 집중시킬 수 있는 다양한 기법을 소개하고 있다. 가장 보편적인 방법은 제거하고 싶은 불선한 마음 상태를 특정한 대상으로 대신하는 것이다. 따라서 몸의 추함을 관하는 명상(부정관不淨觀)이 육체적 욕망을 대치하고, 자애관이 악의를 대치하고, 호흡관이 들뜸을 대치하고, 무상관이 '나'라는 자만을 대치한다. 무상관은 위빠사나의 주제이고 나머지 세 개는 사마타의 주제이다. 자애는 자비희사慈悲喜捨의 사무량심에서 제일 먼저 나오는 주제로 5장에서 간략히 소개한 바 있다. 자비희사는 각각 악의, 해침, 불만, 치우침에 대한 대치법이다. 5장에서 복덕을 쌓는 토대로 사무량심을 주제로 한 명상을 다룬 경전을 살펴보았고 **8장6.자애심**에서는 자애를 실천하는 방법을 톱날에 비유해 사무량심 명상을 새로운 각도로 비추고 있다.

아주 오랫동안 재가자들에게 가장 인기 있었던 명상 주제는 불법 승 삼보와 계, 보시, 천신의 여섯 가지 대상의 공덕을 새기는 것이었다. **8장7.여섯 가지 새김**은 해당 명상에 대한 중요한 근거가 된다. 이 주제들은 특히 불교적 가치관이 우세한 사회에 사는 재가자들의 일상 경험과 정서에 특히 친밀하게 다가왔다. 이런 명상 수행을 통해 일반인들은 이상적인 종교 수행에 가까이 다가갈 수 있었고 덕분에 삶에 활기를 얻었다. 가장 먼저 나오는 세 가지 명상 주제는 삼보에 대한 신앙을 바탕으로 한 새김이다. 믿음으로 시작되지만 일시적으로나마 마음의 번뇌를 씻어 삼매를 이루는 데 도움이 된다. 계의 공덕에 대한 새김은 계를 직접 수지하는 데서 출발한다. 지계는 자신의 이익을 위한 수행이다. 보시의 공덕을 새기는 것은 이타적인 수행인 나눔의 실천을 바탕으로 한다. 천신의 공덕을 새기는 것은 믿음, 계행, 보시, 지혜의 과보가 미래 생에 성숙해서 얻게 되는 복덕을 관하는 것이다.

명상에 대해 가장 포괄적인 가르침을 담고 있는 경전은 사띠빳따나 숫따(Satipaṭṭhāna Sutta 念處經)이다. 싸띠빳따나 경은 두 가지 형태가 있는데, 하나는 디가 니까야에 나오는 긴 내용이고, 다른 하나는 맛지마 니까야의 중간 길이의 내용이다. 디가 니까야의 내용이 맛지마 니까야의 내용과 다른 점은 네 가지 고귀한 진리에 대한 분석이 좀더 길다는 것뿐이다. 아마 초기 주석서의 내용이 포함된 것으로 보인다. **8장8.네 가지 마음챙김의 확립**에 실린 경전이 중간 길이의 내용이다. 상윳따 니까야의 마음챙김의 확립 편 전체도 모두 이 명

433

상법을 주제로 한 경전들로 이루어졌다.

여기에서는 하나의 명상 주제나 한 가지 명상법을 강요하기보다는 열반을 실현하는 데 필요한 명상법을 확립하는 방법을 설명하고 있다. 빠알리어 사띠빳따나 Satipaṭṭhāna는 마음챙김이라는 뜻의 사띠 sati와 확립이라는 뜻의 빳따나patṭhāna의 합성어로 마음챙김의 확립이라고 번역된다. 따라서 경의 제목에서도 마음챙김이라는 올바른 마음 상태를 확립하는 내용임을 짐작할 수 있다. 네 가지 마음챙김의 확립(사념처四念處)에 공식처럼 공통적으로 적용되는 명상법을 봤을 때도 사띠빳따나는 머무는 방식을 뜻한다. 여기서 말하는 머무는 방식이란 올바른 마음으로 대상을 관찰하는 것이다. 이 마음에는 노력, 알아차림, 바른 앎이라는 세 가지 긍정적인 기능이 갖추어져 있다.

사띠라는 말은 원래 기억하다는 뜻이지만 이 경전에서는 현재를 계속해서 되새기고, 매 경험에서 자신과 내면에 일어나는 현상을 끊임없이 알아차린다는 뜻으로 쓰였다. 알아차림의 첫 단계는 계속해서 관찰하는 마음을 대상에 유지시키는 것이다. 즉 대상을 끊임없이 마음에 상기시키는 것이다. 알아차리면 집중력이 떨어지거나 꼬리를 물고 일어나는 생각에 정신이 팔리거나 깜빡 잊어버리는 일이 없다. 알아차림은 바르게 앎과 함께 일어나며, 바르게 안다는 것은 지금 경험하는 것을 분명히 안다는 뜻이다.

사띠빳따나 경은 세상에 대한 기대와 실망을 가라앉히고 수

행에 임한다는 정형화된 문구로 시작된다. '가라앉혔다'는 말을 마음
챙김 수행에 앞서 기대와 실망을 먼저 극복해야 한다는 뜻으로 이해
해서는 안된다. 주석서에서는 기대와 실망을 욕망과 악의로 해석하
고 따라서 다섯 가지 장애를 뜻한다고 설명하고 있다. 마음챙김 수행
그 자체가 기대와 실망을 극복하는 수단이라는 의미로도 이해할 수
있다. 그러므로 장애가 되는 욕망과 악의를 가라앉히고 수행자는 노
력, 알아차림, 분명한 앎이라는 긍정적인 기능을 일깨워서 몸, 느낌,
마음, 법이라는 네 가지 현상을 관한다. 이 네 가지 대상이 마음챙김
수행을 네 가지로 구분하는 이유이다.

이 네 가지 대상에 따라 경전의 내용을 네 가지로 나눌 수 있다. 첫
번째 그리고 네 번째 대상은 다시 하위 주제로 나뉘고 하위 주제까지
모두 합하면 총 21개의 명상 주제가 제시되어 있다. 이 주제 중 일부
는 사마타 수행의 주제로 삼을 수 있지만 사띠빳따나는 전체적으로
특별히 위빠사나 수행을 위해 만들어진 명상법이다. 하위 주제를 포
함한 네 가지 주제는 다음과 같다.

1. 몸의 마음챙김(身念處); 14가지 하위 주제로 나뉜다. 호흡, 네 가
   지 자세, 몸 동작, 몸의 부정不淨함(몸을 이루는 장기와 조직), 네 가
   지 물질 요소, 부패하는 시체의 9가지 단계이다.

2. 느낌의 마음챙김(受念處); 느낌은 크게 즐거운 느낌, 괴로운 느
   낌, 무덤덤한 느낌 세 가지로 분류할 수 있다. 그리고 다시 육체
   적 느낌과 정신적 느낌으로 나눌 수 있다. 느낌은 모두 다르지

만 느낌을 관하는 것은 모두 하나의 명상 주제로 간주된다.

3. 마음의 마음챙김(心念處); 마음은 하나의 명상 주제로 여덟 쌍의 상반되는 마음 상태로 구분된다.

4. 법의 마음챙김(法念處); 마음챙김의 대상으로서의 법은 다섯 가지를 가리킨다. 다섯 가지 장애, 다섯 가지 무더기, 여섯 가지 감각 기관, 일곱 가지 깨달음의 요소, 네 가지 고귀한 진리이다.

경전에서 구체적으로 언급하지는 않지만 각 명상에 대한 설명에서 순차적인 수행임을 짐작할 수 있다. 호흡을 마음챙김하면서 점차 고요한 단계로 나아간다. 느낌을 마음챙김하면서 무덤덤한 비육체적 느낌으로 나아간다. 마음을 마음챙김하면서 집중되고 해방된 마음의 상태로 나아간다. 즉 점차적인 명상을 통하여 집중이 향상되는 것을 알 수 있다.

법을 마음챙김할 때는 통찰지에 방점이 찍힌다. 먼저 다섯 가지 장애를 관찰하여 극복한다. 다섯 가지 장애를 극복했다는 말은 집중이 이루어졌다는 뜻이다. 집중된 마음으로 다섯 가지 무더기와 여섯 가지 감각 기관을 관한다. 명상에 가속도가 붙으면 일곱 가지 깨달음의 요소가 드러난다. 일곱 가지 깨달음의 요소는 결국 네 가지 고귀한 진리의 이해로 귀결된다. 네 가지 고귀한 진리의 이해로 마음은 번뇌에서 벗어나고 열반을 얻게 된다. 따라서 이 전체 명상 체계는 부처님께서 열반의 실현으로 바로 이어진다고 말씀하셨던 그 잠재력을 백분 실현한 것이다.

사띠빳따나 명상법은 네 부분으로 이루어진 반복된 구문으로 보충 설명되고 있다. 첫 번째는 수행자가 대상을 내적으로(자신의 경험 내에서), 외적으로(다른 사람의 경험을 비추어서), 내외적으로 관찰하는 것이다. 이렇게 하면 대상에 대한 포괄적이고 균형잡힌 시각을 얻을 수 있다. 두 번째는 대상이 일어나거나, 사라지거나, 일어나서 사라지는 것을 함께 관찰하는 것이다. 이렇게 하면 무상을 알게 되고 그러면 무상, 고, 무아의 삼법인에 대한 통찰지가 생긴다. 세 번째는 대상을 그저 의식하고 반복적으로 알아차리는 것이다. 네 번째는 세상의 어떤 것에도 집착하지 않고 홀로 머무는 것이다.

이 경전에서는 호흡명상을 여러 명상 주제 중 한 가지로 다루고 있지만 전체 니까야에서는 호흡명상에 큰 의미를 부여하고 있다. 부처님께서는 호흡명상으로 깨달음을 얻으셨다고 말씀하셨고, 45년의 전법 기간 동안 가끔씩은 홀로 머물며 호흡명상을 통해 선정에 든 적도 있으시며, 호흡명상에 '여래의 머묾'이라는 특별한 명칭을 붙이기도 하셨다.

호흡명상은 상윳따 니까야 한 편 전체의 주제이기도 하다. 사띠빳따나 경에서는 호흡명상을 정형화시켜 네 단계로 설명하지만 호흡 편의 다른 경전들은 16단계로 나누기도 했다. **8장 9. 호흡 알아차리기**는 이 16단계를 설명하고 있다. 단계들이 서로 겹치는 부분도 있기 때문에 반드시 순서대로 따를 필요는 없다. 단계라기보다 측면으로 이해해도 무방할 것이다.

이 16가지 측면들은 4개씩 사띠빳따나의 각 명상에 해당된다. 첫 번째 4개는 몸에 대한 마음챙김에 언급된 네 가지와 동일하지만 그 외 나머지는 느낌, 마음, 법에 대한 마음챙김을 더욱 확장시키는 내용이다. 따라서 호흡을 알아차리는 명상을 수행함으로써 사띠빳따나 명상법 중 하나가 아니라 네 가지 명상 모두를 수행할 수 있는 것이다. 네 가지 마음챙김의 확립은 호흡명상을 바탕으로 하고 다시 일곱 가지 깨달음의 요소를 성취시킨다. 그리고 일곱 가지 깨달음의 요소는 지혜와 해탈을 가지고 온다. 따라서 호흡명상은 완벽한 명상 주제이며 단순히 호흡에 주의를 기울이는 것으로 시작해서 영원한 마음의 해탈에 도달할 수 있다.

마지막으로 **8장 10.수행의 통달**에서는 부처님의 상수 제자인 사리뿟따 존자가 마음을 조복시킨 것을 증명하고 있다. 아난다 존자의 대답에서 사선정과 사무색정의 각 단계에서 하루종일 머물 수 있는 방법과 멸진정을 얻는 방법을 알 수 있다. 모두 사리뿟따 존자가 이미 아라한을 성취했기 때문에 '나'라거나 '내 것'이라는 생각으로 집착하지 않았기 때문에 가능했다.

OI 마음의 힘

1. "비구들이여, 나는 닦지 않은 마음처럼 다루기 힘든 것을 보지 못했다. 닦지 않은 마음은 진실로 다루기 힘들다.

2. "비구들이여, 나는 잘 닦은 마음처럼 다루기 쉬운 것을 보지 못했다. 잘 닦은 마음은 진실로 다루기 쉽다.

3. "비구들이여, 나는 닦지 않은 마음처럼 큰 해를 끼치는 것을 보지 못했다. 닦지 않은 마음은 큰 해를 끼친다.

4. "비구들이여, 나는 잘 닦은 마음처럼 이로운 것을 보지 못했다. 잘 닦은 마음은 큰 이로움을 준다.

9. "비구들이여, 나는 닦지 않고 길들이지 않을 때 마음보다 더 큰 괴로움을 불러오는 것을 보지 못했다. 마음은 닦고 길들이지 않으면 큰 괴로움을 불러온다.

10. "비구들이여, 나는 닦고 길들였을 때 마음보다 더 큰 행복을 가져오는 것을 보지 못했다. 마음을 닦고 길들이면 큰 행복이 온다."

(AN 1)

439

02 두 가지 수행법

1) 사마타와 위빠사나

"비구들이여, 두 가지에 진정한 앎이 깃들여 있다. 이 두 가지는 무엇
인가? 고요한 사마타 수행과 통찰지를 기르는 위빠사나 수행이다.

"사마타를 닦으면 어떠한 이익이 있는가? 마음이 닦인다. 마음이
닦이면 어떠한 이익이 있는가? 모든 욕망이 사라진다.

"위빠사나를 계발하면 어떠한 이익이 있는가? 지혜가 계발된다.
지혜가 계발되면 어떠한 이익이 있는가? 무명이 사라진다.

"욕망에 덮인 마음은 해탈하지 못한다. 무명에 덮인 지혜는 계발
되지 못한다. 비구들이여, 따라서 욕망이 사라져야 마음이 해탈된다.
무명이 사라져야 지혜로 해탈할 수 있다."

(AN 2)

2) 아라한을 이루는 네 가지 방법

나는 이와 같이 들었다. 한때 아난다 존자가 꼬삼비의 고시따 사원에 머물고 있었는데 여러 비구들에게 이와 같이 말했다.

"벗들이여, 비구, 비구니가 구경의 지혜인 아라한과를 얻었다고 내 앞에서 선언할 때, 그들이 아라한과를 얻을 수 있었던 원인은 다음 네 가지 중 한 가지를 실천한 덕분이었습니다. 이 네 가지는 무엇입니까?

"벗들이여, 어떤 비구는 고요한 사마타를 먼저 닦은 후 통찰지를 기르는 위빠사나를 닦습니다. 사마타를 닦은 후 위빠사나를 닦다 보면 길이 저절로 드러납니다. 그 길을 좇아 닦고 수행하면 번뇌의 족쇄가 풀리고 잠재 성향이 사라집니다.

"벗들이여, 또 어떤 비구는 위빠사나를 먼저 닦은 후 사마타를 닦습니다. 위빠사나를 닦은 후 사마타를 닦다 보면 길이 저절로 드러납니다. 그 길을 좇아 닦고 수행하면 번뇌의 족쇄가 풀리고 잠재 성향이 사라집니다.

"벗들이여, 다른 비구는 사마타와 위빠사나를 함께 닦습니다. 사마타와 위빠사나를 함께 닦다 보면 길이 저절로 드러납니다. 그 길을 좇아 닦고 수행하면 번뇌의 족쇄가 풀리고 잠재 성향이 사라집니다.[51]

---

51 먼저 첫 번째 선정에 들어갔다 나온 후 첫 번째 선정에서의 오온이 무상하고, 괴로

"벗들이여, 또 다른 비구는 가르침을 깨닫고자 마음이 안절부절하지 못합니다. 그러나 마음이 내적으로 안정되고, 고요하며, 하나가 되고, 집중된 상태가 되는 때가 옵니다. 그러면 길이 저절로 드러납니다. 그 길을 좇아 닦고 수행하면 번뇌의 족쇄가 풀리고 잠재 성향이 사라집니다.

"벗들이여, 비구, 비구니가 구경의 지혜인 아라한과를 얻었다고 내 앞에서 선언할 때, 그들이 아라한과를 얻을 수 있었던 원인은 이 네 가지 중 한 가지를 실천한 덕분입니다."

(AN 4:170)

3) 네 부류의 사람들

"비구들이여, 세상에 네 가지 부류의 사람이 존재한다. 이 네 가지는 무엇인가?

"비구들이여, 어떤 이들은 마음의 내적 고요함은 얻었지만 법을 꿰뚫어 보는 높은 지혜는 얻지 못했다. 또 어떤 이들은 법을 꿰뚫어 보는 높은 지혜는 얻었지만 마음의 내적 고요함은 얻지 못했다. 또 마음의 내적 고요함도, 법을 꿰뚫어 보는 높은 지혜도 얻지 못한 이도 있고, 마음의 내적 고요함과 법을 꿰뚫어 보는 높은 지혜 둘 다 얻

움이며, 무아라고 통찰지로 살펴본다. 다시 두 번째 선정에 들어갔다가 나온 후 통찰지로 살핀다. 더 높은 선정에서도 이 과정을 과위를 얻을 때까지 반복한다.

은 이도 있다.

"비구들이여, 마음의 내적 고요함은 얻었으나 법을 꿰뚫어 보는 높은 지혜가 없는 사람은 높은 지혜를 갖춘 이에게 가서 물어야 한다. '벗이여, 형성된 것들을 어떻게 보아야 합니까? 형성된 것들을 어떻게 살펴야 합니까? 형성된 것들을 어떻게 통찰지로 분별해 알아야 합니까?' 그러면 그이가 그 질문에 대해 보고 아는 대로 대답할 것이다. '형성된 것은 이렇게 보아야 하고 이렇게 살펴야 하며 이렇게 통찰지로 분별해 알아야 한다.' 이후 이 사람은 마음의 내적 고요함과 법을 꿰뚫어 보는 높은 지혜 둘 다를 얻을 것이다.

"비구들이여, 법을 꿰뚫어 보는 높은 지혜는 얻었으나 마음의 내적 고요함이 없는 사람은 마음의 내적 고요함을 갖춘 이에게 가서 물어야 한다. '벗이여, 어떻게 마음을 안정시킵니까? 어떻게 마음을 고요히 합니까? 어떻게 마음을 하나로 만듭니까? 어떻게 마음을 집중시킵니까?' 그러면 그이가 그 질문에 대해 보고 아는 대로 대답할 것이다. '마음을 이렇게 안정시키고, 이렇게 고요히 하고, 이렇게 하나로 만들고, 이렇게 집중시켜야 한다.' 나중에 이 사람은 마음의 내적 고요함과 법을 꿰뚫어 보는 높은 지혜 둘 다를 얻을 것이다.

"비구들이여, 마음의 내적 고요함도 얻지 못했고 법을 꿰뚫어 보는 높은 지혜도 없는 사람은 두 가지를 모두 갖춘 이에게 가서 물어야 한다. '벗이여, 어떻게 마음을 안정시킵니까? …', '벗이여, 형성된 것들을 어떻게 보아야 합니까? …' 그러면 그이가 그 질문에 대해 보고 아는 대로 대답할 것이다. '마음은 이렇게 안정시켜야 한다. …',

443

'형성된 것은 이렇게 보아야 한다. …' 나중에 이 사람은 마음의 내적 고요함과 법을 꿰뚫어 보는 높은 지혜 둘 다를 얻을 것이다.

"비구들이여, 마음의 내적 고요함과 법을 꿰뚫어 보는 높은 지혜 둘 다를 얻은 사람은 그 선한 상태에 머물며 번뇌를 소멸시키기 위해 더욱 노력해야 한다."

(AN 4:94)

03 수행의 장애

브라만 상가라와가 세존을 찾아뵙고 인사드린 뒤 한쪽에 앉아 여쭈었다.

"고따마 존자시여, 암송하지 않은 경전은 물론이거니와 오랫동안 암송해온 경전도 기억나지 않을 때가 있습니다. 그 이유는 무엇입니까? 또 암송했던 경전은 물론이거니와 오랫동안 암송하지 않은 경전들까지 기억날 때가 있습니다. 그 이유는 무엇입니까?"

"브라만이여, 마음이 감각적 욕망에 사로잡히고, 감각적 욕망에 휘둘리며, 이미 일어난 감각적 욕망에서 벗어나는 법을 있는 그대로 알지 못한다면, 자신을 위하거나, 다른 이를 위하거나 또는 자신과 다른 이 모두를 위하는 법을 있는 그대로 알지도 보지도 못한다. 그러면 암송하지 않은 경전은 당연하거니와 오랫동안 암송해 온 경전들조차 기억나지 않는다.

"브라만이여, 물이 담긴 사발에 빨간색, 노란색, 파란색, 진홍색 물감을 풀어놓는다고 생각해 보아라. 시력이 좋은 사람도 그 안에 비친 자신의 얼굴을 있는 그대로 알지도 보지도 못할 것이다. 브라만

445

이여, 마찬가지로 마음이 감각적 욕망에 사로잡히면 … 암송하지 않은 경전은 당연하거니와 오랫동안 암송해 온 경전들조차 기억나지 않는다.

"브라만이여, 마음이 악의에 사로잡히고, 악의에 휘둘리며, 이미 일어난 악의에서 벗어나는 법을 있는 그대로 알지 못한다면, 자신을 위하거나, 다른 이를 위하거나 또는 자신과 다른 이 모두를 위하는 법을 있는 그대로 알지도 보지도 못한다. 그러면 암송하지 않은 경전은 당연하거니와 오랫동안 암송해 온 경전들조차 기억나지 않는다.

"브라만이여, 물 한 사발을 불에 올려놓고 팔팔 끓인다고 생각해 보아라. 시력이 좋은 사람도 그 안에 비친 자신의 얼굴을 있는 그대로 알지도 보지도 못할 것이다. 브라만이여, 마찬가지로 마음이 악의에 사로잡히면 … 암송하지 않은 경전은 당연하거니와 오랫동안 암송해 온 경전들조차 기억나지 않는다.

"브라만이여, 마음이 둔하고 졸린 상태에 사로잡히고, 둔하고 졸린 상태에 휘둘리며, 이미 일어난 둔하고 졸린 상태에서 벗어나는 법을 있는 그대로 알지 못한다면, 자신을 위하거나, 다른 이를 위하거나 또는 자신과 다른 이 모두를 위하는 법을 있는 그대로 알지도 보지도 못한다. 그러면 암송하지 않은 경전은 당연하거니와 오랫동안 암송해 온 경전들조차 기억나지 않는다.

"브라만이여, 물 사발 안에 수초와 조류가 표면에 떠 있다고 생각해 보아라. 시력이 좋은 사람도 그 안에 비친 자신의 얼굴을 있는 그대로 알지도 보지도 못할 것이다. 브라만이여, 마찬가지로 마음이 둔

446

하고 졸린 상태에 사로잡히면 … 암송하지 않은 경전은 당연하거니와 오랫동안 암송해 온 경전들조차 기억나지 않는다.

"브라만이여, 마음이 들뜸과 후회에 사로잡히고, 들뜸과 후회에 휘둘리며, 이미 일어난 들뜸과 후회에서 벗어나는 법을 있는 그대로 알지 못한다면, 자신을 위하거나, 다른 이를 위하거나 또는 자신과 다른 이 모두를 위하는 법을 있는 그대로 알지도 보지도 못한다. 그러면 암송하지 않은 경전은 당연하거니와 오랫동안 암송해온 경전들조차 기억나지 않는다.

"브라만이여, 사발에 담긴 물이 바람에 흔들리고, 물결이 일렁이고, 회오리가 생기고, 잔물결이 부서진다고 생각해 보아라. 시력이 좋은 사람도 그 안에 비친 자신의 얼굴을 있는 그대로 알지도 보지도 못할 것이다. 브라만이여, 마찬가지로 마음이 들뜸과 후회에 사로잡히면 … 암송하지 않은 경전은 당연하거니와 오랫동안 암송해온 경전들조차 기억나지 않는다.

"브라만이여, 마음이 의심에 사로잡히고, 의심에 휘둘리며, 이미 일어난 의심에서 벗어나는 법을 있는 그대로 알지 못한다면, 자신을 위하거나, 다른 이를 위하거나 또는 자신과 다른 이 모두를 위하는 법을 있는 그대로 알지도 보지도 못한다. 그러면 암송하지 않은 경전은 당연하거니와 오랫동안 암송해온 경전들조차 기억나지 않는다.

"브라만이여, 탁하고 흔들리는 흙탕물 한 사발을 어두운 곳에 두었다고 생각해 보아라. 시력이 좋은 사람도 그 안에 비친 자신의 얼굴을 있는 그대로 알지도 보지도 못할 것이다. 브라만이여, 마찬가지

447

로 마음이 의심에 사로잡히면 … 암송하지 않은 경전은 당연하거니와 오랫동안 암송해온 경전들조차 기억나지 않는다.

"브라만이여, 이것이 바로 암송하지 않은 경전은 당연하거니와 오랫동안 암송해온 경전들조차 기억나지 않는 이유이다.

"브라만이여, 마음이 감각적 욕망, 악의, 둔함과 졸림, 들뜸과 후회, 의심에 사로잡히지 않으면 암송한 경전은 당연하거니와 오랫동안 암송하지 않은 경전들도 기억난다.

"브라만이여, 사발의 물이 물감과 섞이지 않고, 팔팔 끓지 않고, 수초와 조류에 덮이지 않고, 바람에 흔들리거나 물결이 일지 않고, 잔잔하고 맑으며 밝은 곳에 놓여있다고 생각해 보아라. 시력이 좋은 사람이 그 안에 비친 자신의 얼굴을 있는 그대로 알고 볼 것이다. 브라만이여, 마찬가지로 마음이 감각적 욕망, 악의, 둔함과 졸림, 들뜸과 후회, 의심에 사로잡히지 않으면 암송한 경전은 물론이거니와 오랫동안 암송하지 않은 경전들도 기억난다.

"브라만이여, 이것이 바로 암송하지 않은 경전은 물론이거니와 오랫동안 암송해 온 경전들까지 기억나는 이유이다."

부처님께서 말씀을 마치시자 브라만 상가라와가 칭송했다.

"훌륭하십니다. 고따마 존자시여! 고따마 존자께서 저를 재가 신도로 받아 주시면 오늘부터 목숨이 다하는 날까지 귀의하겠습니다."

(SN 46:55)

04 마음의 정화

"비구들이여, 금에는 흙, 모래, 자갈, 돌조각과 같이 거친 불순물이 섞여 있다. 금 제련사와 조수는 금을 먼저 통에 부어 씻고, 헹구고, 완전히 걸러낸다. 이 작업이 끝난 후에도 금에는 모래 알갱이와 미세한 돌조각같은 크지 않은 불순물이 남아있기 때문에 금을 다시 한번 씻고, 헹구고, 걸러낸다. 그러면 금에는 고운 모래와 검은 먼지같은 미세한 불순물이 남는다. 이제 마지막으로 다시 한번 씻고 나면 사금만 남는다.

"이제 금을 용광로에 부어 녹여서 제련한다. 하지만 도가니에서 금을 일찍 꺼내서는 안된다. 찌꺼기가 완전히 제거되지 않았고, 금이 유연하지 않으며, 세공하기 이르고, 색이 밝지 않기 때문이다. 아직 불안정하고 모양 만들기 쉽지 않다. 금 제련사와 조수가 거듭 금을 완전히 녹여 모든 불순물을 깨끗이 제거한다. 이제 금은 유연하고, 세공할 수 있으며, 색이 밝고, 모양을 잡을 수 있다. 이제 금 제련사는 왕관, 귀걸이, 목걸이, 금사슬 등 무엇이든지, 원하는 것을 만들 수 있다.

"비구들이여, 고매한 마음을 닦기 위해 수행하는 비구도 마찬가지

449

다. 그에게는 몸, 말, 마음으로 저지른 나쁜 행동들이 거친 불순물처럼 쌓여 있다. 성실하고 숙련된 비구는 그러한 나쁜 행동을 버리고, 제거하고, 없애고, 파괴한다.

"버리고 나면 감각적 욕망, 악의적인 생각, 해치려는 생각들이 작은 불순물처럼 그에게 달라붙어 있다. 성실하고 숙련된 비구는 이 생각들을 버리고, 제거하고, 없애고, 파괴한다.

"이를 버리고 나면 친인척, 조국, 명예 등에 대한 생각들이 미세한 불순물처럼 그에게 달라붙어 있다. 성실하고 숙련된 비구는 이 생각마저 버리고, 제거하고, 없애고, 파괴한다.

"버리고 나면 법에 대한 생각이 아직 남아 있다. 이 상태의 선정은 아직 평온하지도, 지극하지도, 완전히 고요하지도 않으며, 마음이 하나로 통일되지도 않았다. 단지 번뇌를 힘써서 눌러 놓았기 때문이다.

"그러나 마음이 내적으로 안정되고, 침착하며, 통일되고, 집중되는 때가 온다. 그때의 선정은 고요하고, 정교하며, 지극히 평온하고, 마음이 하나가 된다. 번뇌를 힘써 눌러 얻어진 것이 아니다.

"이제 비구는 최상의 지혜로 성취할 수 있는 어떤 수행의 경지라도 마음을 향하게 하여 조건만 무르익으면 최상의 지혜로 그 경지를 성취할 수 있는 능력을 갖추게 된다.

"그는 다음과 같은 원을 세운다. '내가 여러 신통력을 갖추게 하소서. 하나가 되었다가 여럿이 되고, 여럿이 되었다가 하나가 되게 하소서. 자유자재로 나타나고 사라지게 하소서. 허공을 지나가는 것처럼 벽을 뚫고, 성벽을 뚫고, 산을 뚫고 지나게 하소서. 물 속처럼 땅

속으로 꺼졌다 솟아나게 하소서. 땅 위를 걷듯이 물 위를 걷게 하소서. 가부좌를 한 채 새처럼 허공을 날아다니게 하소서. 위대하고 강력한 달과 해를 두 손으로 쓰다듬을 수 있게 하소서. 범천의 세계까지 닿을 수 있는 자재한 몸을 얻게 하소서.' 그러면 조건만 무르익으면 최상의 지혜로 그 경지를 성취할 수 있는 능력을 갖추게 된다.

"그는 다음과 같은 원을 세운다. '인간의 능력을 뛰어넘는 청정한 천상의 귀로 천상과 인간의 소리와 멀고 가까운 소리 모두 듣게 하소서.' 그러면 조건만 무르익으면 최상의 지혜로 그 경지를 성취할 수 있는 능력을 갖추게 된다.

"그는 다음과 같은 원을 세운다. '인간 등 다른 중생들의 마음을 저의 마음으로 감싸 안아 그들의 마음을 모두 이해하게 하소서. 욕심이 있는 마음을 욕심이 있는 마음으로 알고, 욕심이 없는 마음은 욕심이 없는 마음으로 알게 하소서. 미움이 있는 마음을 미움이 있는 마음으로 알고 미움이 없는 마음을 미움이 없는 마음으로 알게 하소서. 어리석은 마음을 어리석은 마음으로 알고 어리석지 않은 마음을 어리석지 않은 마음으로 알게 하소서. 수축된 마음을 수축된 마음으로 알고 산만한 마음을 산만한 마음으로 알게 하소서. 고양된 마음을 고양된 마음으로, 고양되지 않은 마음을 고양되지 않은 마음으로 알게 하소서. 지고한 마음을 지고한 마음으로, 하열한 마음을 하열한 마음으로 알게 하소서. 삼매에 든 마음을 삼매에 든 마음으로, 삼매에 들지 않은 마음을 삼매에 들지 않은 마음으로 알게 하소서. 해탈한 마음을 해탈한 마음으로, 해탈하지 못한 마음을 해탈하지 못한 마음으로 알

451

게 하소서.' 그러면 조건만 무르익으면 최상의 지혜로 그 경지를 성취할 수 있는 능력을 갖추게 된다.

"그는 다음과 같은 원을 세운다. '수없는 과거 생을 기억하게 하소서 … [2장 3-2.세 가지 지혜 38문단과 상동] … 그 여러 모습과 특징들을 모두 기억하게 하소서.' 그러면 조건만 무르익으면 최상의 지혜로 그 경지를 성취할 수 있는 능력을 갖추게 된다.

"그는 다음과 같은 원을 세운다. '인간을 능가하는 청정한 천상의 눈으로 중생들이 죽고 다시 태어나는 것을 보게 하소서. 그들이 뛰어나고 열등하게, 아름답고 추하게, 부유하고 가난하게 다시 태어나는 것을 모두 보게 하소서. … [2장 3-2.세 가지 지혜 40문단과 상동] … 자신의 행위에 따라 다시 태어난다는 것을 깨닫게 하소서.' 그러면 조건만 무르익으면 최상의 지혜로 그 경지를 성취할 수 있는 능력을 갖추게 된다.

"그는 다음과 같은 원을 세운다. '이 번뇌가 모두 제거되면 바로 이번 생에 청정한 마음의 해탈과 지혜의 해탈에 들어가 머물게 하소서. 있는 그대로 아는 지혜로 스스로 해탈하게 하소서.' 그러면 조건만 무르익으면 최상의 지혜로 그 경지를 성취할 수 있는 능력을 갖추게 된다."

(AN 3:100)

05 산만한 생각의 제거

I. 나는 이와 같이 들었다. 한때 세존께서 사왓티의 아나타삔디까 장자가 기증한 기원정사에 머물고 계셨다. 세존께서 비구들을 부르셨다.

"비구들이여!" – "세존이시여!" 비구들이 대답했다.

그리고 세존께서 다음과 같이 말씀하셨다.

2. "비구들이여, 비구가 고매한 마음을 닦을 때 가끔씩 다섯 가지 표상(마음 속 이미지)에 주의를 기울여야 한다.[52] 이 다섯 가지는 무엇인가?

3. (i) "비구들이여, 어떤 표상에 주의를 기울이자 그 표상 때문에 욕심, 미움, 어리석음과 관련된 삿되고 해로운 생각이 일어난다면 다

---

52 고매한 마음이란 사선정과 사무색정에 든 마음을 가르킨다. 이는 십선을 행하는 마음보다 높은 단계이기 때문에 고매한 마음이라 했다. 다섯 가지 표상은 산만한 생각을 제거하기 위한 실천적 방법으로 산만함이 지속되고, 강해질 때만 사용해야 한다. 그렇지 않을 때는 마음이 항상 명상 주제와 함께 머물러야 한다.

른 선한 표상으로 주의를 돌려야 한다.[53] 다른 선한 표상에 주의를 기울이면 욕심, 미움, 어리석음과 관련된 삿되고 해로운 생각들이 모두 가라앉고 없어진다. 삿되고 해로운 생각들이 없어지기 때문에 마음이 내적으로 안정되고, 고요하고, 하나가 되고, 집중된다. 노련한 목수와 그 조수가 작은 쐐기로 큰 쐐기를 쳐서 뽑고, 제거하고, 빼내는 것과 마찬가지로 … 다른 선한 대상에 주의를 가져가면 … 마음이 내적으로 안정되고, 고요하고, 하나가 되고, 집중된다.

4. (ii) "비구들이여, 다른 선한 표상에 주의를 돌려도 계속해서 욕심, 미움, 어리석음과 관련된 삿되고 해로운 생각이 일어난다면 그러한 생각이 가져올 수 있는 위험에 대해서 '이 생각은 해롭고, 비난받을 만하며, 고통을 낳는다.'라고 잘 살펴 알아야 한다. 그 위험에 대해서 잘 살펴 알면 욕심, 미움, 어리석음과 관련된 삿되고 해로운 생각이 모두 가라앉고 없어진다. 삿되고 해로운 생각이 없어지기 때문에 마음이 내적으로 안정되고, 고요하고, 하나가 되고, 집중된다. 젊은 사람들이 아무리 몸을 치장하길 좋아해도 죽은 뱀, 개, 또는 사람의 시체를 목에 걸면 놀라고, 끔찍해 하고, 혐오스러워하는 것처럼 … 비구가 삿되고 해로운 생각이 가져올 수 있는 위험에 대해 잘 살

---

53 살아있는 것에 대해 감각적 욕망이 생기면 육체의 부정함을 관하고 무생물에 대해 욕망이 생기면 무상을 관한다. 살아있는 것에 대해 미워하는 마음이 생기면 자애관을 닦고, 무생물에 대해 미워하는 마음이 생기면 사대를 관한다. 어리석은 생각은 스승과 함께 거주하며, 법을 공부하고, 그 뜻을 탐구하며, 가르침을 듣고, 원인들을 궁구하는 것이 대치법이다.

펴 알면 … 그의 마음은 내적으로 안정되고, 고요하고, 하나가 되고, 집중된다.

5. (iii) "비구들이여, 욕심, 미움, 어리석음과 관련된 삿되고 해로운 생각이 가져올 수 있는 위험에 대해 잘 살펴 알아도 계속해서 그런 생각이 일어난다면 잊어버리려고 하고 관심을 두지 않아야 한다. 그 생각을 잊어버리려고 하고 관심을 두지 않으면, 욕심, 미움, 어리석음과 관련된 삿되고 해로운 생각이 모두 가라앉고 없어진다. 삿되고 해로운 생각들이 없어지기 때문에 마음이 내적으로 안정되고, 고요하고, 하나가 되고, 집중된다. 눈 좋은 사람이 형색이 시야에 들어올 때 보고 싶지 않다면 눈을 감거나, 눈을 돌리는 것처럼 … 비구가 삿되고 해로운 생각을 잊으려고 하고 관심을 두지 않으면 … 그의 마음은 내적으로 안정되고, 고요하고, 하나가 되고, 집중된다.

6. (iv) "만약 욕심, 미움, 어리석음과 관련된 삿되고 해로운 생각을 잊으려고 하고 관심을 두지 않는데도 계속해서 일어난다면 그러한 생각이 형성되는 과정을 고요히 하는 데 주의를 기울인다.[54] 그러한 생각이 형성되는 과정을 고요히 하는 데 주의를 기울이면, 욕심, 미움, 어리석음과 관련된 삿되고 해로운 생각들이 모두 가라앉고 없어진다. 삿되고 해로운 생각이 없어지기 때문에 마음이 내적으로 안정되고, 고요하고, 하나가 되고, 집중된다. 빨리 걷는 사람이 '내가 왜 빨

---

[54] 삿된 생각들이 일어날 때 그 원인, 그 원인의 원인이 무엇인지 탐구하는 것을 말한다. 이렇게 탐구하다 보면 삿된 생각의 흐름이 늦춰지고 끝내 흐름이 멈춘다.

리 걷고 있지? 천천히 걸으면 어떨까?' 하고 생각하고 천천히 걸으면 다시 '내가 왜 천천히 걷고 있지? 멈춰보면 어떨까?' 하고 생각하고 멈추면 다시 '내가 왜 서 있지? 앉아 보면 어떨까?' 하고 앉으면 다시 '내가 왜 앉아 있지? 누우면 어떨까?' 하고 눕는다. 그렇게 하면서 거친 자세들을 점점 더 고요한 자세로 바꿔 나간다. 마찬가지로 … 비구가 삿되고 해로운 생각이 형성되는 과정을 고요히 하는 데 주의를 기울이면 … 그의 마음은 내적으로 안정되고, 고요하고, 하나가 되고, 집중된다.

7. (v) "만약 욕심, 미움, 어리석움과 관련된 삿되고 해로운 생각이 형성되는 과정을 고요히 하는 데 주의를 기울여도 계속해서 그런 생각이 일어난다면 이를 악물고, 혀를 천장에 붙이고, 마음으로 마음을 때려눕히고, 압박하고, 부숴야 한다. 이를 악물고, 혀를 천장에 붙이고, 마음으로 마음을 때려눕히고, 압박하고, 부수는 동안 욕심, 미움, 어리석움과 관련된 삿되고 해로운 생각이 모두 가라앉고 없어진다. 삿되고 해로운 생각이 없어지기 때문에 마음이 내적으로 안정되고, 고요하고, 하나가 되고, 집중된다. 힘이 센 사람이 힘이 약한 사람의 머리나 어깨를 붙잡고 때려눕히고, 압박하고, 부수는 것과 마찬가지로 … 이를 악물고, 혀를 천장에 붙이고, 마음으로 마음을 때려눕히고, 압박하고, 부수는 동안 … 삿되고 해로운 생각이 없어지기 때문에 마음이 내적으로 안정되고, 고요하고, 하나가 되고, 집중된다.

8. "비구들이여, 어떤 표상에 주의를 기울이자 그 표상 때문에 욕심, 미움, 어리석음과 관련된 삿되고 해로운 생각이 일어난다면 다른

선한 표상으로 주의를 돌려야 한다. 다른 선한 표상으로 주의를 돌리면 욕심, 미움, 어리석음과 관련된 삿되고 해로운 생각이 모두 가라앉고 없어진다. 삿되고 해로운 생각이 없어지기 때문에 마음이 내적으로 안정되고, 고요하고, 하나가 되고, 집중된다. 욕심, 미움, 어리석음과 관련된 삿되고 해로운 생각의 위험을 잘 살펴 알면 마음이 내적으로 안정되고, 고요하고, 하나가 되고, 집중된다.

욕심, 미움, 어리석음과 관련된 삿되고 해로운 생각을 잊으려 하고 관심을 두지 않으면 … 마음이 내적으로 안정되고, 고요하고, 하나가 되고, 집중된다. 욕심, 미움, 어리석음과 관련된 삿되고 해로운 생각이 형성되는 과정을 고요히 하는 데 주의를 기울이면 … 마음이 내적으로 안정되고, 고요하고, 하나가 되고, 집중된다. 이를 악물고, 혀를 천장에 붙이고, 마음으로 마음을 때려눕히고, 압박하고, 부순다면 삿되고 해로운 생각이 없어지기 때문에 마음이 내적으로 안정되고, 고요하고, 하나가 되고, 집중된다.

이 비구는 이제 생각의 흐름을 지배한 자가 된다. 원하는 생각은 무엇이든 할 수 있고, 원하지 않는 생각은 일체 하지 않을 수 있게 되었다. 갈애를 끊고, 족쇄를 벗어 던졌으며, 자만을 완전히 꿰뚫어 괴로움을 끝냈다."

세존께서 이와 같이 설하시자 비구들은 만족하고 기뻐했다.

(MN 20)

457

06 자애심

11. "비구들이여, 사람들이 그대들에게 다섯 가지 경우로 말할 수 있다. 적당한 때일 수도 있고, 적당한 때가 아닐 수도 있다. 그 말이 진실일 수도 있고, 진실이 아닐 수도 있다. 온화한 말일 수도 있고, 거친 말일 수도 있다. 이로울 수도 있고, 해로울 수도 있다. 자애심으로 말할 수도 있고, 미워하는 마음으로 말할 수도 있다. 어떤 경우라도 그대들은 '우리의 마음은 흔들리지 않으리라. 상처주는 말로 응답하지 않으리라. 미워하지 않고 자애심으로 저들의 행복을 빌어주리라. 자애심이 가득한 마음으로 저들을 가득 채우고 전 세계의 모든 이들에게 넓혀서 적의와 악의가 없는 기쁜 마음으로 광대하고 측량할 수 없는 자애를 온 세계에 가득 메우리라.'고 수행해야 한다. 비구들이여, 그대들은 이렇게 수행해야 한다. …

20. "비구들이여, 양날톱으로 그대들의 팔다리를 잔인하게 절단하는 도적에게 증오심을 품는다면 나의 가르침을 실천하지 못한 것이다. 그러므로 그대들은 '우리의 마음은 흔들리지 않으리라. 상처주는 말로 응답하지 않으리라. 미워하지 않고 자애심으로 저들의 행

복을 빌어주리라. 자애심이 가득한 마음으로 저들을 가득 채우고 전 세계의 모든 이들에게 넓혀서 적의와 악의가 없는 기쁜 마음으로 광대하고 측량할 수 없는 자애를 온 세계에 가득 메우리라.'고 수행해야 한다. 비구들이여, 그대들은 이렇게 수행해야 한다.

21. "비구들이여, 톱의 비유를 든 이 가르침을 즉시 마음에 새긴다면 가벼운 말이든 심한 말이든 참아내지 못할 말이 있겠느냐?" – "없습니다, 세존이시여." – "그러므로 비구들이여, 톱의 비유를 든 이 가르침을 즉시 마음에 새겨야 한다. 그러면 오랫동안 행복과 안녕을 누릴 수 있을 것이다."

(MN 21)

459

07 여섯 가지 새김

한때 세존께서 까삘라왓투의 보리수 사원에 머무실 때였다. 사꺄족
인 마하나마 존자가 세존께 다가와 예경드리고 한쪽에 앉아 여쭈었
다.

"세존이시여, 부처님의 제자들이 깨달음의 과위에 오르고 가르침
을 바르게 이해했을 때 어떻게 머물러야 합니까?"[55]

"마하나마여, 부처님의 제자가 깨달음의 과위에 오르고 가르침을
바르게 이해했다면 여래의 공덕을 다음과 같이 마음에 새겨야 한다.
'세존은 아라한이고, 완전히 깨달았으며, 지혜와 실천이 원만하고, 잘
가신 분이며, 세간에 대한 지혜를 통달했고, 중생을 잘 다스리며, 천
신과 인간의 스승이고 부처이다.' 이와 같이 여래의 공덕을 새긴다면,
그의 마음은 탐욕, 미움, 어리석음에 사로잡히지 않는다. 여래를 마음
의 대상으로 삼았기 때문에 마음이 올곧고, 마음이 올곧은 부처님의

---

55 깨달음의 과를 얻고 가르침을 바르게 이해했다는 것은 최소한 예류과를 얻은 성인
의 수행법을 묻고 있는 것이다. 성인의 과위에 오르지 못하였더라도 이를 수행한다
면 일시적으로나마 번뇌를 썻고 삼매에 이르는데 도움이 된다.

제자는 가르침에 큰 감명을 받고, 뜻에 큰 감명을 받으며, 가르침에 대해 환희심을 낸다. 환희심이 난 마음에는 희열이 생긴다. 희열로 고무된 사람은 몸이 평온하다. 몸이 평온하면 행복해진다. 행복해지면 마음이 삼매에 든다. 이러한 부처님의 제자들은 평등하지 않은 이들 가운데 평등하게 머물고, 고통받는 이들 가운데 고통받지 않으며, 가르침의 흐름에 들었고, 부처님을 잘 기억하는 이들이라 불린다.

"마하나마여, 부처님의 제자는 가르침의 공덕을 다음과 같이 마음에 새겨야 한다. '가르침은 세존께서 잘 설하셨고, 바로 볼 수 있으며, 시간이 걸리지 않고, 와서 보라고 열려 있으며, 실천할 만하고, 지혜로운 이들이 직접 체험하는 것이다.' 이와 같이 가르침의 공덕을 새긴다면, 그의 마음은 탐욕, 미움, 어리석음에 사로잡히지 않는다. 가르침을 마음의 대상으로 삼았기 때문에 마음이 올곧고, … 이러한 부처님의 제자들은 평등하지 않은 이들 가운데 평등하게 머물고, 고통받는 이들 가운데 고통받지 않으며, 가르침의 흐름에 들었고, 가르침을 잘 기억하는 이들이라 불린다.

"마하나마여, 부처님의 제자는 승가의 공덕을 다음과 같이 마음에 새겨야 한다 '부처님의 승가는 선한 길을 실천하고, 곧은 길을 실천하며, 진리의 길을 실천하고, 올바른 길을 실천한다. 네 쌍으로 짝지어진 여덟 부류의 사람들로 이루어진 부처님의 승가는 보시받아 마땅하고, 환대받아 마땅하며, 공양받아 마땅하고, 예경받아 마땅하며, 세상의 위없는 복전이 된다.' 이와 같이 승가의 공덕을 새긴다면, 그의 마음은 탐욕, 미움, 어리석음에 사로잡히지 않는다. 승가를 마음

461

의 대상으로 삼았기 때문에 마음이 올곧고,… 이러한 부처님의 제자들은 평등하지 않은 이들 가운데 평등하게 머물고, 고통받는 이들 가운데 고통받지 않으며, 가르침의 흐름에 들었고, 승가를 잘 기억하는 이들이라 불린다.

"마하나마여, 부처님의 제자는 자신의 계행을 다음과 같이 마음에 새겨야 한다. '나는 성인들이 소중히 여기고, 끊어지지 않고, 온전하고, 흠이 없고, 때가 없고, 벗어나게 하고, 지혜로운 이들이 칭송하고, 삼매로 이어지는 덕행을 실천한다.' 이와 같이 지계의 공덕을 새긴다면, 그의 마음은 탐욕, 미움, 어리석음에 사로잡히지 않는다. 계를 마음의 대상으로 삼았기 때문에 마음이 올곧고, … 이러한 부처님의 제자들은 평등하지 않은 이들 가운데 평등하게 머물고, 고통받는 이들 가운데 고통받지 않으며, 가르침의 흐름에 들었고, 계를 잘 기억하는 이들이라 불린다.

"마하나마여, 부처님의 제자는 자신의 보시 공덕을 다음과 같이 마음에 새겨야 한다. '오히려 나에게 이익이고, 내가 잘 얻었으며, 인색함에 사로잡힌 이들 가운데 인색한 마음 없이 편안히 머물고, 아낌없이 베풀며, 내어주고, 내려놓는 것을 즐기며, 자선에 매진하고, 주고 나누는 것을 기뻐한다.' 이와 같이 보시의 공덕을 새긴다면, 그의 마음은 탐욕, 미움, 어리석음에 사로잡히지 않는다. 보시를 마음의 대상으로 삼았기 때문에 마음이 올곧고, … 이러한 부처님의 제자들은 평등하지 않은 이들 가운데 평등하게 머물고, 고통받는 이들 가운데 고통받지 않으며, 가르침의 흐름에 들었고, 보시를 잘 기억하는 이들이라 불린다.

"마하나마여, 부처님의 제자는 천신들을 다음과 같이 마음에 새겨야 한다. '여러 천상계에 천신들이 살고 있다. 저들이 이 세상에서 수명이 다하고 천상에 다시 태어날 수 있었던 믿음, 계행, 배움, 보시, 지혜를 나도 똑같이 가지고 있다.' 이와 같이 자신과 천신들의 믿음, 계행, 배움, 보시, 지혜를 새긴다면, 그의 마음은 탐욕, 미움, 어리석음에 사로잡히지 않는다. 천신들을 마음의 대상으로 삼았기 때문에 마음이 올곧고, … 이러한 부처님의 제자들은 평등하지 않은 이들 가운데 평등하게 머물고, 고통받는 이들 가운데 고통받지 않으며, 가르침의 흐름에 들었고, 천신을 잘 기억하는 이들이라 부른다.

"마하나마 존자여, 깨달음의 과위에 오르고 가르침을 바르게 이해한 부처님의 제자는 바로 이렇게 머물러야 한다."

(AN 6:10)

o8 네 가지 마음챙김의 확립

I. 나는 이와 같이 들었다. 한때 세존께서 꾸루국의 깜맛사다마라
는 마을에 머물고 계셨다.

2. "비구들이여, 중생을 청정하게 하고, 슬픔과 원망을 극복하게 하
며, 고통과 실망을 없애고, 진정한 도를 이루게 하며, 열반을 깨닫게
하는 한쪽 방향으로만 난 길이 있으니 이를 네 가지 마음챙김의 확립
이라고 한다.

3. "이 네 가지는 무엇인가? 비구는 세간에 대한 기대와 실망을 가
라앉히고, 바르게 알면서 끊임없이 알아차리며 몸을 관찰한다. 세간
에 대한 기대와 실망을 가라앉히고 바르게 알면서 끊임없이 알아차
리며 느낌을 관찰한다. 세간에 대한 기대와 실망을 가라앉히고 바르
게 알면서 끊임없이 알아차리며 마음을 관찰한다. 세간에 대한 기대
와 실망을 가라앉히고 바르게 알면서 끊임없이 알아차리며 법을 관
찰한다.

몸의 관찰

1. 호흡 알아차리기

4. "비구들이여, 비구는 어떻게 몸을 알아차리며 관찰하는가? 비구는 숲속, 나무 아래 또는 빈 오두막에 들어가 앉는다. 두 다리를 교차하고 몸을 바로 세운 뒤 알아차림을 앞으로 가지고 와 숨을 들이마시며 알아차리고, 숨을 내쉬며 알아차린다. 숨을 길게 들이마시면, 길게 들이마시는 줄 알고 숨을 길게 내쉬면, 길게 내쉬는 줄 안다. 숨을 짧게 들이마시면, 숨을 짧게 들이마시는 줄 알고 숨을 짧게 내쉴 때는, 숨을 짧게 내쉬는 줄 안다. '온몸을 경험하며 숨을 들이마신다.'고 익히고, '온몸을 경험하며 숨을 내쉰다.'고 익힌다. '호흡을 고요히 하며, 숨을 들이마신다.'고 익히고 '호흡을 고요히 하며, 숨을 내쉰다.'고 익힌다. 능숙한 도공이 물레를 길게 돌리면 '나는 길게 돌린다.'고 알고 짧게 돌리면 '나는 짧게 돌린다.'고 아는 것과 같다. 마찬가지로 비구는 길게 들이마실 때는 '나는 길게 들이마신다.'고 안다. … '호흡을 고요히 하며, 숨을 내쉰다.'고 익힌다.

5. "이렇게 몸을 내적으로 알아차리며 관찰하거나, 몸을 외적으로 알아차리며 관찰하거나, 몸을 내외적으로 모두 알아차리며 관찰한다.[56] 또는 몸의 일어나는 성질을 알아차리며 관찰하거나, 몸의 사

---

[56] 내적으로 알아차리는 것은 자신의 몸의 호흡을 관찰하는 것이다. 외적으로는 다른 사람의 몸의 호흡을 관찰하는 것이다. 내외적으로는 자신의 호흡과 다른 사람의 호흡을 번갈아 가며 쉬지 않고 관찰하는 것이다. 느낌, 마음, 법에도 똑같이 적용되지

465

라지는 성질을 알아차리며 관찰하거나, 몸의 일어나고 사라지는 성질 둘 다 알아차리며 관찰한다. 또는 몸을 그저 의식하고 반복적으로 알아차릴 수 있을 정도로만 알아차림을 확립한다. 그리고 세상 어느 것에도 집착하지 않고 홀로 머문다. 이것이 비구가 몸을 알아차리며 관찰하는 방법이다.

2. 네 가지 몸의 자세

6. "비구들이여, 비구는 걸을 때 걷고 있는 줄 알고, 서 있을 때 서 있는 줄 알고, 앉아 있을 때 앉아 있는 줄 알고, 누워 있을 때 누워 있는 줄 안다. 몸이 어떤 자세를 취하든 모두 안다.

7. "이렇게 몸을 내적, 외적, 내외적으로 알아차리며 관찰한다. … 세상 어느 것에도 집착하지 않고 홀로 머문다. 이 또한 비구가 몸을 알아차리며 관찰하는 방법이다.

3. 바르게 앎

8. "비구들이여, 비구는 가고 올 때 바르게 안다.[57] 앞을 보거나 눈길을 돌릴 때 바르게 안다. 팔다리를 굽히고 펼 때 바르게 안다. 옷을

만 이 세 가지의 경우에는 외적으로 다른 사람을 관찰할 때 추측에 의지할 수밖에 없다.

57 바르게 안다는 것은 네 가지를 아는 것이다. ① 목적을 바르게 앎 ② 그 목적을 이루기 위한 수단의 올바름을 바르게 앎 ③ 하루 일과 중에 관찰 대상을 잊어서는 안됨을 바르게 앎 ④ 행동을 주관하는 자아가 없다는 실상을 바르게 앎

입고 가사와 발우를 챙길 때 바르게 안다. 먹고, 마시고, 씹고, 맛볼 때 바르게 안다. 대소변을 볼 때 바르게 안다. 걷고, 서고, 앉고, 자고, 깨어 있고, 말하고, 침묵할 때 바르게 안다.

9. "이렇게 몸을 내적, 외적, 내외적으로 알아차리며 관찰한다. … 세상 어느 것에도 집착하지 않고 홀로 머문다. 이 또한 비구가 몸을 알아차리며 관찰하는 방법이다.

4. 몸의 부정함

10. "비구들이여, 비구는 발바닥부터 머리카락까지, 머리카락부터 발바닥까지 피부에 싸여 더러운 것들이 가득한 몸을 이렇게 관찰한다. '이 몸에는 머리카락, 털, 손톱, 이, 피부, 살, 힘줄, 뼈, 척수, 신장, 심장, 간, 횡경막, 췌장, 폐, 장, 장간막, 위, 똥, 담즙, 가래, 고름, 피, 땀, 지방, 눈물, 기름, 침, 콧물, 관절액, 오줌이 있다.' 양 끝이 터진 가마니에 밭 쌀, 붉은 쌀, 녹두, 완두콩, 수수, 흰 쌀 등 갖가지 곡물이 가득 들어있는데, 눈 좋은 사람이 와서 열어보고 '이것은 밭 쌀, 이것은 붉은 쌀, 이것은 녹두, 이것은 완두콩, 이것은 수수, 이것은 흰 쌀'이라고 알아보는 것과 같다. 마찬가지로 비구는 … 더러운 것들이 가득한 몸을 이렇게 관찰한다. '이 몸에는 머리카락 … 오줌이 있다.'

11. "이렇게 몸을 내적, 외적, 내외적으로 알아차리며 관찰한다. … 세상 어느 것에도 집착하지 않고 홀로 머문다. 이 또한 비구가 몸을 알아차리며 관찰하는 방법이다.

5. 네 가지 몸의 구성 요소

12. "비구들이여, 비구는 몸이 어떤 자세를 취하든 네 가지 요소로 이루어졌다고 관찰해야 한다. '이 몸에는 땅의 요소, 물의 요소, 불의 요소, 바람의 요소가 있다.' 능숙한 백정과 그 조수가 도살한 소를 토막 내어 사거리에 늘어놓는 것과 같다. 마찬가지로 비구는 이 몸이 … 네 가지 요소로 이루어졌다고 관찰해야 한다. '이 몸에는 땅의 요소, 물의 요소, 불의 요소, 바람의 요소가 있다.'

13. "이렇게 몸을 내적, 외적, 내외적으로 알아차리며 관찰한다. … 세상 어느 것에도 집착하지 않고 홀로 머문다. 이 또한 비구가 몸을 알아차리며 관찰하는 방법이다.

6-14. 아홉 가지 시체 명상

14. "비구들이여, 묘지에 방치된 시체가 하루, 이틀, 사흘이 지나면 부풀어 오르고, 변색되고, 피고름이 흘러 나오는 것을 볼 수 있듯이 비구는 이 몸을 시체와 비교해 보아야 한다. '이 몸의 본질도 그와 다르지 않으니 곧 시체가 되어 똑같은 처지가 될 것이다.'라고 알아야 한다.

15. "이렇게 몸을 내적, 외적, 내외적으로 알아차리며 관찰한다. … 세상 어느 것에도 집착하지 않고 홀로 머문다. 이 또한 비구가 몸을 알아차리며 관찰하는 방법이다.

16. "묘지에 방치된 시체의 살을 까마귀, 매, 독수리, 개, 자칼, 각종 벌레들이 뜯어 먹는 것을 볼 수 있듯이 비구는 이 몸을 시체와 비교

해 보아야 한다. '이 몸의 본질도 그와 다르지 않으니 곧 시체가 되어 똑같은 처지가 될 것이다.'라고 알아야 한다.

17. "… 이 또한 비구가 몸을 알아차리며 관찰하는 방법이다.

18-24. "묘지에 방치된 시체의 살과 피가 묻은 해골이 힘줄로 붙어있는 것을 볼 수 있듯이 … 살은 썩어 없어지고 피만 묻은 해골이 힘줄로 붙어있는 것을 볼 수 있듯이 … 살도 피도 없는 해골이 힘줄로 붙어 있는 것을 볼 수 있듯이 … 사방으로 유골이 흩어져 여기에 손뼈, 저기에 발뼈, 여기에 정강이뼈, 저기에 허벅지뼈, 여기에 엉덩이뼈, 저기에 등뼈, 여기에 두개골 등이 널부러져 있는 것을 볼 수 있듯이 비구는 이 몸을 시체와 비교해 보아야 한다. '이 몸의 본질도 그와 다르지 않으니 곧 시체가 되어 똑같은 처지가 될 것이다.'라고 알아야 한다.

25. "… 이 또한 비구가 몸을 알아차리며 관찰하는 방법이다.

26-30. "묘지에 방치된 시체의 뼈가 조개 껍데기처럼 하얗게 바랜 것을 볼 수 있듯이 … 뼈 무더기를 이룬 것을 볼 수 있듯이 … 일년이 지나자 뼈가 삭아 가루처럼 부서지는 것을 볼 수 있듯이 비구는 이 몸을 시체와 비교해 보아야 한다. '이 몸의 본질도 그와 다르지 않으니 곧 시체가 되어 똑같은 처지가 될 것이다.'라고 알아야 한다.

31. "이렇게 몸을 내적으로 알아차리며 관찰하거나, 몸을 외적으로 알아차리며 관찰하거나, 몸을 내외적으로 모두 알아차리며 관찰한다. 또는 몸의 일어나는 성질을 알아차리며 관찰하거나, 몸의 사라지는 성질을 알아차리며 관찰하거나, 몸의 일어나고 사라지는 성질 둘

469

다 알아차리며 관찰한다. 또는 몸을 그저 의식하고 반복적으로 알아
차릴 수 있을 정도로만 알아차림을 확립한다. 그리고 세상 어느 것에
도 집착하지 않고 홀로 머문다. 이것이 비구가 몸을 알아차리며 관찰
하는 방법이다.

느낌의 관찰

32. "비구들이여, 비구는 어떻게 느낌을 알아차리며 관찰하는가?
즐거움이 있을 때 즐거움이 있는 줄 알고, 괴로움이 있을 때 괴로움
이 있는 줄 알고, 무덤덤하면 무덤덤한 줄 안다. 육체적 즐거움이 있
을 때 육체적 즐거움이 있는 줄 알고, 정신적 즐거움이 있을 때 정신
적 즐거움이 있는 줄 안다. 육체적 괴로움이 있을 때 육체적 괴로움
이 있는 줄 알고, 정신적 괴로움이 있을 때 정신적 괴로움이 있는 줄
안다. 육체의 무덤덤한 느낌이 있을 때 육체의 무덤덤한 느낌이 있는
줄 알고, 정신적 무덤덤한 느낌이 있을 때 정신적 무덤덤한 느낌이
있는 줄 안다.

33. "이렇게 느낌을 내적으로 알아차리며 관찰하거나, 느낌을 외
적으로 알아차리며 관찰하거나, 느낌을 내외적으로 모두 알아차리
며 관찰한다. 또는 느낌의 일어나는 성질을 알아차리며 관찰하거나,
느낌의 사라지는 성질을 알아차리며 관찰하거나, 느낌의 일어나고
사라지는 성질 둘 다 알아차리며 관찰한다. 또는 느낌을 그저 의식하
고 반복적으로 알아차릴 수 있을 정도로만 알아차림을 확립한다. 그

리고 세상 어느 것에도 집착하지 않고 홀로 머문다. 이것이 비구가 느낌을 알아차리며 관찰하는 방법이다.

마음의 관찰

34. "비구들이여, 비구는 어떻게 마음을 알아차리며 관찰하는가? 비구는 욕심이 있는 마음을 욕심이 있는 마음으로, 욕심이 없는 마음을 욕심이 없는 마음으로 안다. 미움이 있는 마음을 미움이 있는 마음으로, 미움이 없는 마음을 미움이 없는 마음으로 안다. 어리석음이 있는 마음을 어리석음이 있는 마음으로, 어리석음이 없는 마음을 어리석음이 없는 마음으로 안다. 수축된 마음을 수축된 마음으로, 산만한 마음을 산만한 마음으로 안다. 고양된 마음을 고양된 마음으로, 고양되지 않은 마음은 고양되지 않은 마음으로 안다. 지고한 마음을 지고한 마음으로, 하열한 마음을 하열한 마음으로 안다. 삼매에 든 마음을 삼매에 든 마음으로, 삼매에 들지 않은 마음을 삼매에 들지 않은 마음으로 안다. 해탈한 마음을 해탈한 마음으로, 해탈하지 못한 마음을 해탈하지 못한 마음으로 안다.

35. "이렇게 마음을 내적으로 알아차리며 관찰하거나, 마음을 외적으로 알아차리며 관찰하거나, 마음을 내외적으로 모두 알아차리며 관찰한다. 또는 마음의 일어나는 성질을 알아차리며 관찰하거나, 마음의 사라지는 성질을 알아차리며 관찰하거나, 마음의 일어나고 사라지는 성질 둘 다 알아차리며 관찰한다. 또는 마음을 그저 의식하고

471

반복적으로 알아차릴 수 있을 정도로만 알아차림을 확립한다. 그리고 세상 어느 것에도 집착하지 않고 홀로 머문다. 이것이 비구가 마음을 알아차리며 관찰하는 방법이다.

법의 관찰

1. 다섯 가지 장애

36. "비구들이여, 비구는 어떻게 법을 알아차리며 관찰하는가? 비구는 다섯 가지 장애를 법으로 알아차리며 관찰한다. 어떻게 다섯 가지 장애를 법으로 알아차리며 관찰하는가? 감각적 욕망이 있을 때 감각적 욕망이 있는 줄 알고, 감각적 욕망이 없을 때 감각적 욕망이 없는 줄 안다. 아직 생기지 않은 감각적 욕망이 어떻게 생기는지, 이미 생긴 감각적 욕망을 어떻게 버려야 하는지, 이미 버린 감각적 욕망이 어떻게 다시 생기지 않는지 안다.

"악의가 있을 때 … 둔함과 졸림이 있을 때 … 들뜸과 후회가 있을 때 … 의심이 있을 때 의심이 있는 줄 알고, 의심이 없을 때 의심이 없다고 안다. 아직 생기지 않은 의심이 어떻게 생기는지, 이미 생긴 의심을 어떻게 버려야 하는지, 이미 버린 의심이 어떻게 다시 생기지 않는지 안다.

37. "이렇게 법을 내적으로 알아차리며 관찰하거나, 법을 외적으로 알아차리며 관찰하거나, 법을 내외적으로 모두 알아차리며 관찰한다. 또는 법의 일어나는 성질을 알아차리며 관찰하거나, 법의 사라지

는 성질을 알아차리며 관찰하거나, 법의 일어나고 사라지는 성질 둘 다 알아차리며 관찰한다. 또는 법을 그저 의식하고 반복적으로 알아차릴 수 있을 정도로만 알아차림을 확립한다. 그리고 세상 어느 것에도 집착하지 않고 홀로 머문다. 이것이 비구가 다섯 가지 장애를 법으로 알아차리며 관찰하는 방법이다.

2. 다섯 가지 무더기

38. "비구들이여, 비구는 집착하는 다섯 가지 무더기를 법으로 알아차리며 관찰한다. 어떻게 집착하는 다섯 가지 무더기를 법으로 알아차리며 관찰하는가? '물질은 이러한 것이고, 그 발생은 이러하고, 소멸은 이러하다. 느낌은 이러한 것이고, 그 발생은 이러하고, 소멸은 이러하다. 생각은 이러한 것이고, 그 발생은 이러하고, 소멸은 이러하다. 의도형성은 이러한 것이고, 그 발생은 이러하고, 소멸은 이러하다. 의식은 이러한 것이고, 그 발생은 이러하고, 소멸은 이러하다.'고 안다.

39. "이렇게 법을 내적으로, 외적으로, 내외적으로 알아차리며 관찰한다. … 세상 어느 것에도 집착하지 않고 홀로 머문다. 이것이 비구가 집착하는 다섯 가지 무더기를 법으로 알아차리며 관찰하는 방법이다.

3. 여섯 가지 감각 기관과 외부 대상

40. "비구들이여, 비구는 여섯 가지 감각 기관과 그 외부 대상을 법

으로 알아차리며 관찰한다. 비구가 어떻게 여섯 가지 감각 기관과 그 외부 대상을 법으로 알아차리며 관찰하는가? 비구는 눈을 알고, 형색을 알며, 이 두 가지를 연하여 일어나는 속박을 알고, 아직 생기지 않은 속박이 어떻게 생기는지, 이미 생긴 속박을 어떻게 버려야 하는지, 이미 버린 속박이 어떻게 다시 생기지 않는지 안다.

"비구는 귀를 알고, 소리를 알며, … 코를 알고, 냄새를 알며, … 혀를 알고, 맛을 알며, … 몸을 알고, 촉감을 알며, … 마음을 알고, 마음의 대상을 알며, 이 두 가지를 연하여 일어나는 속박을 알고, 아직 생기지 않은 속박이 어떻게 생기는지, 이미 생긴 속박을 어떻게 버려야 하는지, 이미 버린 속박이 어떻게 다시 생기지 않는지 잘 안다.

41. "이렇게 법을 내적으로, 외적으로, 내외적으로 알아차리며 관찰한다. … 세상 어느 것에도 집착하지 않고 홀로 머문다. 이것이 비구가 여섯 가지 감각 기관과 외부 대상을 법으로 알아차리며 관찰하는 방법이다.

4. 일곱 가지 깨달음의 요소

42. "비구들이여, 비구는 일곱 가지 깨달음의 요소(칠각지七覺支)를 법으로 알아차리며 관찰한다. 비구가 어떻게 일곱 가지 깨달음의 요소를 법으로 알아차리며 관찰하는가? 알아차림의 깨달음의 요소(염각지念覺支)가 있을 때 나에게 알아차림의 깨달음의 요소가 있는 줄 알고, 알아차림의 깨달음의 요소가 없을 때 나에게 알아차림의 깨달음의 요소가 없는 줄 안다. 아직 생기지 않은 알아차림의 깨달음의

요소가 어떻게 일어나는지, 일어난 알아차림의 깨달음의 요소가 어떻게 수행을 통하여 계발되는지 안다.

"현상을 분별하는 깨달음의 요소(택법각지擇法覺支)가 있을 때 ⋯ 정진의 깨달음의 요소(정진각지精進覺支)가 있을 때 ⋯ 희열의 깨달음의 요소(희각지喜覺支)가 있을 때 ⋯ 몸과 마음이 고요한 깨달음의 요소(경안각지輕安覺支)가 있을 때 ⋯ 선정의 깨달음의 요소(정각지定覺支)가 있을 때 ⋯ 평정심의 깨달음의 요소(사각지捨覺支)가 있을 때 나에게 평정심의 깨달음의 요소가 있는 줄 알고 평정심의 깨달음의 요소가 없을 때 나에게 평정심의 깨달음의 요소가 없는 줄 안다. 아직 생기지 않은 평정심의 깨달음의 요소가 어떻게 일어나는지, 일어난 평정심의 깨달음의 요소가 어떻게 수행을 통하여 계발되는지 안다.

43. "이렇게 법을 내적으로, 외적으로, 내외적으로 알아차리며 관찰한다. ⋯ 세상 어느 것에도 집착하지 않고 홀로 머문다. 이것이 비구가 일곱 가지 깨달음의 요소를 법으로 알아차리며 관찰하는 방법이다.

5. 네 가지 고귀한 진리

44. "비구들이여, 비구는 네 가지 고귀한 진리를 법으로 알아차리며 관찰한다. 어떻게 네 가지 고귀한 진리를 법으로 알아차리며 관찰하는가? 그는 '이것이 괴로움이다. 이것이 괴로움의 원인이다. 이것이 괴로움의 소멸이다. 이것이 괴로움의 소멸로 이르는 길이다.'라고 있는 그대로 안다.

45. "이렇게 법을 내적으로 알아차리며 관찰하거나, 법을 외적으로 알아차리며 관찰하거나, 법을 내외적으로 모두 알아차리며 관찰한다. 또는 법의 일어나는 성질을 알아차리며 관찰하거나, 법의 사라지는 성질을 알아차리며 관찰하거나, 법의 일어나고 사라지는 성질 둘 다 알아차리며 관찰한다. 또는 법을 그저 의식하고 반복적으로 알아차릴 수 있을 정도로만 알아차림을 확립한다. 그리고 세상 어는 것에도 집착하지 않고 홀로 머문다. 이것이 비구가 네 가지 고귀한 진리를 법으로 알아차리며 관찰하는 방법이다.

마무리

46. "비구들이여, 누구든 이 네 가지 마음챙김의 확립을 이와 같은 방법으로 7년 동안 닦는다면, 다음의 두 가지 결과 중 한 가지를 성취할 수 있다. 지금 바로 여기에서 구경의 지혜를 얻거나 만약 갈애를 완전히 뿌리 뽑지 못하여 그 흔적이 남아있다면 불환과를 이룰 것이다.

"비구들이여, 7년은 차치하고 누구든 이 네 가지 마음챙김의 확립을 이와 같은 방법으로 6년 … 5년 … 4년 … 3년 … 2년 … 1년 동안 만이라도 닦는다면, 다음의 두 가지 결과 중 한 가지를 성취할 수 있다. 지금 바로 여기에서 구경의 지혜를 얻거나 만약 갈애를 완전히 뿌리 뽑지 못하여 그 흔적이 남았다면 불환과를 이룰 것이다.

"비구들이여, 1년은 차치하고 누구든 이 네 가지 마음챙김의 확립을 이와 같은 방법으로 일곱 달 … 여섯 달 … 다섯 달 … 네 달 … 세 달 … 두 달 … 한 달 … 반 달 동안 만이라도 닦는다면 다음의 두 가지 결과 중 한 가지를 성취할 수 있다. 지금 바로 여기에서 구경의 지혜를 얻거나 만약 갈애를 완전히 뿌리 뽑지 못하여 그 흔적이 남았다면 불환과를 이룰 것이다.

"비구들이여, 반 달은 차치하고 누구든 이 네 가지 마음챙김의 확립을 이와 같은 방법으로 7일 동안 만이라도 닦는다면, 다음의 두 가지 결과 중 한 가지를 성취할 수 있다. 지금 바로 여기에서 구경의 지혜를 얻거나 만약 갈애를 완전히 뿌리 뽑지 못하여 그 흔적이 남았다면 불환과를 이룰 것이다.

47· "이를 두고 '비구들이여, 중생을 청정하게 하고, 슬픔과 원망을 극복하게 하며, 고통과 실망을 없애고, 진정한 도를 이루게 하며, 열반을 깨닫게 하는 한쪽 방향으로만 난 길이 있으니 이를 네 가지 마음챙김의 확립이라고 한다.'고 말한 것이다."

세존께서 이와 같이 설하시자 비구들은 만족하고 기뻐했다.

(MN 10)

477

09 호흡 알아차리기

사왓티에서 아난다 존자가 세존께 다가가 예경드리고 한쪽에 앉아 여쭈었다.

"세존이시여, 한 가지를 갈고 닦아 네 가지를 성취하는 한 가지가 있습니까? 네 가지를 갈고 닦아 일곱 가지를 성취하는 네 가지가 있습니까? 일곱 가지를 갈고 닦아 두 가지를 성취하는 일곱 가지가 있습니까?"

"아난다여, 한 가지를 갈고 닦아 네 가지를 성취하는 한 가지가 있다. 네 가지를 갈고 닦아 일곱 가지를 성취하는 네 가지가 있다. 일곱 가지를 갈고 닦아 두 가지를 성취하는 일곱 가지가 있다."

"세존이시여, 그렇다면 한 가지를 갈고 닦아 네 가지를 성취하는 한 가지는 무엇입니까? 네 가지를 갈고 닦아 일곱 가지를 성취하는 네 가지는 무엇입니까? 일곱 가지를 갈고 닦아 두 가지를 성취하는 일곱 가지는 무엇입니까?"

"아난다여, 호흡을 알아차리고 집중하는 한 가지를 갈고 닦아 네 가지 마음챙김을 확립할 수 있다. 네 가지 마음챙김의 확립을 갈고

닦아 일곱 가지 깨달음의 요소를 얻을 수 있다. 일곱 가지 깨달음의
요소를 갈고 닦아 통탈지와 해탈을 얻을 수 있다.

1. 네 가지 마음챙김의 확립

"아난다여, 어떻게 호흡을 알아차리고 집중하는 한 가지를 갈고 닦아
네 가지 마음챙김을 확립할 수 있는가? 아난다여, 비구는 숲이나 나
무 아래 또는 빈 오두막에 들어가 앉는다. 두 다리를 교차하고 몸을
바로 세우고 마음챙김을 앞으로 가지고 온다. 숨을 들이마쉬며 알아
차리고, 숨을 내쉬며 알아차린다. 숨을 길게 들이마시면, '길게 들이
마신다.'고 안다. 숨을 길게 내쉬면, '길게 내쉰다.'고 안다. 숨을 짧게
들이마시면, '숨을 짧게 들이마신다.'고 안다. 숨을 짧게 내쉬면, '숨을
짧게 내쉰다.'고 안다. '온몸을 경험하며 숨을 들이마신다.'고 익히고,
'온몸을 경험하며 내쉰다.'고 익힌다. '호흡을 고요히 하며, 숨을 들이
마신다.'고 익히고 '호흡을 고요히 하며, 숨을 내쉰다.'고 익힌다.

"'희열을 경험하며 숨을 들이마신다.'고 익히고 '희열을 경험하며
숨을 내쉰다.'고 익힌다. '행복을 경험하며 숨을 들이마신다.'고 익히
고 '행복을 경험하며 숨을 내쉰다.'고 익힌다. '느낌과 생각을 경험하
며 숨을 들이마신다.'고 익히고 '느낌과 생각을 경험하며 숨을 내쉰
다.'고 익힌다. '느낌과 생각을 고요히 하며 숨을 들이마신다.'고 익히
고 '느낌과 생각을 고요히 하며, 숨을 내쉰다.'고 익힌다.

"'마음을 경험하며, 숨을 들이마신다.'고 익히고 '마음을 경험하며,
숨을 내쉰다.'고 익힌다. '마음을 기쁘게 하며 숨을 들이마신다.'고 익

479

히고 '마음을 기쁘게 하며 숨을 내쉰다.'고 익힌다. '마음을 집중시키며 숨을 들이마신다.'고 익히고 '마음을 집중시키며 숨을 내쉰다.'고 익힌다. '마음을 해탈시키며 숨을 들이마신다.'고 익히고 '마음을 해탈시키며 숨을 내쉰다.'고 익힌다.

"무상을 관찰하며, 숨을 들이마신다.'고 익히고, '무상을 관찰하며, 숨을 내쉰다.'고 익힌다. '사라짐을 관찰하며, 숨을 들이마신다.'고 익히고, '사라짐을 관찰하며, 숨을 내쉰다.'고 익힌다. '소멸을 관찰하며, 숨을 들이마신다.'고 익히고, '소멸을 관찰하며, 숨을 내쉰다.'고 익힌다. '버림을 관찰하며, 숨을 들이마신다.'고 익히고, '버림을 관찰하며, 숨을 내쉰다.'고 익힌다.

"아난다여, 비구가 숨을 길게 들이마시면, '숨을 길게 들이마신다.'고 알고 … '호흡을 고요히 하며, 숨을 내쉰다.'고 익힐 때마다 세상에 대한 기대와 실망을 가라앉히고 바르게 알면서 끊임없이 알아차리며 몸을 관찰하며 머문다. 무엇 때문인가? 아난다여, 들숨 날숨은 신체 작용의 한 가지이기 때문이다. 그러므로 이 경우 비구는 세상에 대한 기대와 실망을 가라앉히고 바르게 알면서 끊임없이 알아차리며 몸을 관찰하며 머문다고 말한 것이다.

"아난다여, 비구는 '희열을 경험하며, 숨을 들이마신다.'고 익히고, … '느낌과 생각을 고요히 하며 숨을 내쉰다.'고 익힐 때마다 세상에 대한 기대와 실망을 가라앉히고 바르게 알면서 끊임없이 알아차리며 느낌을 관찰하며 머문다. 무엇 때문인가? 아난다여, 자세히 관찰하는 것은 느낌의 한 가지이기 때문이다.[58] 그러므로 이 경우 비구는 세상에 대한 기대와 실망을 가라앉히고 바르게 알면서 끊임없이 알아차리며 느낌을 관찰하며 머문다고 말한 것이다.

"아난다여, 비구는 '마음을 경험하며 숨을 들이마신다.'고 익히고 … '마음을 해탈시키며 숨을 내쉰다.'고 익힐 때마다 세상에 대한 기대와 실망을 가라앉히고 바르게 알면서 끊임없이 알아차리며 마음을 관찰하며 머문다. 무엇 때문인가? 아난다여, 마음이 혼란하거나 바르게 알지 못하는 이는 호흡을 알아차려 삼매를 계발할 수 없기 때문이다. 그러므로 이 경우 비구는 세상에 대한 기대와 실망을 가라앉히고 바르게 알면서 끊임없이 알아차리며 마음을 관찰하며 머문다고 말한 것이다.

"아난다여, 비구는 '무상을 관찰하며, 숨을 들이마신다.'고 익히고, … '버림을 관찰하며 숨을 내쉰다.'고 익힐 때마다 세상에 대한 기대와 실망을 가라앉히고 바르게 알면서 끊임없이 알아차리며 법을 관찰하며 머문다. 기대와 실망을 버리는 것이 무엇인지 지혜로 보았기 때문에 평정심으로 자세히 관찰할 수 있다.[59] 아난다여, 그러므로 이 경우 비구는 세상에 대한 기대와 실망을 가라앉히고 바르게 알면서 끊임없이 알아차리며 법을 관찰하며 머문다고 말한 것이다.

---

58 자세히 관찰하는 것은 엄격히 말해 느낌은 아니다. 희열, 행복, 느낌과 생각이 느낌의 마음챙김으로 분류되었다.

59 여기서 '기대'는 다섯 가지 장애 중 첫 번째인 감각적 욕망이고 '실망'은 두 번째인 악의이다. 이 둘은 다섯 가지 장애 중 가장 먼저 나오는 장애이고 마음챙김하는 법의 첫 번째이다.

"아난다여, 이와 같이 호흡을 알아차려 집중하는 한 가지를 갈고 닦아 네 가지 마음챙김을 확립할 수 있다.

2. 일곱 가지 깨달음의 요소의 성취

"아난다여, 어떻게 네 가지 마음챙김의 확립을 갈고 닦아 일곱 가지 깨달음의 요소를 성취할 수 있는가?

"아난다여, 비구가 몸에 머물며 몸을 관찰할 때 분명한 알아차림이 확립된다. 분명한 알아차림이 확립될 때 알아차림의 깨달음 요소가 일어난다. 알아차림의 깨달음의 요소가 일어나면 더욱 계발해서 닦는다. 계발해서 닦으면 알아차림의 깨달음의 요소가 성취된다.[60]

"이제 알아차림에 머물며 지혜로 현상을 분별하고, 살피고, 조사한다. 아난다여, 알아차림에 머물며 지혜로 현상을 분별하고, 살피고, 조사할 때 현상을 분별하는 깨달음의 요소가 일어난다.[61] 현상을 분별하는 깨달음의 요소가 일어나면 더욱 계발해서 닦는다. 계발해서 닦으면 현상을 분별하는 깨달음의 요소가 성취된다.

"지혜로 현상을 분별하고, 살피고, 조사할 때 끊임없이 노력을 기

---

60 일곱 가지 깨달음의 요소는 깨달음을 얻게 하는 요소들이다. 각 요소들이 발전하는 단계를 세 가지로 나누어 설명하고 있다. 먼저 각 요소가 일어나고, 점차적으로 계발되어 마지막에 성취된다.

61 선하거나 불선하고, 비난받을 만하거나 비난받지 않고, 열등하거나 뛰어나고, 어둡고 밝은 마음의 대상들을 자주 관찰하는 것이다. 이 깨달음의 요소는 마음챙김이 깊어질수록 선과 불선을 분명하게 구분하는 능력을 말하고 있다.

울인다. 아난다여, 현상을 지혜롭게 분별하고, 살피고, 조사하면서 끊임없이 노력을 기울일 때 노력의 깨달음의 요소가 일어난다. 노력의 깨달음의 요소가 일어나면 더욱 계발해서 닦는다. 계발해서 닦으면 노력의 깨달음의 요소가 성취된다.

"노력을 기울일 때 수행에서 오는 희열이 생긴다. 아난다여, 노력을 기울이는 비구에게 수행에서 오는 희열이 생기면 희열의 깨달음의 요소가 일어난다. 희열의 깨달음의 요소가 일어나면 더욱 계발해서 닦는다. 계발해서 닦으면 희열의 깨달음의 요소가 성취된다.

"희열로 충만한 사람의 몸과 마음은 평온하다. 아난다여, 희열로 충만한 비구의 몸과 마음이 평온해지면 평온한 깨달음의 요소가 일어난다. 평온한 깨달음의 요소가 일어나면 더욱 계발해서 닦는다. 계발해서 닦으면 평온한 깨달음의 요소가 성취된다.

"몸과 마음이 평온하고 행복한 사람은 마음이 집중된다. 아난다여, 몸과 마음이 평온하고 행복한 비구의 마음이 집중되면 집중의 깨달음의 요소가 일어난다. 집중의 깨달음의 요소가 일어나면 더욱 계발해서 닦는다. 계발해서 닦으면 집중의 깨달음의 요소가 성취된다.

"집중된 마음을 평정심으로 자세히 관찰한다. 아난다여, 집중된 마음을 평정심으로 자세히 관찰할 때 평정의 깨달음의 요소가 일어난다. 평정의 깨달음의 요소가 일어나면 더욱 계발해서 닦는다. 계발해서 닦으면 평정의 깨달음의 요소가 성취된다.

"아난다여, 비구가 느낌에 머물며 느낌을, … 마음에 머물며 마음을 … 법에 머물며 법을 관찰할 때 분명한 알아차림이 확립된다. 분

483

명한 알아차림이 확립될 때 알아차림의 깨달음의 요소가 일어난다. 알아차림의 깨달음의 요소가 일어나면 더욱 계발해서 닦는다. 계발해서 닦으면 알아차림의 깨달음의 요소가 성취된다.

[느낌, 마음, 법의 마음챙김의 확립에 대한 동일한 설명이 반복된다.]

*

"집중된 마음을 평정심으로 자세히 관찰한다. 아난다여, 집중된 마음을 평정심으로 자세히 관찰할 때 평정의 깨달음의 요소가 일어난다. 평정의 깨달음의 요소가 일어나면 더욱 계발해서 닦는다. 계발해서 닦으면 평정의 깨달음의 요소가 성취된다.

"아난다여, 이와 같이 네 가지 마음챙김의 확립을 갈고 닦으면 일곱 가지 깨달음의 요소가 성취된다.

3. 지혜와 해탈의 성취

"아난다여, 어떻게 일곱 가지 깨달음의 요소를 갈고 닦아 지혜와 해탈을 성취할 수 있는가?

"비구는 멀리 여의고, 욕망이 사그라들고, 소멸에 이르고, 버림을 완성하는 가운데 알아차림의 깨달음의 요소를 닦는다. 멀리 여의고, 욕망이 사그라들고, 소멸에 이르고, 버림을 완성하는 가운데 현상을 분별하는 깨달음의 요소를 … 노력의 깨달음의 요소를 … 희열의 깨달음의 요소를 … 평온한 깨달음의 요소를 … 집중의 깨달음의 요소를 … 평정의 깨달음의 요소를 닦는다.

"아난다여, 이와 같이 일곱 가지 깨달음의 요소를 갈고 닦을 때 지혜와 해탈을 성취할 수 있다."

(SN 54:13)

IO 수행의 통달

한때 사리뿟따 존자가 사왓티에서 아나타삔디까 장자가 기증한 기원정사에 머물고 있었다. 어느 날 아침 존자는 옷을 입고, 발우와 가사를 챙겨 사왓티로 탁발을 나갔다. 탁발에서 돌아와 공양을 마친 후 낮을 보내기 위해 장님 동산으로 가 나무 아래에 자리 잡았다.

사리뿟따 존자는 저녁이 되자 은거를 마치고 일어나 기원정사로 돌아갔다. 아난다 존자가 사리뿟따 존자가 멀리서 오는 것을 보고 말을 걸었다.

"나의 벗, 사리뿟따 존자여, 그대의 감각 기능들은 고요하고, 얼굴색은 맑고 밝습니다. 오늘 낮은 어디서 지내셨습니까?"

"벗이여, 감각적 쾌락을 멀리하고, 불선한 상태를 멀리하여 일으킨 생각과 지속적인 고찰이 있고, 멀리함으로 생긴 희열과 행복이 있는 첫 번째 선정에 들어가 머물렀습니다. 하지만 '나는 첫 번째 선정에 들어간다.'거나 '나는 첫 번째 선정에 머문다.'거나 '나는 첫 번째 선정에서 나왔다.'는 생각은 하지 않았습니다."

"이는 틀림없이 나라는 생각, 내 것이라는 생각, 자만이라는 잠재적 성향이 오래전 그대의 마음속에서 뿌리 뽑혔기 때문에 그런 생각이 일어나지 않았을 것입니다."⁶²

다른 때 사리뿟따 존자가 말했다.

"벗이여, 일어나는 생각과 지속적인 고찰이 가라앉으며 두 번째 선정에 들어가 머물렀습니다. 내면에 확신이 생기고, 마음이 하나가 되며, 일어난 생각과 지속적인 고찰이 사라지고, 선정의 희열과 행복만 있었습니다. 하지만 벗이여, '나는 두 번째 선정에 들어간다.'거나 '나는 두 번째 선정에 머문다.'거나 '나는 두 번째 선정에서 나왔다.'는 생각은 하지 않았습니다."

"이는 틀림없이 나라는 생각, 내 것이라는 생각, 자만이라는 잠재적 성향이 오래전 그대의 마음속에서 뿌리 뽑혔기 때문에 그런 생각이 일어나지 않았을 것입니다."

다른 때 사리뿟따 존자가 말했다.

"벗이여, 희열도 점차 사라지면서 저는 평정에 머물렀습니다. 바르게 이해하고, 알아차리며, 직접 뛰어난 행복을 체험했습니다. 성인들이 '평정심에 머물고, 알아차리며, 행복하다.'고 말하는 세 번째 선정에 들어가 머물렀습니다. 벗이여, 하지만 '나는 세 번째 선정에 들어간다.'거나 … 생각은 하지 않았습니다." [이하 상동]

다른 때 사리뿟따 존자가 말했다.

---

62 나라는 생각은 유신견, 내 것이라는 생각은 갈애의 작용이다. 나라는 생각을 만들어 내는 근원적인 번뇌는 "내가 존재한다."는 자만이다.

"벗이여, 즐거움과 괴로움을 버리고, 이미 기쁨과 불만족이 사라졌기 때문에 저는 괴롭지도 즐겁지도 않으며, 평정으로 인해 청정한 알아차림이 있는 네 번째 선정에 들어가 머물렀습니다. 하지만 벗이여, '나는 네 번째 선정에 들어간다.'거나 … 생각은 하지 않았습니다."

다른 때 사리뿟따 존자가 말했다.

"벗이여, 물질에 대한 인식을 완전히 초월하고, 감각적 접촉에 대한 인식이 소멸되며, 갖가지 인식을 만들지 않고, 무한한 허공을 알아차리며, 공무변처정에 들어가 머물렀습니다. 벗이여, 하지만 '나는 공무변처정에 들어간다.'거나 … 생각은 하지 않았습니다."

다른 때 사리뿟따 존자가 말했다.

"벗이여, 공무변처정을 완전히 초월하고, 무한한 의식을 알아차리며, 나는 식무변처정에 들어가 머물렀습니다. 벗이여, 하지만 '나는 식무변처정에 들어간다.'거나 … 생각은 하지 않았습니다."

다른 때 사리뿟따 존자가 말했다.

"벗이여, 식무변처정을 완전히 초월하고, 아무것도 존재하지 않는 것을 알아차리며 무소유처정에 들어가 머물렀습니다. 벗이여, 하지만 '나는 무소유처정에 들어간다.'거나 … 생각은 하지 않았습니다."

다른 때 사리뿟따 존자가 말했다.

"벗이여, 무소유처정을 완전히 초월하고, 비상비비상처정에 들어가 머물렀습니다. 하지만 벗이여, '나는 비상비비상처정에 들어간다.'거나 … 생각은 하지 않았습니다."

다른 때 사리뿟따 존자가 말했다.

"벗이여, 비상비비상처정를 완전히 초월하고, 생각과 느낌이 소멸한 상수멸정에 들어가 머물렀습니다. 하지만 벗이여, '나는 상수멸정에 들어간다.'거나 '나는 상수멸정에 머문다.'거나 '나는 상수멸정에서 나왔다.'는 생각은 하지 않았습니다."[63]

"이는 틀림없이 나라는 생각, 내 것이라는 생각, 자만이라는 잠재적 성향이 오래전 그대의 마음속에서 뿌리 뽑혔기 때문에 그런 생각이 일어나지 않았을 것입니다."

(SN 28:1 – 9)

---

63 상수멸정은 불환과와 아라한만이 얻을 수 있는 선정이다. 그 이름에서 알 수 있듯 이인지, 감정, 마음, 그에 수반되는 정신 활동이 모두 소멸된 상태이다.

밝은 지혜의 빛。

들어가기

앞 장의 경전들에서 마음 수행의 목적을 두 가지로 설명했다. 하나는 마음을 고요히 하는 것이고, 다른 하나는 통찰지를 기르는 것이다. 고요하고, 차분하며, 침착한 마음은 통찰지를 기르는 토대가 된다. 고요한 마음은 현상이 일어나고 사라지는 것을 가만히 지켜볼 수 있고, 이렇게 오랫동안 관찰하고 탐색하게 되면 현상에 대한 통찰의 지혜가 일어난다. 통찰지에 가속도가 붙으면 사물의 본성을 점점 더 깊이 꿰뚫게 되고 결국 깨달음이라는 완전하고 총체적인 이해에 이르게 된다.

지혜라고 번역되는 빠알리어 빤냐paññā는 산스크리트어로는 쁘라즈냐Prajñā이다. 대승불교의 방대한 반야부 경전Prajñāpāramitā의 이름도 여기에서 유래했다. 깨달음의 길에서 원칙적인 수단이 되는 빤냐/쁘라즈냐는 사실 반야부 경전에서 기원한 것이 아니라 이미 초기불교 가르침에 깊이 뿌리내리고 있었던 것이다. 니까야는 빤냐를 하나의 교리 그 자체로, 그리고 풍부한 비유의 소재로도 삼고 있다.

9장 1-1.지혜의 빛과 1-2)지혜의 칼에서는 빤냐를 각각 빛과 칼에 비유하고 있다. 지혜를 일체의 진정한 본성을 비추고 무명의 어둠을 몰아내는 궁극의 빛에 비유하기도 하고, 얽힌 번뇌를 잘라내고 해탈의 길을 드러내기 때문에 날카로운 칼에 비유하기도 한 것이다.

빠알리어 빤냐paññā는 '안다'는 뜻의 어근 ña에 접두사 pa가 붙어서 역동적인 느낌을 더해주고 있다. 따라서 빤냐는 소유적인 측면보다 행동적인 측면으로 알고, 행동하고, 분별하는 것을 말한다. 빠알리어 빠자나띠Pajānāti는 '이해하다'라는 뜻의 동사로 명사형인 빤냐보다 더 분명하게 그 뜻을 나타내고 있다. 그런데 빤냐는 어려운 경제학 전공 서적이나 재판의 변론을 이해하는 것보다 뛰어난 이해를 말한다. 빤냐는 수행을 통해 발생하는 앎이며, 일체의 본성을 비추고, 마음을 정화하여 해탈로 이르게 한다.

현대 불교 문헌에서 빤냐를 바라보는 두 가지 공통적인 특징이 있는데, 대부분 이에 근거해 불교를 이해하고 있다 해도 과언이 아니다. 첫 번째는 빤냐가 모든 논리적 사고 법칙에 위배되는 인식으로 비개념적이고 말로 설명할 수 없다는 것이다. 두 번째는 빤냐가 갑자기 비추는 밝은 섬광처럼 순수한 직관을 통해 즉각적으로 일어난다는 것이다. 빤냐에 대한 이 두 가지 개념은 매우 밀접한 관계가 있다. 만약 빤냐가 모든 사고 법칙에 위배된다면 어떤 개념적인 정신 활동으로도 접근할 수 없고, 이성적이고, 분별력 있고, 개념적인 정신 활동이 무력해질 때만 일어날 수 있다는 뜻이다. 이러한 개념화 작용의 멈춤은 점진적인 이해의 성숙 없이 미리 준비되지 않은 채 생각이 무너지는 것으로 빌딩이 무너지는 것과 같이 굉장히 빠르게 발생한다.

따라서 빤냐를 이성을 거스르는 광혜狂慧라고 오해하기 쉽다. 초이성과 광기 사이의 아슬한 경계 위에 춤을 추는 이해 불가하고, 경악스러운 태도로 이해할 수 있다는 말이다.

빤냐에 대한 이러한 이해는 니까야 경전 그 어디에도 근거를 찾을 수 없다. 니까야의 가르침들은 처음부터 끝까지 분별력 있고, 명료하며, 진지한 법들을 설명하고 있다. 위에서 설명한 빤냐에 대한 현대적 관점을 두 번째부터 살펴보면, 먼저 니까야에 나오는 빤냐는 단연코 원인과 조건이라는 근본적인 기반에서 생겨나는 유위법이지 즉각적으로 자연 발생하는 무엇이 아니다. 다음으로 빤냐는 순수한 직관이 아니라 신중하고, 분별력 있는 앎이고 어떤 단계에서는 정확한 개념적 작용을 수반한다.

빤냐는 특정한 이해의 영역을 향하게 되어 있다. 이 영역들은 빠알리 주석서에 '지혜의 토양'이라고 서술되어 있는데 직관적이고 비개념적인 통찰지가 해야 할 일을 잘 해낼 수 있을 때까지는 개념적 이해를 통해 이 영역들을 반드시 철저하게 탐구하고 통달해야 한다. 엄청난 양의 정보 속에서 모든 현상에 근본적으로 깔려 있는 기본적인 패턴을 축출하고 이 패턴을 본보기로 자신의 체험을 자세히 관찰하는 데 이용해야 한다. 이에 대해 자세히 더 설명하겠다.

지혜가 일어나는 토대를 불교에서는 삼층 구조로 설명한다. 계정혜 삼학에서 살펴보았듯이 계는 선정의 토대가 되고 선정은 지혜의 토대가 된다. 따라서 지혜가 일어나는 가장 직접적인 원인은 선정이다. 부처님께서도, "비구들이여, 선정을 닦아야 한다. 선정에 든 자가 있는 그대로 보는 자이다."고 말씀하셨다. '있는 그대로 본다는 것'은 지혜의 역할이다. 즉 바르게 보는 것의 가장 직접적 토대는 선정이 되는 것이다. 선정은 올바른 말과 행동을 토대로 하므로 계 또한 지혜의 토대가 된다.

9장 2.지혜의 조건은 수행 생활에 기본이 되는 지혜를 얻어 성숙시키는 여덟 가지 원인과 조건들을 나열하고 있다. 다섯 번째 조건에 특히 눈길이 가는데 교리 공부가 지혜를 계발하는 데 큰 도움이 된다고 강조할 뿐 아니라 어떻게 배워야 하는지 그 순서까지 정해 놓았기 때문이다. 가장 먼저 '처음도 좋고, 중간도 좋고, 끝도 좋은 가르침을 많이 배워야 한다.' 그 다음 암기하고, 큰 소리로 암송하고, 마음으로 탐구한 뒤 마지막으로 '바른 견해로 꿰뚫어 보아야 한다.' 이 마지막 단계는 직접적인 통찰지와 동일한데 필요한 '정보'들이 충분히 쌓이는 앞의 과정들을 거쳐야만 꿰뚫어 아는 통찰지가 일어나는 것이다. 이처럼 지혜는 선정만 있으면 저절로 일어나는 것이 아니라 가르침을 배우고, 되새기고, 숙고하여 법에 대한 분명하고 정확한 개념적 이해가 있을 때 얻을 수 있는 것이다.

지혜는 여덟 가지 바른 길에서 바른 견해에 해당한다. **9장 3.바른 견해**는 바른 견해의 경을 요약한 것인데 '지혜의 토양'을 훌륭하게 조망하고 있다. 부처님의 제자들 중 지혜제일이었던 사리뿟따 존자가 여러 비구들에게 설한 경으로 오랫 동안 남방 불교의 입문서로 사랑받았다.

주석서에 따르면 바른 견해에는 개념적인 바른 견해와 체험적인 바른 견해 두 종류가 있다. 개념적인 바른 견해는 법을 지적으로 분명하게 이해하는 것이고, 체험적인 바른 견해는 법을 바로 꿰뚫어 아는 지혜를 말한다. 개념적인 바른 견해는 '진리와 일치하는 바른 견해'라고도 불리며 불법을 깊게 공부하고 익혀서 법을 바르게 이해하는 것이다. 체험이 아닌 개념을 통한 이해는 메마른 지혜이지만 부처님에 대한 믿음과 진리를 깨닫고자 하는 강한 결단력이 있다면 체험적인 바른 견해로 자랄 수 있는 싹이 될 수 있기 때문에 지혜를 성장시키는 필수적인 단계가 된다.

체험적인 바른 견해는 진리, 특히 네 가지 고귀한 진리를 직접적인 경험으로 깨닫는 것이다. 그래서 '진리를 꿰뚫는 바른 견해'라고도 불린다. 바로 꿰뚫기 위해서는 법을 바른 개념으로 이해한 뒤 이 앎을 수행을 통해서 체험적인 인지로 변화시켜야 한다. 개념적인 바른 견해를 손에 비유한다면 체험적인 바른 견해는 눈에 비유할 수 있다. 개념이라는 수단을 이용해 진리를 거머쥔 손, 그리고 욕심, 미움, 어리석음 속에 오랫동안 덮여 있던 궁극적 진리를 바로 보는 지혜의 눈(법안法眼)으로 비유한 것이다.

바른 견해의 경은 개념적인 바른 견해로 이해하고 체험적 바른 견해로 꿰뚫어야 할 원칙들을 열거하고 있다. 사리뿟따 존자는 이로운

497

법과 해로운 법, 생명을 유지시키는 네 가지 자양분, 네 가지 고귀한 진리, 12연기, 번뇌의 16가지 주제로 이 법을 설명한다. 한 가지 주목할 점은 두 번째 문단부터 경이 끝날 때까지 똑같은 형식이 반복되며, 12연기가 경전 전체의 뼈대가 된다는 것이다.

어떤 주제에 대해 설법하든, 사리뿟따 존자는 그 법의 고유한 성질, 일어남, 사라짐, 사라지는 방법을 언급한다. 이는 네 가지 고귀한 진리, 즉 사성제에 깔려 있는 구조이기 때문에 지금부터는 '사성제 구조'라고 칭하겠다. 이 구조는 법을 관찰하여 지혜에 이르는 가장 정형화된 형식으로 니까야 전반에 반복적으로 나타난다. 이 구조를 적용하면 세상 모든 것이 독립되거나 단절된 개체가 아니라 상호 의존하는 복잡한 그물망 속에 본질적으로 연결되어 있다는 것이 분명해진다. 해탈의 열쇠는 자신 안에서 이 그물망을 존속시키는 원인을 찾아내서 없애는 것이다. 바로 팔정도 수행이 이 원인들을 제거하는 방법이다.

경전에서 설명하고 있는 16가지 주제 중 하나만 꿰뚫더라도 출세간의 바른 견해를 얻게 되는데, 이 또한 두 단계로 나뉜다. 첫 단계는 유학有學의 바른 견해인데, 유학은 역행할 수 없는 해탈의 길에 올랐지만 궁극의 목적지에 아직 도달하지 못한 수행자를 말한다. 유학의 단계는 항상 '법에 확고한 신념이 있으며, 진정한 법에 도달한 이'라고 각 주제가 시작될 때마다 언급된다. 이는 진리의 법칙을 볼 줄 아는 눈으로서 바른 견해를 뜻하고, 수행자에게 근본 변화는 일으켰으나 아직 완성되지 않은 통찰지를 말한다. 두 번째 단계는 아라한(무학

無學)의 바른 견해인데 각 주제에 대한 설명을 끝맺을 때마다 언급하고 있다. 이는 수행자가 바른 견해를 이용하여 남아 있는 번뇌를 모두 뿌리 뽑고 완전히 해방되었다는 뜻이다.

9장 4. 지혜의 영역은 통찰지로 탐구하고 꿰뚫어야 할 영역을 말한다. 초기불교의 주요 교리를 집중적으로 다루고 있는 상윳따 니까야를 출처로 한 경전들을 대거 수록했다.

다섯 가지 무더기, 여섯 가지 감각 기관, 여러 요소들, 연기, 네 가지 고귀한 진리에 대한 경전들을 살펴볼 텐데 이 경들에서 계속 반복되는 공통된 형식을 발견하게 될 것이다.

다섯 가지 무더기 - 오온五蘊

오온은 니까야에서 인간 존재를 해체하기 위해 사용하는 분류법이다. 오온의 다섯 가지 무더기는 ①물질-존재를 구성하는 물리적 요소 ②느낌-즐겁거나, 괴롭거나, 무덤덤한 정서 ③생각-서로 구별되는 성격과 특징을 통한 식별 작용 ④의도형성-의지, 선택, 의도와 같은 다양한 정신 요소 ⑤의식-눈, 귀, 코, 혀, 몸, 마음의 여섯 가지 감각 기관을 통한 인지이다.

상윳따 니까야의 무더기 편의 주제인 오온이 불교에서 중요한 교리로 다뤄지는 데는 최소한 네 가지 이유가 있다. 첫 번째, 오온은 사성제에서 고성제가 궁극적으로 가리키는 대상이다. 사성제의 네 가지 진리 모두 괴로움을 다루고 있기 때문에 오온을 이해하는 것은 사성제를 전체적으로 이해하는 데 필수적이다. 두 번째, 오온은 집착의 대상이므로 앞으로 생길 괴로움의 원인이 된다. 세 번째, 해탈하기 위해서는 반드시 오온에 대한 집착을 제거해야 한다. 네 번째, 오온에 대한 집착을 제거하기 위해서 필요한 지혜는 바로 오온의 본질을 꿰뚫는 분명하고 정확한 통찰지이다. 부처님께서는 오온의 각 성질과, 일어남, 사라짐, 사라지는 법을 깨달았을 때 완전한 열반을 얻었음을 선언하셨다고 직접 말씀하셨다. 그리고 제자들에게도 똑같이 오온을 완전히 알아야 한다고 가르치셨다. 부처님께서는 오온을 완전히 알아야 하고, 완전히 알게 될 때 욕심, 미움, 어리석음이 무너진다고 말씀하셨다.

오온에서 온蘊, 즉 무더기라고 부르는 이유는 어떤 특유의 성질을 함께 공유하는 여러 현상들을 같은 명칭 아래 한 무더기로 묶어놓았기 때문이다. 따라서 '과거, 현재, 미래와 내부와 외부의 거칠거나 미세하고, 뛰어나거나 열등하며, 가깝거나 먼 어떤 물질이라도 물질의 무더기라고 부른다.' 나머지 무더기도 마찬가지다.

4-1)사성제 구조로 보는 다섯 가지 무더기에서는 각 무더기를 간략하게 소개하고 각 무더기 하나하나가 조건에 따라 일어나고 사라지는 것을 보여준다. 팔정도 수행이 각 무더기를 소멸시키는 방법이다. '사성제 구조'가 꽤 논리적으로 오온에 적용된 것을 볼 수 있다.

이 경전도 바른 견해의 경과 마찬가지로 유학과 아라한을 구분하고 있다. 유학은 오온을 사성제 구조로 바로 이해하고 오온이 점차 사라져 소멸하도록 수행한다. 따라서 이들은 '법과 수행에 기반을 확립했다'고 말할 수 있다. 아라한도 마찬가지로 오온을 사성제 구조로 바로 이해했지만 유학보다 더 나아가 오온에 대한 모든 집착을 버리고 집착없이 해탈했다. 따라서 이들을 '윤회에서 벗어난 완전히 깨달은 이'라고 부른다.

4-2)다섯 가지 무더기에 대한 문답은 다양한 각도에서 오온에 대해 묻고 답하는 내용을 담고 있다. 일상적 경험을 가능하게 하는 오온은 집착의 대상이므로 흔히 집착의 대상이 되는 다섯 가지 무더기, 즉 오취온五取蘊이라고도 불린다. 오온에 대한 집착은 크게 두 가지 방식으로 일어나는데 전유와 동일시이다. 전유는 오온을 거머쥐고 소유하려고 하는 것이고, 동일시는 자아가 있다고 믿는 유신견 또는 오온을 다른 사람들과 비교해서 내가 더 잘났고, 나와 비슷하고, 내가 못하다고 판단하는 자만을 뜻한다. 니까야는 우리가 오온을 두고 '이것은 나의 것이고, 이것은 나이고, 이것은 나의 자아'라고 생각하는 경향이 있다고 말한다. '이것은 나의 것'이라는 말은 전유이며, 갈애의 작용이다. '이것이 나이고, 이것이 나의 자아'라는 말은 두 가지 동일시를 나타내며 전자는 자만이고, 후자는 유신견有身見이다.

오온과의 동일시를 합리화하는 견해는 갈애의 방패막이 되어 갈애를 더욱 제거하기 어렵게 만든다. 자아를 인정하는 모든 견해

501

의 바탕에는 유신견이 도사리고 있다. 경전에서는 스무 가지 유신견을 언급하는데 자아를 오온의 각 무더기와 동일시하거나, 자아가 각 무더기를 소유하거나, 자아 안에 각 무더기가 포함되거나, 자아가 각 무더기 안에 포함되는 경우를 모두 합한 것이다. '법을 배우지 못한 범부'는 이런 유신견을 믿고, '법을 잘 배운 부처님의 제자'는 오온의 실체없음을 지혜로 바로 보아 더 이상 오온을 자아 또는 자아의 소유로 생각하지 않는다. **1장 2-3.무상과 불안**과 **1장 4-5.개의 목줄**에서 언급한 대로 어떤 유신견을 따르더라도 불안과 고통의 원인일 뿐이며 우리를 윤회계에 묶어놓는 목줄일 따름이다.

무더기	구성 요소	조건	비유
물질	네 가지 근본 요소와 파생된 요소	자양분	거품 덩어리
느낌	눈, 귀, 코, 혀, 몸, 마음의 접촉으로 생긴 여섯 가지 느낌	접촉	물거품
생각	형색, 소리, 냄새, 맛, 감촉, 마음의 대상에 대한 여섯 가지 생각	접촉	신기루
의도형성	형색, 소리, 냄새, 맛, 감촉, 마음의 대상에 대한 여섯 가지 의도형성	접촉	바나나 나무 줄기
의식	눈, 귀, 코, 혀, 몸, 마음의 여섯 가지 앎	정신과 물질 (명색名色)	마술

표1 다섯 가지 무더기 (4-1 사성제 구조로 보는 오온, 4-5 거품 덩어리의 비유)

모든 번뇌는 결국 무명의 소산이기 때문에 모든 괴로움과 속박의 근저에 무명이 있다. 무명은 오온과 관련해 세 가지 망령된 실을 짜는데 바로 오온이 영원하고, 진정한 행복의 근원이며, 나라고 생각하는 것이다. 이러한 망상의 저주를 깰 수 있는 지혜는 오온을 무상, 고, 무아로 볼 수 있는 통찰지이다. 이것이 존재의 세 가지 특징 즉, 삼법인을 꿰뚫는 지혜이다.

일부 경전에서는 삼법인의 한 가지 진리만 통철해도 깨달음의 목적을 달성하기에 충분하다고 가르치기도 한다. 하지만 이 세 가지 진리는 서로 밀접한 관계를 맺고 있고 이는 여러 경전에서 정형화되어 언급되고 있다. **4-3)무아**는 부처님께서 바라나시에서 두 번째로 설하신 법문이다. 이 경전에서 처음으로 무상의 진리를 통해 괴로움의 진리를, 무상과 괴로움의 진리를 통해 무아의 진리를 가르치셨다. 이렇게 여러 단계를 거쳐 무아의 진리를 밝히는 이유는 무아의 진리가 너무 미묘하여 나머지 두 진리를 통하지 않으면 알기 어렵기 때문이다. 우리가 자아와 동일시하는 것들이 무상하고 괴로움이라는 것을 알게 되면 거기에 진정한 자아가 없다는 것을 알게 되고 그러면 동일시를 멈추게 된다.

삼법인을 어떻게 설명하든 결국은 모두 집착의 제거로 귀결된다. 오온의 각 무더기에 대해 '이것은 나의 것이 아니고, 이것은 내가 아니고, 이것은 나의 자아가 아니라는 것'을 보여주기 때문이다. 이로써 무아의 통찰지가 삼법인 수행의 완결이자 완성을 이루게 된다.

4-4)무상, 고, 무아에서처럼 무아의 진리는 주로 나머지 두 진리를 통해 설해지지만 **4-5)거품 덩어리의 비유**에서처럼 곧바로 무아를 설한 경전도 있다. 이 경전에서는 인상적인 다섯 가지 비유를 들

503

어 오온의 공한 성품을 설명하고 있다. 오온을 무상하고, 괴로움이고, 무아라고 꿰뚫어 안 뒤에는 환멸, 욕망의 사라짐, 해탈이 이어지는 것이 일반적인 정형구이다. 해탈한 이는 해탈했다는 앎과 봄을 얻는다. 이는 이제 윤회가 멈추었고, 더 이상 해야 할 일이 없음을 확인하는 과정이다.

오온과 여러 법에 자주 적용되는 정형화된 공식으로 만족, 위험, 벗어남의 세 단계가 있다. **6장 2-1.깨닫기 전, 2-2.구도의 여정, 2-3. 만약 만족이 없다면**은 앙굿따라 니까야의 경전들로 이 세 단계를 세계 전체에 적용하고 있고 상윳따 니까야는 오온, 육근, 여러 요소에 개별적으로 적용시키고 있다. 각 무더기와, 감각 기관, 요소들이 가져오는 즐거움과 기쁨은 만족이고, 무상, 괴로움, 변화하는 본성은 위험이며, 탐욕과 욕망을 버리는 것이 벗어남이다.

여섯 가지 감각 기관 - 육근六根

상윳따 니까야의 육근 편에는 200개가 넘는 짧은 경들이 수록되어 있다. 육근과 그 대상의 관점에서 바라보는 총체적인 현상들은 오온의 관점에서 보는 것과는 다르면서도 보완적인 부분들이 있다. 여섯 가지 감각 기관이 상응하는 여섯 가지 대상과 짝을 이루어 여섯 가지 앎이 일어난다. 육근은 의식과 외부 대상을 중간에서 연결해 주기 때문에 접촉하는 곳(육촉처六觸處)이라고 불리기도 하며 여기서 접촉(觸)이란 감각 기관과 대상, 의식이 함께 만나는 것을 의미한다.

감각 기관	감각 대상	감각 기관과 대상에서 일어난 의식
눈	형색	눈의 앎 眼識
귀	소리	귀의 앎 耳識
코	냄새	코의 앎 鼻識
혀	맛	혀의 앎 舌識
몸	감촉	몸의 앎 身識
마음	마음의 대상	마음의 앎 意識

표2 여섯 가지 감각 기관과 대상

육근 중에서 앞의 다섯 가지 감각 기관(전오근前五根)과 그 대응되는 대상들과는 달리 마음과 마음의 대상은 이해하기 쉽지 않다. 마음과 마음의 대상을 앞의 다섯 가지 쌍과 똑같은 방식으로 다룬다면 마음은 마음의 앎(제육식第六識)이 일어나는 기반이 되고 마음의 대상들은 마음의 앎의 대상이 된다. 이렇게 해석하면 '마음'이라는 것은 능동적인 개념적 앎이 발생하는 수동적인 의식의 흐름이 되고, 마음의 대상은 성찰, 상상, 숙고 등으로 파악되는 오로지 비물질적 대상만을 의미하게 된다.

그런데 아비담마와 빠알리 주석서에서는 다르게 해석하고 있다. 마음은 모든 의식들을 다 망라하기 때문에 여섯 가지 앎을 다 내포한다고 본다. 마음의 대상에는 앞의 다섯 가지 대상에는 포함되지 않지만 실재하는 대상들도 포함한다. 그러면 느낌, 생각, 의도형성 뿐만 아니라 신체적 감각 기관으로는 감지할 수 없는 미묘한 물질도 해당된다. 이러한 해석이 가장 오래된 불교 문헌인 니까야의 의도에 부합하는지는 알 수 없는 문제이다.

4-6)완전한 이해는 초기불교에서 설명하는 해탈을 얻기 위해서는 육근과 그 대상들, 그리고 그로부터 발생하는 모든 현상들에 대한 온전한 이해와 완전한 앎이 필요하다고 증명하고 있다. 이 점에서 불교와 과학이 유사한 것처럼 보이지만 두 분야가 추구하는 앎은 같지 않다. 과학자들은 비인격적이고 객관적인 정보를 찾지만 불교 수행자들은 살아있는 경험으로서 이 현상들에 대한 직접적인 통찰지를 목표로 하기 때문이다.

니까야에서 오온과 육근을 다루는 방식에는 재미있는 차이가 있다. 오온과 육근은 모두 집착이 뿌리내리고 자라는 토양이라는 점에서는 동일하지만 오온은 주로 유신견, 육근은 주로 집착이 자라는 토양이 된다. 따라서 집착을 없애기 위해서는 감각 기관을 단속하는 단계가 반드시 필요하다. 출가자들은 특히 원하거나 원하지 않는 감각 대상을 만났을 때 깨어 있어야 한다. 방일하면 감각 기관을 통한 경험들은 어김없이 집착을 유발하는 계기가 되어 즐거운 것은 욕망하고, 맞지 않은 것은 밀어내며, 무덤덤한 대상은 은근히 집착하게 된다.

4-7)불탐은 이른 시기에 설해진 경전으로 불타오름 경이라고 알려져 있다. 부처님께서는 '일체가 불탄다.'고 선언하셨다. 여기에서 '일체'는 육근, 육경, 육식과 그와 관련된 접촉과 느낌을 말한다. 해탈로 가는 길은 이 '일체'가 번뇌와 괴로움의 불에 타고 있음을 보는 것

이다. 상윳따 니까야의 육근 편에서는 계속해서 무명을 제거하고 진정한 지혜를 얻기 위해서 여섯 가지 감각 기관과 거기에서 일어나는 느낌을 무상, 고, 무아로 관해야 한다고 강조하고 있다.

4-8)열반에 적합한 조건에서는 이를 열반을 얻는 가장 직접적인 방법이라고 설명하고 있다. **4-9)공**에서 권하는 방법은 육근에는 실체 또는 실체에 속하는 것이 아무 것도 없기 때문에 공하다고 바로 아는 것이다. **4-10)의식과 무아** 또한 의식은 육근을 통해서 일어나기 때문에 실체가 없다고 밝히고 있다.

요소

상윳따 니까야의 요소 편의 경전들이 대거 등장한다. '요소'는 다양한 법에 적용되는 용어이기 때문에 이 경전들은 요소라고 불리는 관련된 법들의 묶음들로 묶음들 간의 상관성이 적다. 가장 중요한 요소로는 열 여덟 가지 요소(十八界), 네 가지 물질 요소(四大), 여섯 가지 물질 요소(六大)가 있다.

열 여덟 가지 요소는 열두 가지 요소를 확장한 것으로 육근, 육경, 육식을 합친 것이다. 마음의 앎은 마음에서 나왔으므로 앎을 제외한 마음은 훨씬 단순한 인지 활동을 할 것으로 생각된다. 니까야에서는 마음의 정확한 기능을 설명하지 않는다. 아비담마에서는 인지 과정에서 분별하는 역할을 하는 마음의 앎보다 훨씬 기본적인 기능을 하는 것으로 보고 있다. **4-11)열 여덟 가지 요소**는 18계를 간단하게 설

507

명하고 있다. 이 요소들을 관찰하면 시시각각 변화하는 우리의 경험 속에 근본 주체가 깃들여 있다는 생각을 떨쳐버리는 데 도움이 된다. 경험은 감각 기관과 그 대상이라는 조건에 따라 일어나는 여섯 가지 앎으로 이루어진다. 따라서 우리의 경험이 다양한 결합으로 이루어진 조건지어진 현상이라는 것을 확인하게 될 때 단일하고 견고하다고 믿었던 망상이 더 이상 올바른 인지를 저해하지 못한다.

네 가지 물질 요소는 땅, 물, 불, 공기의 네 가지 물질의 작용 방식으로 견고함, 유동성, 기운, 팽창을 나타낸다. 이 네 가지는 아주 작은 것에서부터 크고 복잡한 것에까지 모든 물질에 불가분 결합되어 있다. 이 요소들은 외부 세계뿐 아니라 신체의 특성을 나타내기도 한다. 따라서 사띠빳따나 경에는 자신의 몸에서 이 요소들을 관찰하라고 나와 있다. **4-12)네 가지 요소**에서는 이 요소들의 무상하고 조건지어진 특징을 만족, 위험, 벗어남의 세 단계와 사성제의 구조로 살펴보고 있다.

여섯 가지 요소는 네 가지 요소에 허공과 의식을 더한 것이다. **4-13)여섯 가지 요소**는 맛지마 니까야 MN 140에서 상당 부분 가져온 것으로 몸, 외부 세계, 의식 경험과 관련해 여섯 가지 요소를 관찰하는 방법을 소상히 설명하고 있다.

연기

부처님께서 "연기를 보는 자 법을 보고 법을 보는 자는 연기를 본다."

라고 말씀하실 정도로 연기는 불교에 핵심이 되는 사상이다. 연기의 가르침의 궁극적 목표는 윤회를 영속시키는 원인을 드러내고 거기에서 벗어나는 방법을 보여주는 것이다. 윤회에서 해방되기 위해서는 속박의 원인이 되는 근본적인 연결고리를 풀어내야 하는데 이 과정은 원인의 연결고리 자체를 인식하는 것으로 시작된다. 그 원인의 연결고리를 정형화시킨 것이 바로 연기이다.

상윳따 니까야의 인연 편 전체가 연기에 관한 내용이다. 연기의 교리는 일반적으로 **4-14)연기란 무엇인가**에 나와 있는 것처럼 순차적으로 연결된 12개 지분을 11개의 서술문으로 설명한다. 부처님께서 이 원인의 연결고리를 처음 발견하셨고, 성도 이후에는 이 법을 세상에 알리는 것이 부처님의 임무가 되었다. **4-15)법의 여일함**은 12연기의 순서를 고정된 원칙, 정해진 법, 순리라고 밝히고 있다. 연기는 원인이 발생하는 순서대로 나열하는 유전문과 원인이 소멸하는 순서로 나열하는 환멸문 두 가지로 설명된다. 제일 첫 번째 지분에서 마지막 지분까지 순서대로 설명할 때도 있고, 마지막 지분에서 첫 번째 지분까지 거꾸로 올라가며 설명하기도 한다. 일부 경전에서는 가운데 지분에서 시작하여 앞이나 뒤로 이동하기도 한다.

니까야 자체에서는 교과서처럼 연기를 체계적으로 설명하는 내용을 찾아볼 수 없다. 따라서 초기불교 여러 부파에서 전해지는 주석서나 논서를 참고할 수밖에 없다. 이 문헌들은 비록 자세한 내용에서는 미미한 차이가 있지만 부처님 당시부터 전해오는 정형화된 가르침에 대한 일반적인 견해는 일치한다.

그 내용을 간략히 요약하면 다음과 같다. (1) 무명, 사성제에 대한 체험적 지혜가 없기 때문에 몸, 말, 마음으로 선한 행동을 할 때도 있고, 불선한 행동을 할 때도 있다. (2) 의도형성, 업을 말한다. 의도형성 때문에 의식이 한 생에서 다음 생까지 유지되며, 의식이 다시 태어나는 곳이 결정되기도 한다. (3) 의식, 의식과 함께 잉태의 순간부터 (4) 정신과 물질이 동반된다. 몸과 감성 및 인식 능력을 가진 정신 활동을 하는 유기체를 말한다. 이 유기체는 (5) 여섯 가지 감각 기관, 즉 다섯 가지 신체적 감각 능력과 인지 기관인 마음을 갖춘다. 이 감각 기관을 매개로 (6) 접촉, 의식과 대상이 만난다. 접촉으로 인해 (7) 느낌, 느낌으로 인해 (8) 갈애가 생긴다. 갈애가 극심해지면 (9) 집착이 일어나고, 집착은 육욕과 사견 때문에 욕망의 대상을 꽉 붙잡는 것이다. 집착으로 인해 다시 의도적 행위를 지어서 (10) 새로운 존재, 즉 업이 쌓인다. 임종 시에 의도적 행위의 잠재력이 실현되어 새로운 존재로 (11) 다시 태어나서 (12) 늙음과 죽음으로 막을 내린다.

위에서 살펴보았듯이 주석서는 12지분을 삼생三生에 걸쳐서 설명하고 있다. 무명과 의도적 행위는 과거에 속하고, 태어남, 늙음, 죽음은 미래에 속하며, 그 사이의 지분들은 현재에 속한다. 의식에서부터 느낌까지는 현재에 받는 과보인데, 과거의 무명과 의도형성의 결과다. (8) 갈애에서 (10) 존재까지는 현재 업을 만들어 나가는 단계이며 미래의 새로운 존재를 만든다.

존재는 두 종류로 나뉘는데, 업의 존재와 다시 태어나는 존재이다.

업의 존재는 존재의 능동적인 측면을 반영하고 있으며 현생에서 만들어가는 과보를 말하고, 다시 태어나는 존재는 존재의 수동적인 측면을 반영하며 미래 생에 받게 되는 과보를 말한다. 12지분은 다시 세 개의 굴레로 나눌 수 있다. 번뇌의 굴레에는 무명, 갈애, 집착이 포함되고, 업의 굴레에는 의도형성과 업의 존재가 포함되며, 나머지 지분들은 모두 과보의 굴레에 포함된다. 번뇌로 인해 불선한 행동을 하게 되고, 이러한 행동은 결과를 낳으며, 이 결과는 더 많은 번뇌를 양산하는 토양이 된다. 이렇게 윤회는 시작도 없이 계속 돌아가게 된다.

과거, 현재, 미래로 나눠진 지분들이 독립적으로 성립한다고 오해해서는 안된다. 삼생으로 나눈 것은 간결한 설명을 위해 관념적 이론에 의지한 것일 뿐이다. 인연 편의 많은 경전에서 설하고 있듯이 이처럼 분류된 지분들은 필연적으로 활발히 서로 뒤섞이며 작용한다. 무명이 있을 때는 항상 갈애와 집착이 수반되고 반대로 갈애와 집착이 있다면 그 뒤에는 언제나 무명이 있다는 말이다.

이 정형화된 연기법은 자아를 뒷받침하는 실체가 부재한 상황에서 어떻게 한 생에서 다음 생으로 윤회가 가능한지 증명하기 위한 가르침이다. 순차적으로 발생하는 원인의 연결고리를 관통하는 자아가 없다면 한 생에서 다른 생을 연결시키는 것은 다름 아닌 인과법이기 때문이다. 한 생에서의 원인이 다음 생에서 결과를 낳는 것으로 시작해서 이 결과가 다시 원인이 되어 결과를 낳고, 그 결과가 원인이 되어 다시 결과를 낳는 무한히 반복되는 이 과정은 무명, 갈애, 집착의 내재한 잠재력이 지혜로 뿌리 뽑힐 때에만 멈추게 된다.

511

4-16)마흔 네 가지의 앎에서는 연기가 단지 이론에 그치는 것이 아니라 개인이 직접 체험으로 깨쳐야 할 법이라고 분명히 짚고 있다. 이 경전에서는 수행자들이 12연기를 각 지분과 그 일어남, 사라짐, 사라지는 법, 즉 사성제 구조로 이해해야 한다고 가르친다. 먼저 각 지분을 사성제 구조로 체득한 뒤, 이를 바탕으로 과거에 이를 바르게 안 이들도 자신과 똑같은 방법으로 알았고, 또 미래에 바르게 알 이들도 자신과 똑같은 방법으로 알게 될 것이라고 미루어 안다. 이렇게 연기는 시간을 초월한 보편적인 의미를 띄게 된다.

다수의 경전에서는 연기를 중도의 가르침이라고 표현하고 있다. 중도의 가르침이라고 하는 이유는 인간의 숙명에 관한 두 가지 극단적인 철학 사상을 뛰어넘기 때문이다. 한 가지 극단은 상견으로 인간 정체성의 핵심에는 무너지지 않는 개인 또는 우주 차원의 영원한 자아가 있다는 주장이다. 또는 신이나 형이상학적 실체와 같이 영원한 존재가 세상을 창조해서 유지한다고 믿는다.

이와 반대되는 극단은 단견으로, 죽으면 모든 것이 사라진다는 주장이다. 인간에게는 아무런 영적 차원이 없으며 죽은 후에 아무것도 남지 않는다고 믿는다. 부처님께서 보셨을 때 이 두 가지 극단은 해결할 수 없는 문제를 불러일으켰다. 상견은 무상하고 실체가 없는 오온을 고집스럽게 집착하게 하고, 단견은 윤리의 근간을 뒤흔들고 괴로움을 우연의 산물로 치부하게 만들었기 때문이다.

연기법은 이 두 극단을 초월하여 완전히 다른 관점을 제시하고 있다. 인간 존재에는 형이상학적 자아가 없으며 단지 조건에 의지해 일어나는 현상의 흐름일 뿐이라는 것이다. 이 흐름은 존재를 유지시키는 원인이 그 힘을 다할 때까지 이 생에서 저 생으로 끊임없이 이어진다고 보고 있다. 따라서 연기는 영원한 자아를 주장하는 상견이 봉착하는 철학적 딜레마를 비껴가는 한편 단견이 불러일으키는 도덕적 혼란도 피해 가며 괴로움의 문제에 설득력 있는 해결책을 제시한다. 즉 무명과 갈애가 남아있는 한 끊임없이 다시 태어나고, 업은 계속해서 즐겁고 괴로운 과보를 낳아 엄청난 괴로움의 덩어리가 축적된다. 무명과 갈애가 소멸되면 업의 인과적 기제가 더 이상 작동하지 않게 되고 결국 윤회의 괴로움에서 벗어나게 된다. 연기를 중도의 가르침으로 가장 유려하게 설법한 경은 **4-17)중도**라는 제목으로 실린 깟짜나곳따 경이 아닐까 한다. 정형화된 12지 연기가 가장 익숙하겠지만 인연 편의 다수의 경전에는 잘 알려지지 않은 다양한 지분의 연기가 등장하는데 이를 통해 12지 연기의 이해를 도울 수 있다.

4-18)의식의 영속에서는 '의식이 지속되는' 원인에 대한 연기가 등장한다. 다시 말하자면 의식이 어떻게 다음 생으로 이어지는지 설명하고 있는데 그 원인은 무명과 갈애, 그리고 의도하고 계획하는 행위 등의 잠재 성향 때문이라는 것이다. 일단 의식이 확립되면 새로운 존재가 태어난다. 이는 12연기의 세 번째 지분인 의식에서 바로 열 번째 지분인 존재로 넘어가는 것이다. **4-19)세상의 일어남과 사라짐**에서는 다섯 번째 지분인 여섯 가지 감각 기관과 대상에서 세 번째 지분인 의식이 일어나고, 접촉, 느낌, 갈애 등 나머지 지분들도 뒤따라 일어난다. 다양한 지분의 연기를 통해서 연기를 단순히 앞에 나온

513

지분을 원인으로 바로 뒤의 지분이 일어나는 선형적인 인과 법칙으로 생각해서는 안된다는 것을 분명히 알 수 있다. 선형적이기보다는 지분 간에 여러 인과 관계가 복잡하게 형성된 조밀하게 짜여진 관계로 보아야 한다.

네 가지 고귀한 진리 - 사성제四聖諦

7장 4.단계별 수행과 **8장 8.네 가지 마음챙김의 확립**에 나오는 '법을 관하는 명상'에서 살펴 보았듯이 해탈로 가는 길은 사성제의 이해로 완성된다. 부처님께서는 이 네 가지 고귀한 진리를 발견하고 깨달음을 얻으셨다고 최초의 설법에서 직접 밝히셨다. 함축적이고 많은 생각거리를 던지는 경전들로 가득한 상윳따 니까야의 진리 편에 초전법륜경이 한 쪽 자리를 조용히 지키고 있다.

상윳따 니까야 진리 편의 경전들에 펼쳐지는 우주적 배경 속에 사성제가 가지는 광범위한 의의가 더욱 돋보인다. **4-20)모든 부처님들의 진리**는 석가모니 부처님 뿐만 아니라 과거, 현재, 미래의 모든 부처님들이 사성제를 깨달았다고 설명한다. **4-21)네 가지 진리**는 사성제가 '진실이고, 틀림없고, 다름이 없기 때문에' 진리라고 설하고 있다. **4-22)한 웅큼의 나뭇잎**에는 부처님께서 가르치신 법이 손바닥 위 나뭇잎처럼 얼마 되지 않지만 그 중에서도 사성제를 정확하게 가르치신 이유는 깨달음과 열반으로 이끌어 주기 때문이라고 설명하고 있다.

4-23)알지 못하기 때문에에서는 중생들이 윤회하며 길을 잃고 헤매는 이유가 사성제를 꿰뚫어 알지 못하기 때문이라고 밝히고 있다. 연기의 고리에서 보았듯이 고통의 시초가 되는 원인은 무명이고 무명은 사성제를 알지 못하는 것이다. **4-24)벼랑**에서는 사성제를 알지 못하는 이는 의도적 행위를 저지르고 이어서 태어남, 늙음, 죽음의 벼랑에서 굴러 떨어지고 만다고 묘사하고 있다.

무명의 대치법은 앎인데 바로 사성제를 앎이다. 사성제를 처음 꿰뚫어 알게 되면 예류과에 들게 되는데 이를 법을 꿰뚫음이라고 부른다. 이렇게 법을 꿰뚫는 일은 결코 쉽지 않지만 법을 꿰뚫지 않고서는 괴로움을 끝낼 수 없다고 **4-25)꿰뚫음**에서 분명히 밝히고 있다. 따라서 부처님께서는 제자들에게 '비범한 노력을 기울여' 진리를 꿰뚫어야 한다고 말씀하셨다.

수행자가 사성제를 꿰뚫어 보게 되면 앞으로 해야 할 일이 더 많아진다. 마지막 목표를 성취하기 위해서 각 진리에 부과된 과제를 완성해야 하기 때문이다. 결국 오온으로 귀결되는 고성제는 완전히 이해해야 하고, 집성제, 즉 갈애는 버려야 하며, 멸성제, 즉 열반은 실현해야 하고, 도성제, 즉 팔정도는 닦아야 한다. 도성제를 닦으면 네 가지 과제를 모두 완수할 수 있다. 그러면 번뇌가 제거되는 단계에 이르는데 이 단계 또한 똑같이 사성제를 꿰뚫어 봄으로써 시작된다. 그래서 **4-26)번뇌의 소멸**에서 번뇌의 제거는 사성제를 알고 보는 이들만 할 수 있다고 한 것이다.

지혜의 목적

사성제는 지혜의 대상일 뿐 아니라 지혜의 목적까지도 정의하고 있다. 바로 멸성제인 괴로움의 소멸이다. 괴로움의 소멸은 열반이고 따라서 지혜의 목적, 즉 지혜의 계발이 향해가는 종착지는 열반의 성취이다. 그런데 열반이란 정확히 무엇인가? 경전에서는 열반을 다양한 방식으로 설명하고 있다.

5-1)**열반은 무엇인가**에서는 열반을 욕심, 미움, 어리석음의 소멸로 간단히 정의하고 있다. 5-2)**열반의 동의어**에 실린 여러 경전에서는 비유와 이미지를 이용해 열반을 좀더 구체적으로 묘사하고 있다. 열반은 욕심, 미움, 어리석음의 소멸이기도 하지만 그렇기 때문에 다른 무엇보다도 평온하고, 생사를 초월하며, 지극하고, 훌륭하며, 놀라운 것이다. 이로 보았을 때 열반은 이번 생에 경험할 수 있는 지극한 행복, 평온, 자유의 상태라는 것을 알 수 있다.

5-3)**그곳**과 5-4)**태어나지 않음**의 우다나 경전을 비롯해 일부 경전에서는 열반을 단지 번뇌가 제거된 건전한 정신에 바탕을 둔 매우 행복한 상태 이상이라고 보고 있다. 열반을 거의 존재를 초월한 상태로 묘사하기도 하는데 5-3)**그곳**은 열반을 일반적인 경험의 세계 너머의 어떤 '곳'으로 표현하며 어떤 물질적 요소도, 미묘한 무색계 경험조차 존재하지 않는 장소로 그리고 있다. 절대 고요 속에서 일어남도, 사라짐도, 변화도 없는 상태이다. 5-4)**태어나지 않음**은 열반을 '태어나지 않고, 존재하지 않으며, 만들어지지 않고, 조건지어지지 않

은' 상태로 부르고 있다. 그러한 상태가 있기 때문에 모든 태어남, 만들어짐, 존재함, 조건지어짐에서 벗어남이 가능한 것이다.

　니까야에서는 열반을 마음의 청정과 지고한 행복을 경험하는 상태로 그리기도 하고 실존하는 세계를 초월한 조건지어지지 않은 상태로 설명하기도 하는데 그렇다면 열반의 이 두 가지 측면을 어떻게 연결시킬 수 있을까? 불교 내외의 주석서에서 이 두 측면을 연결하려는 다양한 시도를 했지만 그 해석은 니까야 내용 자체만큼이나 주석가의 성향을 반영하고 있는 것이 사실이다. 그나마 니까야에 설명된 열반의 두 가지 측면을 가장 충실히 반영하고 있는 해석은 깊은 지혜로 깨달은 자유와 행복, 조건지어지지 않은 초월적 요소, 본질적으로 고요하고 영원히 괴로움을 초월한 상태로 보는 것이다. 열반을 꿰뚫게 되면 번뇌가 제거되어 마음이 청정해진다. 이렇게 마음이 정화되면 현생에서 완전한 평온과 행복을 경험하고 육신의 죽음에 이르러 몸이 흩어지면 시작없는 윤회에서 영원히 벗어나게 된다.
경전에서는 남음이 있는 열반(유여열반有餘涅槃)과 남음이 없는 열반(무여열반無餘涅槃) 두 가지를 이야기한다. **5-5)두 가지 열반**에서는 아라한이 살아있는 동안 욕심, 미움, 어리석음을 제거하여 남음이 있는 열반을 성취하는 것으로 설명한다. 여기서 '남음이 있다'는 말은 지난 생의 무명과 갈애를 원인으로 생겨난 오온의 화합이 이번 생의 수명이 다할 때까지 계속 이어진다는 뜻이다. 남음이 없는 열반에 대해서는 아라한이 임종 시에 '탐닉하지 않으므로 감각되어지는 모든

517

것이 바로 그 자리에서 식어버린다.'라고만 설명하고 있다. 더 이상 오온에 집착하지 않고 새롭게 오온을 받아 태어나고자 하는 갈애도 없기 때문에 오온은 계속될 수 없다. 오온의 모든 과정이 꺼져버린 것이다.

부처님께서는 아라한이 사후에 존재하는지 또는 존재하지 않는지에 대해서는 전혀 말씀하지 않으셨다. 남음이 없는 열반의 성취로 존재의 경험을 만들어낸 오온이 완전히 멈추었기 때문에 아무것도 존재하지 않을 거라고 생각하는 것이 논리적일 것이다. 하지만 니까야의 어떤 경전에서도 이런 언급은 없다. 반대로 니까야에서는 열반에 대해 요소, 장소, 현실, 상태 등의 실재를 표현하는 용어들로 묘사하고 있다. 하지만 그러한 표현에도 불구하고 열반은 결국 모든 익숙한 범주와 개념을 초월한 상태임은 분명하다.

5-6)불과 바다에서 유행승 왓차곳따는 부처님께 여래가 사후에 다시 태어나는지 또는 다시 태어나지 않는지 여쭙고 있다. 부처님께서는 네 개의 질문 모두에 대답을 거부하셨다. 여래가 다시 태어난다거나, 다시 태어나지 않는다거나, 둘 다이거나, 둘 다 아니라고 대답하는 것은 용납할 수가 없다. 왜냐하면 이 질문은 모두 여래라는 명칭이 실존을 가리키고 있다고 가정하고 있기 때문이다. 여래는 실존이라는 개념에 모든 집착을 버린 자이다. 부처님께서는 꺼진 불을 예로 들어 이 점을 상세히 설하신다. 방금 꺼진 불이 어디로 갔다고 말하는 것은 옳지 않다. 단지 '꺼졌다.'고 말하는 것이 옳다. 마찬가지로 여래는 사후에 어디로 가는 것이 아니라 사라진 것이다. 꺼진 불

을 묘사하는 과거 완료형 동사인 닙부따nibbuta의 명사형이 열반으로 번역되는 명사 닙바나nibbāna이기 때문에 열반의 문자적 뜻은 '꺼짐'이다.

그런데 만약 이 비유에서 아라한이 사후에 완전히 사라진다는 불교적 단견을 읽는다면 이는 아라한을 단멸할 수 있는 자아, 개인으로 잘못 생각했기 때문이다. 여래가 살아있을 때조차 그 상태를 알 수 없기 때문에 여래가 사후에 어떤 상태일지 예측하기는 더욱 어려운 일이다. 대양의 비유에서 그 어려움을 더욱 실감할 수 있다. 여래는 개인의 정체성을 구성하는 오온을 자아와 동일시하지 않기 때문에 여래를 오온 중 하나의 무더기나 오온 전체로 생각할 수 없다. 여래는 오온에서 벗어났기 때문에 우리의 이해를 초월하는 것이다. 마치 대양과 같이 '깊고 광대하여 헤아릴 수 없다.'

01 지혜의 형상

1) 지혜의 빛

"비구들이여, 네 가지 빛이 있다. 무엇이 네 가지인가? 달빛, 햇빛, 불빛, 그리고 지혜의 빛이다. 이 네 가지 중 지혜의 빛이 제일이다."

(AN 4)

2) 지혜의 칼

II. "비구니들이여, 능숙한 백정과 조수가 도살한 소를 날카로운 칼로 손질한다고 생각해 보시오. 안쪽으로는 고기 덩어리를 상하지 않고, 바깥쪽으로는 가죽을 상하지 않도록 날카로운 칼로 힘줄, 근골, 인대를 자르고, 썰고, 토막 낼 것이오. 이렇게 전부 자르고, 썰고, 토막 낸 뒤 벗긴 가죽으로 다시 소 위를 덮으며 '이전처럼 소와 가죽이 붙어 있다'고 말한다면 옳습니까?"

"아닙니다, 존자시여. 그 이유는 능숙한 백정과 그 조수가 도살한 소를 … 자르고, 썰고, 토막냈기 때문에 가죽으로 소를 다시 덮고 '이전처럼 소와 가죽이 붙어 있다.'고 말한다 해도 소는 가죽과 분리되어 있기 때문입니다."

12. "비구니들이여, 뜻을 잘 전달하기 위해 이와 같이 예를 든 것이오. 바로 '안쪽의 고기 덩어리'라는 것은 여섯 가지 내부 감각 기관이오. '바깥쪽의 가죽'은 여섯 가지 외부 감각 대상이오. '내부의 힘줄, 근골, 인대'는 즐거움과 욕망이오. '날카로운 백정의 칼'은 거룩한 지혜요. 이 거룩한 지혜는 내면의 번뇌, 족쇄, 속박을 자르고, 썰고, 토막낸다오."

(MN 146)

02 지혜의 조건

"비구들이여, 수행 생활에 근본이 되는 지혜를 아직 얻지 못했다면 얻게 하고, 이미 얻었다면 발전시켜 늘어나게 하고, 성숙하게 하며, 성취하게 하는 여덟 가지 원인과 조건이 있다. 이 여덟 가지는 무엇인가?

(1) "비구는 스승이나, 스승의 위치에 있는 다른 비구를 의지하여 거처해야 한다. 스승을 두려워하고, 잘못을 부끄러워할 줄 알아야 한다. 스승을 보살피고 존경으로 모셔야 한다. 이것이 수행 생활에 근본이 되는 지혜를 얻는 첫 번째 원인과 조건이다. …

(2) "스승을 의지해 거처하면서 때때로 찾아가 여쭈어야 한다. '스승이시여, 어째서 이러합니까? 이는 무슨 뜻입니까?' 스승은 가려진 것을 드러내고, 모호한 것을 분명히 하며, 의심스러운 것을 걷어준다. 이것이 수행 생활에 근본이 되는 지혜를 얻는 두 번째 원인과 조건이다. …

(3) "법을 배운 후에는 몸과 마음 두 가지 측면에서 은거해야 한다. 이것이 수행 생활에 근본이 되는 지혜를 얻는 세 번째 원인과 조

건이다. …

(4) "덕행을 쌓고, 계의 조항에 따라 삼가며, 품행을 바르게 하고, 아주 작은 잘못에도 위험을 인지한다. 수행법을 배운 대로 실천한다. 이것이 수행 생활에 근본이 되는 지혜를 얻는 네 번째 원인과 조건이다. …

(5) "많이 배우고, 배운 것을 익히고 기억한다. 옳은 뜻과 바른 말로 전해진 처음도 좋고, 중간도 좋고, 끝도 좋은 이 가르침은 완전하고 청정한 수행 생활로 이끌어 주기 때문에 많이 배우고, 외우고, 소리내어 암송하고, 마음으로 탐구하고, 바른 견해로 꿰뚫어 보아야 한다. 이것이 수행 생활에 근본이 되는 지혜를 얻는 다섯 번째 원인과 조건이다. …

(6) "정진해야 한다. 불선한 것은 무엇이든지 버리고, 선한 것은 무엇이든지 얻기 위해 온 마음을 다해 노력을 기울인다. 꾸준히 온 힘을 쏟으며 선한 법을 닦는 일을 주저하지 않는다. 이것이 수행 생활에 근본이 되는 지혜를 얻는 여섯 번째 원인과 조건이다. …

(7) "대중과 함께 머물 때 횡설수설하거나 쓸데없는 잡담을 하지 않는다. 홀로 가르침을 되새기고 다른 이들도 그렇게 하도록 권한다. 고귀한 침묵을 항상 가까이 한다. 이것이 수행 생활에 근본이 되는 지혜를 얻는 일곱 번째 원인과 조건이다. …

(8) "나라고 집착하는 다섯 가지 무더기의 발생과 소멸을 다음과 같이 관찰하며 머문다. '이것이 몸이고, 이것이 몸의 발생이며, 이것이 몸의 소멸이다. 이것이 느낌이고, … 이것이 생각이고, … 이것이

523

의도형성이고, … 이것이 의식이고, 이것이 의식의 발생이며, 이것이 의식의 소멸이다.' 이것이 수행 생활에 근본이 되는 지혜를 얻는 여덟 번째 원인과 조건이다. …

"이 여덟 가지 원인과 조건으로 다른 비구들이 그를 진실로 알고 보는 자로 칭송하고, 이러한 원인과 조건으로 애정과 존경이 생기고, 화합과 단결이 이루어진다.

"비구들이여, 이것이 수행 생활에 근본이 되는 지혜를 얻지 못했다면 얻게 하고, 이미 얻었다면 발전시켜 늘어나게 하고, 성숙하게 하고, 성취하게 하는 여덟 가지 원인과 조건이다."

(AN 8:2)

03 바른 견해

1. 나는 이와 같이 들었다. 한때 세존께서 사왓티에서 아나타삔디까 장자가 기증한 기원정사에 머물고 계셨다. 사리뿟따 존자가 여러 비구에게 말했다.

2. "'바른 견해를 가진 자, 바른 견해를 가진 자'라고 말합니다. 어찌하여 부처님의 제자를 바른 견해를 지닌 자라고 하며, 견해가 올곧고, 법에 확고한 신념이 있으며, 진정한 법에 도달했다고 합니까?"[64]

"존자시여, 저희는 사리뿟따 존자께 이 뜻을 배우기 위해 아주 멀리서 찾아왔습니다. 자세히 설명해 주십시오. 존자의 말씀을 듣고 저희들은 마음에 새기겠습니다."

"벗들이여, 그렇다면 자세히 들으십시오. 제가 설하겠습니다."

"예, 존자시여." 비구들이 대답하자 사리뿟따 존자가 말했다.

---

64 유학有學의 단계에 있는 성인들에 대한 질문이다.

이로운 법과 해로운 법

3. "벗들이여, 부처님의 제자가 해로운 법과 해로운 법의 뿌리를 알고, 이로운 법과 이로운 법의 뿌리를 알 때 그를 바른 견해를 가진 자라고 하고, 견해가 올곧고, 법에 확고한 신념이 있으며, 진정한 법에 도달했다고 합니다.

4. "벗들이여, 그러면 해로운 법과 해로운 법의 뿌리는 무엇이며, 이로운 법과 이로운 법의 뿌리는 무엇입니까? 생명을 죽이는 것은 해롭습니다. 주지 않은 것을 가지는 것은 해롭습니다. 잘못된 성행위는 해롭습니다. 거짓말은 해롭습니다. 악의적인 말은 해롭습니다. 거친 말은 해롭습니다. 한가한 잡담은 해롭습니다. 탐욕은 해롭습니다. 악의는 해롭습니다. 잘못된 견해는 해롭습니다. 이 모두가 해로운 법입니다.

5. "해로운 법의 뿌리는 무엇입니까? 욕심이 해로운 법의 뿌리입니다. 미움이 해로운 법의 뿌리입니다. 어리석음이 해로운 법의 뿌리입니다. 이 모두가 해로운 법의 뿌리입니다.

6. "이로운 법은 무엇입니까? 생명을 죽이지 않도록 삼가면 이롭습니다. 주지 않는 것을 가지지 않도록 삼가면 이롭습니다. 잘못된 성행위를 하지 않도록 삼가면 이롭습니다. 거짓말을 삼가면 이롭습니다. 악의적인 말을 삼가면 이롭습니다. 거친 말을 삼가면 이롭습니다. 한가한 잡담을 삼가면 이롭습니다. 탐욕이 없으면 이롭습니다. 악의가 없으면 이롭습니다. 바른 견해가 이롭습니다. 이 모두가 이로운 법입니다.

7. "이로운 법의 뿌리는 무엇입니까? 욕심 없음이 이로운 법의 뿌리입니다. 미움 없음이 이로운 법의 뿌리입니다. 어리석음 없음이 이로운 법의 뿌리입니다. 이 모두가 이로운 법의 뿌리입니다.

8. "부처님의 제자가 해로운 법과 해로운 법의 뿌리, 이로운 법과 이로운 법의 뿌리를 이와 같이 이해할 때 욕망의 잠재 성향을 남김없이 버리고, 증오의 잠재 성향을 버리며, '나'라는 견해와 자만의 잠재 성향을 버립니다.[65] 무명을 버리고 진정한 앎이 일어나기 때문에 지금 바로 여기에서 괴로움이 소멸됩니다. 부처님의 제자는 이러하기 때문에 바른 견해를 지닌 자라고 하고, 견해가 올곧고, 법에 확고한 신념이 있으며, 진정한 법에 도달했다고 합니다."

자양분

9. "훌륭합니다, 벗이여."라고 말하며 비구들은 사리뿟따 존자의 말에 기뻐했다. 그리고 질문을 이어갔다.

"존자시여, 부처님의 제자를 바른 견해를 지닌 자라고 하고 … 진정한 법에 도달했다고 하는 다른 이유가 있습니까?" – "벗들이여, 있습니다.

10. "벗들이여, 부처님의 제자가 자양분과 자양분의 원인, 자양분의 소멸, 자양분의 소멸로 이르는 길을 안다면 그를 바른 견해를 지

---

65 욕망의 잠재 성향을 남김없이 버리고, 증오의 잠재 성향을 버리는 것은 불환과에 해당하고, '나'라는 견해와 자만의 잠재 성향을 버리는 것은 아라한에 해당한다.

닌 자라고 하고 … 진정한 법에 도달했다고 합니다.

II. "그렇다면 자양분은 무엇이고, 자양분의 원인은 무엇이며, 자양분의 소멸은 무엇이고, 자양분의 소멸로 이르는 길은 무엇입니까? 이미 태어난 중생들의 생명을 유지시켜 주거나 이제 태어나려고 하는 중생들이 의지하는 네 가지 자양분이 있습니다. 이 네 가지는 무엇입니까? 거칠거나 미세한 물질로 이루어진 영양분이 되는 음식이 첫 번째이고, 접촉이 두 번째이며, 의도형성이 세 번째이고, 의식이 네 번째입니다.[66] 갈애가 있을 때 자양분이 있고 갈애가 소멸하면 자양분도 소멸합니다. 자양분의 소멸로 이르는 길은 바로 여덟 가지 바른 길 즉, 바른 견해, 바른 의도, 바른 말, 바른 행동, 바른 생계, 바른 노력, 바른 마음챙김, 바른 선정입니다.

I2. "부처님의 제자가 자양분과 자양분의 원인, 자양분의 소멸, 자양분의 소멸로 이르는 길을 이와 같이 이해할 때 욕망의 잠재 성향을 남김없이 버리고 … 바로 지금 여기에서 괴로움이 소멸됩니다. 부처님의 제자는 이러하기 때문에 바른 견해를 지닌 자라고 하고, 견해가 올곧고, 법에 확고한 신념이 있으며, 진정한 법에 도달했다고 합니다."

---

66 물질적 음식은 육체의 자양분이 되고, 접촉은 느낌의 자양분이 되며, 의도형성은 의식의 자양분이 되고, 의식은 물질과 정신의 자양분이 되어 유기체가 온전한 심신을 형성한다. 갈애가 자양분의 원인이 되는 이유는 전생의 갈애로 인해 이번 생에 네 가지 자양분을 의지하고 소비하는 개체가 존재하게 되었기 때문이다.

13. "훌륭합니다, 벗이여."라고 말하며 비구들은 사리뿟따 존자의 말에 기뻐했다. 그리고 질문을 이어갔다.

"존자시여, 부처님의 제자를 바른 견해를 지닌 자라고 하고 … 진정한 법에 도달했다고 하는 다른 이유가 있습니까?"-"벗들이여, 있습니다

14. "벗들이여, 부처님의 제자가 괴로움, 괴로움의 원인, 괴로움의 소멸, 괴로움의 소멸로 이어지는 길을 이해하면 그를 바른 견해를 지닌 자라고 하고 … 진정한 법에 도달했다고 합니다.

15. "그렇다면 괴로움은 무엇이고, 괴로움의 원인은 무엇이며, 괴로움의 소멸은 무엇이고, 괴로움의 소멸에 이르는 길은 무엇입니까? 태어남도 괴로움이고, 늙음도 괴로움이며, 병듦도 괴로움이고, 죽음도 괴로움입니다. 슬픔, 한탄, 고통, 실의, 절망이 괴로움입니다. 원하는 것을 얻지 못하는 것도 괴로움입니다. 한 마디로 다섯 가지 무더기에 집착하는 것(五取蘊)이 괴로움입니다. 이 모두를 괴로움이라고 합니다.

16. "괴로움의 원인은 무엇입니까? 새로운 존재로 태어나게 하는 갈애는 즐거움과 욕망을 동반하며 여기 저기서 즐거움을 찾기 때문에 괴로움의 원인이 됩니다. 감각적 쾌락을 갈망하거나, 존재하기를 갈망하거나, 존재하지 않기를 갈망하는 것입니다. 이것을 괴로움의 원인이라고 합니다.

17. "괴로움의 소멸은 무엇입니까? 갈애가 남김없이 사라지고 소

529

멸되는 것, 갈애를 버리고 포기하는 것, 갈애에서 벗어나 집착하지 않는 것입니다.

18. "괴로움의 소멸로 이어지는 길은 무엇입니까? 바로 여덟 가지 바른 길로 바른 생각 … 바른 선정입니다. 이것이 괴로움의 소멸로 이르는 길입니다.

19. "부처님의 제자가 괴로움과 괴로움의 원인, 괴로움의 소멸, 괴로움의 소멸로 이어지는 길을 이와 같이 이해할 때 … 바로 지금 여기에서 괴로움이 소멸됩니다. 부처님의 제자는 이러하기 때문에 바른 견해를 지닌 자라고 하고 … 진정한 법에 도달했다고 합니다."

늙음과 죽음

20. "훌륭합니다, 벗이여."라고 말하며 비구들은 사리뿟따 존자의 말에 기뻐했다. 그리고 질문을 이어갔다.

"존자시여, 부처님의 제자를 바른 견해를 지닌 자라고 하고 … 진정한 법에 도달했다고 하는 다른 이유가 있습니까?"-"벗들이여, 있습니다.

21. "벗들이여, 부처님의 제자가 늙음과 죽음, 늙음과 죽음의 원인, 늙음과 죽음의 소멸, 늙음과 죽음의 소멸로 이어지는 길을 이해한다면 그를 바른 견해를 지닌 자라고 하고 … 진정한 법에 도달했다고 합니다.

22. "그렇다면 늙음과 죽음은 무엇이고, 늙음과 죽음의 원인은 무엇이며, 늙음과 죽음의 소멸은 무엇이고, 늙음과 죽음의 소멸로 이어

지는 길은 무엇입니까? 다양한 종류의 중생들이 겪는 늙음, 나이듦, 이 빠짐, 흰머리, 주름살, 수명의 단축, 감각 기능들의 약화 등을 늙음이라고 합니다. 다양한 종류의 중생들이 겪는 사망, 무너짐, 사라짐, 소멸, 시간의 완료, 무더기의 해체, 몸의 내려놓음 등을 죽음이라고 합니다. 이러한 늙음과 이러한 죽음을 늙음과 죽음이라고 하는 것입니다. 태어남이 있을 때 늙음과 죽음이 있고 태어남이 소멸할 때 늙음과 죽음도 소멸합니다. 늙음과 죽음의 소멸로 이어지는 길은 바로 여덟 가지 바른 길로 바른 생각 … 바른 선정입니다.

23. "부처님의 제자가 늙음과 죽음, 늙음과 죽음의 원인, 늙음과 죽음의 소멸, 늙음과 죽음의 소멸로 가는 길을 이와 같이 이해할 때 … 바로 지금 여기에서 괴로움이 소멸됩니다. 부처님의 제자는 이러하기 때문에 바른 견해를 지닌 자라고 하고 … 진정한 법에 도달했다고 합니다."

태어남

24. "훌륭합니다, 벗이여."라고 말하며 비구들은 사리뿟따 존자의 말에 기뻐했다. 그리고 질문을 이어갔다.

"존자시여, 부처님의 제자를 바른 견해를 지닌 자라고 하고 … 진정한 법에 도달했다고 하는 다른 이유가 있습니까?"-"벗들이여, 있습니다.

25. "벗들이여, 부처님의 제자가 태어남, 태어남의 원인, 태어남의 소멸, 태어남의 소멸로 이어지는 길을 이해하면 그를 바른 견해를 지

닌 자라고 하고 … 진정한 법에 도달했다고 합니다.

26.   그렇다면 태어남은 무엇이고, 태어남의 원인은 무엇이며, 태어남의 소멸은 무엇이고, 태어남의 소멸로 이르는 길은 무엇입니까? 다양한 종류의 중생들이 겪는 출생, 존재, 잉태, 발생, 무더기의 출현, 여섯 가지 기관의 형성 등을 태어남이라고 합니다. 존재가 있을 때 태어남이 있고 존재가 소멸하면 태어남도 소멸합니다. 태어남의 소멸로 이어지는 길은 바로 여덟 가지 바른 길로 바른 생각 … 바른 선정입니다.

27. "부처님의 제자가 태어남, 태어남의 원인, 태어남의 소멸, 태어남의 소멸로 이르는 길을 이와 같이 이해할 때 … 바로 지금 여기에서 괴로움이 소멸됩니다. 부처님의 제자는 이러하기 때문에 바른 견해를 지닌 자라고 하고 … 진정한 법에 도달했다고 합니다."

존재

28. "훌륭합니다, 벗이여."라고 말하며 비구들은 사리뿟따 존자의 말에 기뻐했다. 그리고 질문을 이어갔다.

"존자시여, 부처님의 제자를 바른 견해를 지닌 자라고 하고 … 진정한 법에 도달했다고 하는 다른 이유가 있습니까?"-"벗들이여, 있습니다.

29. "벗들이여, 부처님의 제자가 존재와 존재의 원인, 존재의 소멸, 존재의 소멸로 이어지는 길을 이해하면 그를 바른 견해를 지닌 자라고 하고 … 진정한 법에 도달했다고 합니다.

30. "그렇다면 존재란 무엇이고, 존재의 원인은 무엇이며, 존재의 소멸은 무엇이고, 존재의 소멸로 이어지는 길은 무엇입니까? 세 가지 종류의 존재가 있습니다. 욕계의 존재, 색계의 존재, 무색계의 존재입니다. 집착이 있을 때 존재가 있고, 집착이 소멸할 때 존재도 소멸합니다. 존재의 소멸로 이어지는 길은 바로 여덟 가지 바른 길로 바른 생각 … 바른 선정입니다.

31. "부처님의 제자가 존재, 존재의 원인, 존재의 소멸, 존재의 소멸로 이르는 길을 이와 같이 이해할 때 … 바로 지금 여기에서 괴로움이 소멸됩니다. 부처님의 제자는 이러하기 때문에 바른 견해를 지닌 자라고 하고 … 진정한 법에 도달했다고 합니다."

집착

32. "훌륭합니다, 벗이여."라고 말하며 비구들은 사리뿟따 존자의 말에 기뻐했다. 그리고 질문을 이어갔다.

"존자시여, 부처님의 제자를 바른 견해를 지닌 자라고 하고 … 진정한 법에 도달했다고 하는 다른 이유가 있습니까?" – "벗들이여, 있습니다.

33. "벗들이여, 부처님의 제자가 집착과 집착의 원인, 집착의 소멸, 집착의 소멸로 이어지는 길을 이해하면 그를 바른 견해를 지닌 자라고 하고… 진정한 법에 도달했다고 합니다.

34. "그렇다면 집착은 무엇이고, 집착의 원인은 무엇이며, 집착의 소멸은 무엇이고, 집착의 소멸로 이어지는 길은 무엇입니까? 네 가

533

지 종류의 집착이 있습니다. 감각적 쾌락에 대한 집착, 견해에 대한 집착, 계율과 의식에 대한 집착, 자아에 대한 집착입니다.[67] 갈애가 있을 때 집착이 있고, 갈애가 소멸하면 집착도 소멸합니다. 집착의 소멸로 이어지는 길은 바로 여덟 가지 바른 길로 바른 생각 … 바른 선정입니다.

35. "부처님의 제자가 집착과 집착의 원인, 집착의 소멸, 집착의 소멸로 이르는 길을 이와 같이 이해할 때 … 바로 지금 여기에서 괴로움이 소멸됩니다. 부처님의 제자는 이러하기 때문에 바른 견해를 지닌 자라고 하고 … 진정한 법에 도달했다고 합니다."

갈애

36. "훌륭합니다, 벗이여."라고 말하며 비구들은 사리뿟따 존자의 말에 기뻐했다. 그리고 질문을 이어갔다.

"존자시여, 부처님의 제자를 바른 견해를 지닌 자라고 하고 … 진정한 법에 도달했다고 하는 다른 이유가 있습니까?" - "벗들이여, 있습니다.

37. "벗들이여, 부처님의 제자가 갈애와 갈애의 원인, 갈애의 소멸, 갈애의 소멸로 이어지는 길을 이해하면 그를 바른 견해를 지닌 자라고 하고 … 진정한 법에 도달했다고 합니다.

---

67 계율과 의식에 대한 집착은 특정한 규율이나 의식을 따르면 정화된다는 견해를 말하고, 자아에 대한 집착은 유신견을 말하고, 견해에 대한 집착은 다른 견해에 대한 집착을 말한다. 이 모든 집착은 갈애와 갈애의 조건을 강화시킨다.

38. "그렇다면 갈애는 무엇이고, 갈애의 원인은 무엇이며, 갈애의 소멸은 무엇이고, 갈애의 소멸로 이어지는 길은 무엇입니까? 여섯 가지 종류의 갈애가 있습니다. 형색에 대한 갈애, 소리에 대한 갈애, 냄새에 대한 갈애, 맛에 대한 갈애, 촉감에 대한 갈애, 마음의 대상에 대한 갈애입니다.[68] 느낌이 있을 때 갈애가 있고, 느낌이 소멸하면 갈애도 소멸합니다. 갈애의 소멸로 이어지는 길은 바로 여덟 가지 바른 길로 바른 생각 ⋯ 바른 선정입니다.

39. "부처님의 제자가 갈애와 갈애의 원인, 갈애의 소멸, 갈애의 소멸로 이르는 길을 이와 같이 이해할 때 ⋯ 바로 지금 여기에서 괴로움이 소멸됩니다. 부처님의 제자는 이러하기 때문에 바른 견해를 지닌 자라고 하고 ⋯ 진정한 법에 도달했다고 합니다."

느낌

40. "훌륭합니다, 벗이여."라고 말하며 비구들은 사리뿟따 존자의 말에 기뻐했다. 그리고 질문을 이어갔다.

"존자시여, 부처님의 제자를 바른 견해를 지닌 자라고 하고 ⋯ 진정한 법에 도달했다고 하는 다른 이유가 있습니까?"-"벗들이여, 있습니다.

41. "벗들이여, 부처님의 제자가 느낌과 느낌의 원인, 느낌의 소멸,

---

68 마음의 대상이란 앞의 다섯 가지 감각 기관의 대상을 제외한 상상, 심상, 추상적인 개념, 지적인 만족을 말한다.

느낌의 소멸로 이어지는 길을 이해하면 그를 바른 견해를 지닌 자라고 하고 … 진정한 법에 도달했다고 합니다.

42. "그렇다면 느낌은 무엇이고, 느낌의 원인은 무엇이며, 느낌의 소멸은 무엇이고, 느낌의 소멸로 이어지는 길은 무엇입니까? 여섯 가지 종류의 느낌이 있습니다. 눈의 접촉으로 생긴 느낌, 귀의 접촉으로 생긴 느낌, 코의 접촉으로 생긴 느낌, 혀의 접촉으로 생긴 느낌, 몸의 접촉으로 생긴 느낌, 마음의 접촉으로 생긴 느낌입니다. 접촉이 있을 때 느낌이 있고, 접촉이 소멸하면 느낌도 소멸합니다. 느낌의 소멸로 이어지는 길은 바로 여덟 가지 바른 길로 바른 생각 … 바른 선정입니다.

43. "부처님의 제자가 느낌과 느낌의 원인, 느낌의 소멸, 느낌의 소멸로 이르는 길을 이와 같이 이해할 때 … 바로 지금 여기에서 괴로움이 소멸됩니다. 부처님의 제자는 이러하기 때문에 바른 견해를 지닌 자라고 하고 … 진정한 법에 도달했다고 합니다."

접촉

44. "훌륭합니다, 벗이여."라고 말하며 비구들은 사리뿟따 존자의 말에 기뻐했다. 그리고 질문을 이어갔다.

"존자시여, 부처님의 제자를 바른 견해를 지닌 자라고 하고 … 진정한 법에 도달했다고 하는 다른 이유가 있습니까?" - "벗들이여, 있습니다.

45. "벗들이여, 부처님의 제자가 접촉과 접촉의 원인, 접촉의 소멸,

접촉의 소멸로 이어지는 길을 이해하면 그를 바른 견해를 지닌 자라고 하고 ⋯ 진정한 법에 도달했다고 합니다.

46. "그렇다면 접촉은 무엇이고, 접촉의 원인은 무엇이며, 접촉의 소멸은 무엇이고, 접촉의 소멸로 이어지는 길은 무엇입니까? 여섯 가지 종류의 접촉이 있습니다. 눈의 접촉, 귀의 접촉, 코의 접촉, 혀의 접촉, 몸의 접촉, 마음의 접촉입니다. 여섯 가지 감각 기관이 있을 때 접촉이 있고, 여섯 가지 감각 기관이 소멸할 때 접촉도 소멸합니다. 접촉의 소멸로 이어지는 길은 바로 여덟 가지 바른 길로 바른 생각 ⋯ 바른 선정입니다.

47. "부처님의 제자가 접촉과 접촉의 원인, 접촉의 소멸, 접촉의 소멸로 이르는 길을 이와 같이 이해할 때 ⋯ 바로 지금 여기에서 괴로움이 소멸됩니다. 부처님의 제자는 이러하기 때문에 바른 견해를 지닌 자라고 하고 ⋯ 진정한 법에 도달했다고 합니다."

여섯 가지 감각 기관

48. "훌륭합니다, 벗이여."라고 말하며 비구들은 사리뿟따 존자의 말에 기뻐했다. 그리고 질문을 이어갔다.

"존자시여, 부처님의 제자를 바른 견해를 지닌 자라고 하고 ⋯ 진정한 법에 도달했다고 하는 다른 이유가 있습니까?" – "벗들이여, 있습니다.

49. "벗들이여, 부처님의 제자가 여섯 가지 감각 기관과 여섯 가지 감각 기관의 원인, 여섯 가지 감각 기관의 소멸, 여섯 가지 감각 기관

의 소멸로 이어지는 길을 이해하면 그를 바른 견해를 지닌 자라고 하고 ⋯ 진정한 법에 도달했다고 합니다.

50. "그렇다면 여섯 가지 감각 기관은 무엇이고, 여섯 가지 감각 기관의 원인은 무엇이며, 여섯 가지 감각 기관의 소멸은 무엇이고, 여섯 가지 감각 기관의 소멸로 이어지는 길은 무엇입니까? 눈, 귀, 코, 혀, 몸, 마음이라는 여섯 가지 감각 기관이 있습니다. 물질과 정신이 있을 때 여섯 가지 감각 기관이 있고, 물질과 정신이 소멸할 때 여섯 가지 감각 기관도 소멸합니다. 여섯 가지 감각 기관의 소멸로 이어지는 길은 바로 여덟 가지 바른 길로 바른 생각 ⋯ 바른 선정입니다.

51. "부처님의 제자가 여섯 가지 감각 기관과 여섯 가지 감각 기관의 원인, 여섯 가지 감각 기관의 소멸, 여섯 가지 감각 기관의 소멸로 이르는 길을 이와 같이 이해할 때 ⋯ 바로 지금 여기에서 괴로움이 소멸됩니다. 부처님의 제자는 이러하기 때문에 바른 견해를 지닌 자라고 하고 ⋯ 진정한 법에 도달했다고 합니다."

물질과 정신

52. "훌륭합니다, 벗이여."라고 말하며 비구들은 사리뿟따 존자의 말에 기뻐했다. 그리고 질문을 이어갔다.

"존자시여, 부처님의 제자를 바른 견해를 지닌 자라고 하고 ⋯ 진정한 법에 도달했다고 하는 다른 이유가 있습니까?" - "벗들이여, 있습니다.

53. "벗들이여, 부처님의 제자가 물질과 정신, 물질과 정신의 원인,

물질과 정신의 소멸, 물질과 정신의 소멸로 이어지는 길을 이해하면 그를 바른 견해를 지닌 자라고 하고 … 진정한 법에 도달했다고 합니다.

54. "그렇다면 물질과 정신은 무엇이고, 물질과 정신의 원인은 무엇이며, 물질과 정신의 소멸은 무엇이고, 물질과 정신의 소멸로 이어지는 길은 무엇입니까? 느낌, 생각, 의도형성, 접촉, 주의가 바로 정신입니다. 네 가지 구성 요소(四大)와 네 가지 구성 요소에서 파생된 물질이 바로 물질입니다. 이를 두고 바로 물질과 정신이라고 부르는 것입니다.[69] 의식이 있을 때 물질과 정신이 있고, 의식이 소멸하면 물질과 정신도 소멸합니다. 물질과 정신의 소멸로 이어지는 길은 바로 여덟 가지 바른 길로 바른 생각 … 바른 선정입니다.

---

69 물질과 정신(nāmarūpa)은 불교 이전부터 존재했던 개념이다. 우파니샤드에서 브라만이라는 비이원적 절대적 실재가 다양한 모습으로 나타나는 것을 설명하기 위해 사용한 용어이다. 브라만은 다양한 모습으로 감각 기관에 인식되었는데 이를 물질(rūpa)이라고 했다. 브라만은 다양한 이름이나 개념을 통해서도 인식되었는데 이를 정신(nāma)이라고 했다. 부처님은 이 용어를 빌려와 새로운 뜻을 부여하였다. 불교에서 물질과 정신이라고 할 때 존재의 심신적 양 측면을 뜻한다. 불교에서 물질(rupa)은 사대四大와 사대에서 파생된 요소로 정의한다. 물질은 감각 기관을 갖춘 신체로서 사람의 내부에 존재하기도 하고 바깥 세계로 외부에 존재하기도 한다. 니까야에서는 파생된 물질에 대한 설명이 나오지 않지만 아비담마에서는 24가지 부수적인 물질로 분류하고 있다. 정신은 인지 기능에 포함된 정신 활동의 총체로 느낌, 생각, 의도, 접촉, 주의를 다 포괄한다. 한자로는 명名, 즉 이름이라고 번역한 이유는 사물에 개념적인 명칭을 붙이는 역할을 하기 때문이다. 니까야에서 물질과 정신이라고 할 때 의식은 포함되지 않는다. 의식은 물질과 정신이 존재하는 조건이 되고, 물질과 정신은 다시 의식이 존재하는 조건이 되어 서로 상호의존하고 있다.

55. "부처님의 제자가 물질과 정신, 물질과 정신의 원인, 물질과 정신의 소멸, 물질과 정신의 소멸로 이르는 길을 이와 같이 이해할 때 … 바로 지금 여기에서 괴로움이 소멸됩니다. 부처님의 제자는 이러하기 때문에 바른 견해를 지닌 자라고 하고 … 진정한 법에 도달했다고 합니다."

의식

56. "훌륭합니다, 벗이여."라고 말하며 비구들은 사리뿟따 존자의 말에 기뻐했다. 그리고 질문을 이어갔다.

"존자시여, 부처님의 제자를 바른 견해를 지닌 자라고 하고 … 진정한 법에 도달했다고 하는 다른 이유가 있습니까?"-"벗들이여, 있습니다.

57. "벗들이여, 부처님의 제자가 의식과 의식의 원인, 의식의 소멸, 의식의 소멸로 이어지는 길을 이해하면 그를 바른 견해를 지닌 자라고 하고 … 진정한 법에 도달했다고 합니다.

58. "그렇다면 의식은 무엇이고, 의식의 원인은 무엇이며, 의식의 소멸은 무엇이고, 의식의 소멸로 이어지는 길은 무엇입니까? 여섯 가지 앎이 있습니다. 눈의 앎, 귀의 앎, 코의 앎, 혀의 앎, 몸의 앎, 마음의 앎입니다.[70] 의도형성이 있을 때 의식이 있고, 의도형성이 소멸할

---

70 마음의 앎은 앞의 다섯 가지 감각 기관의 의식을 제외한 의식이다. 심상, 추상적 개념, 마음 상태, 감각 대상에 대한 반추 등의 역할을 한다.

때 의식도 소멸합니다. 의식의 소멸로 이어지는 길은 바로 여덟 가지 바른 길로 바른 생각 ⋯ 바른 선정입니다.

59. "부처님의 제자가 의식과 의식의 원인, 의식의 소멸, 의식의 소멸로 이르는 길을 이와 같이 이해할 때 ⋯ 바로 지금 여기에서 괴로움이 소멸됩니다. 부처님의 제자는 이러하기 때문에 바른 견해를 지닌 자라고 하고 ⋯ 진정한 법에 도달했다고 합니다."

의도형성

60. "훌륭합니다, 벗이여."라고 말하며 비구들은 사리뿟따 존자의 말에 기뻐했다. 그리고 질문을 이어갔다.

"존자시여, 부처님의 제자를 바른 견해를 지닌 자라고 하고 ⋯ 진정한 법에 도달했다고 하는 다른 이유가 있습니까?"-"벗들이여, 있습니다.

61. "벗들이여, 부처님의 제자가 의도형성과 의도형성의 원인, 의도형성의 소멸, 의도형성의 소멸로 이어지는 길을 이해하면 그를 바른 견해를 지닌 자라고 하고 ⋯ 진정한 법에 도달했다고 합니다.

62. "그렇다면 의도형성은 무엇이고, 의도형성의 원인은 무엇이며, 의도형성의 소멸은 무엇이고, 의도형성의 소멸로 이어지는 길은 무엇입니까? 세 가지 의도형성이 있습니다. 몸으로 표출되는 의도형성, 말로 표출되는 의도형성, 마음의 의도형성입니다. 의도형성의 소멸로 이어지는 길은 바로 여덟 가지 바른 길로 바른 생각 ⋯ 바른 선정입니다.

63. "부처님의 제자가 의도형성과 의도형성의 원인, 의도형성의 소멸, 의도형성의 소멸로 이르는 길을 이와 같이 이해할 때 … 바로 지금 여기에서 괴로움이 소멸됩니다. 부처님의 제자는 이러하기 때문에 바른 견해를 지닌 자라고 하고 … 진정한 법에 도달했다고 합니다."

무명

64. "훌륭합니다, 벗이여."라고 말하며 비구들은 사리뿟따 존자의 말에 기뻐했다. 그리고 질문을 이어갔다.

"존자시여, 부처님의 제자를 바른 견해를 지닌 자라고 하고 … 진정한 법에 도달했다고 하는 다른 이유가 있습니까?"-"벗들이여, 있습니다.

65. "벗들이여, 부처님의 제자가 무명과 무명의 원인, 무명의 소멸, 무명의 소멸로 이어지는 길을 이해하면 그를 바른 견해를 지닌 자라고 하고 … 진정한 법에 도달했다고 합니다.

66. "그렇다면 무명은 무엇이고, 무명의 원인은 무엇이며, 무명의 소멸은 무엇이고, 무명의 소멸로 이어지는 길은 무엇입니까? 괴로움을 알지 못하고, 괴로움의 원인을 알지 못하고, 괴로움의 소멸을 알지 못하고, 괴로움의 소멸로 이어지는 길을 알지 못하는 것, 이를 두고 무명이라고 부릅니다. 번뇌가 있을 때 무명이 있고, 번뇌가 소멸할 때 무명도 소멸합니다. 무명의 소멸로 이어지는 길은 바로 여덟 가지 바른 길로 바른 생각 … 바른 선정입니다.

67. "부처님의 제자가 무명과 무명의 원인, 무명의 소멸, 무명의 소멸로 이르는 길을 이와 같이 이해할 때 … 바로 지금 여기에서 괴로움이 소멸됩니다. 부처님의 제자는 이러하기 때문에 바른 견해를 지닌 자라고 하고 … 진정한 법에 도달했다고 합니다."

번뇌

68. "훌륭합니다, 벗이여."라고 말하며 비구들은 사리뿟따 존자의 말에 기뻐했다. 그리고 질문을 이어갔다.

"존자시여, 부처님의 제자를 바른 견해를 지닌 자라고 하고, 견해가 올곧고, 법에 확고한 신념이 있으며, 진정한 법에 도달했다고 하는 다른 이유가 있습니까?" - "벗들이여, 있습니다.

69. "벗들이여, 부처님의 제자가 번뇌와 번뇌의 원인, 번뇌의 소멸, 번뇌의 소멸로 이어지는 길을 이해하면 그를 바른 견해를 지닌 자라고 하고, 견해가 올곧고, 법에 확고한 신념이 있으며, 진정한 법에 도달했다고 합니다.

70. "그렇다면 번뇌는 무엇이고, 번뇌의 원인은 무엇이며, 번뇌의 소멸은 무엇이고, 번뇌의 소멸로 이어지는 길은 무엇입니까? 세 가지 종류의 번뇌가 있습니다. 감각적 욕망의 번뇌, 존재의 번뇌, 무명의 번뇌입니다. 무명이 있을 때 번뇌가 있고,[71] 무명이 소멸할 때 번

---

71 무명으로 인해 번뇌가 생기지만, 번뇌는 다시 무명의 원인이 된다. 무명이 무명의 조건이 되기 때문에 한 생에서의 무명은 전생의 무명을 원인으로 한다. 따라서 무명의 시작점을 찾을 수 없고 윤회의 시작도 없다.

뇌가 소멸합니다. 번뇌의 소멸로 이르는 길은 바로 여덟 가지 바른 길로 바른 견해, 바른 의도, 바른 말, 바른 행동, 바른 생계, 바른 노력, 바른 마음챙김, 바른 선정입니다.

71. "부처님의 제자가 번뇌와 번뇌의 원인, 번뇌의 소멸, 번뇌의 소멸로 이르는 길을 이와 같이 이해할 때 욕망의 잠재 성향을 남김없이 버리고, 증오의 잠재 성향을 버리며, '나'라는 견해와 자만의 잠재 성향을 버립니다. 무명을 버리고 진정한 앎이 일어나기 때문에 바로 지금 여기에서 괴로움이 소멸됩니다. 부처님의 제자는 이러하기 때문에 바른 견해를 지닌 자라고 하고, 견해가 올곧고, 법에 확고한 신념이 있으며, 진정한 법에 도달했다고 합니다."

사리뿟다 존자가 말을 마치자 비구들은 만족하고 기뻐했다.

(MN 9)

04 지혜의 영역

다섯 가지 무더기 - 오온

1) 사성제 구조로 보는 다섯 가지 무더기

사왓티에서 세존께서 말씀하셨다.

"비구들이여, 집착의 대상이 되는 다섯 가지 무더기가 있다. 이 다섯 가지는 무엇인가? 집착하는 물질의 무더기, 집착하는 느낌의 무더기, 집착하는 생각의 무더기, 집착하는 의도형성의 무더기, 집착하는 의식의 무더기이다.

"비구들이여, 내가 집착의 대상이 되는 다섯 가지 무더기를 네 가지 측면으로 있는 그대로 바로 알지 못했다면 천신과 마라와 범천이 사는 천상 세계와 수행자와 브라만이 속한 인간 세상의 모든 천신과 인간 가운데 위없는 완전한 깨달음을 얻었다고 선언하지 않았을 것이다. 하지만 내가 이 모두를 있는 그대로 바로 보았기 때문에 … 모든 천신과 인간 가운데 위없는 완전한 깨달음을 얻었다고 선언했다.

"비구들이여, 네 가지 측면이란 무엇인가? 나는 물질과 물질의 원인, 물질의 소멸, 물질의 소멸로 이르는 길을 바로 보았다. 나는 느낌과 … 생각과 … 의도형성과 … 의식과 의식의 원인, 의식의 소멸, 의식의 소멸로 이르는 길을 바로 보았다.

"비구들이여, 물질은 무엇인가? 네 가지 근본 요소와 네 가지 근본 요소에서 파생된 요소를 합쳐 물질이라고 한다. 자양분이 있을 때 물질도 있다. 자양분이 소멸하면 물질도 소멸한다. 여덟 가지 바른 길이 물질의 소멸로 가는 길이다. 바로 바른 견해 … 바른 선정이 그 길이다.

"이와 같이 물질과 물질의 원인, 물질의 소멸, 물질의 소멸로 이르는 길을 바로 깨닫고, 물질에 대한 환멸, 욕망의 사그라짐, 소멸을 목표로 수행하고 있다면 어떤 수행자, 브라만이라도 바른 수행을 하고 있는 것이다. 바른 수행을 하는 이들에게 법과 수행의 기반이 확립된다.

"이와 같이 물질과 물질의 원인, 물질의 소멸, 물질의 소멸로 이르는 길을 바로 깨닫고, 물질에 대한 환멸, 욕망의 사그라짐, 소멸로 인해 집착을 버리고 해탈했다면 어떤 수행자, 브라만이라도 잘 해탈한 것이다. 잘 해탈한 이들은 완전히 깨달은 이들이다. 이들에게 윤회란 없다.

"비구들이여, 느낌이란 무엇인가? 여섯 가지 느낌이 있다. 눈의 접촉으로 생긴 느낌, 귀의 접촉으로 생긴 느낌, 코의 접촉으로 생긴 느낌, 혀의 접촉으로 생긴 느낌, 몸의 접촉으로 생긴 느낌, 마음의 접촉으로 생긴 느낌이다. 이를 모두 느낌이라고 한다. 접촉이 있을 때 느낌이 있고 접촉이 소멸하면 느낌도 소멸한다. 여덟 가지 바른 길이 느낌의 소멸로 가는 길이다. 바로 바른 견해 … 바른 선정이 그 길이다.

"이와 같이 느낌과 느낌의 원인, 느낌의 소멸, 느낌의 소멸로 이르는 길을 바로 깨닫고, 느낌에 대한 환멸, 욕망의 사그라짐, 소멸을 목표로 수행하고 있다면 어떤 수행자, 브라만이라도 바른 수행을 하고 있는 것이다. 바른 수행을 하는 이들에게 법과 수행의 기반이 확립된다.

"이와 같이 느낌과 … 느낌의 소멸로 이르는 길을 바로 깨닫고 … 잘 해탈한 이들은 완전히 깨달은 이들이다. 이들에게 윤회란 없다.

"비구들이여, 생각이란 무엇인가? 여섯 가지 생각이 있다. 물질에 대한 생각, 소리에 대한 생각, 냄새에 대한 생각, 맛에 대한 생각, 감촉에 대한 생각, 마음의 대상에 대한 생각이다. 이를 모두 생각이라고 한다. 접촉이 있을 때 생각이 있고, 접촉이 소멸하면 생각도 소멸한다. 여덟 가지 바른 길이 생각의 소멸로 가는 길이다. 바로 바른 견해 … 바른 선정이 그 길이다.

"이와 같이 생각과 … 생각의 소멸로 이르는 길을 바로 깨닫고 … 잘 해탈한 이들은 완전히 깨달은 이들이다. 이들에게 윤회란 없다.

"비구들이여, 의도형성은 무엇인가? 여섯 가지 의도형성이 있다. 물질에 대한 의도형성, 소리에 대한 의도형성, 냄새에 대한 의도형성, 맛에 대한 의도형성, 감촉에 대한 의도형성, 마음의 대상에 대한 의도형성이다. 이를 모두 의도형성이라고 한다. 접촉이 있을 때 의도형성이 있고, 접촉이 소멸하면 의도형성이 소멸한다. 여덟 가지 바른 길이 의도형성의 소멸로 가는 길이다. 바로 바른 견해 … 바른 선정이 그 길이다.

"이와 같이 의도형성과 … 소멸로 이르는 길을 바로 깨닫고 … 잘 해탈한 이들은 완전히 깨달은 이들이다. 이들에게 윤회란 없다.

"비구들이여, 무엇이 의식인가? 눈, 귀, 코, 혀, 몸, 마음의 여섯 가지 앎이 있다. 이 여섯 가지를 모두 의식이라고 한다. 물질과 정신이 있을 때 의식이 있고, 물질과 정신이 소멸하면 의식도 사라진다. 여덟 가지 바른 길이 생각의 소멸로 가는 길이다. 바로 바른 견해 … 바른 선정이 그 길이다.

"이와 같이 의식과, 의식의 원인, 의식의 소멸, 의식의 소멸로 이르는 길을 바로 깨닫고, 의식에 대한 환멸, 욕망의 사그라짐, 소멸을 목표로 수행하고 있다면 어떤 수행자, 브라만도 바른 수행을 하고 있는 것이다. 바른 수행을 하는 이들에게 법과 수행의 기반이 확립된다.

"이와 같이 의식과 의식의 원인, 의식의 소멸, 의식의 소멸로 이르는 길을 바로 깨닫고, 의식에 대한 환멸과 욕망의 사그라짐, 소멸로 인해 집착을 버리고 해탈했다면 어떤 수행자, 브라만도 잘 해탈한 것이다. 잘 해탈한 이들은 완전히 깨달은 이들이다. 이들에게 윤회란 없다."

(SN 22:56)

2) 다섯 가지 무더기에 대한 문답

한때 세존께서 사왓티에서 녹자모 강당에 많은 비구들과 함께 머물고 계셨다. 음력 15일 보름 포살에 세존께서 비구들에 둘러싸여 야외에 앉아 계셨다.

그때 한 비구가 자리에서 일어나 한쪽 어깨에 가사를 정리한 후 세존을 향해 예경드리고 여쭈었다.

"세존이시여, 세존께 여쭙고 싶은 질문이 있습니다. 답해 주시기를 간청드립니다."

"비구여, 자리에 앉아서 묻고 싶은 질문을 말해보아라."

"네, 세존이시여!" 비구가 대답하고 다시 자리에 앉아 세존께 여쭈었다.

"세존이시여, 다섯 가지 무더기는 집착의 대상이지 않습니까? 다시 말해, 물질의 무더기를 집착하고, 느낌의 무더기를 집착하고, 생각의 무더기를 집착하고, 의도형성의 무더기를 집착하고, 의식을 집착하지 않습니까?"

"비구여, 그렇다."

"세존이시여, 훌륭합니다." 비구는 세존의 대답에 만족하고 기뻐했다. 그리고 세존께 질문을 이어갔다.

"세존이시여, 집착하는 이 다섯 가지 무더기의 뿌리는 무엇입니까?"

"비구들이여, 집착하는 다섯 가지 무더기는 갈애를 뿌리로 한다."

"세존이시여, 그 갈애는 집착하는 다섯 가지 무더기와 같은 것입니까? 아니면 다른 것입니까?"

"비구여, 이 갈애는 집착하는 다섯 가지 무더기와 같지도 않고 다르지도 않다. 다섯 가지 무더기에 대한 욕망과 탐욕, 그것이 갈애이다."[72]

"세존이시여, 훌륭합니다."라고 말하며 비구는 … 세존께 질문을 이어갔다.

"세존이시여, 집착하는 다섯 가지 무더기에 대한 욕망과 탐욕이 다양할 수 있습니까?"

"비구여, 그럴 수 있다." 세존께서 말씀하셨다.

"비구여, 어떤 사람이 '미래에 내가 이러한 몸이기를! 미래에 내가 이러한 느낌이기를! 미래에 내가 이러한 생각이기를! 미래에 내가 이러한 의도형성이기를! 미래에 내가 이러한 의식이기를!'이라고 생각할 수 있다. 비구여, 그러므로 집착하는 다섯 가지 무더기에 대한 욕망과 탐욕이 다양하다고 말한다."

"세존이시여, 훌륭합니다."라고 말하며 비구는 … 세존께 질문을 이어갔다.

"세존이시여, '무더기'라는 명칭이 어떻게 무더기에 적용됩니까?"

---

72 갈애가 집착하는 다섯 가지 무더기와 같지 않은 이유는 집착하는 다섯 가지 무더기를 갈애로 범위를 좁힐 수 없기 때문이다. 그렇다고 해서 갈애를 집착하는 다섯 가지 무더기와 별개로 볼 수 없는 이유는 다섯 가지 무더기를 기반 또는 대상으로 하지 않고 갈애가 있을 수 없기 때문이다.

"비구여, 과거, 현재, 미래와 내부와 외부의 거칠거나 미세하고, 뛰어나거나 열등하며, 가깝거나 먼 어떤 물질이라도 물질의 무더기라고 부른다. 과거, 현재, 미래와 내부와 외부의 거칠거나 미세하고, 뛰어나거나 열등하며, 가깝거나 먼 어떤 느낌이라도 느낌의 무더기라고 부른다. 과거, 현재, 미래와 내부와 외부의 거칠거나 미세하고, 뛰어나거나 열등하며, 가깝거나 먼 어떤 생각이라도 생각의 무더기라고 부른다. 과거, 현재, 미래와 내부와 외부의 거칠거나 미세하고, 뛰어나거나 열등하며, 가깝거나 먼 어떤 의도형성이라도 의도형성의 무더기라고 부른다. 과거, 미래, 현재와, 내부와 외부의 거칠거나 미세하고, 뛰어나거나 열등하며, 가깝거나 먼 어떤 의식이라도 의식의 무더기라고 부른다. 비구여, 이와 같이 '무더기'라는 명칭을 무더기에 적용할 수 있다."

"세존이시여, 훌륭합니다."라고 말하며 비구는 ⋯ 세존께 질문을 이어갔다.

"세존이시여, 물질의 무더기가 존재하게 되는 원인과 조건은 무엇입니까? 느낌의 무더기가 ⋯ 생각의 무더기가 ⋯ 의도형성의 ⋯ 의식의 무더기가 존재하게 되는 원인과 조건은 무엇입니까?"

"비구여, 네 가지 요소가 물질 무더기가 존재하는 원인과 조건이 된다. 접촉이 느낌의 무더기, 생각의 무더기, 의도형성의 무더기가 존재하는 원인과 조건이 된다. 정신과 물질이 의식의 무더기가 존재하는 원인과 조건이 된다."

"세존이시여, 어떻게 자아가 존재한다는 견해가 생깁니까?"

"비구여, 법을 배우지 못한 범부는 고귀한 이들을 알아보지 못하고, 그들의 가르침을 배우고 익히지 않으며, 뛰어난 이들을 알아보지 못하고, 그들의 가르침을 배우고 익히지 않는다. 그러므로 자아와 몸을 동일시하거나, 자아가 몸을 지배하거나, 자아에 몸이 포함되거나, 자아가 몸속에 있다고 생각한다. 자아와 느낌을 … 생각을 … 의도형성을 … 의식을 동일시하거나, 자아가 의식을 지배하거나, 자아에 의식이 포함되거나, 자아가 의식 속에 있다고 생각한다. 이렇게 자아가 존재한다는 견해가 생겨난다."

"세존이시여, 어떻게 해야 자아가 존재한다는 견해가 생기지 않습니까?"

"비구여, 법을 잘 배운 부처님의 제자는 고귀한 이들을 알아보고, 그들의 가르침을 배우고 익히며, 뛰어난 이들을 알아보고, 그들의 가르침을 배우고 익힌다. 그러므로 자아와 몸을 동일시하지 않고, 자아가 몸을 지배하거나, 자아에 몸이 포함되거나, 자아가 몸속에 있다고 생각하지 않는다. 자아와 느낌을 … 생각을 … 의도형성을 … 의식을 동일시하지 않고, 자아가 의식을 지배하거나, 자아에 의식이 포함되거나, 자아가 의식 속에 있다고 생각하지 않는다. 이렇게 해야 자아가 존재한다는 견해가 생기지 않는다."

"세존이시여, 다섯 가지 무더기의 만족과 위험과 벗어남은 무엇입니까?"

"비구여, 물질을 연하여 일어나는 즐거움과 기쁨, 이것을 물질에 대한 만족이라고 한다. 물질은 무상하고, 괴롭고, 변하기 마련이다.

이것이 물질의 위험이다. 물질에 대한 욕망과 탐욕을 버리고 없애는 것, 이것이 물질에서 벗어남이다. 느낌을 연하여 … 생각을 연하여 … 의도형성을 연하여 … 의식을 연하여 일어나는 즐거움과 기쁨, 이 것을 의식에 대한 만족이라고 한다. 의식은 무상하고, 괴롭고, 변하기 마련이다. 이것이 의식의 위험이다. 의식에 대한 욕망과 탐욕을 버리고 없애는 것, 이것이 의식에서 벗어남이다."

"세존이시여, 훌륭합니다."라고 말하며 비구는 세존의 대답에 만족하고 기뻐했다. 그리고 세존께 질문을 이어갔다.

"세존이시여, 의식이 있는 이 몸과 외부의 모든 대상에 대해서 나라는 생각, 내 것이라는 생각, 자만이라는 잠재 성향이 마음속에 생기지 않게 하기 위해서 어떻게 알고 보아야 합니까?"

"비구여, 과거, 현재, 미래와 내부와 외부의 거칠거나 미세하고, 뛰어나거나 열등하며, 가깝거나 먼 어떤 물질이라도 '이것은 나의 것이 아니고, 이것은 내가 아니고, 이것은 나의 자아가 아니다.'라고 바른 지혜로 있는 그대로 보아야 한다.

"과거, 현재, 미래와 내부와 외부의 거칠거나 미세하고, 뛰어나거나 열등하며, 가깝거나 먼 어떤 느낌이라도, … 어떤 생각이라도, … 어떤 의도형성이라도, … 어떤 의식이라도 '이것은 나의 것이 아니고, 이것은 내가 아니고, 이것은 나의 자아가 아니다.'라고 바른 지혜로 있는 그대로 보아야 한다.

"비구여, 이렇게 알고 보면 의식이 있는 이 몸과 외부의 모든 대상에 대해서 나라는 생각, 내 것이라는 생각, 자만이라는 잠재 성향이

553

마음속에 생기지 않는다."

(SN 22 : 82)

3) 무아

나는 이와 같이 들었다. 한때 세존께서 바라나시 이시빠따나의 녹야원에 머물고 계셨는데, 다섯 비구들에게 말씀하셨다.[73]

"비구들이여, 몸은 내가 아니다. 비구들이여, 몸이 나라면 이 몸에는 고통이 없어야 하고 몸을 '이렇게 하고, 저렇게 하지 않는 등' 마음대로 할 수 있어야 할 것이다. 몸은 내가 아니기 때문에 몸에는 고통이 따르고 '이렇게 하고, 저렇게 하지 않는 등' 마음대로 할 수 없다.

"느낌은 내가 아니다.⋯ 생각은 내가 아니다.⋯ 의도형성은 내가 아니다.⋯ 의식은 내가 아니다. 비구들이여, 의식이 나라면 이 의식에는 고통이 없어야 하고 의식을 '이렇게 하고, 저렇게 하지 않는 등' 마음대로 할 수 있을 것이다. 의식은 내가 아니기 때문에 의식에 고통이 따르고 '이렇게 하고, 저렇게 하지 않는 등' 마음대로 할 수 없다.

"비구들이여, 어떻게 생각하느냐? 몸은 영원한가, 영원하지 않은가?" - "영원하지 않습니다, 세존이시여!" - "영원하지 않은 것은 고통인가 행복인가?" - "고통입니다, 세존이시여." - "무상하고, 고통이

---

73 부처님의 두 번째 법문이다. 다섯 비구가 아직 유학有學의 단계에 있었으므로 이들을 아라한으로 이끌기 위하여 이 법문을 설하셨다.

따르고, 변하는 것을 보고 '이것은 내 것이고, 이것은 나이고, 이것이 나의 자아다.'라고 생각하는 것이 옳은가?"-"옳지 않습니다, 세존이시여."

"느낌은 영원한가, 영원하지 않은가? … 생각은 영원한가, 영원하지 않은가? … 의도형성은 영원한가, 영원하지 않은가? … 의식은 영원한가, 영원하지 않은가?"-"영원하지 않습니다, 세존이시여!" -"영원하지 않은 것은 고통인가 행복인가?"-"고통입니다, 세존이시여."-"무상하고, 고통이 따르고, 변하는 것을 보고 '이것은 내 것이고, 이것은 나이고, 이것이 나의 자아다.'라고 생각하는 것이 옳은가?"-"옳지 않습니다, 세존이시여."

"그러므로 비구들이여, 과거, 현재, 미래와 내부와 외부의 거칠거나 미세하고, 뛰어나거나 열등하며, 가깝거나 먼 어떤 물질이라도 '이것은 나의 것이 아니고, 이것은 내가 아니고, 이것은 나의 자아가 아니다.'라고 바른 지혜로 있는 그대로 보아야 한다.

"과거, 현재, 미래와 내부와 외부의 거칠거나 미세하고, 뛰어나거나 열등하며, 가깝거나 먼 어떤 느낌이라도, … 어떤 생각이라도, … 어떤 의도형성이라도, … 어떤 의식이라도 '이것은 나의 것이 아니고, 이것은 내가 아니고, 이것은 나의 자아가 아니다.'라고 바른 지혜로 있는 그대로 보아야 한다.

"비구들이여, 그렇게 보기 때문에 잘 배운 부처님의 제자는 물질에 환멸을 느끼고, 느낌에 환멸을 느끼고, 생각에 환멸을 느끼고, 의도형성에 환멸을 느끼고, 의식에 환멸을 느낀다. 환멸을 느끼기 때문에 욕망이 사그라든다. 욕망이 사그라들기 때문에 해탈한다. 해탈하면 '해탈했다.'라는 앎이 생긴다. 그는 '태어남은 부서졌다. 청정한 출가수행의 삶을 살았다. 해야 할 일을 마쳤다. 더 이상 다시 태어나지 않으리.'라고 안다."

세존께서 이와 같이 설하시자 비구들은 크게 기뻐했다. 세존께서 설법하시는 동안 다섯 명의 비구들은 집착을 버리고 번뇌에서 해탈했다.

(SN 22:59)

4) 무상, 고, 무아

"비구들이여, 물질은 무상하다. 무상한 것은 괴로움이다. 괴로운 것은 내가 아니다. 내가 아닌 것에 대해 '이것은 나의 것이 아니고, 이것은 내가 아니고, 이것은 나의 자아가 아니다.'고 바른 지혜로 있는 그대로 보아야 한다. 이와 같이 바른 지혜로 있는 그대로 볼 때 욕망이 사그라들고 집착 없이 번뇌에서 해탈한다.

"느낌은 무상하다. … 생각은 무상하다. … 의도형성은 무상하다. … 의식은 무상하다. … 내가 아닌 것에 대해 '이것은 나의 것이 아니고, 이것은 내가 아니고, 이것은 나의 자아가 아니다.'고 바른 지혜로 있는 그대로 보아야 한다. 이와 같이 바른 지혜로 있는 그대로 볼 때 욕망이 사그라들고 집착없이 번뇌에서 해탈한다.

"비구들이여, 만약 비구의 마음이 물질에 대해 욕망이 사그라들면 집착없이 번뇌에서 해탈한다. 만약 마음이 느낌에 대해 … 생각에 대해 … 의도형성에 대해 … 의식에 대해 욕망이 사그라들면 집착없이 번뇌에서 해탈한다.

"해탈했으므로 흔들리지 않는다. 흔들리지 않으므로 만족한다. 만족하므로 불안하지 않다. 불안하지 않으므로 열반을 성취한다. '태어남은 부서졌다. 청정한 출가수행의 삶을 살았다. 해야 할 일을 마쳤다. 더 이상 다시 태어나지 않으리.'라고 안다."

(SN 22:45)

5) 거품 덩어리의 비유

한때 세존께서 갠지스 강둑의 아욧자라는 곳에 머물고 계셨다. 세존께서 비구들에게 말씀하셨다.

"비구들이여, 갠지스강에 커다란 거품 덩어리가 떠내려간다고 생각해 보아라. 눈 좋은 사람이 자세히 보고, 깊이 생각하고, 세밀히 조사해 보니, 거품 덩어리 안에는 아무것도 없이 비어 있고, 실체가 없었다. 거품 덩어리에 어떤 실체가 있겠는가? 과거, 현재, 미래와 내부와 외부의 거칠거나 미세하고, 뛰어나거나 열등하며, 가깝거나 먼 어떤 물질이라도 비구가 자세히 보고, 깊이 생각하고, 세밀히 조사하면 비어 있고, 아무것도 없고, 실체가 없다는 것을 알게 된다. 물질에 어떤 실체가 있겠는가?

"비구들이여, 가을비가 내리며 굵은 빗방울이 떨어진다고 생각해 보아라. 갠지스강 표면에 물거품이 일었다가 터진다. 눈 좋은 사람이 자세히 보고, 깊이 생각하고, 세밀히 조사해 보니, 물거품 안에는 아무것도 없이 비어 있고, 실체가 없었다. 물거품에 어떤 실체가 있겠는가? 과거, 현재, 미래와 내부와 외부의 거칠거나 미세하고, 뛰어나거나 열등하며, 가깝거나 먼 어떤 느낌이라도 비구가 자세히 보고, 깊이 생각하고, 세밀히 조사하면 비어 있고, 아무것도 없고, 실체가 없다는 것을 알게 된다. 느낌에 어떤 실체가 있겠는가?

"비구들이여, 더운 여름의 마지막 달 한낮에 신기루가 일렁인다고 생각해 보아라. 눈 좋은 사람이 자세히 보고, 깊이 생각하고, 세밀히 조사해 보니, 신기루는 아무것도 없이 비어 있고, 실체가 없었다. 신기루에 어떤 실체가 있겠는가? 과거, 현재, 미래와 내부와 외부의 거칠거나 미세하고, 뛰어나거나 열등하며, 가깝거나 먼 어떤 생각이라도 비구가 자세히 보고, 깊이 생각하고, 세밀히 조사하면 비어 있고, 아무것도 없고, 실체가 없다는 것을 알게 된다. 생각에 어떤 실체가 있겠는가?

"비구들이여, 어떤 사람이 속재목이 필요하여 날카로운 도끼를 가지고 숲속에 들어갔다고 생각해 보아라. 거기서 곧고, 파릇하며, 열매 눈도 없는 커다란 바나나 나무 줄기를 보았다. 밑둥을 자르고, 맨 윗 부분은 쳐내고, 줄기에 층층이 감긴 잎을 풀었다. 잎을 풀어낼수록 속재목은 커녕 연목도 나오지 않았다. 눈 좋은 사람이 자세히 보고, 깊이 생각하고, 세밀히 조사하면 바나나 나무는 아무것도 없이 비어 있고, 실체가 없다는 것을 알게 된다. 바나나 나무 줄기에 어떤 실체가 있겠는가? 과거, 현재, 미래와 내부와 외부의 거칠거나 미세하고, 뛰어나거나 열등하며, 가깝거나 먼 어떤 의도형성이라도 비구가 자세히 보고, 깊이 생각하고, 세밀히 조사하면 비어 있고, 아무것도 없고, 실체가 없다는 것을 알게 된다. 의도형성에 어떤 실체가 있겠는가?

"비구들이여, 마술사나 그 조수가 사거리에서 마술을 부린다고 생각해 보아라. 눈 좋은 사람이 자세히 보고, 깊이 생각하고, 세밀히 조사해 보니, 마술은 아무것도 없이 비어 있고, 실체가 없었다. 마술에 어떤 실체가 있겠는가? 과거, 현재, 미래와 내부와 외부의 거칠거나 미세하고, 뛰어나거나 열등하며, 가깝거나 먼 어떤 의식이라도 비구가 자세히 보고, 깊이 생각하고, 세밀히 조사하면 비어 있고, 아무것도 없고, 실체가 없다는 것을 알게 된다. 의식에 어떤 실체가 있겠는가?

"비구들이여, 그렇게 보기 때문에 잘 배운 부처님의 제자는 물질에 환멸을 느끼고, 느낌에 환멸을 느끼고, 생각에 환멸을 느끼고, 의도형성에 환멸을 느끼고, 의식에 환멸을 느낀다. 환멸을 느끼기 때문에 욕망이 사그라든다. 욕망이 사그라들기 때문에 해탈한다. 해탈하면 '해탈했다.'라는 앎이 생긴다. 그는 '태어남은 부서졌다. 청정한 출가수행의 삶을 살았다. 해야 할 일을 마쳤다. 더 이상 다시 태어나지 않으리.'라고 안다."

(SN 22:95)

여섯 가지 감각 기관 – 육근

6) 완전한 이해

"비구들이여, 일체를 바로 알지 못하고, 완전히 이해하지 못하며, 일체에 대한 욕망이 사그라들지 않고, 욕망을 버리지 않는다면 괴로움을 끊을 수 없다.

"비구들이여, 일체란 무엇인가? 눈을 바로 알지 못하고, 완전히 이해하지 못하며, 눈에 대한 욕망이 사그라들지 않고, 욕망을 버리지 않는다면 괴로움을 끊을 수 없다. 형색을 … 눈의 앎을 … 눈의 접촉을 … 눈의 접촉을 조건으로 일어난 느낌을 바로 알지 못하고, 완전히 이해하지 못하며, 욕망이 사그라들지 않고, 욕망을 버리지 않는다면 괴로움을 끊을 수 없다.

"귀를 … 마음을 … 마음의 접촉을 조건으로 일어난 느낌을 바로 알지 못하고, 완전히 이해하지 못하며, 욕망이 사그라들지 않고, 욕망을 버리지 않는다면 괴로움을 끊을 수 없다.

"비구들이여, 이것이 일체이니 일체를 바로 알지 못하고, 완전히 이해하지 못하며, 일체에 대한 욕망이 사그라들지 않고, 욕망을 버리지 않는다면 괴로움을 끊을 수 없다.

"비구들이여, 일체를 바로 알고, 완전히 이해하며, 일체에 대한 욕망이 사그라들고, 욕망을 버린다면 괴로움을 끊을 수 있다.

"비구들이여, 일체란 무엇인가? 눈을 … 마음을 … 마음의 접촉을 조건으로 일어난 느낌을 바로 알고, 완전히 이해하며, 욕망이 사그라들고, 욕망을 버린다면 괴로움을 없앨 수 있다.

"비구들이여, 이것이 바로 알고, 완전히 이해하며, 욕망이 사그라들고, 욕망을 버린다면 괴로움을 끊을 수 있는 일체이다."

(SN 35:26)

7) 불탐

한때 세존께서 가야의 가야시사에서 천 명의 비구들과 함께 머물고 계셨다. 세존께서 비구들에게 말씀하셨다.[74]

"비구들이여, 일체가 불타고 있다. 비구들이여, 불타고 있는 이 일체는 무엇인가? 눈이 불타고 있다. 형색이 불타고 있다. 눈의 앎이 불타고 있다. 눈의 접촉이 불타고 있다. 눈의 접촉을 조건으로 일어난 즐겁거나, 괴롭거나, 무덤덤한 느낌이 불타고 있다. 무엇으로 불타는가? 탐욕의 불이, 미움의 불이, 어리석음의 불이 타고 있다. 태어남, 늙음, 죽음의 불이 타고 있다. 슬픔, 탄식, 고통, 실의, 절망의 불이 타고 있다고 나는 말한다.

"귀가 불타고 있다 … 마음이 불타고 있다 … 마음의 접촉을 조건으로 일어난 즐겁거나, 괴롭거나, 무덤덤한 느낌이 불타고 있다. 무엇

---

74 이 법문의 청중인 천 명의 비구들은 부처님의 제자가 되기 전 불을 숭배하는 수행을 했었기 때문에 부처님께서는 불을 소재로 설법하셨다.

으로 불타는가? 탐욕의 불이, 미움의 불이, 어리석음의 불이 타고 있다. 태어남, 늙음, 죽음의 불이 타고 있다. 슬픔, 탄식, 고통, 실의, 절망의 불이 타고 있다고 나는 말한다.

"비구들이여, 이와 같이 보았기 때문에 잘 배운 부처님의 제자들은 눈, 형색, 눈의 앎, 눈의 접촉, 눈의 접촉을 조건으로 일어난 즐겁고, 괴롭고, 무덤덤한 느낌에 환멸을 느낀다. 귀, … 마음, … 마음을 조건으로 일어난 느낌에 … 환멸을 느낀다. 환멸을 느끼기 때문에 욕망이 사그라든다. 욕망이 사그라들었기 때문에 해탈한다. 해탈하면 '해탈했다.'라는 앎이 생긴다. 그는 '태어남은 부서졌다. 청정한 출가 수행의 삶을 살았다. 해야 할 일을 마쳤다. 더 이상 다시 태어나지 않으리.'라고 안다."

세존께서 이와 같이 설하시자 비구들은 크게 기뻐했다. 세존께서 설법하시는 동안 천 명의 비구들이 집착없이 번뇌에서 해탈했다.

(SN 35:28)

8) 열반에 적합한 조건

"비구들이여, 열반에 적합한 조건을 설할 테니 잘 들으라. …

"비구들이여, 열반에 적합한 조건은 무엇인가? 비구는 눈을 무상하다고 보고, 형색을 무상하다고 보고, 눈의 앎을 무상하다고 보고, 눈의 접촉을 무상하다고 보고, 눈의 접촉을 조건으로 일어나는 즐겁거나, 괴롭거나, 무덤덤한 느낌을 무상하다고 본다.

"비구는 귀를 무상하다고 보고 … 마음이 무상하다고 보고, 마음의 대상을 무상하다고 보고, 마음의 앎을 무상하다고 보고, 마음의 접촉을 무상하다고 보고, 마음의 접촉을 조건으로 일어나는 즐겁거나, 괴롭거나, 무덤덤한 느낌을 무상하다고 본다. 비구들이여, 이것이 열반에 적합한 조건이다.

"비구는 눈을 괴로움으로 보고 … 마음의 접촉으로 일어난 즐겁거나, 괴롭거나, 무덤덤한 느낌을 괴로움으로 본다. 비구들이여, 이것이 열반에 적합한 길이다.

"비구는 눈에 자아가 없다고 보고 … 마음의 접촉으로 일어난 즐겁거나, 괴롭거나, 무덤덤한 느낌에 자아가 없다고 본다. 비구들이여, 이것이 열반에 적합한 조건이다."

(SN 35:147-49)

9) 공空

그때 아난다 존자가 세존께 다가와 … 여쭈었다.

"세존이시여, '세상은 공하다, 세상은 공하다.'고 합니다. 세존이시여, 어째서 '세상은 공하다.'고 말하는 것입니까?"

"아난다여, 자아가 없고, 자아에 속한 것이 없기 때문에 '세상은 공하다.'고 말하는 것이다. 자아가 없고, 자아에 속한 것이 없다는 것은 무슨 뜻인가? 아난다여, 눈에는 자아가 없고, 자아에 속한 것도 없다. 형색에는 자아가 없고, 자아에 속한 것도 없다. 눈의 앎에는 자아가 없고, 자아에 속한 것도 없다. 눈의 접촉에는 자아가 없고, 자아에 속한 것도 없다. … 마음의 접촉을 조건으로 일어난 즐겁거나, 괴롭거나, 무덤덤한 느낌에도 자아가 없고, 자아에 속한 것도 없다.

"아난다여, 자아가 없고, 자아에 속한 것이 없기 때문에 '세상은 공하다.'고 말하는 것이다."

(SN 35:85)

10) 의식과 무아

우다이 존자가 아난다 존자에게 물었다.

"아난다 존자여, 세존께서는 '그러므로 이 몸은 내가 아니다.'라고 이 육체의 본질에 대해 여러 가지 방식으로 말씀하시고, 밝히시고, 설명하셨습니다. 의식의 본질에 대해서도 '그러므로 이 의식은 내가 아니다.'라고 같은 방식으로 가르치고, 주장하고, 확립하고, 밝히고, 분석하고, 자세히 설명할 수 있습니까?"

"우다이 존자여, 할 수 있습니다. 눈의 앎은 눈과 형색을 연으로 해서 생기지 않습니까?"

"그렇습니다."

"눈의 앎을 일어나게 하는 원인과 조건이 완전히 남김없이 사라진다면 눈의 앎을 찾을 수 있겠습니까?"

"아닙니다, 벗이여."

"세존께서는 이와 같이 '그러므로 이 의식은 내가 아니다.'라고 말씀하시고, 밝히시고, 설명하셨습니다.

"귀의 앎은 귀와 소리를 연으로 해서 생기지 않습니까? … 마음의 앎은 마음과 마음의 대상을 연으로 해서 생기지 않습니까?"

"그렇습니다."

"마음의 앎이 일어나게 하는 원인과 조건이 완전히 남김없이 사라진다면 마음의 앎을 찾을 수 있겠습니까?"

"아닙니다, 벗이여."

"세존께서는 '그러므로 이 의식은 내가 아니다.'고 이와 같이 말씀하시고, 밝히시고, 설명하셨습니다.

"벗이여, 어떤 사람이 속재목이 필요하여 날카로운 도끼를 가지고 숲속에 들어갔다고 생각해 보십시오. 거기서 곧고, 파릇하며, 열매 눈도 없는 커다란 바나나 나무 줄기를 보았습니다. 밑둥을 자르고, 맨 윗 부분은 쳐내고, 줄기에 층층이 감긴 잎을 풀었습니다. 줄기를 감싼 잎을 풀어낼수록 속재목은커녕 연목도 나오지 않았습니다.

"마찬가지로 접촉하는 여섯 가지 감각 기관은 나도 아니고, 내 것도 아님을 알 수 있습니다. 나와 내 것을 찾을 수 없기 때문에 이 세상에 어떤 것에도 집착하지 않습니다. 집착하지 않기 때문에 불안하지 않습니다. 불안하지 않으므로 열반을 성취합니다. '태어남은 부서졌다. 청정한 출가수행의 삶을 살았다. 해야 할 일을 마쳤다. 더 이상 다시 태어나지 않으리.'라고 압니다."

(SN 35:234)

565

요소

11) 열 여덟 가지 요소

"비구들이여, 이제 다양한 요소를 설명하겠다. 눈의 요소, 형색의 요소, 눈의 앎의 요소, 귀의 요소, 소리의 요소, 귀의 앎의 요소, 코의 요소, 냄새의 요소, 코의 앎의 요소, 혀의 요소, 맛의 요소, 혀의 앎의 요소, 몸의 요소, 촉감의 요소, 몸의 앎의 요소, 마음의 요소, 마음의 대상의 요소, 마음의 앎의 요소이다. 비구들이여, 이렇게 여러 요소들이 있다."

(SN 14:1)

12) 네 가지 요소

"비구들이여, 네 가지 요소가 있다. 이 네 가지는 무엇인가? 땅의 요소, 물의 요소, 불의 요소, 바람의 요소이다.

"비구들이여, 이 네 가지 요소의 만족, 위험, 벗어남을 있는 그대로 알지 못하는 수행자나 브라만들은 진정한 수행자나 브라만이라고 말할 수 없다. 이들은 최상의 지혜로 스스로 깨달아 바로 이번 생에 수행자의 목적이나 브라만교의 목적을 성취할 수 없다.

"비구들이여, 이 네 가지 요소의 만족, 위험, 벗어남을 있는 그대로 아는 수행자나 브라만들은 진정한 수행자나 브라만이라고 말할 수 있다. 이들은 최상의 지혜로 스스로 깨달아 바로 이번 생에 수행자의 목적이나 브라만교의 목적을 성취할 수 있다.

"비구들이여, 이 네 가지 요소의 일어남과 사라짐, 만족, 위험, 벗어남을 있는 그대로 알지 못하는 수행자나 브라만들은 진정한 수행자나 브라만이라고 말할 수 없다. …

"비구들이여, 이를 이해하는 수행자나 브라만들은 진정한 수행자나 브라만이라고 말할 수 있다. 이들은 최상의 지혜로 스스로 깨달아 바로 이번 생에 수행자의 목적이나 브라만교의 목적을 성취할 수 있다.

"비구들이여, 땅의 요소와 그 원인, 소멸, 소멸로 이르는 길을 알지 못하고, 물의 요소와 … 불의 요소와 … 바람의 요소와 그 원인, 소멸, 소멸로 이르는 길을 알지 못하는 수행자나 브라만들은 진정한 수행자나 브라만이라고 말할 수 없다. …

"비구들이여, 이를 이해하는 수행자나 브라만들은 진정한 수행자나 브라만이라고 말할 수 있다. 이들은 최상의 지혜로 스스로 깨달아 바로 이번 생에 수행자의 목적이나 브라만교의 목적을 성취할 수 있다."

(SN 14:37 - 39)

13) 여섯 가지 요소

13. "비구여, 통찰지를 소홀히 해서는 안된다.[75] 통찰지를 소홀히

하지 않는 방법은 무엇인가? 땅, 물, 불, 바람, 허공, 의식의 여섯 가지 요소를 관하는 것이다.

14. "비구여, 땅의 요소는 무엇인가? 땅의 요소에는 내부 요소와 외부 요소가 있다. 땅의 내부 요소는 무엇인가? 자신의 내부에 소유하고 있으며, 딱딱하고, 견고한 성질을 가지며, 집착의 대상이 되는 것이다. 머리카락, 털, 손톱, 치아, 피부, 살, 힘줄, 뼈, 골수, 신장, 심장, 간, 횡격막, 비장, 폐, 소장, 대장, 장간막, 위, 배설물 등이다. 자신의 내부에 소유하고 있으며, 딱딱하고, 견고한 성질을 가지며, 집착의 대상이 되는 것은 무엇이든지 땅의 내부 요소라고 한다. 땅의 내부, 외부 요소는 모두 땅의 요소이다. 땅의 요소를 '이것은 나의 것이 아니고, 이것은 내가 아니고, 이것은 나의 자아가 아니다.'라고 바른 지혜로 있는 그대로 보아야 한다. 이렇게 바른 지혜로 있는 그대로 본다면 땅의 요소에 환멸을 느끼고 땅의 요소에 대한 욕망이 사그라든다.

15. "비구여, 물의 요소는 무엇인가? 물의 요소에는 내부 요소와 외부 요소가 있다. 물의 내부 요소는 무엇인가? 자신의 내부에 소유하고 있으며, 물로 되어 있고, 물의 성질을 가지며, 집착의 대상이 되는

---

75 이 법문은 부처님께서 뿌꾸사띠 존자에게 설법하신 내용이다. 뿌꾸사띠 존자는 부처님을 한번도 만나뵙지 못했지만 부처님의 가르침에 믿음을 내어 출가했다. 경전의 앞 부분은 부처님께서 도공의 오두막에 도착하여 하룻밤을 묵으려고 하셨는데 뿌꾸사띠 존자가 먼저 와 부처님인 줄 모르고 친절히 맞이하는 내용으로 시작된다. 부처님께서는 자신을 밝히지 않으시고 존자와 이야기를 나누시면서 법문이 시작되었다.

것이다. 쓸개즙, 가래, 고름, 피, 땀, 지방, 눈물, 기름, 침, 콧물, 관절액, 오줌 등이다. 자신의 내부에 소유하고 있으며, 물로 되어 있고, 물의 성질을 가지며, 집착의 대상이 되는 것은 무엇이든지 물의 내부 요소라고 한다. 물의 내부, 외부 요소는 모두 물의 요소이다. 물의 요소를 '이것은 나의 것이 아니고, 이것은 내가 아니고, 이것은 나의 자아가 아니다.'라고 바른 지혜로 있는 그대로 보아야 한다. 이렇게 바른 지혜로 있는 그대로 본다면 물의 요소에 환멸을 느끼고 물의 요소에 대한 욕망이 사그라든다.

16. "비구여, 불의 요소는 무엇인가? 불의 요소에는 내부 요소와 외부 요소가 있다. 불의 내부 요소는 무엇인가? 자신의 내부에 소유하고 있으며, 열을 내고, 열의 성질을 가지며, 집착의 대상이 되는 것이다. 몸을 따뜻하게 하며, 늙게 하고, 열을 내며, 먹고, 마시고, 삼키고, 맛본 것을 완전히 소화시킨다. 자신의 내부에 소유하고 있으며, 열을 내고, 열의 성질을 가지며, 집착의 대상이 되는 것은 무엇이든지 불의 내부 요소라고 한다. 불의 내부, 외부 요소는 모두 불의 요소이다. 불의 요소를 '이것은 나의 것이 아니고, 이것은 내가 아니고, 이것은 나의 자아가 아니다.'라고 바른 지혜로 있는 그대로 보아야 한다. 이렇게 바른 지혜로 있는 그대로 본다면 불의 요소에 환멸을 느끼고 불의 요소에 대한 욕망이 사그라든다.

17. "비구여, 바람의 요소는 무엇인가? 바람의 요소에는 내부 요소와 외부 요소가 있다. 바람의 내부 요소는 무엇인가? 자신의 내부에 소유하고 있으며, 바람이거나, 바람의 성질을 가지며, 집착의 대상이

되는 것이다. 위로 올라가는 바람, 아래로 내려오는 바람, 뱃속의 바람, 장 속의 바람, 사지를 타고 흐르는 바람, 들숨, 날숨 등이다. 자신의 내부에 소유하고 있으며, 바람이거나, 바람의 성질을 가지며, 집착의 대상이 되는 것은 무엇이든지 바람의 내부 요소라고 한다. 바람의 내부, 외부 요소는 모두 바람의 요소이다. 바람의 요소를 '이것은 나의 것이 아니고, 이것은 내가 아니고, 이것은 나의 자아가 아니다.'라고 바른 지혜로 있는 그대로 보아야 한다. 이렇게 바른 지혜로 있는 그대로 본다면 바람의 요소에 환멸을 느끼고 바람의 요소에 대한 욕망이 사그라든다.

18. "비구여, 무엇이 허공의 요소인가? 허공의 요소에는 내부 요소와 외부 요소가 있다. 허공의 내부 요소는 무엇인가? 자신의 내부에 소유하고 있으며, 공간이거나, 공간의 성질을 가지며, 집착의 대상이 되는 것으로 귓구멍, 콧구멍, 입을 포함하여 먹고, 삼키고, 맛본 것이 넘어가는 구멍, 모이는 장소, 아래에서 배출되는 곳 등이다. 자신의 내부에 소유하고 있으며, 공간이거나, 공간의 성질을 가지며, 집착의 대상이 되는 것은 무엇이든지 허공의 내부 요소라고 한다. 허공의 내부, 외부 요소는 모두 허공의 요소이다. 허공의 요소를 '이것은 나의 것이 아니고, 이것은 내가 아니고, 이것은 나의 자아가 아니다.'라고 바른 지혜로 있는 그대로 보아야 한다. 이렇게 바른 지혜로 있는 그대로 본다면 허공의 요소에 환멸을 느끼고 허공의 요소에 대한 욕망이 사그라든다.

19. "그러면 이제 맑고 밝은 의식만 남는다. 이 의식으로 무엇을 인

지할 수 있는가? '즐겁다.'라고 인지하고, '괴롭다.'라고 인지하고, '무덤덤하다.'라고 인지한다. 즐거운 접촉을 원인으로 즐거운 느낌이 일어난다. 즐거운 느낌이 일어나면 '나는 즐거운 느낌을 경험한다.'라고 안다. '즐거운 접촉이 소멸하면 그 접촉을 원인으로 일어난 즐거운 느낌도 가라앉아 소멸한다.'라고 안다. 괴로운 접촉을 원인으로 괴로운 느낌이 일어난다. 괴로운 느낌이 일어나면 '나는 괴로운 느낌을 경험한다.'라고 안다. '괴로운 접촉이 소멸하면 그 접촉을 원인으로 하여 일어난 괴로운 느낌도 가라앉아 소멸한다.'라고 안다. 무덤덤한 접촉을 원인으로 무덤덤한 느낌이 일어난다. 무덤덤한 느낌이 일어나면 '나는 무덤덤한 느낌을 경험한다.'라고 안다. '무덤덤한 접촉이 소멸하면 그 접촉을 원인으로 일어난 무덤덤한 느낌도 가라앉아 소멸한다.'라고 안다.

비구여, 두 개의 부시 막대기를 접촉하여 마찰시키면 열이 나고 불이 지펴진다. 이 두 부시 막대기를 분리해서 떼놓으면 열이 사그라들어 불은 꺼질 것이다. 마찬가지로 즐거운 접촉을 원인으로 … 괴로운 접촉을 원인으로 … 무덤덤한 접촉을 원인으로 무덤덤한 느낌이 생긴다. … '무덤덤한 접촉이 소멸하면 … 그 느낌도 가라앉고 소멸한다.'라고 안다."

(MN 140)

연기

14) 연기란 무엇인가

"비구들이여, 연기에 대해 설할 테니 귀를 기울여 잘 들어라."

"네, 세존이시여." 비구들이 대답하자 세존께서 다음과 같이 말씀하셨다.

"비구들이여, 연기란 무엇인가? 무명을 조건으로 의도형성이 일어나고, 의도형성을 조건으로 의식이 일어나고, 의식을 조건으로 물질과 정신이 일어나고, 물질과 정신을 조건으로 여섯 가지 감각 기관이 일어나고, 여섯 가지 감각 기관을 조건으로 접촉이 일어나고, 접촉을 조건으로 느낌이 일어나고, 느낌을 조건으로 갈애가 일어나고, 갈애를 조건으로 집착이 일어나고, 집착을 조건으로 존재가 일어나고, 존재를 조건으로 태어남이 일어나고, 태어남을 조건으로 늙고 죽음이 일어나고, 슬픔, 한탄, 고통, 실의, 절망이 일어난다. 이것이 모든 괴로움의 근원이다. 비구들이여, 이를 연기라고 부른다.

"무명이 남김없이 사라져 소멸하면 의도형성이 소멸하고, 의도형성이 소멸하면 의식이 소멸하고, 의식이 소멸하면 물질과 정신이 소멸하고, 물질과 정신이 소멸하면 여섯 가지 감각 기관이 소멸하고, 여섯 가지 감각 기관이 소멸하면 접촉이 소멸하고, 접촉이 소멸하면 느낌이 소멸하고, 느낌이 소멸하면 갈애가 소멸하고, 갈애가 소멸하면 집착이 소멸하고, 집착이 소멸하면 존재가 소멸하고, 존재가 소멸하면 태어남이 소멸하고, 태어남이 소멸하면 늙고 죽음이 소멸하고, 슬픔, 한탄, 고통, 실의, 절망이 소멸한다. 이것이 모든 괴로움 덩어리의 소멸이다."

(SN 12:1)

15) 법의 여일함

"비구들이여, 연기와 연기한 법에 대해 설할 테니 귀를 기울여 잘 들어라."

"네, 세존이시여."

비구들이 대답하자 세존께서 다음과 같이 말씀하셨다.

"비구들이여, 연기란 무엇인가? '태어남을 조건으로 늙고 죽음이 일어난다.' 여래가 세상에 출현하든 출현하지 않든 이러한 진리는 한결같으니 법은 여일하고, 법은 변하지 않으며, 구체적인 조건들을 가리키고 있다. 여래는 이 법을 완전히 꿰뚫고 오롯이 깨달은 이로 법을 설명하고, 가르치고, 주장하고, 확립하고, 밝히고, 분석하고, 천명하여 '보라! 비구들이여, 태어남을 조건으로 늙고 죽음이 일어난다.'고 말한다.

"존재를 조건으로 태어남이' … '집착을 조건으로 존재가' … '갈애를 조건으로 집착이' … '느낌을 조건으로 갈애가' … '접촉을 조건으로 느낌이' … '여섯 가지 감각 기관을 조건으로 접촉이' … '물질과 정신을 조건으로 여섯 가지 감각 기관이' … '의식을 조건으로 물질

573

과 정신이' ⋯ '의도형성을 조건으로 의식이' ⋯ '무명을 조건으로 의
도형성이 일어난다.' 여래가 세상에 출현하든 출현하지 않든 이러한
진리는 한결같으니 법은 여일하고, 법은 변하지 않으며, 구체적인 조
건들을 가리키고 있다. 여래는 이 법을 완전히 꿰뚫고 오롯이 깨달은
이로 법을 설명하고, 가르치고, 주장하고, 확립하고, 밝히고, 분석하
고, 천명하여 '보라! 비구들이여, 무명을 조건으로 의도형성이 일어
난다.'고 말한다.

"비구들이여, 그러므로 구체적인 조건들이 실제로 그러하고, 오류
가 없으며, 다르게 작용하지 않으니 이를 연기라 부른다.[76]

"비구들이여, 연기한 법이란 무엇인가? 늙고 죽음은 무상하고, 조
건지어졌으며, 다른 것을 의지하여 일어나고, 무너지며, 사라지고, 사
그라들며, 없어진다. 태어남은 무상하고 ⋯ 존재는 무상하고 ⋯ 집착
은 무상하고 ⋯ 갈애는 무상하고 ⋯ 느낌은 무상하고 ⋯ 접촉은 무상
하고 ⋯ 여섯 가지 감각 기관은 무상하고 ⋯ 물질과 정신은 무상하고
⋯ 의식은 무상하고 ⋯ 의도형성은 무상하고 ⋯ 무명은 무상하고, 조
건지어졌으며, 다른 것을 의지하여 일어나고, 무너지며, 사라지고, 사
그라들며, 없어진다. 이를 연기한 법이라고 한다.

"비구들이여, 부처님의 제자가 이러한 연기와 연기한 법을 바른
지혜로 분명히 있는 그대로 보았다면 과거로 돌아가 '내가 과거에 존

---

76 적합한 조건들이 모이면 반드시 그에 따른 결과가 발생하고, 조건들이 충족되면 결
과가 발생하지 않을 수 없으며, 조건과 어긋나는 결과는 발생하지 않는다. 이를 연
기라고 한다.

재했는가? 내가 과거에 존재하지 않았는가? 내가 과거에 무엇이었나? 나는 과거에 어떠하였나? 그 이전에 무엇이었길래 과거에 그렇게 되었나?'라는 생각을 할 수 없다. 또는 미래로 나아가 '내가 미래에 존재할 것인가? 내가 미래에 존재하지 않을 것인가? 내가 미래에 무엇이 될 것인가? 내가 미래에 어떨 것인가? 그 전에 무엇이었길래 미래에 그렇게 될 것인가?'라는 생각을 할 수 없다. 또는 현재에 대해 마음에 확신이 없어 '나는 존재하는가? 나는 존재하지 않는가? 나는 무엇인가? 나는 어떠한가? 나의 존재는 어디에서 와서 어디로 가는가?'라는 생각을 할 수 없다.

"왜 그러한가? 부처님의 제자는 연기와 연기한 법을 바른 지혜로 분명히 있는 그대로 보았기 때문이다."

(SN 12:20)

16) 마흔 네 가지의 앎

"비구들이여, 마흔 네 가지의 앎을 설할 테니 귀기울여 잘 들어라."
"네, 세존이시여."
비구들이 대답하자 세존께서 다음과 같이 말씀하셨다.
"비구들이여, 마흔 네 가지의 앎은 무엇인가? 늙고 죽음에 대한 앎, 그 원인에 대한 앎, 그 소멸에 대한 앎, 그 소멸로 가는 길에 대한 앎이다. 태어남에 대한 앎 … 존재에 대한 앎 … 집착에 대한 앎 … 갈애에 대한 앎 … 느낌에 대한 앎 … 접촉에 대한 … 여섯 가지 감각 기

575

관에 대한 앎 … 물질과 정신에 대한 앎 … 의식에 대한 앎 … 의도형
성에 대한 앎, 그 원인에 대한 앎, 소멸에 대한 앎, 소멸로 가는 길에
대한 앎이다. 비구들이여, 이것이 마흔 네 가지의 앎이다.

"비구들이여, 늙고 죽음은 무엇인가? … [9장 3. 바른 견해 22번 문단
과 상동] … 이 늙음과 이 죽음을 합쳐서 늙음과 죽음이라고 한다. 태
어남이 있을 때 늙음과 죽음이 있고, 태어남이 소멸할 때 늙음과 죽
음도 소멸한다. 여덟 가지 바른 길이 늙음과 죽음의 소멸로 가는 길
이다. 바로 바른 견해 … 바른 선정이 그 길이다.

"비구들이여, 부처님의 제자가 늙음과 죽음, 그 원인, 소멸, 소멸로
이르는 길을 이해할 때 이것이 그들의 원칙적인 앎이 된다. 보고, 이
해하고, 헤아리고, 바로 얻은 이 원칙을 도구로 삼아 과거와 미래에
적용한다. '과거의 수행자나 브라만들 가운데 늙음과 죽음, 그 원인,
소멸, 소멸로 이르는 길을 바로 안 이가 있다면 그들은 모두 내가 지
금 알고 있는 것과 마찬가지로 바로 안 것이다. 미래의 수행자나 브
라만들 가운데 늙음과 죽음, 그 원인, 소멸, 소멸로 이르는 길을 바로
알 이가 있다면 그들도 모두 내가 지금 알고 있는 것과 마찬가지로
바로 아는 것이다.'라는 추론적인 앎이 생긴다.

"비구들이여, 부처님의 제자가 이 두 가지 종류의 앎, 즉 원칙적인
앎과 추론적인 앎을 맑히고 청정히 하면 견해를 성취하고, 눈을 얻으
며, 진정한 법에 도달하고, 진정한 법을 보며, 유학의 지혜를 얻고, 법
의 흐름에 들며, 꿰뚫는 지혜를 갖춘 성인이 되고, 불사의 문을 마주
한 이가 된다.

"비구들이여, 그러면 태어남은 무엇인가? … 의도형성은 무엇인가? … [9장 3. 바른 견해 62번 문단과 상동] … 여덟 가지 바른 길이 의도형성의 소멸로 가는 길이다. 바로 바른 견해 … 바른 선정이 그 길이다.

"비구들이여, 부처님의 제자가 의도형성과 그 원인, 소멸, 소멸로 이르는 길을 이해할 때 이것이 그들의 원칙적인 앎이 된다. 보고, 이해하고, 헤아리고, 바로 얻은 이 원칙을 도구로 삼아 과거와 미래에 적용한다. … 라는 추론적인 앎이 생긴다.

"비구들이여, 부처님의 제자가 이 두 가지 종류의 앎, 즉 원칙적인 앎과 추론적인 앎을 맑히고 청정히 하면 견해를 성취하고, … 불사의 문을 마주한 이가 된다."

(SN 12:33)

17) 중도

사왓티에서 깟짜나곳따 존자가 세존을 찾아뵙고, 예경 드린 뒤 한쪽에 앉아 여쭈었다.

"세존이시여, '바른 견해, 바른 견해.'라고 말합니다. 세존이시여, 바른 견해는 무엇을 말하는 것입니까?"

"깟짜야나여, 이 세상 대부분은 존재한다는 생각과 존재하지 않는다는 생각, 두 가지 이분법에 기대고 있다. 하지만 이 세상의 일어남을 바른 지혜로 있는 그대로 보는 이들은 세상이 존재하지 않는다는 생각을 하지 않는다. 이 세상의 사라짐을 바른 지혜로 있는 그대로 보는 이들은 세상이 존재한다는 생각을 하지 않는다.[77]

"이 세상은 대부분 얽매임, 집착, 고집의 족쇄에 매여 있다. 하지만 바른 견해를 가진 이는 이러한 얽매임, 집착, 견해, 고집, 잠재 성향에 매이지도 집착하지도 않으며, '나'라는 입장을 내세우지 않는다. 일어나는 것은 괴로움이 일어나는 것이요, 소멸하는 것은 괴로움이 소멸하는 것이며 의심이나 의혹이 없다. 자신의 앎을 다른 이에 기대지 않는다. 깟짜야나여, 바른 견해는 이를 말하는 것이다.

"'일체가 존재한다'는 것은 하나의 극단이다. '일체가 존재하지 않는다'는 것은 또 다른 극단이다. 여래는 이 양극단을 피하고 중도로 법을 가르친다. '무명을 조건으로 의도형성이 일어나고, 의도형성을 조건으로 의식이 일어나고, … 이것이 모든 괴로움의 덩어리의 근원이다. 무명이 남김없이 사라지고 소멸하면 의도형성이 소멸하고, 의도형성이 소멸하면 의식이 소멸하고, … 이것이 모든 괴로움 덩어리의 소멸이다.'"

(SN 12:15)

---

77 세상이 존재하지 않는다는 생각은 단견이다. 바로 그 자리에서 존재가 무너지고 사라지기 때문에 영속하는 존재도 현상도 없다고 믿는 것이다. 다시 태어남도 없다는 삿된 견해도 단견이다. 바른 지혜로 보는 이들은 업, 무명, 갈애 등 여러 가지 원인으로 세상이 일어남을 알기 때문에 단견이 일어나지 않는다. 세상이 항상 존재한다는 생각은 상견이다. 인과 관계에서 연속적으로 이어지는 자아가 있다고 믿는 것이다. 바른 지혜로 보는 이들은 연속적으로 이미 발생했거나 새롭게 발생하는 현상들의 사라짐을 알기 때문에 상견이 일어나지 않는다.

18) 의식의 영속

"비구들이여, 의도하고, 계획하고, 특정 성향을 가질 때 의식이 지속되는 토대가 만들어지고, 토대가 있을 때, 의식이 확고히 확립된다. 의식이 확립되고 증장되면 미래에 다시 태어나는 존재가 만들어진다. 미래에 다시 태어나는 존재가 만들어지면 태어남, 늙음과 죽음, 슬픔, 한탄, 고통, 실의, 절망이 생긴다. 이것이 모든 괴로움(苦)의 근원이다.[78]

"비구들이여, 의도하지 않고, 계획하지 않고, 특정한 성향도 없다면 의식이 지속되는 토대가 형성되지 않고, 토대가 없으면 의식이 확고히 확립되지 않는다. 의식이 확립되거나 증장되지 않으면, 미래에 다시 태어나는 존재가 만들어지지 않는다. 미래에 다시 태어나는 존재가 만들어지지 않으면 태어남, 늙음과 죽음, 슬픔, 한탄, 고통, 실의, 절망이 소멸한다. 이것이 모든 괴로움의 소멸이다."

(SN 12:38)

---

[78] 의도하고 계획하는 것은 12연기의 두 번째 지분인 의도형성이다. 성향은 12연기의 첫 번째, 여덟 번째 지분인 무명과 갈애의 잠재적 성향을 말한다. 무명과 갈애의 잠재적 성향과 계획, 의도 등이 변하지 않은 상태 그대로 육체의 목숨이 끊어지면 다음 생의 의식의 기반이 되어 새로운 물질과 정신의 원인이 되고, 새로운 존재가 태어난다. 이것이 태어남이고 늙음, 죽음을 비롯해 늙음과 죽음 사이의 온갖 고통이 따르는 원인이다.

19) 세상의 일어남과 사라짐

"비구들이여, 세상의 일어남과 사라짐에 대해 설할 테니 귀기울여 잘 들어라."

"네, 세존이시여." 비구들이 대답하자 세존께서 다음과 같이 말씀하셨다.

"비구들이여, 세상의 일어남은 무엇인가? 눈과 형색을 연으로 눈의 앎이 일어난다. 이 세 가지가 만나는 것을 접촉이라고 한다. 이 접촉을 조건으로 느낌이, 느낌을 조건으로 갈애가, 갈애를 조건으로 집착이, 집착을 조건으로 존재가, 존재를 조건으로 태어남이, 태어남을 조건으로 늙음과 죽음이, 그리고 슬픔, 한탄, 고통, 실의, 절망이 생긴다. 비구들이여, 이것이 세상의 일어남이다.

"귀와 소리를 연으로 … 코와 냄새를 연으로 … 혀와 맛을 연으로 … 몸과 감촉을 연으로 … 마음과 마음의 대상을 연으로 마음의 앎이 생긴다. 이 세 가지가 만나는 것을 접촉이라고 한다. 접촉을 조건으로 느낌이, 느낌을 조건으로 갈애가, 갈애를 조건으로 집착이, 집착을 조건으로 존재가, 존재를 조건으로 태어남이, 태어남을 조건으로 늙음과 죽음이, 그리고 슬픔, 한탄, 고통, 실의, 절망이 생긴다. 비구들이여, 이것이 세상의 일어남이다.

"비구들이여, 세상의 사라짐은 무엇인가? 눈과 형색을 연으로 눈의 앎이 일어난다. 이 세 가지가 만나는 것을 접촉이라고 한다. 접촉을 조건으로 느낌이, 느낌을 조건으로 갈애가 생긴다. 하지만 갈애가 남김없이 사라져 소멸하면 집착이 소멸하고, 집착이 소멸하면 존재가 소멸하고, 존재가 소멸하면 태어남이 소멸하고, 태어남이 소멸하면 늙음과 죽음이 소멸하고, 슬픔, 한탄, 고통, 실의, 절망이 소멸한다. 이것이 모든 괴로움의 소멸이다. 비구들이여, 이것이 세상의 사라짐이다.

"귀와 소리를 연으로 … 마음과 마음의 대상을 연으로 마음의 앎이 생긴다. 이 세 가지가 만나는 것을 접촉이라고 한다. 접촉을 조건으로 느낌이, 느낌을 조건으로 갈애가 생긴다. 하지만 갈애가 남김없이 사라져 소멸하면 집착이 소멸하고, 집착이 소멸하면 존재가 소멸하고, 존재가 소멸하면 태어남이 소멸하고, 태어남이 소멸하면 늙음과 죽음이 소멸하고, 슬픔, 한탄, 고통, 실의, 절망이 소멸한다. 이것이 모든 괴로움의 소멸이다. 비구들이여, 이것이 세상의 사라짐이다."

(SN 12:44)

네 가지 고귀한 진리

20) 모든 부처님들의 진리

"비구들이여, 과거에 완전한 깨달음을 이룬 부처님들은 모두 네 가지 고귀한 진리를 있는 그대로 깨달았다. 미래에 완전한 깨달음을 이룰 부처님들도 모두 네 가지 고귀한 진리를 있는 그대로 깨달을 것이다. 현재에 완전한 깨달음을 이룬 부처님들도 모두 네 가지 고귀한 진리

581

를 있는 그대로 깨닫는다.

"이 네 가지는 무엇인가? 괴로움의 진리, 괴로움의 원인의 진리, 괴로움의 소멸의 진리, 괴로움의 소멸에 이르는 진리이다. 과거에 완전한 깨달음을 이룬 부처님들, 미래에 완전한 깨달음을 이룰 부처님들, 현재에 완전한 깨달음을 이룬 부처님들 모두 네 가지 고귀한 진리를 있는 그대로 깨달았고, 깨달을 것이고, 깨닫는다.

"비구들이여, 그러므로 '이것은 괴로움이다.'라고 알기 위해 정진해야 한다. '이것은 괴로움의 원인이다.'라고 알기 위해 정진해야 한다. '이것은 괴로움의 소멸이다.'라고 알기 위해 정진해야 한다. '이것은 괴로움의 소멸로 가는 길이다.'라고 알기 위해 정진해야 한다."

(SN 56:24)

21) 네 가지 진리

"비구들이여, 이 네 가지는 진실이고, 틀림없고, 다름이 없다. 이 네 가지는 무엇인가?

"'이것이 괴로움이다.'는 진실이고, 틀림없고, 다름이 없다. '이것이 괴로움의 원인이다.'는 진실이고, 틀림없고, 다름이 없다. '이것이 괴로움의 소멸이다.'는 진실이고, 틀림없고, 다름이 없다. '이것이 괴로움의 소멸로 가는 길이다.'는 진실이고, 틀림없고, 다름이 없다.

"비구들이여, 이 네 가지는 진실이고, 틀림없고, 다름이 없다.

"비구들이여, 그러므로 '이것은 괴로움이다.'라고 알기 위해 정진

해야 한다. … '이것은 괴로움의 소멸로 가는 길이다.'고 알기 위해 정
진해야 한다."

(SN 56:20)

22) 한 움큼의 나뭇잎

한때 세존께서 꼬삼비의 심사빠 숲에 머물고 계셨다. 세존께서는 심
사빠 나뭇잎 얼마를 따서 손에 쥐고 비구들에게 말씀하셨다.

"비구들이여, 내 손 안에 있는 나뭇잎이 많으냐, 내 머리 위로 무성
히 우거진 나뭇잎이 많으냐?"

"세존이시여, 세존께서 손으로 따신 잎은 얼마되지 않지만 세존의
머리 위로 무성히 우거진 나뭇잎은 많습니다."

"비구들이여, 마찬가지로 내가 바로 깨달아 알지만 그대들에게 가
르치지 않은 것이 가르친 것보다 훨씬 많다. 비구들이여, 내가 왜 모
두 가르치지 않았는가? 이익이 없고, 출가수행 생활에 도움이 되지
않으며, 환멸, 욕망의 사그라짐, 소멸, 평안, 바른 지혜, 깨달음, 열반
으로 이끌어 주지 않기 때문이다. 그러므로 가르치지 않았다.

"그러면 나는 무엇을 가르쳤는가? '이것이 괴로움이다.', '이것이
괴로움의 원인이다.', '이것이 괴로움의 소멸이다.', '이것이 괴로움의
소멸로 이르는 길이다.'고 가르쳤다. 비구들이여, 왜 이것은 가르쳤
는가? 이익이 되고, 출가수행 생활에 도움이 되며, 환멸, 욕망의 사그
라짐, 소멸, 평안, 바른 지혜, 깨달음, 열반으로 이끌어 주기 때문이다.

583

그러므로 가르쳤다.

"그러므로 비구들이여, '이것은 괴로움이다.'라고 알기 위해 정진해야 한다.… '이것은 괴로움의 소멸로 가는 길이다.'고 알기 위해 정진해야 한다."

(SN 56:31)

23) 알지 못하기 때문에

한때 세존께서 왓지국의 꼬띠가마에 머물고 계셨을 때 비구들에게 말씀하셨다.

"비구들이여, 네 가지 고귀한 진리를 알지 못하고 꿰뚫어 보지 못했기 때문에 그대들과 나는 아주 오랫동안 윤회 속에 길을 잃고 헤매었다. 이 네 가지는 무엇인가?

"비구들이여, 괴로움의 고귀한 진리를 알지 못하고 꿰뚫어 보지 못했기 때문에 그대들과 나는 아주 오랫동안 윤회 속에 길을 잃고 헤매었다. 괴로움의 원인의 고귀한 진리 … 괴로움의 소멸의 고귀한 진리 … 괴로움의 소멸에 이르는 고귀한 진리를 알지 못하고 꿰뚫어 보지 못했기 때문에 그대들과 나는 아주 오랫동안 윤회 속에서 길을 잃고 헤매었다.

"비구들이여, 이제 괴로움의 고귀한 진리를 깨닫고, 꿰뚫어 보았다. 괴로움의 원인의 고귀한 진리를 깨닫고, 꿰뚫어 보았다. 괴로움의 소멸의 고귀한 진리를 깨닫고, 꿰뚫어 보았다. 괴로움의 소멸로 이끄는 고귀한 진리를 깨닫고, 꿰뚫어 보았다. 존재를 향한 갈망은 끊어지고, 존재의 연결고리는 부서져 이제 다시 태어나지 않으리."

(SN 56:21)

24) 벼랑

한때 세존께서 라자가하의 영축산에 머물고 계셨을 때 비구들에게 말씀하셨다.

"오라, 비구들이여, 오늘 하루는 빠띠바나 산에서 보내는 것이 좋겠다."

"네, 세존이시여." 비구들이 대답했다.

세존께서 많은 비구들을 이끌고 빠띠바나 산으로 가는 길에 한 비구가 산의 가파른 벼랑을 보고 세존께 말씀드렸다.

"세존이시여, 벼랑이 무척 가파르고, 무섭습니다. 여기보다 더 가파르고 무서운 벼랑이 있습니까?"

"비구여, 있다."

"세존이시여, 어느 벼랑이 이곳보다 더 가파르고 무섭습니까?"

"비구여, '이것이 괴로움이다. 이것이 괴로움의 원인이다. 이것이 괴로움의 소멸이다. 이것이 괴로움의 소멸로 이르는 길이다.'라고 있는 그대로 알지 못하는 수행자와 브라만들이 있다. 이들은 태어남, 늙음, 죽음의 원인이 되는 의도형성을 좋아한다. 슬픔, 한탄, 고통, 실의, 절망의 원인이 되는 의도형성을 좋아한다. 좋아하기 때문에 다시 태어남, 늙음, 죽음으로 이어지는 의도형성을 만들어낸다. 슬픔, 한탄, 고통, 실의, 절망으로 이어지는 의도형성을 만들어낸다. 이러한 의도형성을 만들기 때문에 태어남, 늙음, 죽음의 벼랑에서 굴러떨어진다. 슬픔, 한탄, 고통, 실의, 절망의 벼랑에서 굴러떨어진다. 이들은 태어남, 늙음, 죽음에서 벗어나지 못한다. 슬픔, 탄식, 고통, 실의, 절망에서 벗어나지 못한다. 괴로움에서 벗어나지 못한다고 나는 말한다.

"하지만 비구여, '이것이 괴로움이다. … 이것이 괴로움의 소멸로 이르는 길이다.'라고 있는 그대로 아는 수행자와 브라만들이 있다. 이들은 태어남, 늙음, 죽음의 원인이 되는 의도형성을 좋아하지 않는다. 슬픔, 한탄, 고통, 실의, 절망의 원인이 되는 의도형성을 좋아하지 않는다. 좋아하지 않기 때문에 다시 태어남, 늙음, 죽음으로 이어지는 의도형성을 만들지 않는다. 슬픔, 한탄, 고통, 실의, 절망으로 이어지는 의도형성을 만들지 않는다. 이러한 의도형성을 만들지 않기 때문에 태어남, 늙음, 죽음의 벼랑에서 굴러떨어지지 않는다. 슬픔, 한탄, 고통, 실의, 절망의 벼랑에서 굴러떨어지지 않는다. 태어남, 늙음, 죽음에서 벗어났다. 슬픔, 탄식, 고통, 실의, 절망에서 벗어났다. 괴로움에서 벗어났다고 나는 말한다.

"그러므로 비구들이여, '이것은 괴로움이다.'라고 알기 위해 정진해야 한다.… '이것은 괴로움의 소멸로 가는 길이다.'고 알기 위해 정진해야 한다."

(SN 56:42)

25) 꿰뚫음

"비구들이여, 누군가가 '괴로움의 고귀한 진리를 있는 그대로 꿰뚫어 알지 못하고, 괴로움의 원인의 고귀한 진리를 있는 그대로 꿰뚫어 알지 못하고, 괴로움의 소멸의 고귀한 진리를 있는 그대로 꿰뚫어 알지 못하고, 괴로움의 소멸에 이르는 고귀한 진리를 있는 그대로 꿰뚫어 알지 못하지만 괴로움을 완전히 끝내겠다.'고 말한다면 이는 불가능하다.

"비구들이여, 누군가가 '작고 약한 아카시아잎, 소나무잎, 암라 나무잎으로 바구니를 짜서 물이나 야자 열매를 담겠다.'고 말한다면 이는 불가능하다. 마찬가지로 누군가가 '괴로움의 고귀한 진리를 있는 그대로 꿰뚫어 알지 못하고 … 괴로움을 완전히 끝내겠다.'고 말한다면 이는 불가능하다.

"비구들이여, 누군가가 '괴로움의 고귀한 진리를 있는 그대로 꿰뚫어 알고, 괴로움의 원인의 고귀한 진리를 있는 그대로 꿰뚫어 알고, 괴로움의 소멸의 고귀한 진리를 있는 그대로 꿰뚫어 알고, 괴로움의 소멸에 이르는 고귀한 진리를 있는 그대로 꿰뚫어 알아 괴로움을 완전히 끝내겠다.'고 말한다면 이는 가능하다.

"비구들이여, 누군가가 '크고 튼튼한 연잎, 키노나뭇잎, 말루와 덩굴 잎으로 바구니를 짜서 물이나 야자 열매를 담겠다.'고 말한다면 이는 가능하다. 마찬가지로 누군가가 '괴로움의 고귀한 진리를 있는 그대로 꿰뚫어 알아 … 괴로움을 완전히 끝내겠다.'고 말한다면 이는 가능하다.

　"그러므로 비구들이여, '이것은 괴로움이다.'라고 알기 위해 정진해야 한다.… '이것은 괴로움의 소멸로 가는 길이다.'고 알기 위해 정진해야 한다."

(SN 56:32)

26) 번뇌의 소멸

"비구들이여, 보고 아는 이만이 번뇌를 소멸할 수 있고, 보지 못하고, 알지 못하는 이는 번뇌를 소멸할 수 없다. 무엇을 보고, 무엇을 알기에 번뇌가 소멸하는가? 번뇌의 소멸은 '이것이 괴로움이다. 이것이 괴로움의 원인이다. 이것이 괴로움의 소멸이다. 이것이 괴로움의 소멸에 이르는 길이다.'라고 보고, 아는 이들만 얻을 수 있다. 이렇게 보고 아는 이들만이 번뇌가 소멸한다.

　"그러므로 비구들이여, '이것은 괴로움이다.'라고 알기 위해 정진해야 한다.… '이것은 괴로움의 소멸에 이르는 길이다.'고 알기 위해 정진해야 한다."

(SN 56:25)

05 지혜의 목적

1) 열반은 무엇인가

한때 사리뿟따 존자가 마가다국의 날라까가마까 마을에 머물고 있었다. 그때 유행승인 잠부카다까가 사리뿟따 존자를 찾아와 인사를 나누고 정다운 대화를 마친 뒤 한쪽에 앉아 물었다.

"사리뿟따 존자여, '열반, 열반.'이라고들 말합니다. 열반이란 무엇입니까?"

"욕심의 소멸, 미움의 소멸, 어리석음의 소멸입니다. 벗이여, 이를 열반이라고 합니다."

"그렇다면 이 열반을 실현할 수 있는 방법과 그 수행이 있습니까?"

"벗이여, 열반을 실현할 수 있는 방법과 그 수행이 있습니다."

"그렇다면 열반을 실현할 수 있는 방법과 그 수행은 무엇입니까?"

"벗이여, 그것은 여덟 가지 바른 길입니다. 즉, 바른 견해, 바른 의도, 바른 말, 바른 행동, 바른 생계, 바른 노력, 바른 마음챙김, 바른 선

589

정입니다. 이것이 열반을 실현할 수 있는 방법과 그 수행입니다."

"벗이여, 열반을 실현할 수 있는 방법과 그 수행은 훌륭합니다. 사리뿟따 존자여, 이것만으로도 정진하기에 충분합니다."

(SN 38:1)

2) 열반의 동의어

"비구들이여, 무위법과 무위법으로 가는 길을 알려주겠다. 잘 들으라. …

"비구들이여, 무위법은 무엇인가? 욕심의 소멸, 미움의 소멸, 어리석음의 소멸이다. 이것이 무위법이다.

"비구들이여, 무위법에 이르는 길은 무엇인가? 몸을 알아차리는 것이 무위법에 이르는 길이다.

"비구들이여, 기울지 않는 법 … 번뇌없는 법 … 진리 … 피안 … 미묘한 법 … 보기 어려운 법 … 낡지 않는 법 … 견고한 법 … 무너지지 않는 법 … 드러나지 않는 법 … 증장되지 않는 법[79] … 평온 … 불사 … 지고한 법 … 상서로운 법 … 안전한 법 … 갈망의 소멸 … 훌륭한 법 … 놀라운 법 … 쇠락하지 않는 법 … 열반 … 고통이 없는 법 … 욕망의 사그라듦 … 청정 … 자유 … 집착없음 … 섬 … 은신처 … 피난처 … 의지처 … 종착지와 종착지로 가는 길을 알려주겠다. 잘

　79　갈애, 자만, 견해로 증장되지 않음

들으라 …

"비구들이여, 종착지는 무엇인가? 욕심의 소멸, 미움의 소멸, 어리석음의 소멸이다.

"비구들이여, 종착지로 가는 길은 무엇인가? 몸을 알아차리는 것이 종착지로 가는 길이다.

"비구들이여, 나는 그대들에게 무위법과 무위법으로 가는 길, 즉 종착지와 종착지로 가는 길을 가르쳐 주었다. 자비로운 스승이 제자들을 위해 해야 할 일을 나는 그대들을 위해 모두 해 마쳤다. 비구들이여, 나무 뿌리도 있고, 빈 집도 있다. 비구들이여, 수행하라. 게으르지 말라. 그렇지 않으면 나중에 후회하리라. 이것이 내가 그대들에게 주는 가르침이니라."

(SN 43:1 - 44)

3) 그곳

나는 이와 같이 들었다. 한때 세존께서 사왓티에서 아나타삔디까 장자가 기증한 기원정사에 머무셨다. 그때 세존께서는 열반을 가르치시며, 비구들을 격려하고, 분발하게 하고, 기쁘게 하셨다. 비구들은 온 마음을 모아 경청하고, 주의를 기울이며, 받아들였다.

그때 세존께서는 열반의 의미를 다시 생각하시고 환희로워 다음과 같이 읊조리셨다.

"비구들이여, 땅도 없고, 물도 없고, 불도 없고, 바람도 없는 곳이

591

있다. 공무변처, 식무변처, 무소유처, 비상비비상처도 없는 곳이 있다. 이 세상도 저 세상도 없고, 해도 달도 없으며, 오고 감, 머묾도 없고 죽음도 다시 태어남도 없다. 서 있지도 않고, 움직이지도 않으며, 기반도 없다. 이것이 괴로움의 끝이다."

(Ud 8:1)

4) 태어나지 않음

나는 이와 같이 들었다. 한때 세존께서 사왓티에서 아나타삔디까 장자가 기증한 기원정사에 머무셨다. 그때 세존께서는 열반을 가르치시며, 비구들을 격려하고, 분발하게 하고, 기쁘게 하셨다. 비구들은 온 마음을 모아 경청하고, 주의를 기울이며, 받아들였다.

그때 세존께서는 열반의 의미를 다시 생각하시고 환희로워 다음과 같이 읊조리셨다.

"비구들이여, 태어나지 않고, 존재하지 않으며, 만들어지지 않고, 조건지어지지 않은 것이 있다. 비구들이여, 태어나지 않고, 존재하지 않으며, 만들어지지 않고, 조건지어지지 않은 것이 없다면 태어나고, 존재하고, 만들어지고, 조건지어진 것에서 벗어날 수 없을 것이다. 태어나지 않고, 존재하지 않으며, 만들어지지 않고, 조건지어지지 않은 것이 있기 때문에 태어나고, 존재하고, 만들어지고, 조건지어진 것에서 벗어날 수 있다."

(Ud 8:3)

5) 두 가지 열반

"비구들이여, 두 가지 열반이 있다. 이 두 가지는 무엇인가? 남음이 있는 열반과 남음이 없는 열반이다.

"비구들이여, 남음이 있는 열반은 무엇인가? 어떤 비구는 아라한을 이루었고, 번뇌가 다 하였으며, 성스러운 삶을 살았고, 해야 할 일을 마쳤으며, 짐을 내려놓았고, 목표에 도달했으며, 존재의 속박에서 완전히 벗어났고, 최상의 지혜로 해탈했다. 하지만 다섯 가지 감각 기관은 그대로여서 좋고 싫은 것을 분별하고 쾌락과 고통을 경험한다. 단지 욕심, 미움, 어리석음이 다했다면 남음이 있는 열반이라고 부른다.

"비구들이여, 남음이 없는 열반은 무엇인가? 어떤 비구는 아라한을 이루었고, … 최상의 지혜로 해탈했다. 그는 애착하지 않으므로 바로 이번 생에 감각되어지는 모든 것이 바로 그 자리에서 식어버린다. 비구들이여, 이것이 남음이 없는 열반이다.

"비구들이여, 이것이 두 가지 열반이다."

(It 44)

6) 불과 바다

15. 유행승 왓차곳따가 세존께 여쭈었다.

"고따마 존자께서도 어떤 사변적 견해를 믿으십니까?"

593

"왓차여, 여래는 '사변적 견해' 같은 것은 버렸다. '물질은 이러한 것이고, 그 원인은 이러하고, 소멸은 이러하다. 느낌은 이러한 것이고, 그 원인은 이러하고, 소멸은 이러하다. 생각은 이러한 것이고, 그 원인은 이러하고, 소멸은 이러하다. 의도형성은 이러한 것이고, 그 원인은 이러하고, 소멸은 이러하다. 의식은 이러한 것이고, 그 원인은 이러하고, 소멸은 이러하다.'고 알기 때문이다. 그러므로 모든 조작, 분별 망상, 나라는 것, 내 것이라는 것, 자만하는 잠재 성향이 부서지고, 잦아들고, 소멸하고, 끝나고, 버려졌기 때문에 여래는 집착을 버리고 해탈했다고 나는 말한다."

16. "고따마 존자시여, 비구의 마음이 이렇게 해탈하면 그는 죽어서 어디에 다시 태어납니까?"

"왓차여, '다시 태어난다.'라는 말은 맞지 않다."

"고따마 존자시여, 그럼 다시 태어나지 않습니까?"

"왓차여, '다시 태어나지 않는다.'라는 말도 맞지 않다."

"고따마 존자시여, 그럼 다시 태어나기도 하고 다시 태어나지 않기도 하는 것입니까?"

"왓차여, '다시 태어나기도 하고 다시 태어나지도 않기도 한다.'라는 말도 맞지 않다."

"고따마 존자시여, 그럼 다시 태어나는 것도 아니고 다시 태어나지 않는 것도 아닙니까?"

"왓차여, '다시 태어나는 것도 아니고 다시 태어나지 않는 것도 아니다.'라는 말도 맞지 않다."

17. "고따마 존자께서 네 가지 질문에 대해 '왓차여, "다시 태어난다."라는 말은 맞지 않다. 왓차여, "다시 태어나지 않는다."라는 말도 맞지 않다. 왓차여, "다시 태어나기도 하고 다시 태어나지 않기도 한다."라는 말도 맞지 않다. 왓차여, "다시 태어나는 것도 아니고 다시 태어나지 않는 것도 아니다."라는 말도 맞지 않다.'고 대답하셨습니다. 고따마 존자시여, 저는 당황스럽고, 혼란스럽습니다. 제가 고따마 존자와 처음 대화를 나눌 때 생겼던 믿음이 이제는 사라졌습니다."

18. "왓차여, 그대는 충분히 당황스럽고 혼란스러울 수 있다. 왓차여, 이 법은 심오하고, 알고 이해하기 어려우며, 평온하고 지극하며, 생각으로만 얻을 수 없고, 미묘하며, 지혜로운 이들이 경험하는 것이다. 그대가 다른 견해를 믿고, 다른 가르침을 받아들이고, 다른 가르침을 인정하고, 다른 수행을 닦고, 다른 스승을 모신다면 이 법은 이해하기 어렵다. 왓차여, 내가 다시 그대에게 질문하겠다. 그대 생각대로 답하라.

19. "왓차여, 어떻게 생각하느냐? 그대 앞에 불이 타고 있다고 생각해 보아라. 불이 타고 있다고 알겠는가?"

"고따마 존자시여, 그렇습니다."

"왓차여, 누가 그대에게 '그대 앞에 타는 불은 무엇을 연으로 하는가?' 하고 묻는다면, 그런 질문을 받았을 때 뭐라고 대답하겠는가?"

"고따마 존자시여, 그런 질문을 받으면 '내 앞에 타고 있는 불은 풀과 나뭇가지를 연으로 타고 있다.'고 대답하겠습니다."

"만약 그대 앞에 타고 있는 불이 꺼지면 불이 꺼졌다고 알겠느냐?"

"고따마 존자시여, 그렇습니다."

"왓차여, 누가 그대에게 '그대 앞에 타던 불이 꺼져 어느 쪽으로 갔는가? 동쪽, 서쪽, 북쪽, 남쪽 어디로 갔는가?'라고 묻는다면, 그런 질문을 받았을 때 뭐라고 대답하겠는가?"

"고따마 존자시여, 그 말은 맞지 않습니다. 불은 풀과 나뭇가지를 연료로 하여 탔습니다. 연료를 소진하고 다시 연료를 보충하지 않으면 연료가 떨어져 불이 꺼졌다고 합니다."

20. "왓차여, 마찬가지로 여래는 사람들이 여래라고 말하는 형색을 뿌리 뽑아 완전히 버려서 생장을 다한 야자나무 그루터기와 같이 다시 일어나지 못하게 하였다. 여래는 형색을 초월하였으므로 깊고 광대한 바다처럼 헤아릴 수 없다. '다시 태어난다.'라는 말은 맞지 않다. '다시 태어나지 않는다.'라는 말도 맞지 않다. '다시 태어나기도 하고 다시 태어나지 않기도 한다.'라는 말도 맞지 않다. '다시 태어나는 것도 아니고 다시 태어나지 않는 것도 아니다.'라는 말도 맞지 않다. 사람들이 여래라고 말하는 그 느낌을 … 사람들이 여래라고 말하는 그 생각을 … 사람들이 여래라고 말하는 그 의도형성을 … 사람들이 여래라고 말하는 그 의식을 여래는 뿌리 뽑아 완전히 버려서 생장을 다한 야자나무 그루터기와 같이 다시 일어나지 못하게 하였다. 여래는 의식을 초월하였으므로 깊고 광대한 바다처럼 헤아릴 수 없다. '다시 태어난다.'라는 말은 맞지 않다. '다시 태어나지 않는다.'라는 말도 맞지 않다. '다시 태어나기도 하고 다시 태어나지 않기도 한다.'라

는 말도 맞지 않다. '다시 태어나는 것도 아니고 다시 태어나지 않는 것도 아니다.'라는 말도 맞지 않다."

(MN 72)

9장 밝은 지혜의 빛

깨
달
음
의

세
계
。

10

들어가기

앞에서 살펴보았듯이 지혜의 계발은 열반의 실현을 목적으로 한다. 니까야에서는 수행자가 열반의 성취로 나아가는 일련의 정형화된 과정을 서술하고 있다. '법을 배우지 못한 범부'는 진리를 알아보지 못하다가 이 단계들을 거쳐 가면서 이번 생에서 사성제를 꿰뚫어보고 열반을 실현하여 해탈을 이룬 이, 아라한이 된다. 나는 이미 앞 장들에서 이런 여러 과정들을 언급했다. 이번 장에서는 좀더 체계적으로 살펴보고자 한다.

수행자가 열반의 실현으로 가는 역행할 수 없는 길에 들어서면 고귀한 사람이 된다. 여기서 '고귀한'이란 수행적인 측면에서의 고귀함을 말한다. 네 단계의 고귀한 사람들이 있는데 각 단계는 다시 수행 과정(향向)과 그 결과(과果) 두 시기로 나뉜다. 각 단계의 수행 과정에 있는 이(向)는 반드시 그 생에 그 과를 성취하게 된다. 과에 머무는 사람은 그 과를 확립한 이들이다.

결국 네 단계의 고귀한 사람들은 네 쌍을 이루는 여덟 부류의 고귀한 사람들(사쌍팔배四雙八輩)이라고 일컫는 것이다. **10장 1.세상의**

복전에서 이들을 모두 언급하고 있는데 ①예류과預流果를 이루기 위해 수행하는 예류향預流向, ②예류과, ③일래과一來果를 이루기 위해 수행하는 일래향一來向, ④일래과, ⑤불환과不還果를 이루기 위해 수행하는 불환향不還向, ⑥불환과, ⑦아라한과阿羅漢果를 이루기 위해 수행하는 아라한향阿羅漢向, ⑧아라한과이다.

10장 1-2.다섯 가지 능력에서는 이 여덟 부류의 사람들을 수행 능력에 따라 분류하여 다음 단계에 있는 이들이 앞 단계에 있는 이들보다 능력이 뛰어나다는 것을 증명하고 있다. 앞의 일곱 부류에 속하는 이들을 유학有學, 또는 높은 수행을 하는 수행자라고 부르고 아라한은 무학無學 즉, 수행을 마친 이라고 부른다.

이 예류과, 일래과, 불환과, 아라한과의 단계는 두 가지 기준으로 나눈 것이다. 첫 번째는 그 과를 얻기 위한 수행에서 번뇌를 얼마나 제거했는지와 두 번째, 그 과를 이룬 성인의 사후 운명이다. **1-3)잘 설해진 법**에서는 제거된 번뇌와 사후 운명, 이 두 가지를 기준으로 네 단계의 일반적인 정의를 서술하고 있다.

니까야에서는 번뇌를 10가지 족쇄로 분류하고 있다. 예류과는 하위 세 개의 족쇄를 푼 이들이다. 첫 번째는 유신견有身見으로 오온과 동일하거나 이와 관련된 ·실존하는 자아가 있다고 보는 견해이다. 두 번째는 불법승 삼보와 수행에 대한 의심이다. 세 번째는 잘못된 계행을 따르고 지키는 것(계금취戒禁取)으로 종교적 의식이나 고행

등의 외적 수행을 통해서 해탈할 수 있다는 믿음이다. 예류과는 적어도 인간계나 천상에서 최대 일곱 생을 반복하면 완전한 깨달음을 얻는다고 한다. 여덟 번째 생은 없으며 지옥, 아귀, 축생의 삼악도에 절대 다시 태어나지 않는다.

일환과는 다른 족쇄를 새롭게 풀지는 못한다. 이미 예류과에서 푼세 개의 족쇄에 더해 이제 욕심, 미움, 어리석음의 세 가지 불선한 뿌리를 약화시켜 자주 일어나지 못하게 하고, 만약 일어난다면 집착하지 않는다. 그 명칭에서 알 수 있듯이 일환과는 이 세상에 한번만 다시 태어난 뒤 괴로움을 끊을 수 있다.

불환과는 하위 다섯 가지 족쇄를 푼 이들이다. 다시 말하자면 예류과에서 풀었던 세 가지 족쇄에 더하여 감각적 욕망과 악의라는 두 가지 족쇄를 더 푼 것이다. 불환과는 감각적 욕망을 제거했기 때문에 욕계에 얽매이지 않는다. 따라서 색계에 다시 태어나게 되는데 주로 불환과만이 다시 태어날 수 있는 오정거천五淨居天에 다시 태어난다. 그리고 거기서 다시 욕계에 돌아오지 않고 열반을 얻는다.

그런데 불환과는 여전히 상위 다섯 가지 족쇄에 매여 있다. 색계에 존재하고자 하는 욕망, 무색계에 존재하고자 하는 욕망, 자만, 들뜸, 무명이 이 다섯이다. 이 상위 다섯 가지 족쇄를 끊은 자는 조건지어진 세계에 매이지 않는다. 이들은 아라한이며 모든 번뇌를 부수고 최상의 지혜로 완전히 해탈한 이들이다.

성인의 네 가지 단계	새롭게 제거한 족쇄	다시 태어나는 곳
예류과	유신견, 의심, 계금취견	인간이나 천신으로 최대 일곱 번 태어남
일환과	없음, 탐진치가 약해짐	욕계에 한번 태어남
불환과	감각적 욕망과 악의	색계에 화생化生함
아라한	욕계의 존재에 대한 욕망, 무색계 존재에 대한 욕망, 자만, 들뜸, 무명	없음

표3 성인의 네 가지 단계

이 네 단계의 성인 말고도 니까야에서는 가끔씩 예류과 아래에 있는 두 단계를 언급할 때가 있다. **1-3)잘 설해진 법**에서 법을 따르는 자와 믿음으로 따르는 자를 언급하고 있다. 이들은 사실 예류과를 얻기 위해 수행하는 예류향으로서 여덟 부류의 고귀한 사람들에 포함된다. 예류과를 얻기 위해 수행하는 이들도 그 능력에 따라 두 단계로 나눌 수 있음을 알 수 있다. 법을 따르는 자는 지혜가 우세한 이들이고 믿음으로 따르는 자는 믿음이 우세한 이들이다. 첫 번째 과위에 오르기 전 이 단계에서는 다섯 가지 능력 중에서 정진, 알아차림, 선정을 제외한 믿음과 지혜 두 가지만이 수행자를 나누는 의미있는 기준이라고 이해할 수 있다.

이 경전은 뱀의 비유경에서 옮겨온 것인데 읽다 보면 과위에 오른 사람들이 모두 비구라고 생각하기 쉽다. 하지만 이는 전혀 사실이 아니다. 이 경전에서 그런 어휘들이 쓰인 이유는 단지 설법의 대상이 비구들이었기 때문이다. **1-4)완전한 가르침**은 이러한 오해를 바로 잡고 부처님을 따르는 재가자들 중에 과위를 얻은 이들이 있었음을 분명히 보여주고 있다. 오직 출가자만이 아라한의 삶이 가능하지만 그렇다고 출가자만이 아라한의 과위에 오를 수 있는 것은 아니다. 경전과 주석서에는 재가자가 구경의 목표에 도달한 기록들을 전하고 있다. 그런데 이들은 임종 직전에 아라한과를 이루거나, 혹은 아라한과를 이룬 뒤에는 곧바로 출가한다. 재가자가 아라한으로 가정을 이루고 사는 일은 없는데 가정에 머문다는 것은 모든 갈애를 끊은 상태와 양립할 수 없기 때문이다.

그런데 불환과는 재가자로 계속 살아갈 수 있다. 이들은 재가 신도로 살면서 이미 감각적 욕망을 제거했기 때문에 반드시 금욕 수행을 한다. 이들은 '흰옷을 입고, 금욕 수행하며, 하위 다섯 개의 족쇄를 부수고, 청정한 세계에 화생하여 다시 태어나지 않고 바로 그곳에서 마지막 열반을 얻는 재가자'라고 표현된다. 경전들에서 따로 언급하지는 않지만 불환과를 얻기 위해 수행하는 이들은 항상 금욕 수행을 해야 한다. 하지만 예류과와 일환과를 얻은 재가자들은 반드시 금욕 수행을 해야 하는 것은 아니다. 경전에서 부처님께서는 이들을 일러 '흰옷을 입고, 감각적 쾌락을 즐기며, 세존의 가르침을 실천하고, 세존의 훈계를 따르며, 배운 것에 의심이 없고, 확신을 가지며, 물러서지 않고, 스승의 가르침에 다른 이를 의지하지 않는 재가자'라고 말씀하셨다. 그러므로 예류과와 일환과 중 금욕 수행하는 이들이 있기도 하겠지만 절대적으로 그렇게 해야 한다고는 말할 수는 없다.

니까야는 앞에서 살펴본 것과 다른 방식으로 성자들의 과위를 구분할 때도 있다. 과위의 높낮음보다는 능력의 차이를 기준으로 삼는 것이다. **1-5)일곱 부류의 고귀한 사람들**은 끼따기리 경에서 옮겨온 것으로 다른 분류법을 소개하고 있다. 여기에서는 아라한을 두 가지 방면에서 해탈한 아라한과 지혜로 해탈한 아라한으로 나눈다. 전자를 두 가지 방면 모두에서 해탈했다고 부르는 이유는 이들이 무색계 선정에 도달하여 물질에서 해탈하였고, 아라한과를 얻어 모든 번뇌에서 해탈하였기 때문이다. 지혜로 해탈한 아라한들은 아직 무색계 선정에 도달하지는 못했지만 무색계 선정보다 낮은 단계의 선정수행에 지혜의 힘을 더해 구경의 목표에 도달한 이들이다.

이보다 낮은 단계를 얻은 성자들, 즉 예류부터 아라한향까지는 세 범주로 나뉜다. '직접 목격한 이'는 아라한과를 제외한 어느 단계에서 무색계 선정에 도달한 이를 말한다. '견해를 얻은 이'는 아라한과를 제외한 어느 단계에서 무색계 선정에는 도달하지 못하였으나 지혜가 뛰어난 이들이다. '믿음으로 해탈한 이'는 아라한과를 제외한 어느 단계에서 무색계 선정에는 도달하지 못하였으나 믿음이 뛰어난 이들이다. 그리고 이보다 아래 단계에 속하는 법을 따르는 이와 믿음으로 따르는 이는 위에서 설명한 바 있다.

그런데 예류향의 단계에 있는 성자가 무색계 선정에 도달한 범주는 언급되지 않는다. 그렇다고 무색계 선정에 도달한 예류향을 원칙적으로 제외시켰다고 보기는 어렵다. 아마 이런 부류의 성인을 따로 분류할 이유가 없다고 생각하는 편이 옳을 것이다. 예비 단계에서 선정에 뛰어난 이들을 따로 나눌 필요가 없다고 생각했던 것으로 보인다.

이제부터는 네 단계의 과위에 대한 나의 생각을 써보려 한다. 예류과부터 시작할 텐데 그 전에 짚고 넘어갈 것이 있다. 니까야는 대다수의 사람들을 '법을 배우지 못한 범부'라고 부르고 있다. 법을 배우지 못한 범부는 부처님과 가르침을 존귀하게 여기거나, 가르침을 이해하거나, 수행에 헌신하지 않는다. 불교의 목적은 법을 배우지 못한 범부들이 불사를 얻도록 이끄는 것이고 깨달음의 단계는 이 과정을 완성해 나가는 발자국이다. 변화의 과정은 대개 부처님을 만나 신심을 내는 것에서 시작된다. 그리고 나서 법을 분명히 이해하고, 계를 수지하며, 체계적인 수행의 길에 들어서야 한다. 경전에서는 이 사람들을 범위를 좁혀 사향사과四向四果라고 특정짓지 않고, 고귀한 제자라고 두루 이르고 있다.

후대에 와서는 법에 믿음을 내어 예류를 얻기를 원하는 사람들을 선한 범부라고 불렀다. 예류를 얻기 원하는 수행자는 예류로 이어지는 네 가지 요소를 닦아야 한다. **2-1)깨달음의 흐름에 드는 네 가지 원인**에서 설명하듯이 이 네 가지는 ① 현명하고 선한 이들과 교류하는 것, ② 진정한 법을 듣는 것, ③ (만족, 위험, 벗어남으로 새기며) 경청하는 것, ④ (계정혜 삼학을 실천하며) 법에 따라 수행하는 것이다. 예류를 얻기를 서원하는 수행자가 해야 할 수행의 최고봉은 통찰력을 기르

607

는 것이다. 오온, 육근, 사대 등을 무상하고, 괴로움이며, 무아라고 철저히 관찰해야 한다. 그리고 통찰지가 절정에 달할 때 수행자의 이해가 완전히 달라질 것이다. 이것이 바른 방향으로 결정된 길, 열반으로 향하는 팔정도에 들어섰다는 표시이다. **2-2)옳은 방향으로 결정된 길에 들어섬**에서 이러한 수행자는 범인의 영역을 초월하여 고귀한 이들의 영역으로 들어간 자라고 표현하고 있다. 이들은 아직 예류과를 얻은 상태는 아니지만 죽기 전에 반드시 예류과를 얻게 된다.

이미 살펴보았듯이 예류향 중에서도 믿음으로 따르는 자와 법을 따르는 자가 있었다. 이 둘은 우세한 역량은 다르지만 이미 이룬 예류향을 더 닦아나가야 한다는 공통점이 있다. 이들이 법의 본질을 알고 보게 될 때, 즉 법의 눈을 얻어 법을 꿰뚫을 때 예류과를 얻게 된다. **2-3)법에 대한 깊은 이해**에서 예류과는 최대 일곱 생 이내에 반드시 완전한 깨달음을 얻는다고 설명하고 있다. 예류과는 하위 세 개의 족쇄를 부수고 팔정도를 닦았으며 '예류를 얻는 네 가지 원인'을 갖추고 있다. 이 네 가지는 부처님, 법, 승가, '성인들이 소중히 여기는 계행' 즉, 오계의 수지에 대한 흔들리지 않는 믿음이라고 **2-4)예류과의 네 가지 공덕**과 **2-5)지구를 정복하는 것보다**에 나와 있다.

진리를 본 예류과는 이 법의 눈을 더욱 닦아서 남아 있는 번뇌를 제거해야 하는 과제를 안게 된다. 그리고 다시 일환과라는 중요한 성취를 이루는데 이때는 10가지 족쇄를 다 제거하지는 못하지만 탐진치의 근본 세 가지 번뇌를 약화시켜 이제 욕계에 단 한번 다시 돌아온 뒤 괴로움을 끊을 수 있게 된다.

예류과나 일환과의 첫 두 과위를 얻은 수행자들은 만족해서는 안 되고 더 높은 단계인 불환과나 아라한과로 올라가야 한다. 니까야에서는 예리한 역량이 있는 범부는 바로 불환과를 얻을 수 있다고 설명하기도 한다. 불환과는 하위 다섯 가지 족쇄를 부수기만 하면 얻을 수 있다는 설명이 따라다니기 때문이다. 니까야에서는 매우 날카로운 지혜가 있는 수행자는 한 번에 이 과위에 오를 수 있는 것처럼 그리고 있는데 주석서에서는 그런 경우 불환향과 불환과를 얻기 전 매우 빠르게 첫 두 단계를 거친 것이라고 설명한다.

3-1)하위 다섯 개의 족쇄 부수기는 비구가 하위 다섯 개의 족쇄를 끊어버리기 위해서는 먼저 총 일곱 개의 선정(사선정과 사무색정의 하위 세 선정) 중 어느 한 단계는 얻어야 한다고 설명한다. 무색계 네 번째 선정은 너무나 미묘하기 때문에 통찰의 대상이 될 수 없다. 일곱 가지 선정 중 한 단계에 들어가게 되면 선정에서의 경험을 물질, 느낌, 생각, 의도형성, 의식의 다섯 가지 무더기로 분류한다. 그리고 분류된 경험들을 무상, 괴로움, 무아의 특징으로 관찰한다. 점점 깊이 관찰해 나가면 어떤 시점에 마음이 모든 유위법에서 멀어지고 불사인 열반에 집중하게 된다. 다섯 가지 능력이 예리하여 그 자리에서 바로 집착을 끊어낼 수 있다면 모든 번뇌를 부순 아라한이 되고, 아직 모든 집착을 버리지 못한다면 불환과를 얻게 된다.

부처님께서는 구경의 목표를 이루는 방법이 사람마다 다르다는 것을 아시고 **3-2)네 부류의 사람들**에서처럼 수행자들을 네 부류로 나눈 뒤 둘씩 짝을 지어 열반을 성취하는 방법을 설명하셨다. 먼저 수행 능력의 상하에 따라 수행자를 나누었는데 능력이 뛰어난 이들은 바로 이번 생에 열반을 얻는다. 상대적으로 능력이 약한 이들은 다음 생에서 열반을 얻기 때문에 불환과인 상태로 죽게 된다. 다음은 수행 방법에 따라 수행자를 나누었는데 한 부류는 예리한 지혜를 계발하는 명상 주제를 선택하여 바로 환멸과 욕망의 사라짐으로 이어지는 어려운 방법을 택했다. 다른 부류는 사선정으로 이어지는 좀더 즐겁고 완만한 길을 선택했다. 이 두 부류는 위빠사나와 사마타 수행을 선택하는 이들과 거의 동일하다.

3-3)참된 진리를 이루는 여섯 가지는 상윳따 니까야의 예류편에 포함된 짧은 경인데 통찰지로 불환과를 얻는 어려운 방법을 선택한 디가유라는 젊은 재가 신도의 이야기다. 디가유는 병상에 누워 죽을 날만 기다리고 있었다. 어느 날 부처님께서 그를 찾아와 예류과를 얻을 수 있는 네 가지 요인을 수행해야 한다고 알려주신다. 디가유는 이미 이 요인들을 갖추었다고 말씀드렸는데, 이미 예류과를 성취했다는 뜻이다. 다시 부처님께서 참된 지혜의 일부분이 되는 여섯 가지를 닦아야 한다고 가르치셨다. 디가유가 임종한 뒤 부처님은 그가 불환과로 세상을 떠났다고 확인시켜 주셨는데, 디가유가 부처님 말씀을 새겨들었음을 알 수 있다. 디가유가 이미 선정을 닦았기 때문

에 더 이상 수행 지도가 필요하지 않았을 수도 있지만 이 여섯 가지를 관한 뒤 일어난 깊은 통찰력으로만 불환과를 얻었을 수도 있다.

3-4)네 종류의 불환과는 아라한과 불환과를 얻은 이들의 차이를 설명하고 있다. 같은 수행 경지에 도달한 이들도 차이를 보인다. 부처님은 중생들의 다양한 근기를 모두 아시기 때문에 이렇게 구체적인 차이를 설명하실 수 있다.

불환과는 하위 다섯 개의 족쇄를 끊어버렸기 때문에 더 이상 욕계에 매이지 않는다. 하지만 아직 윤회에서 완전히 벗어나지 못했고 아직 남은 다섯 개의 족쇄에 묶여 있다. 아직 남아있는 다섯 개의 족쇄는 색계에 존재하고자 하는 욕망, 무색계에 존재하고자 하는 욕망, '내가 있다'는 자만, 미세한 들뜸, 무명이다. '내가 있다'는 자만은 유신견과 유사하지만 같지는 않다. 유신견은 오온과 관련된 영속하는 자아가 존재하며, 자아는 오온과 동일하거나, 자아가 오온 안에 있거나, 자아 안에 오온이 있거나, 자아가 오온을 소유한다고 믿는다.

하지만 '나는 있다'는 자만은 분명한 개념이 없다. 마음 근저에 형태도 없이 희미하게 숨어있지만 떨칠 수 없는 '나'라는 느낌은 실재한다. 유신견은 이미 예류과의 단계에서 제거되었지만 '내가 있다'는 자만은 불환과까지 수행자의 마음속에 지속된다. 이것이 **4-1)남아 있는 자만의 소멸**에 옮겨온 케마까 경에서 꽃향기와 빨래의 멋진 비유로 가르치고자 했던 핵심이다. 부처님의 제자들은 '내가 있다'는 자만에 빠지지 않기 때문에 일반인들과는 다르다. 그들은 '내가 있다'는 자만을 허구적인 상상으로 생각할 뿐이다. 정말로 실존하는

611

'나'라는 자아를 가리키는 것이 아닌 거짓 개념이라는 것이다. 하지만 아직 완전히 극복한 것은 아니다.

불환과에게도 지속되는 '내가 있다'는 잔존하는 느낌과 미세한 집착은 모두 무명에 기인한다. 수행의 목표에 도달하기 위해서 불환과는 무명의 마지막 자락까지 없애고 갈애와 자만의 흔적을 모두 지워야 한다. 무명과 갈애, 자만이 완전히 제거되는 그 결정적인 순간이 바로 불환과에서 아라한과로 승격되는 시점이다. 둘의 차이는 미세하기 때문에 구분하는 기준이 반드시 필요하다. **4-2)유학과 아라한**에서 부처님은 유학과 아라한이 각자의 위치를 확인할 수 있는 여러 가지 기준들을 제시하고 있다. 특히 관심이 가는 것이 믿음, 노력, 알아차림, 선정, 지혜의 다섯 가지 수행 능력이다. 유학은 이 능력들이 이끄는 마지막 목적지, 즉 열반을 지혜로 볼 수는 있어도 그 안에 머물지는 못한다. 아라한은 최상의 목적지를 지혜로 보고 그 안에 머물 수 있다.

다음에 이어지는 경전들에서는 아라한을 다양한 시각으로 그리고 있다. **4-3)빗장을 벗긴 비구**는 한 문단 안에 여러 가지 비유를 써서 아라한을 묘사하고 있다. **4-4)아라한이 할 수 없는 아홉 가지**는 아라한이 할 수 없는 아홉 가지를 나열하고 있다. **4-5)흔들리지 않는 마음**에서 아라한은 강력한 감각 대상을 마주해도 그 마음이 고요하다고 사리뿟따 존자가 설법한다. **4-6)아라한의 열 가지 힘**에서도 사리뿟따 존자가 열 가지 아라한의 힘을 열거하고 있다. **4-7)평온한 성인**은 요소 분석 경에서 발췌한 내용으로 여러 요소를 관하여 아라한과를 얻는 이야기로 시작된다. **9장 4.요소**에서 유사한 내용을 소개했었다. 그리고 '평온한 성자'라고 칭하는 아라한의 '네 가지 토대'에 대한 설명을 이어간다. **4-8)진실로 행복한 이**는 아라한의 뛰어난 성품을 칭송하는 게송이다.

아라한 중에서도 최초이자 으뜸은 부처님이시기에 마지막 **10장 5.여래**는 부처님을 주제로 한 경전으로 채웠다. 제목인 '여래'는 해탈의 진리를 발견해서 널리 알리는 부처의 원형적인 역할을 하는 자신을 칭할 때 부처님께서 직접 쓰신 명칭이다. 이 명칭은 두 가지 뜻으로 해석될 수 있다. 타타tathā와 아가타āgata로 보았을 때는 '그렇게 옴'이라는 뜻으로, 부처님께서 이미 정해진 방식대로(주석서에서는 십바라밀과 37조도품의 성취라고 해석한다.) 오셨다는 말이다. 타타tathā와 가타gata로 보았을 때는 '그렇게 감'이라는 뜻으로 부처님께서 이미 정해진 방식대로(주석서에서는 사마타, 위빠사나, 사향사과의 완벽한 수행으로 열반으로 가셨다고 해석한다.) 가셨다는 말이다.

후대 불교에서는 부처님과 아라한을 극도로 구분하기 시작했는데 니까야에서는 아직 후기 문헌을 참고하는 독자들이 생각하는 것처럼 그렇게 분명하게 차별하고 있지는 않다. 귀의송에서도 분명히 나와 있듯 부처님은 아라한이고, 아라한은 완전한 깨달음을 얻었다는 측면에서 부처이다. 그들도 부처님이 직접 깨달으신 똑같은 진리를 깨달은 것이다. 둘의 올바른 차이점은 바로 완전히 깨달은 부

613

처님과 완전히 깨달은 부처님의 제자로서 깨달음과 해탈을 얻은 아라한이라는 것이다. 그런데 말이 너무 복잡하니 부처님과 아라한의 차이를 구분하는 일반적인 관행을 따르고자 한다.

그렇다면 둘의 관계는 어떠한가? 시간적 간격이 주된 차이고, 완전히 깨달은 부처님께서 부처로서의 몇 가지 능력을 더 가졌다는 것뿐인가? 아니면 둘은 너무 달라서 완전히 다른 부류로 생각해야 하는 걸까? 니까야는 이 문제에 대해 아주 흥미롭다 못해 감질나는 분위기를 조성하고 있다. 5-1)**부처님과 아라한**에서는 여래·아라한·완전히 깨달은 이와 지혜로 해탈한 비구bhikkhu paññavimutta가 어떻게 다른지 묻고 있다. 여기서 말하는 지혜로 해탈한 비구는 무색계 선정에 도달하지 못한 아라한을 지칭하기보다는 아라한을 이룬 제자들을 두루 가리키고 있다고 봐야 한다.(선정과 지혜의 두 방면 모두에서 해탈한 아라한에 비견되는 지혜로만 해탈한 아라한을 가리키는 것이 아니다.) 경전에서는 둘의 차이를 역할과 출현한 시간이라고 답한다. 부처님은 길을 발견하고, 가르쳐 주셨으며, 제자들이 알지 못하는 복잡하고 어려운 내용까지 꿰뚫고 계신다. 부처님의 제자들은 부처님께서 드러낸 그 길을 따라가며 그의 가르침 아래 깨달음을 얻는다.

후기 불교 문헌 중에는 부처님은 자비롭게 묘사하는 반면 아라한들은 다른 인간들의 고통에 관심이 없는 냉철하고 차가운 존재로 그리고 있기도 하다. 이러한 비난을 면하기 위해서인지 5-2)**다수**

의 이익을 위하여에서는 부처님뿐 아니라 아라한 그리고 수행을 완성하지는 못했지만 많이 배운 선한 제자들이 많은 이들의 안녕을 위하여 출현했으며, 세상을 위한 자비심으로 생을 살고, 다른 인간들의 이익, 안녕, 행복을 위해 법을 가르친다고 설명하고 있다. 따라서 만약 이 경전의 권위가 인정된다면 자비심과 이타적인 관심이 부처님과 아라한을 차별하는 기준이라고 주장할 수는 없다.

5-3)사리뿟따 존자의 포효는 이 질문을 다르게 생각해 볼 기회를 마련해준다. 경전에서 부처님께서는 과거, 현재, 미래의 모든 부처님들의 계, 공덕, 지혜, 선정, 해탈에 대해 온전히 알고 있는지 질문하며 사리뿟따 존자가 진실로 거룩한 사자후를 포효했는지 확인하고 있다. 사리뿟따 존자는 다 알지 못한다고 대답하지만 삼세의 모든 부처님들이 다섯 가지 장애를 버리고, 네 가지 마음챙김에 마음을 확고히 한 후 일곱 가지 깨달음의 요소를 바르게 닦아서 완전한 깨달음을 얻었다는 것은 안다고 말씀드린다.

이것이 바로 부처님과 아라한 제자들이 공통적으로 성취한 길이다. 이것 말고도 부처님들은 최고의 아라한들을 능가하는 공덕들이 있다. 니까야에서는 이러한 우월성을 두 가지로 설명한다. 첫 번째는 부처님 존재 자체가 근본적으로 중생을 위한 것이기 때문에 가장 이타적인 아라한조차도 부처님을 흉내낼 수는 있어도 부처님과 대등할 수 없다. 두 번째는 지혜와 신통력이 아라한들보다 훨씬 뛰어나다는 것이다.

615

부처님은 위없는 봄, 수행, 해탈을 이룬 비구들조차 여래를 존경한다고 말씀하셨다. 왜냐하면 여래의 깨달음은 다른 이들도 깨닫도록 이끌어주고, 여래의 해탈은 다른 이들도 해탈하도록 이끌어주며, 여래의 열반은 다른 이들도 열반을 얻도록 이끌어주기 때문이다. **5-4)여래의 힘과 확신**에서 사자후를 포효하고 법륜을 굴릴 수 있는 부처님만의 특별한 두 가지 공덕을 알게 된다. 이는 여래의 열 가지 힘과 네 가지 확신의 근거이다. 이 중 일부를 갖춘 제자들도 있지만 이 두 가지 공덕을 오롯이 갖춘 이는 부처님밖에 없으며 이 두 가지의 도움으로 부처님은 중생들을 각각의 근기에 맞게 가르치고 이끌 수 있는 것이다. 네 가지 확신의 근거가 있기 때문에 한 종교의 창시자로서 부처님께 떳떳한 권한과 막중한 임무가 부여되는 것이다. **5-5)위대한 빛의 등장**은 여래를 해와 달에 비유하고 있다. 부처님께서 세상에 나투시는 것은 위대한 빛의 현현이며 무명의 어둠을 몰아내기 때문이다. **5-6)우리의 행복을 바라는 이**에서는 부처님을 사슴 무리를 재난에서 구하는 사람에 비유해 인류의 위대한 은인으로 그리고 있다.

5-7)동물의 왕, 사자에서 다시 사자후의 비유가 나온다. 부처님이 무상이라는 보편적인 법칙을 선언하신 것을 사자굴에서 나온 사자의 포효에 장황하게 비유하고 있다. 초전법륜경의 마지막 문단에서처럼 이 경전에서도 부처님의 임무를 우주적 차원으로 끌어올리고 있다. 부처님의 가르침은 인간뿐 아니라 천상계까지 도달해 천신들의 어리석음을 일깨운다.

마지막으로 **5-8)어째서 여래인가**에서는 부처님은 왜 여래인가에 대한 간단한 설명들이 이어진다. 부처님을 여래라고 부르는 이유는 세상의 본질과 일어남, 벗어남, 벗어나는 길을 오롯이 아시기 때문이다. 이 세상에 보이고, 들리고, 느껴지고, 인지되는 모든 현상들을 온전히 아시기 때문이다. 부처님의 말씀은 틀림없이 진실이기 때문이다. 말씀하신 그대로 행동하시기 때문이다. 이 세상 최고의 주인이시기 때문이다. 그리고 게송으로 경전을 끝맺는데 부처님을 세계 최고의 귀의처로 칭송하고 있다.

이렇게 운문과 산문으로 표현한 여래에 대한 믿음은 냉담하고 침착한 겉모습을 한 초기불교에 면면히 흐르는 따뜻한 종교적 정서를 느끼게 해준다. 이러한 종교적 면모 때문에 불법을 단지 철학, 윤리, 명상법으로만 치부할 수 없는 것이다. 이런 면 때문에 불교는 우리 마음 속에 살아 숨쉬며, 우리가 앞으로 계속 나아갈 수 있도록 이끌어준다. 또한 해탈에 이르는 진리를 알려주는 최상의 스승이자 자신이 가르쳤던 진리의 최고의 본보기였던 한 사람에 대한 믿음에 뿌리한 수행을 완성시켜 준다.

01   세상의 복전

1) 보시받아 마땅한 여덟 부류의 사람들

"비구들이여, 이 여덟 부류의 사람들은 보시받아 마땅하고, 환대받아 마땅하며, 공양받아 마땅하고, 예경받아 마땅하며, 세상의 위없는 복전이 된다. 이 여덟 부류는 누구인가?

"흐름에 든 과를 이룬 예류과와 예류과를 이루기 위해 수행하는 예류향, 한 번 욕계에 돌아오는 과를 이룬 일래과와 일래과를 이루기 위해 수행하는 일래향, 욕계에 다시 돌아오지 않는 과를 이룬 불환과와 불환과를 이루기 위해 수행하는 불환향, 아라한과를 이룬 아라한과 아라한과를 이루기 위해 수행하는 아라한향이 그들이다.

"비구들이여, 이 여덟 부류의 사람들은 보시받아 마땅하고, 환대받아 마땅하며, 공양받아 마땅하고, 예경받아 마땅하며, 세상의 위없는 복전이 된다."

(AN 8:59)

618

2) 다섯 가지 능력

"비구들이여, 다섯 가지 능력이 있다. 이 다섯 가지는 무엇인가? 믿음, 정진, 알아차림, 선정, 지혜이다.

"이 다섯 가지 능력을 완성하고 성취한 이를 아라한이라 한다. 다섯 가지 능력이 아라한보다 약하다면 아라한과를 성취하기 위해 수행하는 아라한향이다. 아라한향보다 약한 이들은 불환과이다. 불환과보다 약한 이는 불환과를 성취하기 위해 수행하는 불환향이다. 불환향보다 약한 이들은 일래과이다. 일래과보다 약한 이는 일래과를 성취하기 위해 수행하는 일래향이다. 일래향보다 약한 이들은 예류과이다. 예류과보다 약한 이는 예류과를 성취하기 위해 수행하는 예류향이다.

"비구들이여, 이 다섯 가지 능력을 아예 조금도 갖추지 못한 이들을 외부인 또는 범부의 무리라고 나는 말한다."

(SN 48:18)

3) 잘 설해진 법

42. "비구들이여, 내가 잘 설한 이 법은 분명하고, 열려 있으며, 훤히 드러나고, 모든 뜻이 하나로 통한다. 내가 잘 설한 분명하고, 열려 있으며, 훤히 드러나고, 모든 뜻이 하나로 통하는 이 법을 닦아 저 비구들은 아라한을 이루었고, 번뇌가 다 하였으며, 성스러운 삶을 살았

619

고, 해야 할 일을 마쳤으며, 짐을 내려놓았고, 목표에 도달했으며, 존재의 속박에서 완전히 벗어났고, 최상의 지혜로 해탈했다. 저들에게 이제 더 이상의 윤회는 없다.

43. "비구들이여, 내가 잘 설한 이 법은 분명하고 … 모든 뜻이 하나로 통한다. 내가 잘 설한 분명하고, 열려 있으며, 훤히 드러나고, 모든 뜻이 하나로 통하는 이 법을 닦아 저 비구들은 하위 다섯 가지 족쇄를 부수었다. 저들은 이제 청정한 세계에 화생하여 돌아오지 않고 바로 그곳에서 마지막 열반을 얻는다.⁸⁰

44. "비구들이여, 내가 잘 설한 이 법은 분명하고 … 모든 뜻이 하나로 통한다. 내가 잘 설한 이 법을 닦아 저 비구들은 세 가지 족쇄를 부수고 욕심, 미움, 어리석음을 덜어내었다. 저들은 이제 일환과가 되어 한번 이 세상에 돌아와 모든 괴로움을 끊는다.

45. "비구들이여, 내가 잘 설한 이 법은 분명하고 … 모든 뜻이 하나로 통한다. 내가 잘 설한 이 법을 닦아 저 비구들은 세 가지 족쇄를 부수었다. 저들은 이제 예류과가 되어 삼악도에 다시 태어나지 않으며, 결국 깨달을 운명이 정해졌다.⁸¹

46. "비구들이여, 내가 잘 설한 이 법은 분명하고 … 모든 뜻이 하

---

80 하위 다섯 가지 족쇄는 유신견, 의심, 계금취견, 감각적 욕망, 악의이다. 화생이란 어머니, 아버지를 의지하지 않고 업력으로 갑자기 태어나는 것을 말한다.

81 세 가지 족쇄는 유신견, 의심, 계금취견을 말한다. 운명이 정해졌다는 뜻은 예류과는 인간계나 천상에 최대 일곱 번까지 다시 태어나는 사이에 반드시 해탈한다는 뜻이다.

나로 통한다. 내가 잘 설한 이 법을 닦아 저 비구들은 믿음을 내고 법을 따른다. 저들은 이제 결국 깨달을 운명이 정해졌다.

47. "비구들이여, 내가 잘 설한 이 법은 분명하고, 열려 있으며, 훤히 드러나고, 모든 뜻이 하나로 통한다. 내가 잘 설한 이 법을 닦아 저들은 여래를 향해 충분한 믿음과 애정을 품었다. 저들은 이제 천상에 다시 태어날 것이다."

(MN 22)

4) 완전한 가르침

6. "갈애를 완전히 뿌리 뽑고 버려서 생장을 다한 야자나무 그루터기와 같이 갈애가 다시 일어나지 않는 비구는 아라한을 이루었고, 번뇌가 다하였으며, 성스러운 삶을 살았고, 해야 할 일을 마쳤으며, 짐을 내려놓았고, 목표에 도달했으며, 존재의 속박에서 완전히 벗어났고, 최상의 지혜로 해탈했다."

7. "고따마 존자 말고도 고따마 존자의 제자 중에서 직접 바른 지혜로 깨달아 이번 생에 바로 번뇌가 소멸하여 번뇌없는 마음의 해탈, 지혜의 해탈에 들어가 머무는 비구가 있습니까?"

"왓차여, 백 명, 이백 명, 삼백 명, 사백 명, 오백 명의 비구뿐만 아니라 훨씬 많은 나의 제자들이 직접 바른 지혜로 깨달아 이번 생에 바로 번뇌가 소멸하여 번뇌없는 마음의 해탈, 지혜의 해탈에 들어가 머문다."

621

8. "고따마 존자와 비구들 말고도 고따마 존자의 제자 중에서 직접 바른 지혜로 깨달아 이번 생에 바로 번뇌가 소멸하여 번뇌없는 마음의 해탈, 지혜의 해탈에 들어가 머무는 비구니가 있습니까?"

"백 명, … 오백 명의 비구니뿐만이 아니라 훨씬 많은 나의 제자들이 직접 바른 지혜로 깨달아 이번 생에 바로 번뇌가 소멸하여 번뇌없는 마음의 해탈, 지혜의 해탈에 들어가 머문다."

9. "고따마 존자와 비구, 비구니 말고도 고따마 존자의 제자 중에서 하위 다섯 개의 족쇄를 부수고 청정한 세계에 화생하여 다시 태어나지 않고 바로 그곳에서 마지막 열반을 얻을 수 있는 흰옷을 입고 금욕 수행하는 남자 신도가 있습니까?"

"백 명, … 오백 명의 흰옷을 입고 금욕 수행하는 남자 신도뿐만이 아니라 훨씬 많은 나의 제자들이 하위 다섯 개의 족쇄를 부수고 청정한 세계에 화생하여 다시 태어나지 않고 바로 그곳에서 마지막 열반을 얻는다."

10. "고따마 존자와 비구, 비구니, 흰옷을 입고 금욕 생활을 하는 남자 신도 말고도 고따마 존자의 제자 중에서 세존의 가르침을 실천하고, 세존의 훈계를 따르며, 배운 것에 의심이 없고, 확신을 가지며, 물러서지 않고, 스승의 가르침에 다른 이를 의지하지 않는 흰옷을 입고 감각적 쾌락을 즐기는 남자 신도가 있습니까?"

"백 명, … 오백 명의 흰옷을 입고 감각적 쾌락을 즐기는 남자 신도뿐만이 아니라 훨씬 많은 나의 제자들이 나의 가르침을 실천하고, 나의 훈계를 따르며, 배운 것에 의심이 없고, 확신을 가지며, 물러서지 않고, 스승의 가르침에 다른 이를 의지하지 않는다."

11. "고따마 존자와 비구, 비구니, 흰옷을 입고 금욕 수행을 하거나 감각적 쾌락을 즐기는 남자 신도들 말고도 고따마 존자의 제자 중에서 하위 다섯 개의 족쇄를 부수고 청정한 세계에 화생하여 다시 태어나지 않고 바로 그곳에서 마지막 열반을 얻을 수 있는 흰옷을 입고 금욕 수행하는 여자 신도가 있습니까?"

"백 명, … 오백 명의 흰옷을 입고 금욕 수행하는 여자 신도뿐만이 아니라 훨씬 많은 나의 제자들이 하위 다섯 개의 족쇄를 부수고 청정한 세계에 화생하여 다시 태어나지 않고 바로 그 곳에서 마지막 열반을 얻는다."

12. "고따마 존자와 비구, 비구니, 흰옷을 입고 금욕 수행을 하거나 감각적 쾌락을 즐기는 남자 신도, 흰옷을 입고 금욕 수행을 하는 여자 신도 말고도 고따마 존자의 제자 중에서 세존의 가르침을 실천하고, 세존의 훈계를 따르며, 배운 것에 의심이 없고, 확신을 가지며, 물러서지 않고, 스승의 가르침에 다른 이를 의지하지 않는 흰옷을 입고 감각적 쾌락을 즐기는 여자 신도가 있습니까?"

"백 명, … 오백 명의 흰옷을 입고 감각적 쾌락을 즐기는 여자 신도뿐만이 아니라 훨씬 많은 나의 제자들이 나의 가르침을 실천하고, 나의 훈계를 따르며, 배운 것에 의심이 없고, 확신을 가지며, 물러서지 않고, 스승의 가르침에 다른 이를 의지하지 않는다."

13. "고따마 존자시여, 만약 존자께서만 이 법을 성취하시고 비구들은 성취하지 못하였다면, 이 출가수행 생활은 온전히 존경받지 못

했을 것입니다. 고따마 존자와 비구들 모두 이 법을 성취하였기 때문에 이 출가수행은 온전히 존경받습니다.

고따마 존자와 비구들만이 이 법을 성취하시고 비구니들은 성취하지 못하였다면, 이 출가수행 생활은 온전히 존경받지 못했을 것입니다. 고따마 존자와 비구, 비구니들 모두 이 법을 성취하였기 때문에 이 출가수행은 온전히 존경받습니다. 만약 고따마 존자와 비구, 비구니만이 이 법을 성취하고 흰옷을 입고 금욕 수행하는 남자 신도들이 성취하지 못했다면 이 출가수행의 삶은 온전히 존경받지 못했을 것입니다. …

고따마 존자와 비구, 비구니, 흰 옷을 입고 금욕 수행을 하거나 감각적 쾌락을 누리는 남자 신도들과 흰 옷을 입고 금욕 수행을 하거나 감각적 쾌락을 즐기는 여자 신도들 모두 이 법을 성취하였기 때문에 이 출가수행의 삶은 온전히 존경받습니다.

14. "갠지스강이 바다를 향하고, 바다로 기울고, 바다로 흐르고, 바다에 이르는 것처럼 고따마 존자의 출가·재가 대중들은 열반을 향하고, 열반으로 기울고, 열반으로 흐르고, 열반에 이릅니다."

(MN 73)

5) 일곱 부류의 고귀한 사람들

11. "비구들이여, 나는 모든 비구가 다 부지런히 닦아야 한다고 말하지 않는다. 또 모든 비구가 다 부지런히 닦을 필요가 없다고도 말

하지 않는다.

12. "아라한을 이루었고, 번뇌가 다하였으며, 성스러운 삶을 살았고, 해야 할 일을 마쳤으며, 짐을 내려놓았고, 목표에 도달했으며, 존재의 속박에서 완전히 벗어났고, 최상의 지혜로 해탈한 저 비구들이 부지런히 더 닦아야 한다고 나는 말하지 않는다. 해야 할 일을 부지런히 해 마쳤기 때문이다. 저들은 이제 방일할 수 없다.

13. "아직 깨달음이 완전하지 않고, 그 마음이 목표에 도달하지 못하였으며, 속박으로부터 위없는 자유를 계속해서 서원하는 저 비구들은 부지런히 더 닦아야 한다고 나는 말한다. 이들이 적당한 거처에 머물고, 좋은 도반들과 교류하며, 수행 능력을 키우면 직접 바른 지혜로 깨달아 바로 이번 생에 출가수행의 궁극적 목표를 성취할 수 있기 때문이다. 바로 이 목표를 성취하기 위하여 일족의 자손이 당당히 집을 떠나 수행한다. 나는 저 비구들이 부지런히 수행한 결과를 알기 때문에 저들이 아직 부지런히 더 닦아야 한다고 말한다.

14. "비구들이여, 세상에는 일곱 부류의 사람이 존재한다. 이 일곱 부류는 무엇인가? 두 가지 면에서 모두 해탈한 이, 지혜로 해탈한 이, 직접 목격한 이, 견해를 얻은 이, 믿음으로 해탈한 이, 법을 따르는 이, 믿음으로 따르는 이들이다.

15. "두 가지 면에서 모두 해탈한 이는 무엇을 말하는가? 어떤 사람들은 직접 물질을 초월한 평온한 해탈을 체득하여 머물며 또 지혜로 바로 보아서 모든 번뇌를 제거한다. 이러한 부류의 사람들을 두 가지 면에서 모두 해탈한 이라고 한다.[82] 나는 이들이 부지런히 더 닦아야

625

한다고 말하지 않는다. 해야 할 일을 부지런히 해 마쳤기 때문이다. 이들은 이제 방일할 수 없다.

16. "지혜로 해탈한 이는 무엇을 말하는가? 어떤 사람들은 직접 물질을 초월한 평온한 해탈을 체득하여 머물지는 않지만 지혜로 바로 보아서 모든 번뇌를 제거한다. 이러한 부류의 사람들을 지혜로 해탈한 이라고 한다.[83] 나는 이들이 아직 부지런히 더 닦아야 한다고 말하지 않는다. 해야 할 일을 부지런히 해 마쳤기 때문이다. 이들은 이제 방일할 수 없다.

17. "직접 목격한 이는 무엇을 말하는가? 어떤 사람들은 직접 물질을 초월한 평온한 해탈을 체득하여 머물며 또 지혜로 바로 보아서 번뇌의 일부를 제거한다. 이러한 부류의 사람들을 직접 목격한 이라고 한다.[84] 나는 이들이 아직 부지런히 더 닦아야 한다고 말한다. 이 존경받는 이들이 적당한 거처에 머물고, 좋은 도반들과 교류하며, 수행 능력을 키우면 직접 바른 지혜로 깨달아 바로 이번 생에 출가수행의 궁극적 목표를 성취할 수 있기 때문이다. 이 목표를 성취하기 위해 일족의 자손이 당당히 집을 떠나 수행한다. 나는 이 비구들이 부지런

---

82 두 가지 면에서 모두 해탈했다는 것은 사무색정을 통해 물질인 육체에서 해탈하고, 아라한을 이루어 정신체에서 해탈했다는 뜻이다. 이를 모든 아라한의 공통점인 번뇌없는 심해탈, 혜해탈로 잘못 이해해서는 안된다. 아라한의 성취는 사무색정과는 상관없다.

83 사선정 중 하나를 성취하거나 마른 지혜가 있는 아라한을 말한다.

84 사무색정을 얻은 예류과부터 아라한향까지의 성자를 말한다.

히 수행한 결과를 알기 때문에 이들이 아직 부지런히 더 닦아야 한다고 말한다.

18. "견해를 얻은 이는 무엇을 말하는가? 어떤 사람들은 직접 물질을 초월한 평온한 해탈을 체득하여 머물지는 않지만 지혜로 바로 보아 번뇌의 일부를 제거한다. 여래가 설하신 가르침을 지혜롭게 살피고 되새긴다. 이러한 부류의 사람들을 견해를 얻은 이라고 한다.[85] 나는 이들이 아직 부지런히 더 닦아야 한다고 말한다. 이 존경받는 이들이 … 수행을 한다. 나는 이 비구들이 부지런히 수행한 결과를 알기 때문에 이들이 아직 부지런히 더 닦아야 한다고 말한다.

19. "믿음으로 해탈한 이는 무엇을 말하는가? 어떤 사람들은 직접 물질을 초월한 평온한 해탈을 체득하여 머물지는 않지만 지혜로 바로 보아서 번뇌의 일부를 제거한다. 여래에 대한 믿음이 싹트고 뿌리를 내려 확고히 확립된다. 이러한 부류의 사람들을 믿음으로 해탈한 이라고 한다.[86] 나는 이들이 아직 부지런히 더 닦아야 한다고 말한다. 이 존경받는 이들이 … 수행을 한다. 나는 이 비구들이 부지런히 수행한 결과를 알기 때문에 이들이 아직 부지런히 더 닦아야 한다고 말한다.

20. "법을 따르는 이는 무엇을 말하는가? 어떤 사람들은 직접 물질을 초월한 평온한 해탈을 체득하지도 못하고, 지혜로 바로 보아 번뇌

---

85 사무색정을 얻지 못했지만 통찰력이 뛰어난 예류과부터 아라한향까지의 성자를 말한다.

86 믿음이 뛰어난 예류과부터 아라한향까지의 성자를 말한다.

를 제거하지도 못했다. 하지만 여래가 설한 가르침을 지혜롭게 충분히 숙고한 뒤 받아들인다. 그에게는 믿음, 정진, 알아차림, 선정, 지혜의 다섯 가지 수행 능력이 있다. 이러한 부류의 사람들을 법을 따르는 이라고 한다.[87] 나는 이들이 아직 부지런히 더 닦아야 한다고 말한다. 이 존경받는 이들이 … 수행을 한다. 나는 이 비구들이 부지런히 수행한 결과를 알기 때문에 이들이 아직 부지런히 더 닦아야 한다고 말한다.

21. "믿음으로 따르는 이는 무엇을 말하는가? 어떤 사람들은 직접 물질을 초월한 평온한 해탈을 체득하지도 못하고, 지혜로 바로 보아 번뇌를 제거하지도 못했다. 하지만 여래에 대한 충분한 믿음과 애정이 있다. 그에게는 믿음, 정진, 알아차림, 선정, 지혜의 다섯 가지 수행 능력이 있다. 이러한 부류의 사람들을 믿음으로 따르는 이라고 한다. 나는 이들이 아직 부지런히 더 닦아야 한다고 말한다. 이 존경받는 이들이 적당한 거처에 머물고, 좋은 도반들과 교류하며, 수행능력을 키우면 직접 바른 지혜로 깨달아 바로 이번 생에 출가수행의 궁극적 목표를 성취할 수 있기 때문이다. 이 목표를 성취하기 위해 일족의 자손이 당당히 집을 떠나 수행한다. 나는 이 비구들이 부지런히 수행한 결과를 알기 때문에 이들이 아직 부지런히 더 닦아야 한다고 말한다."

(MN 70)

---

87 법을 따르는 이와 믿음을 따르는 이는 예류과를 얻기 위해 수행하는 이들이다.

02 예류

1) 깨달음의 흐름(예류預流)에 드는 네 가지 원인

세존께서 사리뿟따 존자에게 말씀하셨다.

"사리뿟따여, '깨달음의 흐름에 드는 원인'이라고 말한다. 사리뿟따여, 깨달음의 흐름에 드는 원인은 무엇인가?"

"세존이시여, 뛰어난 이들과 교류하는 것이 깨달음의 흐름에 드는 원인이 됩니다. 진정한 법을 듣는 것이 깨달음의 흐름에 드는 원인이 됩니다. 경청하는 것이 깨달음의 흐름에 드는 원인이 됩니다. 법에 따라 수행하는 것이 깨달음의 흐름에 드는 원인이 됩니다."

"사리뿟따여, 좋다, 좋구나! 그대가 말한 것과 같다. 그러면 사리뿟따여, '깨달음의 흐름, 깨달음의 흐름'이라고 한다. 깨달음의 흐름은 무엇인가?"

"세존이시여, 그것은 여덟 가지 바른 길입니다. 즉, 바른 견해, 바른 의도, 바른 말, 바른 행동, 바른 생계, 바른 노력, 바른 마음챙김, 바른 선정입니다."

"사리뿟따여, 좋다, 좋구나! 그대가 말한 것과 같다. 그러면 사리뿟따여, '깨달음의 흐름에 든 자, 깨달음의 흐름에 든 자'라고 한다. 깨달음의 흐름에 든 자는 누구를 말하는 것인가?"

"세존이시여, 여덟 가지 바른 길을 닦는 사람을 깨달음의 흐름에 든 자라고 합니다. 이러한 가문의 이러한 이름을 한 성인입니다."

"사리뿟따여, 좋다, 좋구나! 여덟 가지 바른 길을 닦는 사람이 깨달음의 흐름에 든 자이다. 이러한 가문의 이러한 이름을 한 성인이 맞다."

(SN 55:5)

2) 옳은 방향으로 결정된 길에 들어섬

"비구들이여, 눈은 영원하지 않고, 변하고, 달라진다. 귀, … 눈, … 혀, … 몸, … 마음은 영원하지 않고, 변하고, 달라진다. 이러한 가르침에 믿음을 내고, 물러서지 않는 이들을 믿음을 따르는 자, 옳은 방향으로 정해진 길로 들어선 자,[88] 뛰어난 이들의 영역에 들어간 자, 범인들의 영역을 초월한 자라고 부른다. 이들은 지옥, 축생, 아귀로 다시 태어날 원인이 되는 행동을 할 수 없다. 반드시 죽기 전에 예류과를 성취한다.

"이러한 가르침을 지혜롭게 충분히 숙고한 뒤 받아들이는 이들

88　옳은 방향으로 정해진 길이란 출세간의 팔정도를 말한다.

을 법을 따르는 자, 옳은 방향으로 결정된 길로 들어선 자, 뛰어난 이들의 영역에 들어간 자, 범인들의 영역을 초월한 자라고 부른다. 이들은 지옥, 축생, 아귀로 다시 태어날 원인이 되는 행동을 할 수 없다. 반드시 죽기 전에 예류과를 성취한다.

"이러한 가르침을 알고 보는 이들은 깨달음의 흐름에 들었으며, 더 이상 삼악도에 떨어지지 않고, 결국 깨달을 운명이 정해졌다."[89]

(SN 25:1)

3) 법에 대한 깊은 이해

세존께서 약간의 흙을 집어 손톱 위에 올려놓으시고 비구들에게 말씀하셨다.

"비구들이여, 내 손톱 위의 흙이 많은가? 온 지구의 흙이 많은가?"

"세존이시여, 온 지구의 흙이 많습니다. 세존께서 손톱 위에 집어 올린 흙은 그에 비해 너무 적습니다. 지구의 흙에 백분의 일, 천분의 일, 수십 만분의 일도 되지 않습니다."

"비구들이여, 법을 깊이 이해하여 견해를 얻은 부처님의 제자가 무너뜨리고 소멸시킨 괴로움은 아직 남아있는 약간의 괴로움보다

---

89 믿음을 따르는 자는 믿음을 기반으로 가르침을 받아들이며, 법에 대한 이해가 높지 않다. 법을 따르는 자는 법을 탐구해서 받아들이며, 법에 대한 이해가 높다. 이 둘은 모두 예류향의 단계를 말한다. 이러한 가르침을 직접 알고 보는 이들은 예류과이다.

훨씬 많다. 남아있는 괴로움은 무너뜨리고 소멸시킨 괴로움의 백분의 일, 천분의 일, 수십만분의 일에도 미치지 못한다. 이제 많아야 일곱 생만이 남았다. 비구들이여, 법을 깊이 이해하는 이익이 그렇게 크고, 법에 대한 지혜를 얻는 이익이 그렇게 크다."

(SN 13:1)

4) 예류과의 네 가지 공덕

"비구들이여, 네 가지를 갖춘 부처님의 제자는 깨달음의 흐름에 들었으며, 더 이상 삼악도에 떨어지지 않고, 결국 깨달을 운명이 정해졌다.

  "이 네 가지는 무엇인가? 부처님의 제자는 (1)부처님에 대해 '세존은 아라한이고, 완전히 깨달았으며, 지혜와 실천이 원만하고, 잘 가신 분이며, 세간에 대한 지혜를 통달했고, 중생을 잘 다스리며, 천신과 인간의 스승이고 부처이다.'라고 새기고 확고부동한 믿음을 갖는다. (2)법에 대해 '세존께서 잘 설하신 법은 바로 볼 수 있고, 시간이 걸리지 않으며, 와서 보라고 열려 있고, 실천할 만하며, 지혜로운 이들이 직접 체험하는 것이다.'라고 새기고 확고부동한 믿음을 갖는다. (3)승가에 대해 '부처님의 승가는 선한 길을 실천하고, 곧은 길을 실천하며, 진리의 길을 실천하고, 올바른 길을 실천한다. 네 쌍으로 짝지어진 여덟 부류의 사람들로 이루어진 부처님의 승가는 보시받아 마땅하고, 환대받아 마땅하며, 공양받아 마땅하고, 예경받아 마땅하며, 세상의 위없는 복전이 된다.'라고 새기고 확고부동한 믿음을 갖는다. (4) 성스러운 이들이 소중히 하고, 끊어지지 않고, 완전하고, 흠이 없고, 때가 없고, 벗어나게 하고, 현자들이 칭송하고, 선정으로 이어지는 계행을 실천한다.

"비구들이여, 이 네 가지를 성취한 부처님의 제자는 깨달음의 흐름에 들었으며, 더 이상 삼악도에 떨어지지 않고, 결국 깨달을 운명이 정해졌다."

(SN 55:2)

5) 지구를 정복하는 것보다

"비구들이여, 네 개의 대륙을 절대 권력으로 통치한 전륜성왕이 명이 다하여 몸이 무너진 후 행복한 곳, 천상 세계에 태어나거나, 그 중에서도 도리천의 신들의 무리 속에 태어나 난다나 숲에서 천상의 정령들과 함께 다섯 가지 감각적 쾌락을 풍족히 누리더라도 네 가지가 없기 때문에 그는 지옥, 축생, 아귀의 삼악도를 벗어나지 못했으며, 비참한 곳, 불행한 곳, 하열한 곳을 벗어나지 못했다. 비구들이여, 부처님의 제자는 탁발한 음식으로 끼니를 때우고, 누더기로 만든 가사를 입지만 네 가지가 있기 때문에 지옥, 축생, 아귀의 삼악도에서 벗어났으며, 비참한 곳, 불행한 곳, 하열한 곳을 벗어났다. 이 네 가지는 무엇인가? 부처님, 법, 승가, 성스러운 이들이 소중히 여기는 계행에 대한 확고부동한 믿음이다. 비구들이여, 네 개의 대륙을 호령하는 것

633

과 이 네 가지 믿음을 성취하는 것을 비교하면 앞의 것이 뒤의 것의 16분의 1의 가치도 되지 않는다."

(SN 55:1)

03 불환과

1) 하위 다섯 개의 족쇄 부수기

7. "아난다여, 하위 다섯 개의 족쇄를 부수는 방법과 수행이 있다. 누구도 이 방법과 수행에 의지하지 않고 하위 다섯 개의 족쇄를 보고, 알고, 부술 수 없다. 속재목이 있는 커다란 나무를 자를 때 그 껍질과 겉재목을 자르지 않고 속재목을 바로 자르는 것이 불가능한 것처럼 하위 다섯 가지 족쇄를 부수는 경우도 마찬가지다.

"아난다여, 하위 다섯 개의 족쇄를 부수는 방법과 수행이 있다. 누구라도 이 방법과 수행을 의지하면 하위 다섯 개의 족쇄를 보고, 알고, 부술 수 있다. 속재목이 있는 커다란 나무를 자를 때 그 껍질과 겉재목을 먼저 자르고 나면 속재목을 자르는 것이 가능한 것처럼 하위 다섯 가지 족쇄를 부수는 경우도 마찬가지다.

8. "아난다여, 까마귀들이 강물을 마실 수 있을 정도로 갠지스강물이 불어났다고 생각해 보아라. 어떤 허약한 사람이 두 팔로 헤엄쳐서 강을 안전하게 건널 수 있을 것 같은 생각이 든다 해도 실제로는 강

635

을 안전하게 건너지 못할 것이다. 마찬가지로 자아의 소멸에 대한 법을 가르쳐도 배우는 사람의 마음이 그 법에 안착하지 않고, 믿지 않으며, 꾸준함이 없고, 강한 의지가 없다면, 그 사람은 이 허약한 이와 다름이 없다.

"아난다여, 까마귀들이 강물을 마실 수 있을 정도로 갠지스강물이 불어났다고 생각해 보아라. 어떤 건장한 사람이 두 팔로 헤엄쳐서 강을 안전하게 건널 수 있을 것 같은 생각이 들었다면 실제로도 강을 안전하게 건널 수 있을 것이다. 마찬가지로 자아의 소멸에 대한 법을 가르쳤을 때 배우는 사람의 마음이 그 법에 안착하고, 믿으며, 꾸준하고, 강한 의지가 있다면, 그 사람은 이 건장한 이와 다름이 없다.

9. "아난다여, 하위 다섯 개의 족쇄를 부수는 방법과 수행은 무엇인가? 비구는 소유물을 멀리하고, 불선한 법을 버리며, 몸의 불편함을 완전히 잠재우고, 감각적 욕망을 멀리하며, 불선한 법을 멀리하여서 일으킨 생각과 지속적인 고찰이 있고, 멀리함으로 생긴 희열과 행복이 있는 첫 번째 선정에 들어가 머문다.

"어떤 물질, 느낌, 생각, 의도형성, 의식이라도 모두 무상하고, 괴로움이고, 질병이고, 종양이고, 가시이고, 재난이고, 고통이고, 이질적이고, 무너지고, 공하고, 무아라고 보아야 한다. 그리고 마음을 돌려 '모든 형성된 것을 고요히 하고, 모든 업의 집적을 버리며, 갈애를 제거하고, 욕망이 사그라들며, 소멸, 즉 열반이 성취되는 것, 이것이 평온이며, 이것이 지극함이다.'고 불사의 법으로 향해야 한다. 이를 꾸준히 지속적으로 이어 나가면 번뇌가 소멸한다. 번뇌가 소멸되지 않더라도 법에 대한 의욕과 법에 대한 기쁨이 생기고 하위 다섯 가지 족쇄가 파괴되므로 청정한 세계에 화생하여 다시 태어나지 않고 바로 그곳에서 마지막 열반을 얻게 된다. 이것이 하위 다섯 개의 족쇄를 버리는 방법과 그 수행이다.

10–12. "일어난 생각과 지속된 고찰이 가라앉으면 비구는 두 번째 선정에 들어가 머문다. … 희열이 사라지면서 비구는 … 세 번째 선정에 들어가 머문다. … 괴로움과 즐거움을 버리고, … 괴롭지도 즐겁지도 않으며, 평정심으로 인해 청정한 알아차림이 있는 네 번째 선정에 들어 머문다.

"어떤 물질, 느낌, 생각, 의도형성, 의식이라도 모두 무상하고 … 무아라고 보아야 한다. 그리고 마음을 돌려 … 이것이 하위 다섯 개의 족쇄를 버리는 방법과 그 수행이다.

13. "비구는 물질에 대한 생각을 완전히 초월하고, 감각적 접촉에 대한 생각이 소멸되며, 갖가지 생각을 만들지 않고, 무한한 허공을 알아차리며, 공무변처정에 들어가 머문다.

"어떤 느낌, 생각, 의도형성, 의식이라도 모두 무상하고 … 무아라고 보아야 한다. 그리고 마음을 돌려 … 이것이 하위 다섯 개의 족쇄를 버리는 방법과 그 수행이다.

14. "비구는 공무변처정을 완전히 초월하고, 무한한 의식을 알아차리며, 식무변처정에 들어가 머문다.

"어떤 느낌, 생각, 의도형성, 의식이라도 모두 무상하고 … 무아라고 보아야 한다. 그리고 마음을 돌려 … 이것이 하위 다섯 개의 족쇄

637

를 버리는 방법과 그 수행이다.

15. "비구는 식무변처정을 완전히 초월하고, 아무것도 존재하지 않는 것을 알아차리며 무소유처정에 들어가 머문다.

"어떤 물질, 느낌, 생각, 의도형성, 의식이라도 모두 무상하고, 괴로움이고, 질병이고, 종양이고, 가시이고, 재난이고, 고통이고, 이질적이고, 무너지고, 공하고, 무아라고 보아야 한다. 그리고 마음을 돌려 '모든 형성된 것을 고요히 하고, 모든 업장을 소멸하고 갈애를 제거하고, 욕망이 사그라들며, 소멸, 즉 열반이 성취되는 것, 이것이 평온이며, 이것이 지극함이다.'고 부사의법으로 향해야 한다. 이를 꾸준히 지속적으로 이어 나가면 번뇌가 소멸한다. 번뇌가 소멸되지 않더라도 법에 대한 의욕과 법에 대한 기쁨이 생기고 하위 다섯 가지 족쇄가 파괴되므로 청정한 세계에 화생하여 다시 태어나지 않고 바로 그곳에서 마지막 열반을 얻게 된다. 이것이 하위 다섯 개의 족쇄를 버리는 방법과 그 수행이다."

(MN 64)

2) 네 부류의 사람들

"비구들이여, 세상에는 네 가지 부류의 사람이 존재한다. 이 네 가지는 무엇인가?

"비구들이여, 어떤 이는 이번 생에서 의도적인 노력을 기울여 마지막 열반을 얻는다. 어떤 이는 죽은 후에 의도적인 노력을 기울여 마지막 열반을 얻는다. 어떤 이는 이번 생에서 의도적인 노력 없이 마지막 열반을 얻는다. 어떤 이는 죽은 후에 의도적인 노력 없이 마지막 열반을 얻는다.

"비구들이여, 이번 생에서 어떻게 의도적인 노력을 기울여 마지막 열반을 얻는가? 비구는 몸의 추함을 관하고, 음식의 역겨움을 보며, 온 세상이 만족스럽지 않음을 보고, 모든 형성된 것들의 무상함을 관하며, 죽음을 잘 이해한다. 유학의 다섯 가지 힘 즉, 신심, 도덕적 수치감, 잘못에 대한 두려움, 노력, 지혜에 의지하여 머문다. 이들은 신심, 노력, 마음챙김, 선정, 지혜의 다섯 가지 능력이 뛰어나다. 이 다섯 가지 능력이 뛰어나기 때문에 바로 이 생에서 의도적인 노력을 기울여 마지막 열반을 얻는다. 이것이 이번 생에서 의도적인 노력을 기울여 열반을 얻는 방법이다.

"비구들이여, 죽은 후 어떻게 의도적인 노력을 기울여 마지막 열반을 얻는가? 비구는 몸의 추함을 관하고 … 죽음을 잘 이해한다. 유학의 다섯 가지 힘 즉, 신심, … 지혜에 의지하여 머문다. 이들은 신심, … 지혜의 다섯 가지 능력이 약하다. 이 다섯 가지 능력이 약하기 때문에 죽은 후 의도적인 노력을 기울여 마지막 열반을 얻는다. 이것이 죽은 후 의도적인 노력을 기울여 마지막 열반을 얻는 방법이다.

"비구들이여, 이번 생에서 어떻게 의도적인 노력 없이 마지막 열반을 얻는가? 감각적 쾌락을 멀리하고, 불선한 법을 멀리하여 첫번째 선정에 머물고 … 네번째 선정에 머문다. 유학의 다섯 가지 힘 즉, 신심, … 지혜에 의지하여 머문다. 이들은 신심, … 지혜의 다섯 가지

639

능력이 뛰어나다. 이 다섯 가지 능력이 뛰어나기 때문에 바로 이번 생에서 의도적인 노력 없이 마지막 열반을 얻는다. 이것이 이번 생에서 의도적인 노력 없이 열반을 얻는 방법이다.

"비구들이여, 죽은 후 어떻게 의도적인 노력 없이 마지막 열반을 얻는가? 감각적 쾌락을 멀리하고, 불선한 법을 멀리하여 첫번째 선정에 머물고 … 네번째 선정에 머문다. 유학의 다섯 가지 힘 즉, 신심, … 지혜에 의지하여 머문다. 이들은 신심, … 지혜의 다섯 가지 능력이 약하다. 이 다섯 가지 능력이 약하기 때문에 죽은 후 의도적인 노력 없이 마지막 열반을 얻는다. 이것이 죽은 후 의도적인 노력 없이 열반을 얻는 방법이다.

"비구들이여, 이것이 세상에 존재하는 네 가지 부류의 사람이다."

(AN 4)

3) 참된 진리를 이루는 여섯 가지

한때 세존께서 라자가하 죽림정사의 다람쥐 보호구역에 머물고 계셨다. 그때 디가유라는 재가 신자가 중병에 걸려 심한 통증으로 힘든 시간을 보내고 있었다. 디가유는 그의 아버지인 조띠까 장자에게 부탁했다.

"아버지, 세존을 찾아뵙고, 세존의 발에 제 이름으로 예경드려주십시오. 그리고 '세존이시여, 디가유라는 재가 신자가 중병에 걸려 심한 통증으로 힘든 시간을 보내고 있습니다. 그의 이름으로 세존의 발에 머리 숙여 예경드립니다. 세존께서 자비를 베푸시어 디가유 집을 한번 방문해 주시기를 간청드립니다.'라고 말씀드려 주십시오."

"그렇게 하마, 아들아."라고 조띠까 장자는 대답했다. 세존을 찾아 뵙고 예경드린 후 한쪽에 앉아 디가유의 간청을 전해 드리니 세존께서 침묵으로 허락하셨다. 그리고 옷을 챙겨 입으시고, 가사와 발우를 가지고 디가유의 집에 도착하신 뒤 준비된 자리에 앉으셨다. 그리고 디가유에게 말씀하셨다.

"디가유여, 그대가 병마를 잘 이겨내고 어서 회복되기를 바라네. 통증이 가라앉고 커지지 않기를, 통증이 커지지 않고 눈에 띄게 가라앉기를 바라네."

"세존이시여, 저는 잘 이겨내지 못하고 있습니다. 병마에서 회복하지 못하고 있습니다. 저는 너무나 큰 고통 속에 있습니다. 이 통증은 가라앉기는커녕 커져만 갑니다. 통증이 가라앉는 것이 아니라 눈에 띄게 커지고 있습니다."

"디가유여, 그러니 스스로 이렇게 수행해나가야 한다. '나는 부처님, 가르침, 승가에 흔들리지 않는 믿음을 낼 것이다. 그리고 성인들이 소중히 여기고, 끊어지지 않고, 완전하고, 흠이 없고, 얼룩지지 않고, 벗어나게 하고, 현자들이 칭송하고, 선정으로 이어지는 계행을 실천할 것이다.' 이렇게 스스로 수행해 나가야 한다."

"세존이시여, 세존께서 말씀하신 이 네 가지 예류의 공덕을 저는 수행해왔습니다. 이 네 가지 공덕에 어긋나지 않게 살아왔습니다. 세존이시여, 저는 부처님, 가르침, 승가에 흔들리지 않는 믿음이 있습니다. 저는 성인들이 소중히 여기는 계행을 실천합니다."

"디가유여, 이 네 가지 예류의 공덕을 확고히 한 뒤 다시 참된 지혜의 일부분이 되는 여섯 가지를 닦아야 한다. 디가유여, 모든 형성된 것은 무상하다고 관하라. 무상한 것에서 괴로움을 보고, 괴로움에서 무아를 보고, 버림을 보고, 욕망의 사그라짐을 보고, 소멸을 보아야 한다.[90] 이렇게 스스로 수행해나가야 한다."

"세존이시여, 세존께서 가르치신 참된 지혜의 일부분인 이 여섯 가지를 저는 닦아 왔습니다. 이 여섯 가지에 어긋나지 않게 살아왔습니다. 세존이시여, 저는 모든 형성된 것은 무상하다고 관합니다. 무상한 것에서 괴로움을 보고, 괴로움에서 무아를 보고, 버림을 보고, 욕망의 사그라짐을 보고, 소멸을 봅니다. 세존이시여, 저는 제가 세상을 떠나더라도 아버지가 슬퍼하지 않았으면 합니다."

"디가유여, 그에 대해서는 염려하지 말고 내가 그대에게 설한 말을 잘 새겨야 한다."

세존께서 디가유를 이렇게 타이르시고 자리에서 일어나 길을 나섰다. 세존께서 디가유의 집을 나선 지 얼마되지 않아 디가유가 세상을 떠났다. 이후 여러 비구가 세존을 찾아뵙고 예경드린 뒤 한쪽에 앉아 여쭈었다.

"세존이시여, 디가유가 세상을 떠났습니다. 그는 어디로 갔습니

---

90 버림을 보는 것은 번뇌를 제거하는 것이고, 욕망의 사그라짐과 소멸을 보는 것은 열반의 특징을 관하는 것이다.

까? 어디에 다시 태어났습니까?"

"비구들이여, 디가유는 지혜로운 이였다. 그는 법에 따라 잘 수행했고 법에 관해서는 나를 걱정시키지 않았다. 디가유는 하위 다섯 개의 족쇄를 완전히 부수었기 때문에 청정한 세계에 화생하여 다시 태어나지 않고 바로 그곳에서 열반을 얻을 것이다."

(SN 55:3)

4) 네 종류의 불환과

"비구들이여, 이 일곱 가지 깨달음의 요소를 이와 같이 닦고 익히면 일곱 가지 결과와 이익을 기대할 수 있다. 일곱 가지 결과와 이익은 무엇인가?

"아라한의 구경의 지혜를 바로 이번 생의 전반부에 얻을 수 있다.

"만약 이번 생의 전반부에 구경의 지혜를 얻지 못한다면, 임종시에 구경의 지혜를 얻는다.

"구경의 지혜를 이번 생의 전반부에도 얻지 못하고, 임종시에도 얻지 못한다면 하위 다섯 가지 족쇄를 부수었기 때문에 이번 생에서 다음 생으로 이어지는 사이 열반을 얻는다.

"구경의 지혜를 이번 생의 전반부에도 얻지 못하고 … 이번 생에서 다음 생으로 이어지는 사이에도 얻지 못한다면, 하위 다섯 가지 족쇄를 부수었기 때문에 다음 생에 태어나는 순간에 열반을 얻는다.

"구경의 지혜를 이번 생의 전반부에도 얻지 못하고 … 다음 생에 태어나는 순간에도 얻지 못한다면, 하위 다섯 가지 족쇄를 완전히 부수었기 때문에 애써 힘쓰지 않고 열반을 얻는다.

"구경의 지혜를 이번 생의 전반부에도 얻지 못하고 … 애써 힘쓰지 않고 얻지 못한다면, 하위 다섯 가지 족쇄를 완전히 부수었기 때문에 애써 노력하여 열반을 얻는다.

"구경의 지혜를 이번 생의 전반부에도 얻지 못하고 … 애써 노력하여 얻지 못한다면, 하위 다섯 가지 족쇄를 완전히 부수었기 때문에 색구경천色究竟天을 향하여 높은 경지로 올라간다.[91]

"비구들이여, 일곱 가지 깨달음의 요소를 이와 같이 닦고 익히면, 이상의 일곱 가지 결과와 이익을 기대할 수 있다."

(SN 46:3)

---

91 오정거천에 차례대로 태어나며 수명을 누리다가 마지막에 가장 높은 색구경천에서 아라한을 이룬다.

04 아라한

1) 남아있는 자만의 소멸

한때 많은 장로 비구들이 꼬삼비의 고시따 정사에 머물고 있었다. 그때 케마까 존자가 대추나무 정사에 머물고 있었는데 중병에 걸려 심한 통증으로 힘든 시간을 보내고 있었다.

어느 날 저녁 장로 비구들이 은거를 끝내고 나와 다사까 존자에게 말했다.

"다사까 존자여, 케마까 존자에게 가 이렇게 말을 전해 주시오. '케마까 존자여, 장로들의 말씀을 전합니다. 존자가 병마를 잘 이겨내고 어서 회복되기를 바랍니다. 통증이 가라앉고 커지지 않기를, 통증이 커지지 않고 눈에 띄게 가라앉기를 바랍니다.'"

"알겠습니다, 장로들이시여."라고 다사까 존자가 대답했다. 그리고 케마까 존자에게 가 그 말을 전했다.

케마까 존자가 답했다.

"저는 잘 이겨내지 못하고 있습니다. 병마에서 회복하지 못하고

645

있습니다. 저는 너무나 큰 고통 속에 있습니다. 통증이 가라앉기는커녕 커져만 갑니다. 통증이 가라앉는 것이 아니라 눈에 띄게 커지고 있습니다."

그러자 다사까 존자가 장로 비구들에게 가 케마까 존자의 말을 전했다. 장로들이 그에게 말했다.

"다사까 존자여, 케마까 존자에게 가 이렇게 말을 전해 주시오. '케마까 존자여, 장로들의 말씀을 전합니다. 세존께서는 집착의 대상이 되는 다섯 가지 무더기에 대해 말씀하셨습니다. 물질, 느낌, 생각, 의도형성, 의식이 이 다섯 가지입니다. 케마까 존자는 집착의 대상이 되는 이 다섯 가지 무더기 중 하나라도 나 또는 나의 것이라고 생각합니까?'"

"알겠습니다, 장로들이시여."라고 다사까 존자가 대답했다. 그리고 케마까 존자에게 가 그 말을 전했다.

케마까 존자가 답했다.

"세존께서는 집착의 대상이 되는 다섯 가지 무더기에 대해 말씀하셨습니다. 물질, 느낌, 생각, 의도형성, 의식이 이 다섯 가지입니다. 저는 집착의 대상이 되는 이 다섯 가지 무더기 중 단 하나도 나 또는 나의 것이라고 생각하지 않습니다."

그러자 다사까 존자가 장로 비구들에게 가 케마까 존자의 말을 전했다. 장로들이 그에게 말했다.

"다사까 존자여, 케마까 존자에게 가 이렇게 말을 전해 주시오. '만약 케마까 존자가 집착의 대상이 되는 다섯 가지 무더기 중에 어느 것도 나 또는 나의 것이라고 생각하지 않는다면 존자는 아라한이며, 번뇌가 소멸된 이입니다.'"

"알겠습니다, 장로들이시여."라고 다사까 존자가 대답했다. 그리고 케마까 존자에게 가 그 말을 전했다.

케마까 존자가 답했다.

"세존께서는 집착의 대상이 되는 이 다섯 가지 무더기에 대해 말씀하셨습니다. 물질, 느낌, 생각, 의도형성, 의식이 이 다섯 가지입니다. 저는 집착의 대상이 되는 다섯 가지 무더기 중에 어느 것도 나 또는 나의 것이라고 생각하지 않습니다. 하지만 저는 아라한이 아니며 번뇌가 소멸된 이가 아닙니다. 장로들이시여, 저는 집착의 대상이 되는 이 다섯 가지 무더기에 대해 '나'라는 생각을 버리지 못했습니다. 하지만 이 다섯 가지 중 어느 한 가지에 대해서도 나라고 생각하지 않습니다."

그러자 다사까 존자가 장로 비구들에게 가 케마까 존자의 말을 전했다. 장로들이 그에게 말했다.

"다사까 존자여, 케마까 존자에게 가 이렇게 말을 전해 주시오. '케마까 존자여, 장로들의 말씀을 전합니다. 존자가 '나'라고 말할 때 어떤 의미로 '나'라고 하는 것입니까? 몸을 보고 '나'라고 하는 것입니까? 아니면 몸 말고 다른 것을 보고 '나'라고 하는 것입니까? 느낌 … 생각 … 의도형성 … 의식을 보고 '나'라고 하는 것입니까? 아니면 의식 말고 다른 것을 보고 '나'라고 하는 것입니까? 케마까 존자여, '나'라고 할 때 어떤 의미로 '나'라고 말한 것입니까?'"

"알겠습니다, 장로들이시여."라고 다사까 존자가 대답했다. 그리고 케마까 존자에게 가 그 말을 전했다.

"다사까 존자여, 이제 그만 합시다! 왜 자꾸 왔다 갔다 하십니까? 제 물건들을 가져다 주십시오. 제가 직접 장로 비구들을 찾아가겠습니다."

그리고 케마까 존자는 물건들을 챙겨서 장로 비구들을 찾아가 인사를 나누고 한쪽에 앉았다. 장로 비구들이 그에게 물었다.

"케마까 존자여, 존자가 '나'라고 말할 때 … 어떤 의미로 '나'라고 한 것입니까?"

"장로들이시여, 저는 몸을 보고 '나'라고 말한 것도 아니고, 몸이 아닌 다른 것을 보고 '나'라고 말한 것도 아닙니다. 느낌을 보고 '나'라고 한 것도 아니고 … 생각을 보고 '나'라고 한 것도 아니고, … 의도형성을 보고 '나'라고 한 것도 아니고, … 의식을 보고 '나'라고 한 것도 아니고, … 의식 말고 다른 것을 보고 '나'라고 한 것도 아닙니다. 장로들이시여, 저는 집착의 대상이 되는 이 다섯 가지 무더기에 대해 '나'라는 생각을 버리지 못했지만 이 다섯 가지 중 어느 한 가지에 대해서도 나라고 생각하지 않습니다.

"장로들이시여, 푸른색, 붉은색, 흰색 연꽃이 있다고 생각해 보십시오. '꽃향기가 꽃잎에서 난다.' 또는 '꽃향기가 줄기에서 난다.' 또는 '꽃향기가 암술에서 난다.'고 정확하게 말할 수 있습니까?"

"존자여, 아닙니다."

"장로들이시여, 그렇다면 정확하게 말하려면 어떻게 말해야 합니까?"

"존자여, 정확하게 말하려면 '꽃향기가 꽃에서 난다.'고 말해야 합니다."

"장로들이시여, 마찬가지로 저는 물질을 보고 '나'라고 말하지 않았습니다. 몸이 아닌 다른 것을 보고 '나'라고 말한 것도 아닙니다. 느낌을 보고 '나'라고 말한 것도 아니고 … 생각을 보고 '나'라고 말한 것도 아니고 … 의도형성을 보고 '나'라고 말한 것도 아니고 … 의식을 보고 '나'라고 말한 것도 아니고 … 의식 말고 다른 것을 보고 '나'라고 말한 것도 아닙니다. 장로들이시여, 저는 집착의 대상이 되는 이 다섯 가지 무더기에 대해 '나'라는 생각을 버리지는 못했지만 이 다섯 가지 중 어느 한 가지에 대해서도 나라고 생각하지 않습니다.

"장로들이시여, 부처님의 제자가 하위 다섯 가지 족쇄를 부수었어도 여전히 집착의 대상이 되는 다섯 가지 무더기에 대해서 아직 뿌리 뽑히지 못한 '나'라는 자만, '나'라는 욕망, '나'라는 잠재 성향이 남아있습니다. 이후에 그는 집착의 대상이 되는 다섯 가지 무더기의 일어남과 사라짐에 대해서 '이것이 몸이고, 그 일어남이며, 사라짐이다. 이것이 느낌이고, … 이것이 생각이고, … 이것이 의도형성이고, … 이것이 의식이고, 그 일어남이며, 사라짐이다.'라고 관하며 머물 것입니다. 집착의 대상이 되는 다섯 가지 무더기의 일어남과 사라짐을 이와 같이 관하며 머물 때 아직 남아있던 '나'라는 자만, '나'라는 욕망, '나'라는 잠재 성향이 뿌리 뽑힙니다.

"장로들이시여, 옷에 흙이 묻어 얼룩이 졌다고 생각해 보십시오.

649

세탁하는 사람에게 그 옷을 맡기면, 세탁용 소금이나 소똥을 옷에 골고루 문지른 뒤 깨끗한 물에 헹굴 것입니다. 이제 옷은 희고 깨끗해졌지만 아직 소금이나 양잿물, 소똥 냄새가 없어지지 않고 남아 있을 것입니다. 세탁하는 사람이 옷을 주인에게 돌려주면 주인은 좋은 냄새가 나는 상자에 그 옷을 넣어둡니다. 그러면 소금, 양잿물, 소똥 냄새가 사라질 것입니다.

"장로들이시여, 부처님의 제자가 하위 다섯 가지 족쇄를 부수었어도 여전히 집착의 대상이 되는 다섯 가지 무더기에 대해서 아직 뿌리 뽑지 못한 '나'라는 자만, '나'라는 욕망, '나'라는 잠재 성향이 남아있습니다. … 집착의 대상이 되는 다섯 가지 무더기의 일어남과 사라짐을 이와 같이 관하며 머물 때 아직 남아있던 '나'라는 자만, '나'라는 욕망, '나'라는 잠재 성향이 뿌리 뽑힙니다."

말이 끝나자 장로 비구들은 케마까 존자에게 말했다.

"우리가 케마까 존자를 귀찮게 하려고 질문한 것이 아닙니다. 존자가 세존의 가르침을 자세하게 설명하고, 가르치고, 주장하고, 확립하고, 밝히고, 분석하고, 해명할 수 있을 것이라 생각했기 때문에 물었습니다. 케마까 존자는 세존의 가르침을 자세하게 설명하고, 가르치고, 주장하고, 확립하고, 밝히고, 분석하고, 해명했습니다."

장로 비구들은 케마까 존자의 말을 듣고 크게 기뻐했다. 케마까 존자가 설법하는 동안 존자 자신과 육십 명의 장로 비구들이 집착을 버리고 번뇌에서 해탈했다.

(SN 22:89)

2) 유학과 아라한

세존께서 꼬삼비의 고시따 정사에서 비구들에게 이와 같이 말씀하셨다.

"비구들이여, 유학의 경지에 오른 비구가 자신이 유학임을 아는 방법이 있다. 무학의 경지에 오른 비구가 자신이 무학임을 아는 방법이 있다.

"비구들이여, 유학의 경지에 오른 비구가 자신이 유학임을 아는 방법은 무엇인가?

"비구들이여, 유학인 비구는 '이것이 괴로움이다. 이것이 괴로움의 원인이다. 이것이 괴로움의 소멸이다. 이것이 괴로움의 소멸로 이르는 길이다.'라고 있는 그대로 안다. 이것이 유학의 경지에 오른 비구가 자신이 유학임을 아는 방법이다.

"비구들이여, 유학인 비구가 '세존만큼 진실되고, 참되고, 사실과 다르지 않은 법을 가르치는 다른 수행자나 브라만이 있는가?' 하고 생각해 보면 '세존만큼 진실되고, 참되고, 사실과 다르지 않은 법을 가르치는 다른 수행자나 브라만이 없다.'는 것을 알게 된다. 이 또한 유학의 경지에 오른 비구가 자신이 유학임을 아는 방법이다.

"비구들이여, 유학인 비구는 믿음, 정진, 알아차림, 선정, 지혜의 다섯 가지 능력을 잘 갖추었다. 이들은 아직 그들의 목적지, 정점, 과위, 구경의 목표에 몸소 이르지는 못했지만 지혜로 꿰뚫어 안다. 이 또한 유학의 경지에 오른 비구가 자신이 유학임을 아는 방법이다.

651

"비구들이여, 무학의 경지에 오른 비구가 자신이 무학임을 아는 방법은 무엇인가? 비구들이여, 무학인 비구는 믿음, 정진, 알아차림, 선정, 지혜의 다섯 가지 능력을 잘 갖추었다. 이들은 그들의 목적지, 정점, 과위, 구경의 목표에 몸소 들어가 머물고, 지혜로 꿰뚫어 안다. 이것이 무학의 경지에 오른 비구가 자신이 무학임을 아는 방법이다.

"비구들이여, 무학인 비구는 눈, 귀, 코, 혀, 몸, 마음의 여섯 가지 감각을 잘 안다. 그는 '이 여섯 가지 감각이 남김없이 완전히 소멸되어 어떠한 방법으로도 다시 일어나지 않을 것이다.'고 안다. 이 또한 무학의 경지에 오른 비구가 자신이 무학임을 아는 방법이다."

(SN 48:53)

3) 빗장을 벗긴 비구

30. "비구들이여, 아라한을 빗장을 벗긴 이, 도랑을 채운 이, 기둥을 뽑은 이, 걸쇠를 없앤 이, 깃발을 내리고, 짐을 내려놓았으며, 속박되지 않은 이라고 한다.

31. "빗장을 벗긴 이로서의 아라한은 어떠한가? 무명을 완전히 뿌리 뽑고 버려서 생장을 다한 야자나무 그루터기와 같이 무명이 다시 일어나지 못하게 했기 때문에 빗장을 벗긴 이라고 한다.

32. "도랑을 채운 이로서의 아라한은 어떠한가? 윤회의 고리, 다시 태어남의 과정을 완전히 뿌리 뽑고 버려서 생장을 다한 야자나무 그루터기와 같이 다시 태어나는 일이 없도록 했기 때문에 도랑을 채운

이라고 한다.

33. "기둥을 뽑은 자로서의 아라한은 어떠한가? 갈애를 완전히 뿌리 뽑고 버려서 생장을 다한 야자나무 그루터기와 같이 갈애가 다시 일어나지 못하게 했기 때문에 기둥을 뽑은 이라고 한다.

34. "걸쇠가 없는 이로서의 아라한은 어떠한가? 하위 다섯 가지 족쇄를 완전히 뿌리 뽑고 버려서 생장을 다한 야자나무 그루터기와 같이 하위 다섯 가지 족쇄가 다시 일어나지 못하게 했기 때문에 걸쇠가 없는 이라고 한다.

35. "깃발을 내리고, 짐을 내려놓았으며, 속박되지 않은 이로서의 아라한은 어떠한가? '나'라는 자만을 완전히 뿌리 뽑고 버려서 생장을 다한 야자나무 그루터기와 같이 '나'라는 자만이 다시 일어나지 못하게 했기 때문에 깃발을 내리고, 짐을 내려놓았으며, 속박되지 않은 이라고 한다."

(MN 22)

4) 아라한이 할 수 없는 아홉 가지

"과거나 현재에 번뇌가 다한 아라한을 이룬 비구는 성스러운 삶을 살았고, 해야 할 일을 마쳤으며, 짐을 내려놓았고, 목표에 도달했으며, 존재의 속박에서 완전히 벗어났고, 최상의 지혜로 해탈하였기에 아홉 가지를 범할 수 없다. 살아있는 생명을 해치지 못하고, 주지 않은 것을 가지지 못하며, 음행을 하지 못하고, 의도적인 거짓말을 하지 못하며, 출가 전 과거에 했듯이 좋아하는 것을 쌓아두고 쓸 수 없다. 욕심, 미움, 어리석음, 두려움으로 잘못된 행동을 할 수 없다. 과거나 현재에 아라한을 이룬 비구는 이 아홉 가지를 범할 수 없다."

(AN 9:7)

5) 흔들리지 않는 마음

사리뿟따 존자가 말했다.

"벗이여, 비구의 마음이 이와 같이 해탈하면 눈으로 인식되는 강력한 형색이 시야에 들어와도 마음을 뺏기지 않습니다. 마음이 물들지 않은 채 평온하고 고요하게 형색이 사라지는 것을 지켜봅니다. 귀로 인식되는 강력한 소리가 … 코로 인식되는 강력한 냄새가 … 혀로 인식되는 강력한 맛이 … 피부로 인식되는 강력한 촉감이 … 마음으로 인식되는 강력한 마음의 대상이 마음에 들어와도 마음을 뺏기지 않습니다. 마음이 물들지 않은 채 평온하고 고요하게 마음의 대상이 사라지는 것을 지켜봅니다. 벗이여, 16미터의 돌기둥이 있는데 8미터는 땅에 박혀 있고 8미터는 땅 위에 드러나 있다고 생각해 보십시오. 강력한 폭풍우가 동쪽에서 불어와도 돌기둥은 움직이거나, 휘청이거나, 흔들리지 않을 것입니다. 강력한 폭풍우가 북쪽에서 … 서쪽에서 … 남쪽에서 불어와도 돌기둥은 움직이거나, 휘청이거나, 흔들리지 않을 것입니다. 어째서 그러합니까? 그 뿌리가 깊기 때문입니다. 돌기둥이 땅에 깊이 박혀 있기 때문입니다. 마찬가지로 마음이 해탈한 비구는 강력한 감각 대상들이 인식 범위에 들어와도 마음을 뺏기지 않습니다. 마음이 물들지 않은 채 평온하고 고요하게 대상이 사라지는 것을 지켜봅니다."

(AN 9:26)

6) 아라한의 열 가지 힘

부처님께서 사리뿟따 존자에게 물으셨다.

"사리뿟따여, 아라한이 몇 가지 힘을 갖추어야 스스로 번뇌가 다했다고 선언할 수 있는가?"

"세존이시여, 아라한이 열 가지 힘을 갖추어야 스스로 번뇌가 다했다고 선언할 수 있습니다. 그 열 가지는 다음과 같습니다.

"세존이시여, 아라한은 모든 형성된 것들을 무상하다고 있는 그대로 바른 지혜로 잘 보았습니다. 이것이 아라한이 스스로 번뇌가 다했다고 선언할 수 있는 열 가지 힘 중 한 가지입니다.

"세존이시여, 아라한은 감각적 쾌락이 숯불 구덩이와 같다고 있는 그대로 바른 지혜로 잘 보았습니다. 이 또한 ⋯ 열 가지 힘 중 한 가지입니다.

"세존이시여, 아라한의 마음은 멀리 여읨으로 향하고, 기울어지고, 치우칩니다. 멀리 여의고, 출리出離를 기뻐하며, 번뇌의 바탕이 되는 모든 것을 완전히 끊었습니다. 이 또한 ⋯ 열 가지 힘 중 한 가지입니다.

655

"세존이시여, 아라한은 네 가지 마음챙김의 확립을 잘 닦았습니다. 이 또한 … 열 가지 힘 중 한 가지입니다.

"세존이시여, 아라한은 네 가지 바른 노력(四精進) … 네 가지 자유자재한 신통력(四如意足) … 다섯 가지 능력(五根) … 다섯 가지 힘(五力) … 일곱 가지 깨달음의 요소(七覺支) … 여덟 가지 바른 길(八正道)을 잘 닦았습니다. 이 또한 아라한이 스스로 번뇌가 다했다고 선언할 수 있는 힘입니다."

(AN 10:90)

7) 평온한 성인

20. 세존께서 뿌꾸사띠 존자에게 이어서 말씀하셨다.

"여섯 가지 요소(地水火風空識)를 관한 뒤에는 청정하고 밝으며, 유연하고, 잘 다듬어진 빛나는 평정심만이 남는다.[92] …

21. "그는 '지극히 청정하고 밝은 이 평정심을 공무변처로 향하게 하여 마음을 그에 따라 닦는다면 이 평정심은 공무변처에 의지하고, 집착하여 그 상태로 오랫동안 지속될 것이다.[93] 지극히 청정하고 밝

---

92 이는 제4선에서 경험하는 평정심이다. 뿌꾸사띠 존자는 이미 제4선을 얻어 깊이 집착하고 있었다. 부처님께서는 먼저 이 평정심을 칭송하여 뿌꾸사띠 존자의 신심을 고취시킨 후 단계별로 출세간도의 과로 이끌고 있다.

93 공무변처정을 얻고 거기에 집착한 상태로 임종하면 다시 공무변처에 태어나게 되고 그 곳에서 이만 겁이라는 수명을 누리게 되기 때문이다. 식무변처의 수명은 4만

은 이 평정심을 식무변처로 향하게 하여 … 무소유처로 향하게 하여 … 비상비비상처로 향하게 하여 마음을 그에 따라 닦는다면 이 평정심은 비상비비상처에 의지하고, 집착하여 그 상태로 오랫동안 지속될 것이다.'고 안다.

22. "그는 '지극히 청정하고 밝은 이 평정심을 공무변처로 향하게 하여 마음을 그에 따라 닦는다면 이는 조건지어진 것이다. 지극히 청정하고 밝은 이 평정심을 식무변처로 향하게 하여 … 무소유처로 향하게 하여 … 비상비비상처로 향하게 하여 마음을 그에 따라 닦는다면 이는 조건지어진 것이다.'고 안다. 존재와 비존재 어느 쪽으로도 의도하거나 생각을 내지 않는다. 존재와 비존재 어느 쪽으로도 의도하거나 생각을 내지 않기 때문에 이 세상 어느 것에도 집착하지 않는다. 집착하지 않기 때문에 불안하지 않다. 불안하지 않기 때문에 열반을 얻는다. 그는 '태어남은 부서졌다. 청정한 출가수행의 삶을 살았다. 해야 할 일을 마쳤다. 더 이상 다시 태어나지 않으리.'라고 안다.

23. "즐거운 느낌이 있을 때 '이는 무상하고, 붙잡을 수 없으며, 기뻐할 것이 없다.'고 안다. 괴로운 느낌이 있을 때 '이는 무상하고, 붙잡을 수 없으며, 기뻐할 것이 없다.'고 안다. 무덤덤한 느낌이 있을 때 '이는 무상하고, 붙잡을 수 없으며, 기뻐할 것이 없다.'고 안다.[94]

24. "즐거운 느낌에도 초연하고, 괴로운 느낌에도 초연하며, 무덤

겁, 공무변처의 수명은 6만 겁, 비상비비상처의 수명은 8만4천 겁이다.

94 유여열반. 생명 기능이 작동하는 몸이 있는 한 계속해서 느낌을 경험한다.

덤한 느낌에도 초연하다. 몸의 마지막 순간을 느끼면, '몸의 마지막 순간을 느낀다.'고 안다. 생명의 마지막 순간을 느끼면, '생명의 마지막 순간을 느낀다.'고 안다. '애착하지 않기 때문에 몸이 무너지고, 생명이 다할 때 느끼는 모든 것들이 바로 그 자리에서 식을 것이다.'고 안다. 비구여, 기름 등불은 기름과 심지를 의지해서 타기 때문에 기름과 심지가 다 타고 더 이상 연료가 공급되지 않으면 연료가 부족하기 때문에 불이 꺼지는 것과 같다. 몸의 마지막 순간을 느끼면 … 생명의 마지막 순간을 느끼면, '생명의 마지막 순간을 느낀다.'고 안다. '애착하지 않기 때문에 몸이 무너지고, 생명이 다할 때 느끼는 모든 것들이 바로 그 자리에서 식을 것이다.'고 안다.[95]

25. "이러한 지혜가 있는 비구는 통찰지의 최상의 토대가 갖추어 졌다. 비구여, 이것이 바로 최상의 고귀한 통찰지이며, 모든 괴로움의 소멸을 가져오는 앎이다.

26. "참된 진리를 토대로 한 그의 해탈은 흔들리지 않는다. 비구여, 망령된 것은 거짓이지만 망령되지 않은 것, 열반은 진리이다. 그러므로 이 진리를 아는 비구는 통찰지의 최상의 토대가 갖추어졌다. 비구여, 이것이 바로 최상의 고귀한 통찰지이며, 망령되지 않은 열반이다.

27. "이전에 무지했을 때는 소유물[96]을 쌓고 축적했지만 이제는 완전히 뿌리 뽑고 버려서 생장을 다한 야자나무 그루터기와 같이 소유

---

95   무여열반. 임종과 함께 모든 조건지어진 것이 사라진다.
96   여기서는 오온, 번뇌, 의도형성, 감각적 쾌락을 말한다.

물이 다시 일어나지 않는다. 그러므로 이러한 버림이 있는 비구는 버림의 최상의 토대가 갖추어졌다. 비구여, 이것이 최상의 고귀한 버림이니 바로 모든 소유물을 버리는 것이다.

28. "이전에 무지했을 때는 탐욕, 욕망, 욕심이 많았지만 이제는 완전히 뿌리 뽑고 버려서 생장을 다한 야자나무 그루터기와 같이 탐욕, 욕망, 욕심이 다시 일어나지 않는다. 이전에 무지했을 때는 성냄, 악의, 증오가 많았지만 이제는 완전히 뿌리 뽑고 버려서 생장을 다한 야자나무 그루터기와 같이 성냄, 악의, 증오가 다시 일어나지 않는다. 이전에 무지했을 때는 알지 못하고, 어리석었지만 이제는 완전히 뿌리 뽑고 버려서 생장을 다한 야자나무 그루터기와 같이 어리석음이 다시 일어나지 않는다. 그러므로 이러한 평온이 있는 비구는 평온의 최상의 토대를 갖춘 것이다. 비구여, 이것이 최상의 고귀한 평온이니, 욕심과 미움과 어리석음의 평온이다.

29. "그리하여 '통찰지를 소홀히 해서는 안되고, 진리를 수호해야 하며, 버림을 닦고, 평온을 길러야 한다.'고 말하는 것이다.

30. "이러한 토대 위에 서 있는 사람은 망상의 파도에 휩쓸리지 않는다. 망상의 파도에 더 이상 휩쓸리지 않는 사람을 평온한 성자라고 부른다.'라고 말하니 그 근거는 무엇인가?

31. "비구여, '내가 있다.'는 것은 망상이다. '나는 이러하다.'도 망상이다. '나는 존재할 것이다.'도 망상이다. '나는 존재하지 않을 것이다.'도 망상이다. '나는 몸이 있을 것이다.'도 망상이다. '나는 몸이 없을 것이다.'도 망상이다. '나는 마음이 있을 것이다.'도 망상이다. '나

는 마음이 없을 것이다'도 망상이다. '나는 마음이 있지도 않고 없지도 않을 것이다.'도 망상이다. 망상은 병이다. 망상은 종양이다. 망상은 화살이다. 비구여, 이 모든 망상을 극복하면 평온한 성자가 된다. 평온한 성자는 태어나지 않고, 늙지 않고, 죽지 않는다. 흔들리지 않으며 바라지 않는다. 그에게 다시 태어나게 할 어떤 것도 없기 때문이다. 태어나지 않는데 어떻게 늙을 수 있는가? 늙지 않는데 어떻게 죽을 수 있는가? 죽지 않는데 어떻게 흔들릴 수 있는가? 흔들리지 않는데 어떻게 바라는 것이 있겠는가?

32. "그렇기 때문에 '이러한 토대 위에 서 있는 사람은 망상의 파도에 휩쓸리지 않는다. 망상의 파도에 더 이상 휩쓸리지 않는 사람을 평온한 성자라고 부른다.'라고 말하는 것이다."

(MN 140)

8) 진실로 행복한 이, 아라한

진실로 행복한 이, 아라한!
갈애가 뿌리 뽑히고
'나'라는 자만심도 끊어져
어리석음의 그물이 산산조각났네.

동요하지 않는 경지에 올라

청정한 마음이

세상에 물들지 않으니

때가 없는 거룩한 이들이네.

다섯 가지 무더기를 오롯이 깨닫고

일곱 가지 선한 성품을 갖춘[97]

이 칭송받아 마땅한 뛰어난 이들은

부처님이 사랑하는 아들들이다.

일곱 가지 보석을 타고 났으며

삼학을 닦은

이 위대한 영웅들이 유행함에

두려움과 떨림은 찾아볼 수 없네.

열 가지 요소를 타고 난[98]

삼매에 든 위대한 나가들은

세상에서 가장 위대한 존재이며

갈애가 뿌리 뽑혔다.

---

97 일곱 가지 바른 법으로 믿음, 도덕적 수치심, 죄책감, 배움, 노력, 알아차림, 지혜이다.

98 팔정도에 바른 앎, 바른 해탈을 더한 것이다.

'이 몸이 나의 마지막 생이다'라는
통달한 이의 지혜가 일어났으니
수행의 요체에 대해
다른 이들을 의지하지 않는다.

분별에 흔들리지 않고[99]
윤회에서 벗어났다.
길들여진 경지에 나아갔으므로
세상의 승리자이다.

위, 건너편, 아래 어디에도
더 이상 기쁨은 없다.
'깨달은 이들이 세상의 으뜸이다.'
사자후를 용맹하게 외친다.

(SN 22:76)

---

99 세 가지 분별로 내가 낫고, 나와 동등하고, 내가 못하다는 생각.

05 여래

1) 부처님과 아라한

"비구들이여, 물질, 느낌, 생각, 의도형성, 의식에 대한 환멸, 욕망의 사그라듦, 소멸을 통해 여래·아라한·완전히 깨달은 이는 집착없이 해탈했다. 그래서 완전히 깨달은 이라고 한다. 물질, 느낌, 생각, 의도 형성, 의식에 대한 환멸, 욕망의 사그라듦, 소멸을 통해 지혜로 해탈한 비구는 집착없이 해탈했다. 그래서 지혜로 해탈한 이라고 한다.[100]

"비구들이여, 그러면 여래·아라한·완전히 깨달은 이와 지혜로 깨달은 비구의 차이점은 무엇인가?"

"세존이시여, 저희가 배우는 가르침은 세존께 뿌리를 두고 있고, 세존의 지도를 받으며, 세존을 의지처로 합니다. 세존께서 그 뜻을 자세히 설명해주시기 바랍니다. 세존의 말씀을 듣고 저희들은 마음에 새기겠습니다."

---

100 혜해탈을 한 아라한을 말하는 것이 아니라 아라한 전부를 칭하고 있다.

"비구들이여, 귀를 기울여 잘 들어라. 내가 설하겠다."

"네, 세존이시여." 비구들이 대답하자 세존께서 다음과 같이 말씀하셨다.

"비구들이여, 여래·아라한·완전히 깨달은 이는 전에 없던 길을 새로 내고, 닦이지 않은 길을 닦았으며, 드러나지 않은 길을 드러내었다. 길을 아는 자이며, 길을 발견한 자이며, 길에 정통한 자이다. 이제 그의 제자들도 그 길을 따라가며 그 길의 주인이 된다.

"비구들이여, 이것이 여래·아라한·완전히 깨달은 이와 지혜로 깨달은 비구의 차이점이다."

(SN 22:58)

2) 다수의 이익을 위하여

"비구들이여, 다수의 안녕과 행복을 위하여, 세상을 향한 자비심에서, 천신과 인간의 이익과 안녕과 행복을 위하여 나타난 세 사람이 있다. 이 세 사람은 누구인가?

"비구들이여, 여래는 아라한, 완전히 깨달은 이, … 천신과 인간의 스승, 부처, 세존이라는 이름으로 이 세상에 나투신다. 처음도 좋고, 중간도 좋고, 끝도 좋은 가르침을 바른 뜻과 올바른 말로 널리 펴며 허물없는 완전하고 청정한 수행 생활을 드러내신다. 여래는 다수의 안녕과 행복을 위하여, 세상을 향한 자비심에서, 천신과 인간의 이익과 안녕과 행복을 위하여 나타난 첫 번째이다.

"비구들이여, 여래의 제자로 아라한을 이룬 비구는 번뇌가 다 하였으며, … 최상의 지혜로 해탈했다. 처음도 좋고, … 가르침을 바른 뜻과 올바른 말로 펴며 허물없는 완전하고 청정한 수행 생활을 드러낸다. 여래의 제자로 아라한을 이룬 비구는 다수의 안녕과 행복을 위하여, 세상을 향한 자비심에서, 천신과 인간의 이익과 안녕과 행복을 위하여 나타난 두 번째이다.

"비구들이여, 여래의 제자로 완전히 깨닫지 못한 비구는 많이 배우고 계율을 잘 수지한다. 처음도 좋고, … 가르침을 바른 뜻과 올바른 말로 펴며 허물없는 완전하고 청정한 수행 생활을 드러낸다. 여래의 제자로 완전히 깨닫지 못한 비구는 다수의 안녕과 행복을 위하여, 세상을 향한 자비심에서, 천신과 인간의 이익과 안녕과 행복을 위하여 나타난 이들 중 세 번째이다.

"비구들이여, 이들이 다수의 안녕과 행복을 위하여, 세상을 향한 자비심에서, 천신과 인간의 이익과 안녕과 행복을 위하여 나타난 세 사람이다."

(It 84)

3) 사리뿟따 존자의 포효

사리뿟따 존자가 세존을 찾아뵙고 예경드린 후 한쪽에 앉아 여쭈었다.

"세존이시여, 저는 세존보다 깨달음을 더 잘 아는 수행자나 브라만이 과거에도 없었고, 현재에도 없으며, 미래에도 없을 것이라고 세존을 굳게 믿고 있습니다."

"사리뿟따여, 그대의 외침은 사자의 포효와 같이 진실로 위엄있고 당당하구나. 사리뿟따여, 그대는 과거의 모든 아라한·완전히 깨달은 이들의 마음을 그대의 마음으로 섭렵하여 '저 부처님들은 이러한 계를 수지하셨고, 이러한 공덕을 갖췄으며, 이러한 지혜를 얻으셨고, 이러한 선정에 들었으며, 이러한 해탈을 얻으셨다.'고 아는가?"

"아닙니다, 세존이시여."

"그러면 사리뿟따여, 그대는 미래의 모든 아라한·완전히 깨달은 이들의 마음을 그대의 마음으로 섭렵하여 '저 부처님들은 이러한 계를 수지하실 것이고, 이러한 공덕을 갖출 것이며, 이러한 지혜를 얻으시고, 이러한 선정에 들 것이며, 이러한 해탈을 얻으실 것이다.'고 아는가?"

"아닙니다, 세존이시여."

"그렇다면 사리뿟따여, 그대는 현재 아라한·완전히 깨달은 이를 이룬 나의 마음을 그대의 마음으로 섭렵하여 '부처님은 이러한 계를 수지하고, 이러한 공덕을 갖췄으며, 이러한 지혜를 얻고, 이러한 선정에 들며, 이렇게 해탈해 있다.'고 아는가?"

"아닙니다, 세존이시여."

"사리뿟따여, 그대는 과거, 현재, 미래의 아라한·완전히 깨달은 이의 마음을 그대의 마음으로 섭렵하는 지혜도 없이 어찌하여 '세존이시여, 저는 세존보다 깨달음을 더 잘 아는 수행자나 브라만이 과거에도 없었고, 현재에도 없으며, 미래에도 없을 것이라고 세존을 굳게 믿고 있습니다.'라고 사자의 포효와 같이 위엄있고 당당하게 외치는 것이냐?"

"세존이시여, 저는 과거, 현재, 미래의 아라한·완전히 깨달은 이의 마음을 저의 마음으로 섭렵해서 아는 지혜는 없지만 법을 미루어 짐작해 알았습니다. 세존이시여, 어떤 왕이 견고한 성곽, 성벽, 아치문으로 둘러싸인 입구가 하나뿐인 변방 도시를 소유하고 있다고 생각해 보십시오. 그곳에 배치된 문지기는 현명하고, 유능하며, 영리해서 낯선 이들은 들어오지 못하게 하고 아는 얼굴들만 들여보냅니다. 도시를 둘러싼 길을 따라 순찰을 돌 때도 고양이가 통과할 수 있는 구멍이나 틈조차 성벽에서 발견하지 못합니다. 그리고 '몸이 있는 무엇이든지 이 도시를 들고날 때는 모두 이 문을 통할 수밖에 없다.'고 생각합니다.

"세존이시여, 저는 법을 미루어 짐작해 다음을 알았습니다. 과거의 모든 아라한·완전히 깨달은 이는 지혜를 약화시키는 번뇌인 다섯 가지 장애를 먼저 마음에서 제거하고, 네 가지 마음챙김에 마음을 확고히 한 후 일곱 가지 깨달음의 요소를 바르게 닦았을 것입니다. 그러므로 위없는 완전한 깨달음을 얻으신 것입니다. 세존이시여, 미래의 모든 아라한·완전히 깨달은 이는 지혜를 약화시키는 번뇌인 다섯 가지 장애를 먼저 마음에서 제거하고, 네 가지 마음챙김에 마음을 확고히 한 후 일곱 가지 깨달음의 요소를 바르게 닦을 것입니다. 그러므로 위없는 완전한 깨달음을 얻으실 것입니다. 세존이시여, 현재의 아라한·완전히 깨달은 이인 세존께서도 지혜를 약화시키는 번 뇌인 다섯 가지 장애를 먼저 마음에서 제거하고, 네 가지 마음챙김에 마음을 확고히 한 후 일곱 가지 깨달음의 요소를 바르게 닦았습니다. 그러므로 위없는 완전한 깨달음을 얻으셨습니다."

"사리뿟따여, 훌륭하구나! 이제 그대는 이 법을 비구와 비구니, 남 녀 재가 신도들에게 자주 설해 주어야 한다. 어리석은 누군가가 여래 에 대해 의심이나 의혹을 품더라도 이 설법을 들으면 의심이 걷히고 의혹이 제거될 것이다."

(SN 47:12)

4) 여래의 힘과 확신

9. "사리뿟따여, 여래에게는 열 가지 힘이 있어 무리의 수장이 되 고, 회중에 사자후를 외치며, 범천의 바퀴를 굴린다. 이 열 가지는 무 엇인가?

10. (1)"여래는 가능한 것은 가능하다고, 불가능한 것은 불가능하 다고 바르게 안다. 이는 여래가 무리의 수장이 되고, 회중에 사자후 를 외치며, 범천의 바퀴를 굴릴 수 있는 열 가지 힘 중에 하나이다.

11. (2)"여래는 과거, 현재, 미래에 한 행동들의 결과를 원인과 조건 들을 헤아려 바르게 안다. 이 또한 … 열 가지 힘 중에 하나이다.

12. (3)"여래는 과보로 이르게 되는 종착지를 바르게 안다. 이 또한 … 열 가지 힘 중에 하나이다.

13. (4) "여래는 세상의 많고 다양한 요소들을 바르게 안다. 이 또한 … 열 가지 힘 중에 하나이다.

14. (5) "여래는 중생들이 서로 다른 성향을 타고 난 이유를 바르게 안다. 이 또한 … 열 가지 힘 중에 하나이다.

15. (6) "여래는 중생들의 다섯 가지 능력이 어떠한지 바르게 안다. 이 또한 … 열 가지 힘 중에 하나이다.

16. (7) "여래는 번뇌와 청정을 알고, 사선정, 해탈, 삼매, 사무색정에 들고 남을 바르게 안다. 이 또한 … 열 가지 힘 중에 하나이다.

17. (8) "여래는 수많은 과거 생의 모습과 특징들을 기억한다. 이 또한 … 열 가지 힘 중에 하나이다.

18. (9) "여래는 인간을 능가하는 청정한 천상의 눈으로 중생들이 열등하고 뛰어나게, 아름답고 추하게, 부유하고 가난하게 다시 태어나는 것을 보았다. 그리고 자신의 행위에 따라 다시 태어난다는 것을 깨달았다. 이 또한 … 열 가지 힘 중에 하나이다.

19. (10) "여래는 최상의 지혜로 스스로 깨달아 바로 이번 생에 번뇌가 소멸하여 번뇌없는 마음의 해탈, 지혜의 해탈에 들어가 머문다. 이 또한 여래가 무리의 수장이 되고, 회중에 사자후를 외치며, 범천의 바퀴를 굴릴 수 있는 열 가지 힘 중에 하나이다.

20. "여래에게는 이 열 가지 힘이 있어 무리의 수장이 되고, 회중에 사자후를 외치며, 범천의 바퀴를 굴린다. …

22. "사리뿟따여, 여래가 무리의 수장이 되고, 회중에 사자후를 외치며, 범천의 바퀴를 굴릴 수 있다고 확신하는 네 가지 근거가 있다.

669

이 네 가지는 무엇인가?

23. "모든 수행자, 브라만, 천신, 마라, 범천을 포함해 이 세상의 어느 누구도 법에 있어서 '그대가 완전히 깨달았다고 주장하지만, 그대는 이러한 것들을 완전히 알지 못하오.'라고 비난할 수 있는 근거가 나에게 없다. 비난의 근거가 없기 때문에 나는 두려움 없이 안전하게 확신에 차 머문다.

24. "모든 수행자 … 이 세상의 어느 누구도 법에 있어서 '그대가 번뇌를 부수었다고 주장하지만, 그대는 번뇌를 부수지 못했오.'라고 비난할 수 있는 근거가 나에게 없다. 비난의 근거가 없기 때문에 나는 두려움없이 안전하게 확신에 차 머문다.

25. "모든 수행자 … 이 세상의 어느 누구도 법에 있어서 '그대가 장애라고 부르는 것들과 함께 하여도 장애가 되지 못하오.'라고 비난할 수 있는 근거가 나에게 없다. 비난의 근거가 없기 때문에 나는 두려움없이 안전하게 확신에 차 머문다.

26. "모든 수행자 … 이 세상의 어느 누구도 법에 있어서 '그대가 가르친 법을 닦아도 완전한 괴로움의 소멸에 이르지 못하오.'라고 비난할 근거가 나에게 없다. 비난의 근거가 없기 때문에 나는 두려움없이 안전하게 확신에 차 머문다.

27. "여래가 무리의 수장이 되고, 회중에 사자후를 외치며, 범천의 바퀴를 굴릴 수 있다고 확신하는데 이 네 가지 근거가 있다."

(MN 12)

5) 위대한 빛의 등장

"비구들이여, 태양과 달이 세상에 출현하지 않아 위대한 빛과 광채가 드러나지 않는 동안은 짙은 어둠이 세상을 지배하여 아무것도 볼 수 없다. 낮과 밤을 구분할 수 없고, 보름과 한 달을 알 수 없고, 계절과 년을 셀 수 없다. 비구들이여, 태양과 달이 세상에 출현하여 위대한 빛과 광채가 드러나면 눈을 가리던 짙은 어둠이 물러간다. 낮과 밤을 구분할 수 있고, 보름과 한 달을 알 수 있고, 계절과 해를 셀 수 있다.

"비구들이여, 마찬가지로 여래·아라한·완전히 깨달은 이가 이 세상에 존재하지 않아 위대한 빛과 광채가 드러나지 않는 동안은 짙은 어둠이 세상을 지배하여 아무것도 볼 수 없다. 네 가지 고귀한 진리에 대한 설명도, 가르침도, 주장도, 확립도, 드러냄도, 분석도, 설법도 없다. 비구들이여, 여래·아라한·완전히 깨달은 이가 이 세상에 출현하여 위대한 빛과 광채가 드러나면 눈을 가리던 짙은 어둠이 물러간다. 네 가지 고귀한 진리에 대한 설명과 가르침, 주장, 확립, 드러냄, 분석, 설법이 있다."

(SN 56:38)

6) 우리의 행복을 바라는 이

25. "비구들이여, 무성한 숲에 둘러싸인 목초지에 큰 사슴 떼가 살고 있었다. 그런데 어떤 사람이 이 사슴들을 해치고, 못 살게 하고, 가

671

두고 싶어서 편안하게 다닐 수 있는 안전하고 좋은 길은 막고 잘못된 길에 유인물과 미끼를 설치하여 이 사슴들을 꾄다면 사슴들은 피해와 재난을 당할 것이다. 그때 다른 사람이 사슴들의 행복과 안위와 안전을 위하여 편안하게 다닐 수 있는 안전하고 좋은 길을 다시 열고 잘못된 다른 길을 닫았다고 생각해 보아라. 설치된 유인물과 미끼마저 부수고 없애 버린다면 사슴 떼는 번성하여 그 숫자가 늘 것이다.

26. "비구들이여, 이렇게 비유를 들어 가르침을 전달하니 그 뜻은 이러하다. '목초지'는 감각적 쾌락이다. '큰 무리의 사슴들'은 중생들이다. '사슴들을 해치고, 못살게 굴고, 가두고 싶어하는 사람'은 사악한 마라다. '잘못된 다른 길'은 여덟 가지 바르지 않은 길로 잘못된 견해, 잘못된 의도, 잘못된 말, 잘못된 행동, 잘못된 생계, 잘못된 노력, 잘못된 알아차림, 잘못된 선정이다. '유인물'은 기쁨과 욕정이다. '미끼'는 무명이다. '사슴들의 행복과 안위와 안전을 위한 사람'은 여래·아라한·완전히 깨달은 이다. '편안하게 다닐 수 있는 안전하고 좋은 길'은 여덟 가지 바른 길로 바른 견해, 바른 의도, 바른 말, 바른 행동, 바른 생계, 바른 노력, 바른 마음챙김, 바른 선정이다.

"비구들이여, 나는 편안하게 다닐 수 있는 안전하고 좋은 길은 열고, 잘못된 다른 길은 막았으며, 유인물과 미끼를 부수어 없앴다."

(MN 19)

7) 동물의 왕, 사자

"비구들이여, 동물의 왕 사자는 저녁에 사자굴에서 나와 기지개를 켜고 사방을 둘러본 후 세 번 포효한다. 그리고 사냥에 나선다.

"동물의 왕인 사자가 포효할 때 그 소리를 들은 대부분의 동물들은 두려움, 다급함, 공포로 떤다. 구멍에 사는 동물들은 구멍 속으로 들어가고, 물속에 사는 동물들은 물속 깊이 들어가고, 숲속에 사는 동물들은 숲속 깊이 들어가고, 새들은 멀리 날아간다. 마을, 도시, 성읍에 가죽끈으로 묶여 있는 왕궁의 숫코끼리들도 묶인 끈을 산산조각내고, 놀라서 똥오줌을 지리며, 이리저리 도망다닌다. 비구들이여, 동물 위에 군림하는 동물의 왕 사자는 이렇게 위엄있고 강력하다.

"비구들이여, 마찬가지로 아라한이며, 완전히 깨달았고, 지혜와 실천이 원만하며, 잘 가신 분이고, 세간에 대한 지혜를 통달했으며, 중생을 잘 다스리고, 천신과 인간의 스승이며, 부처인 세존께서 이 세상에 출현하면 이와 같이 가르침을 펴신다 '이것이 물질이고, 그 원인이고, 소멸이다. 이것이 느낌이고, … 이것이 생각이고, … 이것이 의도형성이고, … 이것이 의식이고, 그 원인이고, 소멸이다.'

"비구들이여, 저 천신들은 장수하고, 아름다우며, 행복하고, 높은 궁전에 오랫동안 기거하지만 여래의 법을 들으면 대부분 두려움, 다급함, 공포로 떤다. '우리는 영원할 거라 생각했지만 영원하지 않구나. 우리가 견고하다고 생각했지만 견고하지 않구나. 우리가 변치 않으리라 생각했지만, 변하는구나. 우리는 영원하지 않고, 견고하지 않

673

으며, 변하며, 다섯 가지 무더기일 뿐이구나.'라고 알게 된다. 비구들이여, 천신을 포함한 온 세상 위에 군림하는 여래는 이렇게 위엄있고 강력하다."

(SN 22:78)

8) 어째서 여래인가

"비구들이여, 여래는 세상을 오롯이 깨달아 세상에 얽매이지 않는다. 여래는 세상의 근원을 오롯이 깨달아 그 근원을 버렸다. 여래는 세상의 소멸을 오롯이 깨달아 소멸을 실현했다. 여래는 세상의 소멸로 가는 길을 오롯이 깨달아 그 길을 닦았다.

"비구들이여, 천신, 마라, 범천 등의 천상 세계와 수행자와 브라만이 속한 인간 세상에서 마음에 보이고, 들리고, 느껴지고, 인식되고, 닿고, 추구되고, 살펴지는 모든 것들을 여래는 오롯이 깨달았다. 그러므로 여래라고 부른다.

"완전한 깨달음을 얻은 밤부터 마지막 열반에 이르는 밤까지 그 사이 여래가 말하고, 설명하고, 가르친 모든 내용은 그러하며 다르지 않다. 그러므로 여래라고 부른다.

"여래는 말한 그대로 행동하고, 행동한 그대로 말한다. 말한 그대로 행동하고 행동한 그대로 말하기 때문에 여래라고 부른다.

"비구들이여, 천신, 마라, 범천 등의 천상 세계와 수행자와 브라만이 속한 인간 세상에 여래는 정복자이며, 정복되지 않은 자이며, 두루 보는 자이고, 지배자이다. 그러므로 여래라고 부른다."

온 세상을 바로 깨달아
있는 그대로 꿰뚫었기에
세상에서 벗어나
세상사에 관여하지 않네.

참으로 일체를 정복한 성자이고,
모든 얽힘에서 풀려난 자이며,
지극한 평온을 이룬 이이고,
어떤 두려움도 없이 열반을 이루신 분이네.

부처님은 모든 번뇌가 다하고,
모든 미혹을 잘라내어 흔들리지 않으며,
일체의 업이 소멸하여
얻을 것 없는 가운데 해탈을 얻었네.

세존이시며, 부처님이시며,
위없는 사자와 같은 이,
이 세상과 천상을 위해
범천의 권청으로 법륜을 굴리셨네.

675

부처님께 귀의한
저 천신과 인간은
물러섬 없는 위대한 성취자께
한 데 모여 예경드리나니

"조복되셨기에 천신과 인간을 조복하는 최고의 스승이시며,
평온하시기에 평온을 이룬 이들 중 최고의 성자이시며,
해탈하셨기에 해탈을 성취한 이들 중 최고의 수장이시며,
건너셨기에 건너게 해주는 이들 중 최고의 안내자시다."

그러므로 망설임없는 위대한 성취자께
모두 지극한 마음으로 예경드리네.
인간과 천인들 세계에
대적할 자가 없다네.

(AN 4:23)

지은이 **비구 보디**

비구 보디는 뉴욕 출신의 미국인 불교 승려이다. 1972년 스리랑카에서 계를 받고 50여 년간 수행정진했다. 맛지마 니까야, 상윳따 니까야, 앙굿따라 니까야 등의 경전과 〈In the Buddha's Words〉라는 제목으로 출판된 본서를 포함한 많은 역작들을 출판한 작가이자 번역가이며 편집자이다. 2008년에는 제자들과 함께 세계불교 구호단체를 설립하여 빈곤에 시달리는 국가의 기아 구호, 친환경 농업, 교육을 지원해 왔다. 현재는 뉴욕 북쪽의 장엄사莊嚴寺에 상주하며 뉴저지의 보디사원 두 곳을 오가며 후학 양성에 힘쓰고 있다.

옮긴이 **민우**

민우스님은 고려대 한문학과를 졸업하고, 2009년에 출가했다. 운문사 강원을 마친 뒤 국내 선방과 미얀마, 태국의 수행처에서 정진했다. 중앙대 통번역대학원을 졸업하고 현재 불교계에서 통역과 번역 활동을 하며 국제포교와 전법에 힘쓰고 있다.

감수 **등현**

등현스님은 1986년 출가 후 강원과 선원에서 정진했다. 1993년부터 25년 동안 스리랑카와 인도, 미얀마 등에서 초기경전과 힌두경전, 대승 경론을 공부했다. 현재 고운사 화엄승가대학원장, 김포 중앙승가대학교 교수로 후학들을 지도하고 있다.

귀한 책이 나올 수 있도록 도움을 주신
무진스님, 자우스님, 남화여 법사님, 배용희 님께 감사드립니다.